Maties/Winkler

Schemata und Definitionen Zivilrecht

Schemata und Definitionen Zivilrecht

mit Arbeits-, Handels-, Gesellschafts- und Zivilprozessrecht

von

Dr. Martin Maties
o. Professor an der Universität Augsburg

Dr. Klaus Winkler
Rechtsanwalt in München
Lehrbeauftragter an der Universität Augsburg

2. Auflage 2019

C.H.BECK

Zitiervorschlag: *Maties/Winkler,* Schemata Rn.

www.beck.de

ISBN 978 3 406 74065 7

Wilhelmstraße 9, 80801 München
Druck: Druckhaus Nomos
In den Lissen 12, 76547 Sinzheim

Satz: DTP-Vorlagen des Autors
Umschlaggestaltung: Druckerei C.H. Beck Nördlingen

CO_2 neutral

chbeck.de/nachhaltig

Gedruckt auf säurefreiem, alterungsbeständigem Papier
(hergestellt aus chlorfrei gebleichtem Zellstoff)

Vorwort

Um im Studium erfolgreich zu sein, müssen Juristen gängige Definitionen kennen. Dieses Buch soll zunächst einen Überblick über die aus unserer Sicht wichtigsten Definitionen des Zivilrechts geben. Dies bedeutet nicht, dass man sich die Definitionen nicht auch selbst herleiten kann. Zur Kontrolle und Wiederholung erschien uns eine solche systematische Zusammenstellung jedoch angebracht. Im Vergleich zum Strafrecht ist im Zivilrecht die Anzahl der wesentlichen Definitionen allerdings bedeutend geringer. Das Buch bietet aber nicht nur eine Vielzahl von Definitionen nach Rechtsgebieten geordnet, sondern am Ende des Büchleins auch eine Zusammenstellung häufig genutzter lateinischer Redewendungen und einige allgemeine Definitionen.

Den Schwerpunkt des Büchleins bilden die Schemata. Eine der wichtigsten Fähigkeiten von Juristen ist es, den Tatbestand einer Norm so zu strukturieren, dass er subsumierbar wird und sich eine geeignete Prüfungsreihenfolge ergibt. Das Ergebnis einer solchen strukturellen Aufbereitung einer Norm wird hier als Schema bezeichnet. Die folgenden Schemata und Strukturen sind mithin nichts anderes als die aufgrund der Methodenlehre aufbereiteten Tatbestände wichtiger Anspruchsgrundlagen und Rechtsinstitute. Wegen der Vielzahl der möglichen Schemata und Strukturen werden hier nur die ausbildungsrelevantesten dargestellt.

Dem Anwender wird jeweils ein möglicher Aufbau, zum Teil mit Variationen, vorgeführt. Die hier vorgeschlagenen Schemata und Strukturen sollen damit der eigenen Lernkontrolle und Wiederholung dienen. Zugleich sind sie geeignet, bei Zeitknappheit einen schnellen Einstieg in die anzuwendenden Normen zu geben. Es sei jedoch ausdrücklich darauf hingewiesen, dass die Kenntnis von Schemata und Strukturen keineswegs Ersatz für die in der Methodenlehre vermittelte eigene Arbeits- und Subsumtionstechnik ist. Schemata sind nur Hilfsmittel. Dieses Büchlein versteht sich daher ausdrücklich nur als ergänzende Lernhilfe und kann und soll einschlägige Lehrbücher aus den diversen behandelten Rechtsgebieten nicht ersetzen.

Das Buch enthält drei Sorten von Schemata. Zum einen die Aufbauschemata: Diese sind grundsätzlich vollständig und müssen nicht ergänzt werden. Zum anderen die Überblickschemata: Diese sind dazu gedacht, dass darin Detailschemata an den passenden Stellen eingesetzt werden. Zuletzt die Detailschemata, die Bausteine zur Ergänzung der Überblickschemata darstellen.

Sollte Ihnen auffallen, dass ein nützliches oder von Ihnen vermisstes Schema fehlt oder wenn Sie uns Anregungen oder konstruktives Feedback geben möchten, schreiben Sie bitte an martin.maties@jura.uni-augsburg.de und/oder an jurakompakt@beck.de. Wir freuen uns über Zuschriften!

Wir wünschen allen Leserinnen und Lesern viel Erfolg in den Prüfungen und alles Gute für den beruflichen und privaten Lebensweg!

Augsburg/München, August 2019

Martin Maties
Klaus Winkler

Inhaltsverzeichnis

Abkürzungsverzeichnis

a.A.	andere Auffassung
a.E.	am Ende
A1	Auffassung 1
A2	Auffassung 2
AG	Arbeitgeber (im Arbeitsrecht); Aktiengesellschaft (im Handels- und Gesellschaftsrecht); Amtsgericht (im Prozessrecht)
AGB	allgemeine Geschäftsbedingungen
AGG	Allgemeines Gleichbehandlungsgesetz
AGV	Außerhalb von Geschäftsräumen geschlossene Verträge
AktG	Aktiengesetz
AN	Arbeitnehmer
APR	allgemeines Persönlichkeitsrecht
ArbGG	Arbeitsgerichtsgesetz
ArbPlSchG	Gesetz über den Schutz des Arbeitsplatzes bei Einberufung zum Wehrdienst (Arbeitsplatzschutzgesetz)
ArbZG	Arbeitszeitgesetz
AT	allgemeiner Teil
atyp.	atypisch
BAG	Bundesarbeitsgericht
BBiG	Berufsbildungsgesetz
BEEG	Gesetz zum Elterngeld und zur Elternzeit (Bundeselterngeld- und Elternzeitgesetz)
bes.	besondere
best.	bestimmt
BetrVG	Betriebsverfassungsgesetz
BeurkG	Beurkundungsgesetz
BGB	Bürgerliches Gesetzbuch
BGH	Bundesgerichtshof
BImSchG	Gesetz zum Schutz vor schädlichen Umwelteinwirkungen durch Luftverunreinigungen, Geräusche, Erschütterungen und ähnliche Vorgänge (Bundes-Immissionsschutzgesetz)
bspw.	beispielsweise
BT	besonderer Teil
BUrlG	Bundesurlaubsgesetz
BVerfG	Bundesverfassungsgericht
BVerfGG	Bundesverfassungsgerichtsgesetz
bzw.	beziehungsweise

c.i.c.	culpa in contrahendo
d.h.	das heißt
e.A.	eine Auffassung
eff.	effektiv
EBV	Eigentümer-Besitzer-Verhältnis
EFZG	Gesetz über die Zahlung des Arbeitsentgelts an Feiertagen und im Krankheitsfall (Entgeltfortzahlungsgesetz)
EG	Europäische Gemeinschaft
EGBGB	Einführungsgesetz zum Bürgerlichen Gesetzbuch
EU	Europäische Union
EuGH	Europäischer Gerichtshof
ehem.	ehemalige
FamFG	Gesetz über das Verfahren in Familiensachen und in den Angelegenheiten der freiwilligen Gerichtsbarkeit
FamG	Familiengericht
FernUSG	Gesetz zum Schutz der Teilnehmer am Fernunterricht (Fernunterrichtsschutzgesetz)
f.	und der Folgende
ff.	und die Folgenden
GBO	Grundbuchordnung
GbR	Gesellschaft bürgerlichen Rechts
gem.	gemäß
GenG	Gesetz betreffend die Erwerbs- und Wirtschaftsgenossenschaften (Genossenschaftsgesetz)
gesetzl.	gesetzlich
GewO	Gewerbeordnung
GF	Geschäftsführer
GG	Grundgesetz
ggf.	gegebenenfalls
ggü.	gegenüber
GH	Geschäftsherr
GKG	Gerichtskostengesetz
GmbH	Gesellschaft mit beschränkter Haftung
GmbHG	Gesetz betreffend die Gesellschaften mit beschränkter Haftung
GoA	Geschäftsführung ohne Auftrag
grds.	grundsätzlich
GVG	Gerichtsverfassungsgesetz
h.L.	herrschende Lehre
h.M.	herrschende Meinung
HGB	Handelsgesetzbuch
HReg	Handelsregister
HS.	Halbsatz
idR	in der Regel
i.e.S.	im engeren Sinne
i.w.S.	im weiteren Sinne

inkl.	inklusive
insb.	insbesondere
InsO	Insolvenzordnung
iRd	im Rahmen des/der
iSd	im Sinne des/der
iSe	im Sinne eines
iSv	im Sinne von
iVm	in Verbindung mit
jur.	juristisch
KAGB	Kapitalanlagegesetzbuch
KG	Kommanditgesellschaft
Kl.	Kläger
lit.	litera = lateinisch: Buchstabe
Lit.	Literatur
LG	Leasinggeber (im Schuldrecht); Landgericht (im Prozessrecht)
LN	Leasingnehmer
LPartG	Gesetz über die Eingetragene Lebenspartnerschaft (Lebenspartnerschaftsgesetz)
MarkenG	Gesetz über den Schutz von Marken und sonstigen Kennzeichen (Markengesetz)
MFK	Musterfeststellungsklage
MuSchG	Gesetz zum Schutz von Müttern bei der Arbeit, in der Ausbildung und im Studium (Mutterschutzgesetz)
nat.	natürlich
NJW	Neue Juristische Wochenschrift (Zeitschrift)
Nr.	Nummer
NZA	Neue Zeitschrift für Arbeitsrecht (Zeitschrift)
o.g.	oben genannt
obj.	objektiv
oHG	offene Handelsgesellschaft
öff.	öffentlich
Ⓟ	Problem
PartGG	Gesetz über Partnerschaftsgesellschaften Angehöriger Freier Berufe (Partnerschaftsgesellschaftsgesetz)
persönl.	persönlich
ProdHaftG	Gesetz über die Haftung für fehlerhafte Produkte (Produkthaftungsgesetz)
PVV	Positive Vertragsverletzung
RF	Rechtsfolge/n
RL	Richtlinie
RPflG	Rechtspflegergesetz
Rspr.	Rechtsprechung
RW	rechtswidrig/Rechtswidrigkeit
RzB	Recht zum Besitz
s.o.	siehe oben

s.u.	siehe unten
SCEAG	Gesetz zur Ausführung der Verordnung (EG) Nr. 1435/2003 des Rates vom 22. Juli 2003 über das Statut der Europäischen Genossenschaft (SCE) – (SCE-Ausführungsgesetz)
SEA	Schadensersatzanspruch
selbst.	selbstständig
SGB IX	Sozialgesetzbuch Neuntes Buch – Rehabilitation und Teilhabe von Menschen mit Behinderungen
SGB X	Zehntes Buch Sozialgesetzbuch – Sozialverwaltungsverfahren und Sozialdatenschutz
sog.	sogenannt
sonst.	sonstig
subj.	subjektiv
StVG	Straßenverkehrsgesetz
syn.	synonym
TBM	Tatbestandsmerkmal
titul.	tituliert
TVG	Tarifvertragsgesetz
typ.	typisch
tw.	teilweise
TzBfG	Teilzeit- und Befristungsgesetz
u.U.	unter Umständen
unbeschr.	unbeschränkt
UWG	Gesetz gegen den unlauteren Wettbewerb
wechsels.	wechselseitig
VersAusglG	Gesetz über den Versorgungsausgleich (Versorgungsausgleichsgesetz
vertragl.	vertraglich
vgl.	vergleiche
VO	Verordnung
VS	Verschulden/s
Vss.	Voraussetzungen
WEG	Gesetz über das Wohnungseigentum und das Dauerwohnrecht (Wohnungseigentumsgesetz)
z.B.	zum Beispiel
Ziff.	Ziffer
zw.	zwischen
ZPO	Zivilprozessordnung
z.T.	zum Teil
zugängl.	zugänglich
ZVG	Gesetz über die Zwangsversteigerung und die Zwangsverwaltung
ZVS	Zwangsvollstreckung
ZWE	Zwischenergebnis

Kapitel 1. Vorüberlegungen

Bevor Sie beginnen, nach dem passenden Schema zur Lösung Ihres Falls zu suchen, müssen Sie zuerst ein paar Vorüberlegungen anstellen. Jedes Schema muss an die konkrete Fallfrage und den zugrundeliegenden Sachverhalt angepasst werden. 1

A. Einstieg in die Fallbearbeitung

I. Sachverhaltsarbeit

Zunächst müssen Sie den Sachverhalt wirklich verinnerlichen. Sie müssen sich die Fragen stellen: 2

- Was ist gewollt/verlangt? 3
- Wer will etwas?
- Von wem will er/sie das?
- Aufgrund welcher Rechtsgrundlage könnte dies verlangt werden?

Die Frage „*Wer* will *was* von *wem woraus?*“ wird auch gerne als die „Vier-W-Frage“ bezeichnet). Die Beantwortung dieser Frage ist deshalb so wichtig, da die erfolgreiche Fallbearbeitung mittels selbst entworfenen und/oder hier gefundenen Schemas zwingend voraussetzt, dass Sie die richtigen Anspruchsgrundlagen gegenüber dem richtigen Anspruchsgegner prüfen. Ein Prüfungsschema hilft also nur bei der Anwendung einer Norm, nicht hingegen beim Auffinden der einschlägigen Anspruchsgrundlage. Diese Aufgabe kann Ihnen nicht abgenommen werden, es sei denn diese ergibt sich bereits aus der Fallfrage. 4

Sofern mehrere Personen beteiligt sind, ist es ratsam, sich eine Zeichnung anzufertigen. Anhand dieser können Sie die aufgrund der Fallfrage in Betracht kommenden Ansprüche auf einem Konzeptpapier **notieren und ggf. bereits in groben Zügen überlegen, ob die Anforde**rungen der Anspruchsgrundlage erfüllt sein könnten. Hier kommt Ihnen ein Grobschema zum ersten Mal zugute, indem Sie offenkundig nicht einschlägige Anspruchsgrundlagen nicht in Ihre Prüfung aufnehmen. 5

II. Prüfreihenfolge der Anspruchsarten

6 Im Zivilrecht hat sich eingebürgert, dass bestimmte Ansprüche vor anderen geprüft werden. So sind als Erstes vertragliche Ansprüche zu prüfen, danach quasivertragliche Ansprüche, dann sachenrechtliche Ansprüche, dann deliktische Ansprüche und zuletzt bereicherungsrechtliche Ansprüche. Diese Reihenfolge ist kein Selbstzweck. Durch ihr Einhalten wird zum einen sichergestellt, dass keine Anspruchsgrundlagen vergessen werden. Zum anderen werden so genannte Inzidentprüfungen vermieden. Eine Inzidentprüfung bedeutet, dass mehrere Anspruchsgrundlagen ineinander geschachtelt geprüft werden müssen.

7 Die Prüfungsreihenfolge ergibt sich daraus, dass quasivertragliche Ansprüche voraussetzen, dass kein Vertrag vorliegt (so darf für eine Geschäftsführung ohne Auftrag kein Vertragsverhältnis vorliegen oder bei einem vorvertraglichen Schuldverhältnis kein Vertrag geschlossen sein).

8 Auch kann es z.B. innerhalb einer sachenrechtlichen Prüfung darauf ankommen, ob jemand ein Besitzrecht hat (z.B. wegen § 986) oder ob eine Forderung besteht, die durch ein Pfandrecht abgesichert werden soll. Ein solches kann aufgrund Vertrags oder quasivertraglichen Schuldverhältnisses gegeben sein.

9 Innerhalb des Deliktsrechts kann zu prüfen sein, ob jemand rechtmäßig handelt. Die Rechtmäßigkeit dieses Handelns kann sich aus einem Vertragsverhältnis oder einem quasivertraglichen Schuldverhältnis ergeben. Auch kann es innerhalb der Frage, wem ein verletztes Rechtsgut zuzuordnen ist, entscheidend sein, wie sich die Eigentumsverhältnisse (also eine sachenrechtliche Frage) darstellen.

10 Für die Beurteilung bereicherungsrechtlicher Ansprüche wird es regelmäßig darauf ankommen, ob eine Bereicherung ohne Rechtsgrund vorliegt. Es können sich Rechtsgründe für eine Vermögensverschiebung jedoch sowohl aus Vertrag, quasivertraglichem Schuldverhältnis oder auch sachenrechtlichen Vorschriften (z.B. §§ 994, 996) ergeben. Zudem können sowohl deliktsrechtliche als auch bereicherungsrechtliche Ansprüche aufgrund der Sperrwirkung des Eigentümer-Besitzer-Verhältnisses ausgeschlossen sein (§ 993 I HS. 2). Für die Prüfungsreihenfolge der Ansprüche gilt folgender

11 Merksatz: **V**iel **Q**uatsch **s**chreibt **d**er **B**earbeiter.

III. Anspruchsinhalte

12 Gem. § 194 ist ein Anspruch das Recht, von einem anderen ein Tun oder Unterlassen zu verlangen. Während die Anspruchsarten die Her-

kunft (innerhalb des BGB) ausmachen, richten sich die Anspruchsinhalte nach dem jeweiligen Tun oder Unterlassen. Für die Bearbeitung der Fallfrage ist es von herausragender Bedeutung, dass die Antwort auf die Frage passend ist. So muss das Begehren des Anspruchstellers auch von der Rechtsfolge abgedeckt sein, um den Anspruch zu begründen. Daher muss man die Ansprüche nach ihrem Inhalt (zu dem sie verpflichten) unterscheiden. Auch muss bei der Formulierung genau aufgepasst werden: So kann ein Anspruch als Recht des Gläubigers, aber auch als Pflicht des Schuldners formuliert werden.

Wichtige Anspruchsinhalte aus den ersten drei Büchern des BGB **13**
sind z.B.:

- Zahlungsansprüche (Zahlung von Geld, z.B. § 433 II, § 488)
- Vergütungsansprüche (Zahlungsansprüche aufgrund von Arbeit, z.B. § 611a II, §§ 631, 632)
- Erstattungsansprüche (Rückzahlung überzahlter Beträge, z.B. § 547 I 1)
- Dienstverpflichtung (Verpflichtung zur Arbeit, z.B. § 611, § 611a)
- Herstellungsansprüche (Anspruch auf Herbeiführung eines vereinbarten Erfolgs, z.B. § 631)
- Verschaffungsansprüche (Anspruch auf Begründung eines Rechts oder Besitzes, § 433 I)
- Nacherfüllungsansprüche (vom Erfüllungsanspruch nach Gefahrübergang zum Nacherfüllungsanspruch modifizierter Erfüllungsanspruch [typ. mit anderer Verjährungsfrist], z.B. § 439)
- Rückgewähransprüche (Rückgewähr empfangener Leistungen, z.B. § 357)
- Rückgabeansprüche (Wiedereinräumung gewährten Besitzes, z.B. § 596 I)
- Überlassungsansprüche (z.B. Besitzüberlassung, § 607)
- Gebrauchsüberlassungsansprüche (z.B. § 535, § 581, § 598)
- Herausgabeansprüche (Herausgabe eines Rechts oder des Besitzes, z.B. § 346 I, § 604 I, § 985 oder § 812 I 1 Var. 1)
- Beseitigungsansprüche (bei Beeinträchtigungen, z.B. §§ 12, 1004)
- Unterlassungsansprüche (z.B. § 823 I iVm § 1004 oder §§ 1134, 1192)
- Wertersatz (für eine Verschlechterung, z.B. § 346 II, oder Rechtsverlust, z.B. § 951 iVm § 812 I 1 Var. 1)
- Aufwendungsersatz (Erstattung getätigter Aufwendungen, z.B. § 284 oder § 670)
- Verwendungsersatz (Ersatz für Aufwendungen auf Sachen § 347 II oder §§ 994, 996)
- Schadensersatzansprüche (z.B. aus § 280 I oder § 823 I) Anspruch auf die Rechtsfolgen der §§ 249 ff.; dies kann dann Zahlung sein

(z.B. § 249 II 1), aber auch Herausgabe (z.B. § 249 I bei Besitzentziehung)
- Entschädigungsansprüche (für immaterielle Schäden, z.B. § 15 II AGG)
- Auskunftsansprüche (z.B. § 402, § 666)
- Mitteilungsansprüche (z.B. § 469)
- Ausgleichsansprüche (Ausgleich unter mehreren Verpflichteten, z.B. § 426 I)
- Vertragsanpassungsansprüche (z.B. § 313 I)
- Geschäftsbesorgungsansprüche (selbst. Wahrnehmung fremder Interessen, z.B. § 662)
- Aufbewahrungsansprüche (z.B. § 688)
- Rücknahmeansprüche (z.B. § 696)
- Einstandspflicht (z.B. § 765 für verbürgte Forderung)
- Duldungsansprüche (Hinnahmeverpflichtung von Beeinträchtigungen z.B. § 859, § 867, § 1147)
- Wegnahmerecht (z.B. § 997).

14 Wichtig erscheint es auch zu erkennen, dass die Rechtsposition, ein Gestaltungsrecht inne zu haben (z.B. ein Anfechtungs- oder Rücktrittsrecht), selbst keinen Anspruch darstellt, sondern eine Rechtsmacht, die durch ihre Nutzung Ansprüche begründen kann. Das Gestaltungsrecht und die Folgen von Gestaltungsrechten sind zu unterscheiden.

IV. Einwendungen und andere Normen/Rechtsfolgenlehre

15 Im Zivilrecht existieren aber nicht nur Normen, die Ansprüche begründen, sondern auch solche, die Ansprüche von vornherein ausschließen (rechtshindernde Einwendungen) oder die Ansprüche im Nachhinein beseitigen (rechtsvernichtende Einwendungen) [vgl. Baukastensystem des BGB → Rn. 25 ff.]. Zudem gibt es Definitionsnormen und Hilfsnormen. Oberstes Gebot ist, dass eine Anspruchsprüfung stets mit einer Anspruchsgrundlage beginnt und die ggf. zu prüfenden kontradiktorischen Normen im Prüfungsaufbau an richtiger Stelle geprüft werden. Daher ist es möglich, dass innerhalb Ihrer Schemata weitere Schemata zu prüfen sind. Dies ist auch der Grund, warum in manchen Schemata ein Prüfungspunkt (I.) existiert, ohne dass ein weiterer Prüfungspunkt auf gleicher Ebene existiert. Natürlich **muss** auf jedes I. ein II. folgen und auf jedes a) ein b). Sie müssen sich also ggf. die weiteren passenden Schemata (mit den Einwendungen) suchen, um das Schema zu vervollständigen. Sollte es nach Ihrer Prüfung keinen zweiten Punkt auf einer Ebene geben, so müssen Sie entweder die Gliederungsebene auslassen (nicht die Prüfung, sondern nur die Vergabe eines Gliederungspunkts) und direkt unter den Text schreiben oder Sie vergeben einen Gliederungspunkt I. und bilden unter II. ein Ergebnis oder Zwischenergebnis, mit dem Sie den fehlenden Gliederungspunkt auffüllen.

B. Schemata und Definitionen

I. Definitionen und ihre Bedeutung

Bei Definitionen müssen zwei verschiedene Arten auseinandergehalten werden: Zum einen Legaldefinitionen und zum anderen Definitionen im herkömmlichen Sinne. Legaldefinitionen sind solche, die vom Gesetzgeber in das Gesetz aufgenommen worden sind. Um dies kenntlich zu machen, hat der Gesetzgeber den von ihm definierten Begriff regelmäßig hinter die Definition in Klammern gesetzt. Ein Beispiel hierfür findet sich in § 194 für den Anspruch. Manchmal werden Legaldefinitionen jedoch nicht durch runde Klammern gekennzeichnet, sondern werden direkt ausgeführt, so wie etwa in § 276 II der Begriff der Fahrlässigkeit. **16**

Wenn der Gesetzgeber einen Begriff legal definiert, müssen Sie diesen Begriff verwenden und können nicht auf einen eigenen oder in der Literatur oder Rechtsprechung verwendeten anderen Begriff zurückgreifen. **17**

Nur falls es an einer Legaldefinition fehlt, können und dürfen Sie eine eigene oder anerkannte Definition aus Rechtsprechung oder Literatur verwenden. **18**

Zur Vereinfachung werden hier die meisten gebräuchlichen Definitionen wiedergegeben, auch wenn es sich um Legaldefinitionen handelt. Dies wird entsprechend kenntlich gemacht. Folglich ist die Kenntnis der anderen Definitionen für Sie von größerer Bedeutung, da Sie das Gesetz stets nutzen dürfen. **19**

II. Verwendung der Schemata in der Prüfung

Innerhalb der Prüfung zivilrechtlicher Ansprüche kommt es regelmäßig vor, dass Sie mehrere Schemata ineinander integrieren müssen. Dies ähnelt der Struktur eines Computerbetriebssystems, in dem auf einem Laufwerk mehrere Ordner existieren, die ihrerseits Dateien oder weitere Unterordner beinhalten können. Jeder Ordner soll hier durch ein Schema symbolisiert werden. **20**

Bei einfachen Prüfungen kann es ausreichen, dass nur ein Ordner besteht, bei komplizierteren Prüfungen müssen weitere Ordner innerhalb des Hauptordners angelegt werden. **21**

22 Als Beispiel dafür soll hier zunächst ein vertraglicher Anspruch dienen. So kann ein Vertrag durch zwei übereinstimmende Willenserklärungen (Antrag und Annahme) zustandekommen. Sofern es sich um einen einfachen Fall handelt, bei dem zwei volljährige Vertragspartner beteiligt sind, die weder geschäftsunfähig noch anfechtungsberechtigt sind, benötigen Sie kein weiteres Schema, das Sie prüfen müssen. Sie haben bildlich gesprochen in Ihrem Ordner nur die Dateien Antrag und Annahme. Sollte jedoch einer der Vertragspartner minderjährig sein, so müssen Sie bei der Willenserklärung des Minderjährigen inzident die Wirksamkeit seiner Willenserklärung gem. § 108 prüfen. Sollte dies z.B. die Annahmeerklärung sein, so müssen Sie darin den Unterordner (Un-)Wirksamkeit der Willenserklärung anlegen, der seinerseits die §§ 106 ff. enthält.

23 Sollte keine Minderjährigkeit vorliegen, sondern z.B. eine Anfechtung, so stellt sich die Prüfung ähnlich dar, jedoch brauchen Sie ein anderes Schema, nämlich das über die Voraussetzungen einer Anfechtung (§§ 119 ff., 142).

24 Die Ordnerstruktur Ihrer Prüfung wird in Ihrem Gutachten dadurch kenntlich gemacht, dass Sie bei den Gliederungsebenen jeweils eine Stufe nach unten gehen.

Kapitel 2. Baukastensystem des Bürgerlichen Rechts

A. Allgemeines Schema

Bei der Nutzung von Schemata im Zivilrecht muss man sich zunächst vergegenwärtigen, dass es nicht das eine Schema gibt. Es muss je nach Ausprägung des Falles ein Gesamtschema aus verschiedenen Einzelteilen zusammengebaut werden. Allen Anspruchsprüfungen im Zivilrecht ist jedoch gemein, dass diese auf der dreistufigen Prüfung beruhen, ob ein Anspruch entstanden, nicht untergegangen und durchsetzbar ist. 25

26

Allgemeines Aufbauschema
I. Anspruch entstanden
1. anspruchsbegründende Voraussetzungen
2. keine anspruchshindernden Tatbestände
II. Anspruch nicht untergegangen
III. Anspruch durchsetzbar
IV. Ergebnis

Nur bei den Voraussetzungen auf der Ebene „Anspruch entstanden, anspruchsbegründende Voraussetzungen" handelt es sich um „positive" Voraussetzungen. Die auf den anderen Ebenen zu prüfenden Elemente sind regelmäßig Prüfungspunkte, die der erfolgreichen Geltendmachung eines Anspruchs vorübergehend oder auch dauerhaft entgegenstehen. 27

Je nachdem, auf welcher Stufe die negativen Voraussetzungen zu prüfen sind, tragen sie unterschiedliche Namen. Soweit es sich um Einwendungen (i.w.S.) des Anspruchsgegners handelt, die auf der ersten Ebene zu prüfen sind, heißen sie rechtshindernde Einwendungen, wenn sie auf der zweiten Ebene beheimatet sind, nennt man sie rechtsvernichtende Einwendungen und die Einwendungen auf der dritten Ebene werden rechtshemmende Einwendungen genannt. 28

Es sei noch angemerkt, dass Einwendungen, die vom Anspruchsgegner geltend gemacht werden müssen (d.h. nicht von Amts wegen berücksichtigt werden), als Einrede bezeichnet werden. 29

30	Einwendungen (i.e.S.)	von Amts wegen zu berücksichtigen
31	Einreden	müssen erhoben werden

B. Aufbau des BGB

32 Der Aufbau des BGB gliedert sich in fünf Bücher. Diese grundsätzlich vorteilhafte Aufteilung hilft leider nicht immer beim Auffinden der richtigen Anspruchsgrundlagen. Vielmehr lassen sich Anspruchsgrundlagen in allen fünf Büchern finden. Auch können die verschiedenen Einwendungen nicht eindeutig den jeweiligen Büchern zugeordnet werden. So finden sich z.B. Regelungen über die Durchsetzbarkeit (rechtshemmende Einwendungen) nicht nur im Allgemeinen Teil des BGB (etwa § 214), sondern auch im Schuldrecht (etwa §§ 273, 320).

33 Um die einzelnen Rechtsinstitute handhabbar zu machen, erscheint es jedoch angebracht, nach Gebieten vorzugehen. So sollen im Fortgang innerhalb der Rechtsgebiete zunächst die wichtigsten Definitionen, die in der Prüfung benötigt werden, vorangestellt werden. Im Anschluss werden die wichtigsten Schemata des jeweiligen Rechtsgebiets vorgestellt.

34 Bei jedem Schema wird vermerkt, wo es innerhalb des allgemeinen Aufbauschemas (vgl. Rn. 26) zu verwenden ist. So können Sie sich Ihr Gesamtschema zusammenbauen.

Kapitel 3. Allgemeiner Teil des BGB.

A. Definitionen

Abgabe	Eine Abgabe ist die willentliche Entäußerung einer Willenserklärung in den Rechtsverkehr.	**35**
Annahme	Die Annahme ist eine empfangsbedürftige Willenserklärung, durch welche der Vertragspartner seine uneingeschränkte Zustimmung zum vorgeschlagenen Vertragsschluss zu erkennen gibt.	**36**
Antrag	Ein Antrag ist eine empfangsbedürftige Willenserklärung, durch welche ein Vertrag herbeigeführt werden soll. Er muss so gestaltet sein, dass er mit einem bloßen „ja" angenommen werden kann.	**37**
Bote	Bote ist der Überbringer oder Empfänger einer fremden (vorformulierten) Willenserklärung, der von einem anderen hierzu bestimmt ist.	**38**
Erklärungsbewusstsein (Rechtsbindungswille)	Erklärungsbewusstsein ist das Bewusstsein, irgendetwas Rechtserhebliches zu erklären (d.h. irgendeinen rechtlichen Erfolg herbeizuführen).	**39**
essentialia negotii	Wesentliche Bestandteile für den angestrebten Vertragsschluss (idR Parteien, Leistung, ggf. Gegenleistung)	**40**
Geschäftswille	Geschäftswille ist der Wille, einen ganz best. Rechtserfolg herbeizuführen.	**41**
gute Sitten	Anstandsgefühl aller billig und gerecht Denkenden	**42**
Handlungswille	Handlungswille ist das Bewusstsein, überhaupt zu handeln.	**43**
kennen müssen	grob fahrlässige Unkenntnis, § 122 II	**44**
negatives Interesse	Der Verletzte ist so zu stellen, wie er stehen würde, wenn er nicht auf die Wirksamkeit des Rechtsgeschäfts bzw. der Erklärung vertraut hätte.	**45**

46	positives Interesse	Interesse an der Erfüllung
47	Rechtsgeschäft	Ein Rechtsgeschäft besteht aus mind. einer Willenserklärung, die allein oder iVm anderen Tatsachen einen rechtlichen Erfolg herbeiführt.
48	unverzüglich	ohne schuldhaftes Zögern, § 121 I 1
49	verkehrswesentliche Eigenschaft	alle wertbildenden Faktoren, die einer Sache oder Person auf Dauer anhaften (nicht der Preis, er ist das Ergebnis der Faktoren)
50	Vertrag	Ein Vertrag besteht aus zwei inhaltlich übereinstimmenden Willenserklärungen. Die zeitlich erste wird Antrag genannt, die zweite Annahme.
51	Willenserklärung	Eine Willenserklärung ist eine auf einen rechtlichen Erfolg gerichtete Willensentäußerung.
52	Zugang	Zugang tritt ein, wenn eine Willenserklärung dergestalt in den Machtbereich des Empfängers gelangt ist, dass unter Zugrundelegung normaler Umstände alsbald mit Kenntnisnahme zu rechnen ist.

B. Schemata und Strukturen

Aufbauschema: Vertraglicher Anspruch 53

I. Antrag, § 145
  1. Willenserklärung
    a) obj. Tatbestand (Rückschluss auf den vollst. subj. Tatbestand der Willenserklärung mit essentialia negotii)
    b) subj. Tatbestand
      aa) Handlungswille
      bb) Rechtsbindungswille/ Erklärungsbewusstsein
      cc) Geschäftswille (unstreitig nicht erforderlich)
    c) Wirksamkeit
      aa) Abgabe
      bb) Zugang, § 130 I 1
      cc) kein rechtzeitiger Widerruf, § 130 I 2
  2. keine Nichtigkeit/Unwirksamkeit
    a) Geschäftsunfähigkeit, § 105
    b) beschränkte Geschäftsfähigkeit, § 108
    c) Anfechtung, § 142
    d) Formnichtigkeit, § 125
    e) gesetzl. Verbot, § 134
    f) Sittenwidrigkeit, § 138
    g) Scheingeschäft, § 117
    h) Scherzerklärung, § 118

II. Annahme
  1. Willenserklärung (s.o.)
  2. Rechtzeitigkeit, §§ 146, 147
  3. keine Nichtigkeit (s.o.)

III. kein Dissens
  1. offener Einigungsmangel, § 154 (i.d.R. Vertrag (–))
  2. versteckter Einigungsmangel, § 155 (i.d.R. Vertrag (+))

IV. Kongruenz

54 **Aufbauschema: Nichtigkeit einer Willenserklärung wegen Geschäftsunfähigkeit, § 105 I, oder gem. § 105 II**

I. Willenserklärung
   1. § 105 I: Geschäftsunfähigkeit gem. § 104
      a) 0 bis Vollendung des 7. Lebensjahrs (§ 104 Nr. 1) *oder*
      b) dauerhafte krankhafte Störung der Geistestätigkeit, die die freie Willensbestimmung ausschließt (§ 104 Nr. 2)
   2. § 105 II: Bewusstlosigkeit *oder* vorübergehende Störung der Geistestätigkeit (z.B. Betrunkensein)
   3. Ausnahme: kein Geschäft des täglichen Lebens, § 105a
      a) volljähriger Geschäftsunfähiger
      b) Geschäft des täglichen Lebens
      c) geringwertige Mittel
      d) Bewirken der Verpflichtung des Geschäftsunfähigen
      e) Rückausnahme: keine erhebliche Gefahr für den Geschäftsunfähigen oder dessen Vermögen

II. RF: Nichtigkeit

55 **Aufbauschema: Unwirksamkeit bei beschränkter Geschäftsfähigkeit, §§ 106, 2, 108**

I. Willenserklärung
   1. Unwirksamkeit gem. § 108
      a) Minderjähriger zwischen 7 und 18 Jahren alt
      b) Erforderlichkeit der Einwilligung, § 107
         aa) Geschäft nicht lediglich rechtlich vorteilhaft
         bb) kein neutrales Geschäft (arg. ex § 165)
      c) Fehlen der Einwilligung, § 183
         aa) originär fehlende Einwilligung
         bb) Unwirksamkeit wegen Aufforderung des Vertragspartners, § 108 II
            (1) Einwilligung ggü. dem Minderjährigen
            (2) Aufforderung zur Erklärung ggü. den Eltern

d) keine Genehmigung, § 184

e) keine Wirksamkeit gem. § 110

aa) Mittel zur freien Verfügung *oder* zu konkretem Zweck vom gesetzl. Vertreter *oder* mit dessen Zustimmung überlassen *und*

bb) Bewirken der ganzen geschuldeten Leistung

f) keine Teilgeschäftsfähigkeit, §§ 112, 113

II. RF: Unwirksamkeit der Willenserklärung (somit auch des Vertrags)

Aufbauschema: Scheingeschäft, § 117 I 56

I. Willenserklärung

1. Empfangsbedürftigkeit

2. Einvernehmen über Schein

II. RF: Nichtigkeit

Aufbauschema: Scherzerklärung, § 118 57

I. Willenserklärung

1. ohne Rechtsbindungswillen

2. Erwartung, der Scherz werde erkannt

II. RF: Nichtigkeit

Aufbauschema: Anfechtung, § 142 58

I. Willenserklärung

1. Nichtigkeit gem. § 142

a) Anfechtungsgrund

aa) Inhaltsirrtum, § 119 I Var. 1

bb) Erklärungsirrtum, § 119 I Var. 2

cc) Irrtum über eine verkehrswesentliche Eigenschaft, § 119 II

dd) Falschübermittlungen, § 120

ee) Drohung oder Täuschung, § 123

(1) widerrechtliche Drohung

(2) arglistige und rechtswidrige Täuschung

(a) Einschränkung bei drei Person, § 123 II

(b) teleologische Reduktion der Einschränkung aufgrund der Lagertheorie

b) Kausalität des Anfechtungsgrundes für die Willenserklärung

c) Anfechtungserklärung (Form gleichgültig)

d) richtiger Anfechtungsgegner, § 143

e) Anfechtungsfrist, §§ 121, 124

aa) Gründe gem. §§ 119 f. = unverzüglich, § 121 I

bb) Gründe gem. § 123 = ein Jahr, § 124 I

f) kein Ausschluss der Anfechtung

aa) Zehnjahresfrist, § 121 II

bb) Bestätigung, § 144 I

2. ZWE: einzelne Willenserklärung nichtig; ggf. Fortfall des gesamten Rechtsgeschäfts

59 **Aufbauschema: Schadensersatz bei Anfechtung und Scherzerklärung, § 122**

I. Anfechtung gem. §§ 119, 120 oder Nichtigkeit gem. § 118

II. Empfangsbedürftigkeit der Willenserklärung

III. Schaden

IV. Vertrauen auf die Wirksamkeit der Erklärung

V. Höchstgrenze für den Ersatz des Schadens = negatives Interesse (bis max. positives Interesse)

VI. kein Ausschluss, § 122 II (bei Kenntnis oder Kennenmüssen)

VII. RF: Schadensersatz

Aufbauschema: Formnichtigkeit, § 125 60

I. Rechtsgeschäft

II. Formvorschrift (z.B.)
1. Grundstückskauf, § 311b I
2. Verfügung über das gesamte Vermögen, § 311b II
3. Schenkung, § 518 I
4. Bürgschaft, § 766
5. Testament, § 2247

III. keine Sondervorschriften (z.B. § 350 HGB)

IV. keine Heilung (z.B.)
1. § 311b I 2
2. § 518 II

V. evtl. Einrede gegen Berufung auf Formwidrigkeit gem. § 242 wegen Treuwidrigkeit

VI. RF: Nichtigkeit

Aufbauschema: gesetzliches Verbot, § 134 61

I. Rechtsgeschäft

II. gesetzliches Verbot

III. Schutzzweck des Verbotsgesetzes betroffen

IV. RF: Nichtigkeit

Aufbauschema: Sittenwidrigkeit, § 138 62

I. Wucher, § 138 II
1. gegenseitiges Rechtsgeschäft
2. auffälliges Missverhältnis zw. Leistung und Gegenleistung
3. Zwangslage, Unerfahrenheit, Mangel an Urteilsvermögen oder erhebliche Willensschwäche
4. ausnutzen (Kausalität)

II. Verstoß gegen die guten Sitten, § 138 I

1. Verstoß aufgrund des Inhalts

a) Geschäft ist unmittelbar auf ein rechts- bzw. sozialethisch missbilligenswertes Verhalten bzw. die Herbeiführung oder Förderung eines missbilligenswerten Erfolgs gerichtet

b) subj. Merkmale nicht erforderlich

2. Verstoß wegen des Gesamtcharakters

a) zusammenfassende Würdigung von Inhalt, Beweggrund und Zweck des Rechtsgeschäfts

b) subj. Merkmale (Absichten und Beweggründe sind zu berücksichtigen)

III. RF: Nichtigkeit

63 **Aufbauschema: Stellvertretung, §§ 164 ff.**

I. eigene Willenserklärung (Abgrenzung zum Boten)

II. im fremden Namen (Abgrenzung zu unter fremdem Namen)

III. innerhalb der Vertretungsmacht (gesetzl. oder rechtsgeschäftliche)

IV. RF: Willenserklärung wirkt für und gegen den Vertretenen

64 **Aufbauschema: Duldungsvollmacht**

I. keine wirksame Stellvertretung

II. zum Handeln in fremdem Namen nicht Befugter

III. über einen längeren Zeitraum und wiederholt für den Geschäftsherrn als Vertreter aufgetreten

IV. Kenntnis des Geschäftsherrn

V. Schutzwürdigkeit des Vertragspartners

1. Ursächlichkeit des Rechtsscheins für den Vertragsschluss

2. Gutgläubigkeit

VI. RF: Vertretungsmacht des „Vertreters“

Aufbauschema: Anscheinsvollmacht 65

I. keine wirksame Stellvertretung

II. Rechtsscheinshaftung für Vertretungsmacht

1. wiederholtes und sich über einen gewissen Zeitraum erstreckendes Verhalten des „Pseudo-Vertreters"
2. fahrlässige Unkenntnis des Geschäftsherrn
3. Möglichkeit der Verhinderung
4. guter Glaube des Geschäftsgegners, dass Geschäftsherrn dieses Verhalten nicht verborgen blieb

III. RF: h.M. Vertretungsmacht des „Vertreters"; a.A. Vertrauenshaftung

Aufbauschema: Haftung des falsus procurator, § 179 66

I. Anwendbarkeit

1. keine Spezialregelungen (z.B. § 54 S. 2 BGB, § 11 II GmbHG, § 41 I 2 AktG)
2. keine wirksame Vertretung kraft Rechtsscheins (z.B. §§ 170–173 BGB, §§ 15, 56 HGB, Anscheins- oder Duldungsvollmacht)
3. kein Widerruf gem. § 178

II. Vss.

1. Handeln im fremden Namen ohne Vertretungsmacht
2. keine Genehmigung oder Genehmigungsfiktion, § 177 II 2
3. keine sonstigen Wirksamkeitshindernisse (Vertrag wäre wirksam, wenn Vertretung ordnungsgemäß wäre)
4. kein Haftungsausschluss gem. § 179 III
   a) Kenntnis oder fahrlässige Unkenntnis des Vertragspartners von der fehlenden Vertretungsmacht, § 179 III 1

   oder

   b) beschränkt geschäftsfähiger Vertreter (§§ 2, 106) ohne Zustimmung der gesetzl. Vertreter (§§ 1626, 1629), § 179 III 2

III. RF
1. bei Kenntnis des Fehlens: § 179 I
→ Vertragserfüllung oder Schadensersatz (nach Wahl des Vertragspartners)
2. bei Unkenntnis des Fehlens: Privilegierung gem. § 179 II
→ Schadensersatz des Vertrauensschadens begrenzt auf das positive Interesse

67 **Aufbauschema: Insichgeschäft, § 181**

I. Ausschluss der Vertretungsmacht
1. Selbstkontrahieren
a) Vertreter des Geschäftsherrn
b) Vertragspartner des Geschäftsherrn
2. Mehrvertretung
a) Vertreter des Geschäftsherrn
b) Vertreter des Geschäftspartners
3. Ausweitung bei Interessenkollision ohne Personenidentität (Analogie)
4. keine Einschränkung des Verbots bei fehlender Interessenkollision (teleologische Reduktion)
II. keine Befreiung durch Vertretenen (Erlaubnis)
III. Ausnahme bei Erfüllung einer Verbindlichkeit
IV. RF: Unwirksamkeit der Stellvertretung

68 **Aufbauschema: Verjährung, § 214**

I. fälliger Anspruch,§ 194 I
1. kein Ausschluss der Verjährung, § 194 II
2. Verjährungsfrist
a) spezielle Verjährungsfristen, §§ 196, 197
b) regelmäßige Verjährung, § 195

3. Verjährungsbeginn
   a) regelmäßige Verjährung, § 199
   b) andere Verjährungsfristen, § 200
4. keine Hemmung der Verjährung, §§ 203 ff.
5. keine Ablaufhemmung, §§ 210, 211
6. kein Neubeginn der Verjährung, § 212

II. RF: keine Durchsetzbarkeit

Kapitel 4. Schuldrecht Allgemeiner Teil

A. Definitionen

Anbahnung eines Vertrags	Es genügen unverbindliche Gespräche, die Abgabe eines Antrags oder auch ein bloßer Informationsbesuch, bei dem es zu einem persönl. Kontakt zw. den möglichen Vertragsparteien noch gar nicht gekommen ist.	**69**
Aufnahme von Vertragsverhandlungen	Die Aufnahme von Vertragsverhandlungen ist ein Realakt. Willenserklärungen sind nicht erforderlich. Es genügen unverbindliche Gespräche, weil auch diese in einen Vertragsschluss münden können und die typ. Einwirkungsmöglichkeiten auf die Rechtsgüter und Interessen der Gegenseite bestehen.	**70**
Aufwendungen	sind freiwillige Vermögensopfer.	**71**
bes. persönl. Vertrauen	Der Dritte muss eine über das normale Verhandlungsvertrauen hinausgehende persönliche Gewähr für die Seriosität und die Erfüllung des Geschäfts übernommen haben, die für den Willensentschluss des anderen Teils bedeutsam ist.	**72**
bestimmungsgemäße Ingebrauchnahme	bedeutet die Aufnahme der vertragl. vorgesehenen oder allgemein üblichen Verwendung des Leistungsgegenstandes	**73**
Bringschuld	Leistungsort ist der Wohnsitz des Gläubigers (Erfolgsort ebenfalls)	**74**
do ut des	Ich gebe, damit du geben mögest.	**75**
dolo agit (facit), qui petit, quod statim redditurus est	Arglistig handelt, wer etwas fordert, was er alsbald wieder zurückgeben muss.	**76**
entgeltliche Leistung iSd Widerrufsrechts	Der Begriff wird weit ausgelegt und erfasst bspw. auch Bürgschaften, bei denen der Gläubiger ein Darlehen gewährt oder auf sofortige Rückzahlung verzichtet.	**77**
Erfüllbarkeit	Erfüllbarkeit ist der Zeitpunkt, ab dem der Schuldner die Leistung erbringen darf.	**78**

79	Erfüllungsgehilfe	Erfüllungsgehilfe ist, wer mit Wissen und Wollen des Schuldners in dessen Pflichtenkreis als eine Hilfsperson tätig wird.
80	Fälligkeit	Fälligkeit ist der Zeitpunkt, zu dem der Schuldner leisten muss.
81	gegenseitiger Vertrag	Beide Parteien sind sowohl Schuldner als auch Gläubiger einer Leistung.
82	Gesamtgläubiger, § 428	Sind mehrere eine Leistung in der Weise zu fordern berechtigt, dass jeder die ganze Leistung fordern kann, der Schuldner aber die Leistung nur einmal zu bewirken verpflichtet ist, so sind sie Gesamtgläubiger.
83	Gesamtschuldner, § 426	Schulden mehrere eine Leistung in der Weise, dass jeder die ganze Leistung zu bewirken verpflichtet, der Gläubiger aber die Leistung nur einmal zu fordern berechtigt ist, so sind sie Gesamtschuldner.
84	Geschäftsgrundlage	Geschäftsgrundlage ist, was nicht Vertragsinhalt wurde, jedoch für eine Partei von erkennbar wichtiger Bedeutung war.
85	Gewerbebetrieb	Ein Gewerbe ist grundsätzlich jede wirtschaftliche Tätigkeit mit Ausnahme freiberuflicher oder landwirtschaftlicher Tätigkeit, die auf eigene Rechnung, eigene Verantwortung und auf Dauer mit der Absicht zur Gewinnerzielung betrieben wird.
86	Handelsgewerbe	§ 1 II HGB – Handelsgewerbe ist jeder Gewerbebetrieb, es sei denn, dass das Unternehmen nach Art oder Umfang einen in kaufmännischer Weise eingerichteten Geschäftsbetrieb nicht erfordert.
87	Holschuld	Leistungsort ist der Wohnsitz des Schuldners (Erfolgsort ebenfalls)
88	Kaufmann	§ 1 I HGB – Kaufmann im Sinne dieses Gesetzes ist, wer ein Handelsgewerbe betreibt.
89	Kennenmüssen	§ 122 II = fahrlässige Unkenntnis
90	Konnexität	„demselben rechtlichen Verhältnis" = es muss ein einheitlicher Lebenssachverhalt zugrundeliegen
91	Leistungsnähe	Dritter muss bestimmungsgemäß mit der Leistung in Berührung kommen

Leistungspflichten	Pflichten, aufgrund derer ein Rechtsgeschäft abgeschlossen wird	**92**
Nebenleistungs-pflichten	Pflichten, die der Erfüllung der Leistungspflichten dienen, ohne Leistungspflicht zu sein	**93**
Nebenpflichten (Schutzpflichten)	Pflichten gem. § 241 II	**94**
organisiertes Vertriebs- oder Dienstleistungs-system	Das System muss auf diese Art von Geschäften ausgelegt sein. Zu verneinen bei gelegentlichen oder zufälligen Vertragsschlüssen.	**95**
Rechtsfolgenverweis	Anwendbarkeit der RF einer Norm ohne Prüfung der tatbestandlichen Vss.	**96**
Rechtsgrundverweis	Es sind zusätzlich die Vss. der verwiesenen Norm zu prüfen, erst dann wird die RF ausgelöst.	**97**
Schickschuld	Ort der Leistungshandlung ist der Wohnsitz des Schuldners, Erfolgsort ist der Wohnsitz des Gläubigers	**98**
Schuldverhältnis i.e.S.	der einzelne Anspruch, § 194	**99**
Schuldverhältnis i.w.S.	das gesamte Rechtsgeschäft mit allen bestehenden Pflichten	**100**
Schutzbedürftigkeit des Dritten	Der Dritte hat selbst keine eigenen vertragl. Ansprüche gegen den Schuldner; deliktische Ansprüche hindern aber nicht.	**101**
Schutzinteresse des Gläubigers	Früher: Wohl und Wehe; heute: Auslegung des Einbeziehungsinteresses	**102**
Synallagma	Die sich gegenüberstehenden Leistungen stehen im do ut des-Verhältnis.	**103**
Umstandsmoment	Es liegt vor, wenn der Berechtigte unter solchen Umständen untätig geblieben ist, die den Eindruck erwecken, dass er sein Recht nicht mehr geltend machen wird.	**104**
Unmöglichkeit	Dauerhafte Nichterbringbarkeit der Leistung	**105**
venire contra factum proprium nemini licet	Niemand darf sich in Widerspruch zu seinem eigenen Verhalten setzen.	**106**
Verwendungen	Verwendungen sind freiwillige Vermögensopfer, die einer Sache unmittelbar zugutekommen, d.h. sie erhalten oder wiederherstellen.	**107**

108	Verwirkung	Verwirkung bei §§ 339 f. bedeutet das Entstehen des vertragl. Anspruchs auf die versprochene Strafe.
109	Verzugsschaden	Schäden, die nach der Mahnung oder Entbehrlichkeit der Mahnung entstehen; nicht aber Mahnkosten
110	wirtschaftliche Einheit	Liegt in der Regel vor, wenn der Unternehmer finanziert oder Kontakt zum Darlehensgeber vermittelt. Bei Immobiliargeschäften werden höhere Vss. an die wirtschaftliche Einheit gestellt, § 358 III
111	Zedent	Abtretender (alter Gläubiger)
112	Zeitmoment	Seit der Möglichkeit, das Recht geltend zu machen, muss ein längerer Zeitraum verstrichen sein (einzelfallabhängig).
113	Zession (lat. cessio)	Abtretung
114	Zessionar	neuer Gläubiger der abgetretenen Forderung
115	Zweckerreichung	ist gegeben, wenn der im Rahmen eines Schuldverhältnisses zu erzielende Leistungserfolg deshalb nicht eintreten kann, weil er durch eine andere Handlung als die des Schuldners bereits eingetreten ist
116	Zweckfortfall	Der zu erzielende Leistungserfolg kann nicht eintreten, weil das Leistungssubstrat weggefallen oder untauglich geworden ist.

B. Schemata und Strukturen

Aufbauschema: Leistungsort, § 269 117

I. vertragliche Vereinbarung

II. Umstände des Schuldverhältnisses (insb. Art der Leistung)

III. im Zweifelsfall Wohnsitz des Schuldners

Aufbauschema: Fälligkeit/Leistungszeit, § 271 118

I. vertragliche Vereinbarung

II. Umstände des Schuldverhältnisses (insb. Art der Leistung)

III. im Zweifelsfall sofort

Aufbauschema: Konkretisierung einer Gattungsschuld, § 243 II 119

I. das seinerseits Erforderliche veranlasst

1. am rechten Leistungsort, § 269
   a) bei Holschuld: aussondern und informieren
   b) bei Schickschuld: aussondern und an geeignete Transportperson übergeben
   c) bei Bringschuld: aussondern und zum Gläubiger bringen
2. zur rechten Zeit (= Erfüllbarkeit)
3. Leistungsgegenstand ist mittlerer Art und Güte, § 243 I

II. Beschränkung der Schuld auf den konkretisierten Gegenstand

Aufbauschema: Befreiung von der Leistungspflicht, § 275 I 120

I. Untergang der Leistungsverpflichtung

1. physische oder naturgesetzl. Unmöglichkeit
2. jur. Unmöglichkeit
3. Zweckfortfall/Zweckerreichung

II. RF
1. bei anfänglicher Unmöglichkeit: rechtshindernde Einwendung
2. bei nachträglicher Unmöglichkeit: rechtsvernichtende Einwendung

121 **Aufbauschema: Leistungsverweigerungsrecht bei grobem Missverhältnis von Leistung und Gegenleistung, § 275 II**

I. Verweigerungsrecht (Durchsetzbarkeit)
1. Erhebung der Einrede
2. grobes Missverhältnis von Leistung und Gegenleistung
a) Leistungsaufwand des Schuldners
b) Leistungsinteresse des Gläubigers
c) Vertretenmüssen des Hindernisses (in Abwägungsvorgang einbeziehen, § 275 II 2)
aa) VS gem. § 276 I
bb) Beschaffungsrisiko, § 276 I
d) Abwägungsergebnis

122 **Aufbauschema: Leistungsverweigerungsrecht bei persönl. Verpflichtung und Unzumutbarkeit der Leistungserbringung, § 275 III**

I. Verweigerungsrecht (Durchsetzbarkeit)
1. Verpflichtung zur persönl. Leistung
2. Leistungshindernis
3. Leistungsinteresse des Gläubigers
4. Abwägung der (Un-)Zumutbarkeit

123 **Aufbauschema: Befreiung von der Gegenleistungspflicht, § 326 I**

I. gegenseitiger Vertrag
II. Unmöglichkeit gem. § 275 I–III (→ Rn. 120 ff.)

III. keine Ausnahmetatbestände
   1. nicht bei Nacherfüllungsansprüchen bei Schlechtleistung, § 326 I 2
   2. VS des Gläubigers an der Unmöglichkeit (alleine oder weit überwiegend)
   3. Annahmeverzug, §§ 293 ff.
   4. Sondervorschriften (z.B. §§ 615 f.)
   5. Herausgabeverlangen auf das stellvertretende commodum gem. § 285 (§ 326 III 1)

IV. weitere RF
   1. Herausgabe der bisher erbrachten Leistungen nach den Rücktrittsvorschriften, § 326 IV
   2. Rücktrittsrecht bei Verzicht auf die Fristsetzung, § 326 V

Aufbauschema: vertragl. oder gesetzl. Rücktrittsrecht, § 346 124

I. gegenseitiger Vertrag

II. Rücktrittsrecht
   1. vertragliche Vereinbarung *oder*
   2. gesetzl. Rücktrittsrecht (z.B. im Gewährleistungsrecht)

III. Rücktrittserklärung, § 349
   1. Adressat ist der Vertragspartner
   2. formlos möglich
   3. Erklärungsfrist bei vertragl. Recht, § 350

Aufbauschema: Rücktritt wegen nicht oder nicht vertragsgemäß erbrachter Leistung, § 323 125

I. gegenseitiger Vertrag

II. fälliger durchsetzbarer Anspruch

III. Fristsetzung oder Entbehrlichkeit
   1. Fristsetzung (angemessen)
   2. Entbehrlichkeit, § 323 II
      a) Leistungsverweigerung, § 323 II Nr. 1

b) vertragl. best.Termin verstrichen (und auf Dringlichkeit hingewiesen), § 323 II Nr. 2

c) bes. Umstände und Abwägung, § 323 II Nr. 3

IV. Nichtleistung

V. keine Beschränkung auf Teilrücktritt, § 323 V

VI. kein Ausschluss (§ 323 VI) bei überwiegendem VS des Gläubigers oder Annahmeverzug

VII. RF: § 346 (Umwandlung des ursprünglichen Schuldverhältnisses in ein Rückgewährschuldverhältnis)

126 **Aufbauschema: Wertersatz beim Rücktritt, § 346 II**

I. wirksam erklärter Rücktritt (vgl. Schema → Rn. 124)

1. Rückgewähr oder Herausgabe nach der Natur des Erlangten ausgeschlossen, § 346 II 1 Nr. 1
2. Gegenstand verbraucht, veräußert, belastet, verarbeitet oder umgestaltet, § 346 II 1 Nr. 2
3. Gegenstand sich verschlechtert hat oder untergegangen ist (außer bei bestimmungsgemäßer Ingebrauchnahme), § 346 II 1 Nr. 3

II. Wegfall der Wertersatzverpflichtung gem. § 346 III

1. Rücktritt wegen Mangels, der sich erst während der Verarbeitung oder Umgestaltung des Gegenstandes gezeigt hat, § 346 III 1 Nr. 1
2. Gläubiger hat die Verschlechterung zu vertreten, § 346 III 1 Nr. 2
3. Gläubiger hat den Untergang zu vertreten, § 346 III 1 Nr. 2
4. Schaden wäre beim Gläubiger gleichfalls eingetreten, § 346 III 1 Nr. 2
5. gesetzl. Rücktrittsrecht, § 346 III 1 Nr. 3

a) Verschlechterung oder Untergang beim Rücktrittsberechtigten

b) Anwendung der diligentia quam in suis, § 277

III. weitere RF: Rechtsfolgenverweis auf das Bereicherungsrecht (§§ 812 ff.) für die verbliebene Bereicherung

Aufbauschema: Nutzungsersatz bei Rücktritt, § 346 127

I. wirksam erklärter Rücktritt (vgl. Schema → Rn. 124)
   1. tatsächlich gezogene Nutzungen
   2. unterlassene Nutzungen, § 347 I
      a) Nutzungsmöglichkeit
      b) Nutzung nach ordnungsgemäßer Wirtschaft angezeigt („VS gegen sich selbst")
      c) Ausschluss, wenn gesetzl. Rücktrittsrecht und Wahrung der diligentia quam in suis, § 347 I 2

Aufbauschema: Widerrufstatbestände allgemein 128

I. Vorliegen eines bisher wirksamen Vertrags
II. Verbrauchervertrag, §§ 312 I, 310 III
   1. Widerrufender = Verbraucher, § 13
   2. Vertragspartner = Unternehmer, § 14
   3. entgeltliche Leistung des Unternehmers
   4. kein Ausschluss bzw. keine Einschränkungen gem. § 312 II–VI
III. gesetzliches Widerrufsrecht, § 312g
   1. besondere Vertriebsformen, § 312g I
      a) AGV gem. § 312b *oder*
      b) Fernabsatz gem. § 312c
   2. bestimmte Vertragstypen, vgl. § 312g III
      a) §§ 485, 355, 356a *oder*
      b) §§ 488, 491, 495, 356b *oder*
      c) §§ 506 I, 495 *oder*
      d) §§ 510 I, II, 495, 356c *oder*
      e) § 650l *oder*
      f) §§ 4 FernUSG, 355 *oder*
      g) §§ 305 KAGB, 355
   3. kein Ausschluss (insb. gem. § 312g II)
IV. kein Erlöschen des Widerrufsrechts

V. Widerrufserklärung
   1. Inhalt (§ 355 I; Eindeutigkeit, Grund nicht erforderlich)
   2. Form (grds. formlos, § 355 I)
   3. Frist, § 355 II

VI. RF: §§ 355, 357 ff.
   1. Fortfall der Bindung an die Willenserklärungen, § 355 I
   2. Rückgewähr der empfangenen Leistungen, § 355 I
   3. weitere Rechtsfolgen je nach Widerrufsgrund §§ 357 ff.
      a) bei AGV und Fernabsatz, § 357
      b) bei Verträgen über Finanzdienstleistungen, § 357c
      c) bei Verträgen über Teilzeitwohnrechte, § 357b
      d) bei Ratenlieferungsverträgen, die nicht a) unterfallen, § 357c
      e) bei Verbraucherbauverträgen, § 357d

129 **Aufbauschema: Widerruf bei außerhalb von Geschäftsräumen geschlossenen Verträgen, §§ 312b, 355, 356, 357**

I. wirksamer Vertrag

II. Verbrauchervertrag, §§ 312 I, 310 III
   1. Widerrufender = Verbraucher, § 13
   2. Vertragspartner = Unternehmer, § 14
   3. entgeltliche Leistung des Unternehmers
   4. kein Ausschluss gem. § 312 II–VI

III. gesetzliches Widerrufsrecht gem. § 312g I
   1. außerhalb von Geschäftsräumen geschlossener Vertrag, § 312b
      a) Vertragsschluss bei gleichzeitiger Anwesenheit *(beachte:* § 312b I 2) an einem Ort, der kein Geschäftsraum (§ 312b II) des Unternehmers ist (§ 312b I 1 Nr. 1) *oder*
      b) Abgabe eines Angebots durch den Verbraucher an einem Ort, der kein Geschäftsraum des Unternehmers ist (§ 312b I 1 Nr. 2) *oder*
      c) Vertragsschluss in Geschäftsräumen des Unternehmers oder durch Fernkommunikationsmittel, bei denen der

Verbraucher zuvor außerhalb der Geschäftsräume bei gleichzeitiger Anwesenheit persönl. und individuell angesprochen wurde (§ 312b I 1 Nr. 3) *oder*

d) Vertragsschluss auf einem Ausflug, der von dem Unternehmer der mit dessen Hilfe organisiert wurde, um für Waren/Dienstleistungen zu werben und entsprechende Verträge abzuschließen (§ 312b I 1 Nr. 4)

2. kein Ausschluss gem. § 312g III (→ Rn. 128)

3. kein Ausschluss gem. § 312g II

IV. kein Erlöschen des Widerrufsrechts durch vollständige Leistungserbringung

1. bei einem Vertrag zur Erbringung von Dienstleistungen, § 356 IV 1

2. bei einem Vertrag über Lieferung digitaler Inhalte, § 356 V

V. Widerrufserklärung

1. Inhalt, § 355 I

2. Form, § 355 I

3. Frist, § 355 II

a) Dauer 14 Tage, § 355 II 1

b) Beginn

aa) mit Vertragsschluss, § 355 II 2 (Ausnahmen: § 356 II) *und*

bb) nach Erfüllung der Informationspflichten, §§ 356 III 1, 312d BGB iVm Art. 246a, 246b EGBGB

c) Ende (nach den 14 Tagen)

VI. kein Erlöschen gem. § 356 III 2

VII. RF: §§ 355, 357

1. Fortfall der Bindung an die Willenserklärungen, § 355 I

2. Rückgewähr der empfangenen Leistungen, §§ 355 I, 357 I, II

Beachte: Leistungsverweigerungsrecht gem. § 357 IV

3. Wertersatzansprüche gem. § 357 VII, VIII, IX

4. Versandkosten trägt der Verbraucher, § 357 VI (Ausnahmen: bei ordnungsgem. Belehrung und gem. § 357 VI 3)

5. Ausschluss weiterer Ansprüche, § 361 I

130 **Aufbauschema: Widerruf bei Fernabsatzverträgen, §§ 312c, 355, 356, 357**

I. wirksamer Vertrag

II. Verbrauchervertrag, §§ 312 I, 310 III
  1. Widerrufender = Verbraucher, § 13
  2. Vertragspartner = Unternehmer, § 14
  3. entgeltliche Leistung des Unternehmers
  4. kein Ausschluss gem. § 312 II–VI

III. gesetzl. Widerrufsrecht → § 312g I
  1. Fernabsatzvertrag, § 312c
    a) Lieferung von Waren oder Erbringung von Dienstleistungen
    b) unter ausschließlicher Verwendung von Fernkommunikationsmitteln, § 312c II
    c) organisiertes Vertriebs- oder Dienstleistungssystem
  2. kein Ausschluss gem. § 312g III
  3. kein Ausschluss gem. § 312g II

IV. kein Erlöschen des Widerrufsrechts durch vollständige Leistungserbringung
  1. bei einem Vertrag zur Erbringung von Dienstleistungen, § 356 IV 1
  2. bei einem Vertrag über Lieferung digitaler Inhalte, § 356 V

V. Widerrufserklärung
  1. Inhalt, § 355 I
  2. Form, § 355 I
  3. Frist, § 355 II
    a) Dauer (14 Tage, § 355 II 1)
    b) Beginn
      aa) mit Vertragsschluss, § 355 II 2 (Ausnahmen: § 356 II) *und*
      bb) nach Erfüllung der Informationspflichten, §§ 356 III 1, 312d BGB iVm Art. 246a, 246b EGBGB
    c) Ende (nach den 14 Tagen)

VI. kein Erlöschen gem. § 356 III 3

VII. RF: §§ 355, 357

1. Fortfall der Bindung an die Willenserklärungen, § 355 I
2. Rückgewähr der empfangenen Leistungen, §§ 355 I, 357 I, II

   Beachte: Leistungsverweigerungsrecht gem. § 357 IV

3. Wertersatzansprüche gem. § 357 VII, VIII, IX
4. Versandkosten trägt der Verbraucher, § 357 VI (Ausnahmen: bei ordnungsgem. Belehrung und gem. § 357 VI 3)
5. Ausschluss weiterer Ansprüche, § 361 I

Aufbauschema: Widerruf bei verbundenen Geschäften (§ 358 I), mittelbares Lösen vom Darlehensvertrag 131

I. wirksamer Verbrauchervertrag, §§ 312 I, 310 III

II. wirksamer Widerruf des Verbrauchervertrags, § 355 (→ Rn. 128 ff.)

III. verbundener Darlehensvertrag

1. wirksamer Verbraucherdarlehensvertrag
   a) Verbraucher, § 13
   b) Unternehmer, § 14
2. Verbundenheit, § 358 III
   a) Darlehen dient zumindest zT der Finanzierung
   b) wirtschaftliche Einheit

IV. RF: § 358 I bzw. II

Aufbauschema: Widerruf bei verbundenen Geschäften (§ 358 II, I), mittelbares Lösen vom verbundenen Vertrag mittels Verbund 132

I. wirksamer Verbraucherdarlehensvertrag, §§ 488, 491

II. wirksamer Widerruf eines Verbraucherdarlehensvertrags, § 495 (→ Rn. 327)

III. Vorliegen des verbundenen Verbrauchervertrags
    1. wirksamer finanzierter Verbrauchervertrag
        a) Verbraucher, § 13
        b) Unternehmer, § 14
    2. Verbundenheit, § 358 III
        a) Darlehen dient zumindest zT der Finanzierung
        b) wirtschaftliche Einheit
IV. RF: § 358 II

133 **Aufbauschema: Einwendungsdurchgriff bei verbundenen Verträgen (§§ 358, 359 I iVm Vorschriften des finanzierten Geschäfts)**

I. wirksamer Darlehensvertrag
II. verbundene Verträge, § 358 III
    1. persönliche Vss.
        a) Verbraucher, § 13
        b) Unternehmer, § 14
    2. sachliche Vss.
        a) Vertrag über die Lieferung von Ware oder Erbringung einer Leistung, § 358 I
        b) Darlehensvertrag, §§ 488, 491
        c) Verbundenheit, § 358 III
            aa) Darlehen dient der Finanzierung
            bb) wirtschaftliche Einheit
    3. kein Ausschluss gem. § 359 II
III. Einwendungsdurchgriff
    1. Einwendung aus dem finanzierten Geschäft
        a) Anspruch aus dem originären Vertrag (inkl. Gewährleistungsrechten)
        b) bei Gewährleistungsrechten erst nach Fehlschlag der Nacherfüllung
    2. Leistungsverweigerung, § 359 I 3

Aufbauschema: PVV, § 280 I 134

I. Schuldverhältnis

II. Pflichtverletzung, § 280 I 1

III. Schaden, § 280 I 1

IV. Kausalität (ungeschrieben)

V. Verschulden (wird vermutet, § 280 I 2)

VI. RF: §§ 249 ff.

Aufbauschema: Erfüllungsgehilfe, § 278 135

I. Anspruch bis zum Vertretenmüssen

II. kein eigenes Vertretenmüssen

III. Zurechnung des VS gem. § 278

1. bestehendes Schuldverhältnis zwischen Geschädigtem und Anspruchsgegner (vor der schädigenden Handlung)
2. Pflicht des Schuldners ggü. dem Gläubiger oder Vorliegen einer gesetzl. Vertretung
3. Einsatz des Schädigers zur Erfüllung der Pflicht aus dem Schulderverhältnis
4. Schädigung nicht nur bei Gelegenheit (str., h.M. differenziert)

Aufbauschema: Anspruchskürzung wegen Mitverschuldens, § 254 136

I. Anspruchsvoraussetzungen bis zum Schluss

II. Kürzung der Anspruchshöhe gem. § 254 I

1. Mitwirkung des Geschädigten
2. Vertretenmüssen des Geschädigten, § 276
3. Relation der beiden Schuldvorwürfe

III. Verletzung der Schadensminderungspflicht gem. § 254 II
  1. Informationspflicht, § 254 II Var. 1
    a) Kenntnis des Gläubigers von der Gefahr eines hohen Schadens
    b) schuldhaftes Unterlassen der Warnung
    c) hypothetische Kausalität (Schuldner kannte die Gefahr nicht und musste diese auch nicht kennen)
  2. Abwendungs- oder Minderungsmöglichkeit, § 254 II Var. 2
    a) Möglichkeit der Schadensverhinderung oder zumindest Verringerung des Schadensausmaßes
    b) schuldhaftes Unterlassen der Wahrnehmung der Möglichkeit

137 **Aufbauschema: c.i.c., §§ 311 II, 280 I, 241 II**

I. Schuldverhältnis
  1. kein Vertrag
  2. Schuldverhältnis, § 311 II
    a) Aufnahme von Vertragsverhandlungen, § 311 II Nr. 1
    b) Anbahnung eines Vertrags, Möglichkeit zur Einwirkung auf seine Rechte, Rechtsgüter und Interessen oder Anvertrauen, § 311 II Nr. 2
    c) ähnliche geschäftliche Kontakte, § 311 II Nr. 3
  3. Schuldverhältnis mit Dritten, § 311 III
    a) bes. persönl. Vertrauen
    b) erhebliche Beeinflussung
    c) wirtschaftliches Eigeninteresse des Dritten

II. Pflichtverletzung, § 280 I 1

III. VS (wird vermutet, § 280 I 2)

IV. Schaden, § 280 I 1

V. Kausalität (ungeschrieben)

VI. RF: §§ 249 ff.

Aufbauschema: Schadensersatz statt der Leistung bei Nicht- oder Schlechtleistung, §§ 280 I, III, 281 138

I. Schuldverhältnis

II. fälliger durchsetzbarer Anspruch (keine Unmöglichkeit)

III. Leistung nicht (oder nicht wie geschuldet) erbracht

IV. Fristsetzung oder Entbehrlichkeit gem. § 281 II

V. erfolgloser Fristablauf

VI. VS (wird vermutet, § 280 I 2)

VII. Schaden

VIII. Kausalität

IX. RF: §§ 249 ff.

Aufbauschema: Verzugsschaden, §§ 280 I, II, 286 139

I. Schuldverhältnis

II. Verzugsvoraussetzungen

1. fälliger durchsetzbarer Anspruch (keine Unmöglichkeit)
2. Mahnung oder Entbehrlichkeit
   a) Mahnung
   b) Klage auf Leistung oder Zustellung eines Mahnbescheides
   c) Entbehrlichkeit, § 286 II
   d) Rechnungslegung und Zeitablauf (§ 286 III), evtl. mit Hinweis bei Verbraucher
3. Nichtleistung
4. VS (wird vermutet, § 286 IV)
5. Verzugsschaden
6. Kausalität zw. Nichtleistung und Schaden
7. RF: §§ 249 ff.

140 **Aufbauschema: Schadensersatz statt der Leistung wegen Verletzung von Nebenpflichten, §§ 280 I, III, 282**

I. Schuldverhältnis

II. Pflichtverletzung, § 280 I 1

1. Pflicht gem. § 241 II
2. wiederholte oder grobe Pflichtverletzung

III. VS (wird vermutet, § 280 I 2)

IV. Unzumutbarkeit der Fortsetzung des Schuldverhältnisses

V. Schaden (idR Verkehrswert der geschuldeten Leistung)

VI. RF: positives Interesse

141 **Aufbauschema: Schadensersatz statt der Leistung bei Unmöglichkeit, §§ 280 I, III, 283**

I. Schuldverhältnis

II. Pflichtverletzung, § 280 I 1

1. Nichtleistung
2. Unmöglichkeit der Leistung gem. § 275 I–III (→ Rn. 120 ff.)

III. VS (wird vermutet, § 280 I 2) (str. worauf sich das VS beziehen muss; h.M. auf die Nichtleistung)

IV. Schaden

V. Kausalität

VI. RF: §§ 249 ff.

142 **Aufbauschema: Schadensersatz bei anfänglicher Unmöglichkeit, § 311a II, I**

I. Vertrag

II. Leistungshindernis bei Vertragsschluss (anfängliche Unmöglichkeit, § 275 (→ Rn. 120)

III. Kenntnis oder fahrlässige Unkenntnis des Schuldners, § 276

IV. Einschränkungen bei Schlecht- und Teilleistung, § 311a II 3 iVm § 281 I 2, 3

Aufbauschema: Ersatz vergeblicher Aufwendungen, § 284 143

I. Anspruch auf Schadensersatz statt der Leistung (§ 281 → Rn. 138, § 282 → Rn. 140, § 283 → Rn. 141 oder § 311a → Rn. 142)

II. Aufwendungen

III. Vertrauen auf Erhalt der Leistung

IV. Kausalität (zw. Vertrauen und Aufwendungen)

V. Billigkeit (Ⓟ Abwägung – offensichtliches Missverhältnis von Leistungswert und Aufwendung [str.])

VI. hypothetische Kausalität (zw. Aufwendungen und deren Nutzlosigkeit)

VII. RF: Kein Schadensersatzanspruch, sondern nur Ersatz der Aufwendungen

Aufbauschema: Herausgabe des stellvertretenden commodums, § 285 144

I. Leistungsbefreiung/-verweigerung gem. § 275 I–III (→ Rn. 120 ff.)

II. Ersatz oder Ersatzanspruch

III. RF: Herausgabe oder Abtretung des Herausgabeanspruchs

IV. weitere RF (§ 285 II): Verminderung des Schadensersatzanspruchs im Falle von §§ 281, 282, 283, 311a um den Wert des stellvertretenden commodums

Aufbauschema: Störung der Geschäftsgrundlage, § 313 145

I. Anwendbarkeit

  1. Vorrang vertragl. Vereinbarungen
  2. Vorrang von § 275 II

II. Vss.

  1. tatsächliches Element (Änderung [§ 313 I] von Umständen, die die Geschäftsgrundlage des Vertrags bilden [nur wesentliche Veränderungen] oder Irrtum [§ 313 II] über solche Umstände bei Vertragsschluss)

2. hypothetisches Element (hätten die Parteien die Änderung antizipiert, dann hätten sie den Vertrag nicht oder nicht so geschlossen)
3. normatives Element (Festhalten am Vertrag ist im konkreten Fall, insb. unter Berücksichtigung der vertragl. und gesetzl. Risikosphäre, unzumutbar)

III. RF
1. Anspruch auf Vertragsanpassung, § 313 I
2. subsidiär Rücktritt (§ 313 III), wenn Anpassung der anderen Seite unzumutbar
3. bei Dauerschuldverhältnissen statt Rücktritt: Kündigung gem. § 314

146 **Aufbauschema: Außerordentliche Kündigung, § 314**

I. Dauerschuldverhältnis

II. Kündigungsgrund
1. Unzumutbarkeit der Fortsetzung
   a) Interesse des Schuldners an der Beibehaltung des Schuldverhältnisses (insb. bisheriger Aufwand)
   b) Interesse des Gläubigers an der sofortigen Lösung des Schuldverhältnisses
      aa) Intensität der Beeinträchtigung des Gläubigers
      bb) Laufzeit des Vertrags oder Zeit bis zum nächstmöglichen Kündigungstermin für eine ordentliche Kündigung
      cc) Unzumutbarkeit, die Leistungen des Schuldners für die Zeitspanne hinzunehmen
2. ultima ratio Prinzip
   a) Abhilfefrist (bei Pflichtverletzungen), Ausnahmen § 323 II
   b) Abmahnung (bei Verletzung von Verhaltenspflichten)

III. Kündigungserklärung

IV. Erklärungsfrist, § 314 III (angemessene Frist, idR zwei Wochen nach Kenntnis des Grundes)

Aufbauschema: Aufrechnung, §§ 387 ff. 147

I. Aufrechnungslage
   1. Gegenseitigkeit
   2. Gleichartigkeit
   3. Erfüllbarkeit der Hauptforderung
   4. Durchsetzbarkeit (fällig und einredefrei) (*beachte:* § 215)

II. Aufrechnungserklärung

III. keine Aufrechnungsverbote (z.B. Vereinbarung § 391 II, vorsätzlich begangenes Delikt § 393, Unpfändbarkeit § 394 → § 851 ZPO oder § 399)

Aufbauschema: AGB-Kontrolle, §§ 305 ff. 148

I. Vorliegen eines Vertrags
   1. Anwendungsbereich (vollständig) eröffnet
      a) kein Erb-, Familien- und Gesellschaftsrecht, § 310 IV
      b) kein Arbeitsrecht bei Kollektivvereinbarungen (Tarifverträge, Betriebs- und Dienstvereinbarungen), § 310 IV
   2. eingeschränkter Anwendungsbereich, §§ 305 ff.
      a) AGB ggü. einem Unternehmer, § 310 I od. jur. Personen des öff. Rechts → keine Kontrolle nach §§ 305 II, III, 308, 309 und bei der VOB/B keine Einzelkontrolle
      b) Daseinsvorsorge, § 310 II → keine Kontrolle nach §§ 308, 309
   3. Modifikationsvorgaben (können innerhalb der Normen der §§ 307 ff. geprüft werden)
      a) Handelsverkehr, § 310 I → innerhalb der anwendbaren Normen angemessene Rücksichtnahme auf die im Handelsverkehr geltenden Gewohnheiten und Gebräuche
      b) Arbeitsrecht, § 310 IV → bei Arbeitsverträgen Berücksichtigung der Besonderheiten des Arbeitsrechts
      c) Verbraucherverträge, § 310 III → grds. Fiktion, dass Verwender = Steller, Fiktion der AGB bei einmaliger Verwendung, Berücksichtigung der Begleitumstände

4. Vorliegen von AGB, § 305 I
   a) vorformuliert
   b) Absicht mehrfacher Verwendung
   c) kein Aushandeln
   d) Stellen durch Verwender
5. Einbeziehung der ganzen AGB
   a) Vereinbarung *oder*
   b) § 305a (best. öff. zugängl. Leistungen)
6. Ausschluss einzelner Klauseln aus dem Vertrag
   a) keine überraschenden Klauseln (Form oder atyp. Inhalt), § 305c I
   b) keine Individualabrede, § 305b
7. Auslegung
   a) obj., wenn mehrdeutig
   b) Zweifelsregel, § 305c II Ⓟ evtl. doppelte Kontrolle der Günstigkeit, wenn eine Klausel nach der noch vorzunehmenden Inhaltskontrolle unwirksam wäre
8. Inhaltskontrolle
   a) Abweichung vom Gesetz, § 307 III
→ Kontrolle §§ 309, 308, 307
   b) § 309
   c) § 308
   d) § 307
      aa) Intransparenz, § 307 I 2, 1
      bb) Generalklausel der Unangemessenheit
→ Abwägung, § 307 I 1
   e) keine Abweichung vom Gesetz
→ nur Transparenzkontrolle gem. § 307 III, I 1, 2
9. RF: § 306
   a) keine geltungserhaltende Reduktion
   b) Unwirksamkeit und Geltung dispositiven Rechts

Aufbauschema: Abtretung, §§ 398 ff. 149

I. Feststellung des bisherigen Anspruchsberechtigten

II. Übergang des Anspruchs auf Erwerber

1. Abtretungserklärung
2. kein Abtretungsausschluss/-verbot
   a) Inhaltsveränderung durch Abtretung, § 399
   b) vertragliches Abtretungsverbot, § 399
   c) gesetzl. Ausschluss, § 400 BGB, §§ 850 ff. ZPO

III. RF

1. Wechsel des Gläubigers, § 398
2. Akzessorietät der Sicherungsrechte, § 401
3. Aufrechterhaltung der Einreden gegen neuen Gläubiger, § 404
4. Aufrechterhaltung der bestehenden Aufrechnungsmöglichkeit jetzt ggü. dem neuen Gläubiger, § 406

Aufbauschema: Gutgläubiger Erwerb einer Forderung, § 405 150

I. gutgläubiger Erwerb einer Forderung grds. nicht möglich

II. Ausnahme gem. § 405

1. Urkunde über das Bestehen der Forderung
2. Zweck der Urkunde: Beweismittel für das Bestehen der Forderung
3. Vorlage der Urkunde im zeitlichen Zusammenhang mit der Abtretungserklärung
4. guter Glaube des Zessionars (weder Kennen noch Kennenmüssen des Nichtexistierens der Forderung)

III. RF

1. originäres Nichtbestehen der Forderung wegen Scheingeschäfts (§ 117 I) steht dem Erwerb der Forderung nicht entgegen
2. vertragliches Abtretungsverbot (§ 399) wirkt nicht ggü. dem Zessionar

151 **Aufbauschema: Erfüllung an den Altgläubiger bei einer Abtretung, § 407**

I. wirksame Abtretung (→ Rn. 149)

II. Erfüllungshandlung (§ 362) oder anderes Rechtsgeschäft (insb. Aufrechnung ggü. dem Altgläubiger)

1. an Altgläubiger
2. nach Abtretung
3. keine Kenntnis des Schuldners von der Abtretung (nur positive Kenntnis schadet)

152 **Aufbauschema: Ausgleichspflicht von Gesamtschuldnern untereinander, § 426 I**

I. Vorliegen einer Gesamtschuldnerschaft

II. Bestimmung der anteiligen Haftung im Binnenverhältnis

1. Vereinbarung
2. hilfsweise gleiche Anteile

III. Ergänzung der Ausgleichspflicht, § 426 I 2

1. Ausfall eines Schuldners
2. Verteilung seiner Verpflichtung auf die anderen Schuldner im oben ermittelten Verhältnis zueinander (ggf. Berechnungsprobleme, da der Ausfallende herausgerechnet werden muss)

153 **Aufbauschema: Ausgleichsanspruch von Gesamtschuldnern untereinander (§ 426 II 1 iVm der ursprünglichen Forderung)**

I. Vorliegen einer Gesamtschuldnerschaft

II. Befriedigung des/der Gläubiger/s

III. Ausgleichspflicht gem. § 426 I (→ Rn. 152)

IV. RF: Übergang der Forderung (nur) in der Höhe der Ausgleichsverpflichtung (wichtig für Sicherungsrechte gem. § 401)

Aufbauschema: echter Vertrag zu Gunsten Dritter, § 328 154

I. Vertragsverhältnis

II. eigenes Recht des Dritten zur Forderung der geschuldeten Leistung

1. Auslegungsregeln, ob eigenes Forderungsrecht
   a) bei Erfüllungsübernahme idR (+), § 329
   b) bei Leibrentenvertrag, idR (+) § 330
   c) bei Leistungen nach dem Todesfall, idR (+) § 331, aber erst mit dem Todesfall (insb. Lebensversicherungen)
2. kein Wechsel des bedachten Dritten, § 332

III. keine Zurückweisung, § 333

IV. keine Einwendungen des Schuldners ggü. dem Vertragspartner, § 334

Aufbauschema: Schadensersatz (z.B. gem. § 280 I) beim Vertrag mit Schutzwirkung zu Gunsten Dritter (§ 328 analog) 155

I. Schuldverhältnis

1. vertragl. Beziehung zw. Schuldner und Gläubiger
2. Einbeziehung des Dritten in den bestehenden Vertrag
   a) Leistungsnähe
   b) Schutzinteresse des Gläubigers
   c) Erkennbarkeit für den Schuldner (damit er sein Risiko abschätzen kann)
   d) Schutzbedürftigkeit des Dritten

II. weitere Vss. des § 280 (→ Rn. 134)

Aufbauschema: Drittschadensliquidation, § 285 156

I. Vss.

1. Anspruch des Vertragspartners, aber kein Schaden
2. Schaden eines Dritten, aber kein Anspruch
3. zufällige Schadensverlagerung (aus Sicht des Schädigers liegt eine atyp. Schadensverlagerung vor, z.B. § 447)

II. RF
1. Schadensliquidation im Drittinteresse → der Vertragspartner kann den Schaden des Dritten im eigenen Namen geltend machen
2. der Dritte hat einen Anspruch gegen den Vertragspartner auf Abtretung des Anspruches (idR § 285)

157 **Aufbauschema: Zurückbehaltungsrecht bei gegenseitigen Verträgen, § 320**

I. gegenseitiger Vertrag
II. synallagmatische Verpflichtungen
III. wirksame und fällige Gegenforderung des Zurückbehaltenden
IV. eigene Vertragstreue, § 242
V. Einschränkung durch die Verhältnismäßigkeit bei Teilleistungen, § 320 II (nicht bei geringfügigem Fehlen zur Vollleistung)
VI. Nichtbewirken der Gegenleistung
VII. Erheben der Einrede (Ausnahme nach h.M. beim Schuldnerverzug)

158 **Aufbauschema: Zurückbehaltungsrecht bei nicht synallagmatischen Verpflichtungen, § 273 I**

I. Gegenseitigkeit der Ansprüche
II. wirksame und fällige Gegenforderung des Zurückbehaltungswilligen
III. Konnexität der Ansprüche
IV. Ausschluss des Zurückbehaltungsrechts
1. kraft Gesetzes
2. kraft Rechtsgeschäfts
3. ggf. aus einem gesetzl. Aufrechnungsverbot bei teleologischer Auslegung dessen
4. ggf. Auslegung eines vertragl. Aufrechnungsverbots
5. kraft Natur der Leistung (z.B. Personalausweise etc.)

6. kraft Natur des Gläubigeranspruchs (z.B. Unterhaltsforderungen, Auskünfte etc.)

V. keine Abwendung durch Sicherheitsleistung gem. § 273 III

VI. Erheben der Einrede

VII. privilegierende Sonderfälle, §§ 369 ff. HGB

Aufbauschema: Zurückbehaltungsrecht bei Verwendungsersatz, § 273 II **159**

I. Bestehen eines Herausgabeanspruchs des Gläubigers

II. Verwendungs- oder Schadensersatzanspruch des Schuldners (*keine* Konnexität erforderlich) auf bzw. wegen der herauszugebenden Sache

III. kein Ausschlussgrund gem. § 273 I (→ Rn. 158 Ziff. IV) zzgl. Erlangung der Sache aufgrund vorsätzlich begangener unerlaubter Handlung

IV. privilegierende Sonderfälle, §§ 1000, 2022, bedenken

Aufbauschema: Annahmeverzug/Gläubigerverzug, §§ 293 ff. **160**

I. Vss. des § 293

1. tatsächliches Angebot, § 294
2. wörtliches Angebot, § 295
   a) Leistungsverweigerung
   b) Mitwirkungshandlung des Gläubigers fehlt
   c) Aufforderung zur erforderlichen Mitwirkung
3. Entbehrlichkeit des Angebots, § 296
   a) Termin für Mitwirkungshandlung des Gläubigers
   b) Ereignis vor vereinbarter Mitwirkungshandlung des Gläubigers
4. Leistungsfähigkeit des Schuldners, § 297
5. keine vorübergehende Verhinderung bei nicht angekündigter Leistung, § 299
6. Nichtannahme der angebotenen Leistung

II. RF
1. Haftungsbeschränkung gem. § 300 I
2. Konkretisierung gem. § 300 II
3. Ausschluss der Gegenleistungspflicht im Rahmen des § 326 II

161 **Aufbauschema: Fallgruppen von Treu und Glauben (§ 242) alternativ als „Abwehrrechte"**

I. dolo agit-Einwand
1. Bestehen eines Herausgabeanspruchs des Schuldners gegen den eigenen Herausgabeanspruch
2. jetzige Durchsetzbarkeit des eigenen Anspruchs
3. spätere Durchsetzbarkeit des Gegenanspruchs

II. Verwirkung
1. Zeitmoment
2. Untätigkeit (keine Rechtsverfolgungs- und Vollstreckungsbemühungen)
3. Umstandsmoment

III. Verbot des venire contra factum proprium
1. bisheriges Verhalten (Vertrauenstatbestand)
2. Erklärung oder Verhalten, das im Widerspruch zu dem bisherigen Verhalten steht
3. Vertrauen des anderen
4. Schutzwürdigkeit des Vertrauens

IV. Unverhältnismäßigkeit

V. evidenter Missbrauch (z.B. bei Vertretungsmacht)

VI. Vereitelung eines Erfolgs (z.B. Bedinungseintritt)

162 **Aufbauschema: Erfüllung, § 362**

I. Schuldverhältnis i.e.S. (Anspruch)

II. bewirken
1. richtiger Leistungsgegenstand (ggf. § 243 II)

2. keine unzulässige Teilleistung, § 266
3. zur rechten Zeit, § 271
4. am rechten Ort, §§ 269 f.

III. ggf. Empfangszuständigkeit; Ⓟ Minderjährige

IV. ggf. Tilgungsbestimmungen (bei mehreren Ansprüchen)

Aufbauschema: Vertragsstrafe, §§ 339 ff. **163**

I. Bestehen eines Anspruchs

II. Vereinbarung einer Vertragsstrafe
1. Vertragsschluss
2. keine Unwirksamkeit gem. § 309 Nr. 6 (hier ggf. AGB-Kontrolle [→ Rn. 148]; *beachte: § 310 IV 2*)
3. Verwirkung der Vertragsstrafe
4. (keine) Herabsetzung der Höhe gem. § 343
   a) Anwendbarkeit (Ausschluss gem. § 348 HGB bei Versprechen eines Kaufmanns)
   b) Unverhältnismäßige Höhe
      aa) (jedes) Interesse des Gläubigers
      bb) Höhe der Vertragsstrafe
      cc) Verhältnismäßigkeitsprüfung
   c) keine erfolgte Zahlung

Aufbauschema: Schuldübernahme gem. § 414 **164**

I. bestehende Verpflichtung

II. Vertrag zw. Gläubiger und Drittem

III. RF
1. Befreiung des Schuldners und Verpflichtung des Dritten
2. Aufrechterhaltung der Einreden, § 417 I

165 **Aufbauschema: Schuldübernahme, § 415**

I. bestehende Verpflichtung

II. Vertrag zw. Schuldner und Drittem

III. Mitteilung des Übernahmevertrags an den Gläubiger

IV. Zustimmung des Gläubigers (Ablehnungsfiktion gem. § 415 II 2 bei Fristsetzung zur Erklärung); *beachte*: Sonderregelung für Verweigerungsgründe gem. § 416 bei Forderungen, die durch eine Hypothek gesichert sind

V. RF

1. nach Zustimmung
   a) Befreiung des Schuldners, Verpflichtung des Dritten
   b) Aufrechterhaltung der Einreden gem. § 417 I
2. nach Ablehnung oder Fiktion: status quo
3. während der Schwebezeit oder nach Ablehnung(sfiktion): Freistellungsanspruch des Schuldners ggü. dem Dritten nach § 415 III

Kapitel 5. Schuldrecht BT 1
Vertragliche Schuldverhältnisse

A. Kaufvertrag

I. Definitionen

Beschaffenheit	tatsächlicher Zustand der Sache, also alle der Sache anhaftenden Eigenschaften	**166**
Falschlieferung	Lieferung einer nach Vertrag nicht geschuldeten Sache	**167**
Mangel	für den Käufer negative Abweichung der Ist- von der Sollbeschaffenheit	**168**
Rechtsmangel	Ein Dritter kann aufgrund eines privaten oder öff. Rechts den Besitz, das Eigentum oder den Gebrauch des Kaufgegenstands beeinträchtigen.	**169**
Schadensersatz, großer	Schadensersatz statt der gesamten Leistung	**170**
Schadensersatz, kleiner	Schadensersatz statt der Nachbesserung (Behalten der mangelhaften Sache und Wertdifferenz zum Verkehrswert der mangelfreien)	**171**
Unverhältnismäßigkeit, absolute	einzig mögliche oder vom Käufer gewählte Art der Nacherfüllung verursacht für sich allein unverhältnismäßig hohe Kosten	**172**
Unverhältnismäßigkeit, relative	Kosten bei möglicher Nacherfüllung der verlangten Art im Verhältnis zu der anderen Art der Nacherfüllung sind unverhältnismäßig	**173**
Verträge, typengemischte	Verträge mit verschiedenen Leistungspflichten, die unterschiedlichen Vertragstypen entsprechen würden.	**174**

II. Schemata und Strukturen

175 **Aufbauschema: Primäransprüche aus Kaufvertrag, § 433 I bzw. II**

I. wirksamer Kaufvertrag, § 433 *(beachte: § 311b I)*

II. Pflichten des Verkäufers gem. § 433 I

1. Übergabe (Verschaffung des unmittelbaren Besitzes)
2. einer Sache (iSd § 90)
3. frei von Sach- und Rechtsmängeln
4. Verschaffung des Eigentums an der Sache

III. Pflichten des Käufers gem. § 433 II

1. Zahlung des vereinbarten Kaufpreises

   Hinweis: Soweit der Kaufpreis nicht gezahlt ist und eine Minderung vorliegt (→ Rn. 182), ist der Kaufpreis herabgesetzt.

2. Abnahme der Sache

176 **Überblickschema: Gewährleistungsrechte beim Kauf (§§ 433, 434, 437, 439)**

WICHTIG: Seit 01.01.2018 gelten für Verträge die Änderungen der Bauvertragsrechtsreform (vgl. Art. 229 § 39 EGBGB)

I. Kaufvertrag, § 433

II. Mangel

1. § 434 I 1, Vereinbarung (vorrangig)
2. § 434 I 2 Nr. 1, Verwendungszweck
3. § 434 I 2 Nr. 2, Üblichkeit oder Werbung und Kausalität *(beachte: Beweislast)*
4. § 434 II 1, falsche Montage
5. § 434 II 2, falsche Aufbauanleitung und keine richtige Montage
6. § 434 III, Falsch- oder Minderlieferung
7. § 435, Rechtsmangel

III. bei Gefahrübergang, § 446 (evtl. Beweislastumkehr gem. § 477 *(Verträge vor 01.01.2018: § 476)* bei Verbrauchsgüterkauf)

IV. RF

1. Nacherfüllung, §§ 437 Nr. 1, 439 (Wahlrecht des Käufers)
   a) Nachlieferung *oder*
   b) Nachbesserung

   Beachte: § 439 II, III (Fassung seit 2018) sind nicht durch AGB abbedingbar, § 309 Nr. 8 lit. b) cc)
2. Rücktritt, §§ 437 Nr. 2, 440, 323
   a) Vss. des Rücktritts (→ Rn. 125)
   b) Folgen des Rücktrittsrechts
   c) Ⓟ Verbrauchsgüterkauf und Nutzungsersatz
3. Minderung, §§ 437 Nr. 2, 441
4. Schadensersatz, §§ 437 Nr. 3, 440, 280 I, III, 281, 283, 311a (großer und kleiner Schadensersatz)
5. Aufwendungsersatz, §§ 437 Nr. 3, 284

Detailschema: Gewährleistungsrechte beim Kauf, §§ 433, 434, 437, 439 177

Für die Prüfung der in § 437 genannten konkreten Mängelrechte ist das Vorliegen dieser Grundvoraussetzungen erforderlich.

I. wirksamer Kaufvertrag iSd § 433 I (oder § 650 S. 1 *(für Verträge vor 01.01.2018: § 651 S. 1 aF)* oder § 480)

II. Mangel iSd §§ 434, 435

1. Sachmangel, § 434
   a) Sache weist nicht vereinbarte Beschaffenheit auf, § 434 I 1 (subj. Mangel)
   b) Sache ist nicht für die nach dem Vertrag vorausgesetzte Verwendung geeignet, § 434 I 2 Nr. 1; ausdrücklich oder stillschweigend von den Parteien vorausgesetzt und nicht die übliche Verwendung iSv § 434 I 2 Nr. 2 (obj. Mangel)
   c) Sache eignet sich nicht für die gewöhnliche Verwendung und weist nicht eine Beschaffenheit auf, die bei Sachen der gleichen Art üblich ist und die der Käufer nach der Art der Sache erwarten kann, § 434 I 2 Nr. 2 (obj. Mangel)

Beachte: subsidiär zu a) und b)

→ Bestimmung der Kriterien nach obj. Maßstab, insb. die Erwartung des Käufers muss obj. berechtigt sein (Durchschnittskäufer)

Beachte: öff. Äußerungen des Verkäufers und Werbung erweitern gem. § 434 I 3 die Sollbeschaffenheit der Eignung zur gewöhnlichen Verwendung, wenn Kenntnismöglichkeit des Verkäufers (Beweislast beim Verkäufer) und Äußerung kausal für Vertragsschluss

d) unsachgemäße Montage, § 434 II 1 → unsachgemäß, wenn nicht der Vereinbarung entsprechend bzw. ohne Vereinbarung, wenn sie nicht zur Eignung nach Abs. 1 Nr. 1 und 2 führt

e) fehlerhafte Montageanleitung, § 434 II 2

→ "zur Montage bestimmt", wenn Zusammenbau der Kaufsache erforderlich ist

→ "Fehlerhaftigkeit" beurteilt sich nach dem Erwartungshorizont des Käufers (insb. anzunehmen bei Anleitung in falscher Sprache)

Beachte: Rückausnahme bei (einmaliger) fehlerfreier Montage, § 434 II 2 a.E. („es sei denn" → Beweislast des Verkäufers) (fehlt eine Montaganleitung: § 434 I 2 Nr. 2)

f) Falschlieferung, § 434 III Var. 1 (aliud)

aa) Erfüllungsversuch des Verkäufers

bb) andere Sache

Beachte: Verhältnis zu § 241a bei Unternehmer zu Verbraucher (b2c = business to consumer [Verkäufer ist Unternehmer, Käufer ist Verbraucher]) → § 241a nur bei absichtlicher Falschlieferung anwendbar, i.Ü. §§ 433 ff.

g) Minderlieferung, § 434 III Var. 2 (lat. minus) → betrifft nur Mindermenge

Beachte: Zuviellieferung wird über §§ 812 ff. abgewickelt.

2. Rechtsmangel, § 435

→ es besteht ein dingliches oder sonst. Recht

→ maßgebender Zeitpunkt: Vollzug des Erwerbs (nicht: Kaufvertragsschluss)

Beachte: keine Rechtsmängel sind öff.-rechtl. Baubeschränkungen (= Sachmangel, da Anknüpfung an Beschaffenheit der Sache)

III. bei Gefahrübergang, § 446 (*Beweislast: Käufer*)

1. Übergabe der Kaufsache, § 446 S. 1
2. Annahmeverzug (§§ 293 ff.), § 446 S. 3
3. bei Versendungskauf Übergabe an den Transporteur, § 447 I

   Beachte: § 475 II *(für Verträge vor 01.01.2018: § 474 IV)*: Modifikation beim Verbrauchsgüterkauf
4. Beweislastumkehr beim Verbrauchsgüterkauf, § 477 *(Verträge vor 01.01.2018: § 476)*
   a) Verbrauchsgüterkauf gem. § 474 I
   b) Mangel innerhalb von sechs Monaten nach Gefahrübergang; ℗ Vermutung auch für Ursache des Mangels?

      BGH: grds. (-), nur zeitliche Vermutung; Käufer muss beweisen, dass „Grundmangel", der zum Defekt führte, bereits bei Gefahrübergang vorlag

      Lit. (+), auch potentieller „Grundmangel" erfasst
   c) kein Ausschluss der Vermutung
      aa) der Art der Sache unvereinbar ist, Var. 1 (z.B. verderbliche Ware) *oder*
      bb) der Art des Mangels unvereinbar ist, Var. 2 (z.B. äußere, erkennbare Beschädigungen)

IV. kein Ausschluss der Mängelrechte

1. Kenntnis des Käufers gem. § 442 I
   a) bei positiver Kenntnis bei Vertragsschluss, § 442 I 1 (§ 650 S. 2 *(Verträge vor 01.01.2018: § 651 S. 2 aF)* beachten)
   b) bei grob fahrlässiger Unkenntnis, § 442 I 2; jedoch in diesem Fall kein Ausschluss, wenn
      aa) Verkäufer arglistig verschwiegen hat *oder*
      bb) Beschaffenheitsgarantie übernommen wurde
   c) keine Unbeachtlichkeit der Kenntnis bei Grundbucheintrag, § 442 II

2. Vereinbarung eines Gewährleistungsausschlusses
   a) vertragl. Vereinbarung
   b) keine Unwirksamkeit gem. §§ 474, 476 *(Verträge vor 01.01.2018: §§ 474, 475)*
   c) keine Unzulässigkeit des Rechtsausübung des Verkäufers gem. § 444
      aa) arglistiges Verschweigen des Mangels, § 444 Var. 1
      bb) Übernahme einer Beschaffenheitsgarantie, § 444 Var. 2
   d) BGH: Ausschluss gilt nicht für das Fehlen einer vereinbarten Beschaffenheit iSd § 434 I 1 (nur für Mängel nach § 434 I 2)
   e) keine Unwirksamkeit in AGB
      aa) bei neuen Sachen, § 309 Nr. 8 lit. b)
      bb) bei Schadensersatzansprüchen für Verletzung von Leben, Körper, Gesundheit und bei grobem VS, § 309 Nr. 7
3. Ausschluss gem. § 377 II HGB
   a) Anwendbarkeit gem. § 377 I HGB
      aa) Kauf (beachte: § 381 HGB, insb. § 381 II HGB)
      bb) beiderseitiges Handelsgeschäft
         (1) Kaufmannseigenschaften, §§ 1 ff. HGB
         (2) Geschäft gehört zum Betrieb des Handelsgewerbes (§ 343 HGB: Vermutung gem. § 344 HGB)
      cc) Ablieferung der Ware
   b) Verletzung der Rügeobliegenheit
      aa) Bestehen einer Untersuchungsobliegenheit (nicht bei Untunlichkeit)
      bb) keine unverzügl. (§ 121 I 1) Untersuchung und Anzeige durch den Käufer
   c) keine Arglist des Verkäufers, § 377 V HGB
   d) RF: § 377 II HGB → Ware gilt als genehmigt, es sei denn der Mangel war bei Untersuchung nicht erkennbar (→ dann § 377 III HGB)

Aufbauschema: Anspruch auf Nacherfüllung gem. §§ 433 I 2, 437 Nr. 1, 439 178

I. wirksamer Kaufvertrag, § 433

II. Mangel bei Gefahrübergang (→ Rn. 177)

III. Ausübung des Wahlrechts des Käufers (= Konkretisierung des Nacherfüllungsanspruchs)

→ formfreies, aber zweifelsfrei erkennbares Verlangen, § 130

IV. Arten der Nacherfüllung

1. Nachbesserung, § 439 I Var. 1

Ⓟ Selbstvornahme (-) → denkbar: Schadensersatz statt der Leistung gem. §§ 280 I, III, 281 I (s.u.)

2. Nachlieferung, § 439 I Var. 2

a) Gattungsschuld

Ⓟ Auch bei Stückschuld? → Wortlaut: beides; aber Gleichartig- und Gleichwertigkeit (soweit Parteiwille nicht entgegensteht, insb. bei gebrauchten Sachen differenzieren)

b) Umfang der geschuldeten Ersatzlieferung: Ein- und Ausbau mangelhafter Sachen?

Rechtslage für Verträge (Abschluss entscheidend) vor dem 01.01.2018:

aa) (+), wenn Verbrauchsgüterkauf, denn geschuldet ist „vertragsgemäßer Zustand" (EuGH Urt. v. 06.06.2011, NJW 2011, 2269 [2272 f.])

bb) (-) außerhalb des Verbrauchsgüterkaufs (BGH NJW 2013, 220)

cc) RF: §§ 439 V *(Verträge vor 2018: Abs. 4)*, 346–348

Beachte: Einschränkungen gem. § 474 II 2 bei Verbrauchsgüterkauf

Rechtslage für Verträge (Abschluss entscheidend) seit 01.01.2018:

→ wenn mangelhafte Sache gem. § 439 III nF ihrer Art und ihrem Verwendungszweck nach in eine andere Sache eingebaut oder an eine andere Sache angebracht wurde, dann werden auch die Ein- und Ausbaukosten als Aufwendungen ersetzt

Beachte: Nicht durch AGB abbedingbar, § 309 Nr. 8 lit. b) cc)

V. keine Leistungsverweigerung wegen Unverhältnismäßigkeit, § 439 IV *(Verträge vor 01.01.2018: Abs. 3)*

1. relative Unverhältnismäßigkeit, § 439 IV 1 *(Verträge vor 01.01.2018: Abs. 3 S. 1)*
2. absolute Unverhältnismäßigkeit, § 439 IV 3 HS. 2 *(Verträge vor 01.01.2018: Abs. 3 S. 3 HS. 2)*

   Beachte: Nach EuGH NJW 2011, 2269 kann sich der Verkäufer bei einem Verbrauchsgüterkauf nicht auf die absolute Unverhältnismäßigkeit berufen, aber Kostenbeteiligung des K verlangen
3. Abwägungskriterien, § 439 IV 2 (nicht abschließend) *(Verträge vor 01.01.2018: Abs. 3 S. 2)*
   a) Wert der Sache in mangelfreiem Zustand
   b) Bedeutung des Mangels
   c) Möglichkeit der anderen Nacherfüllungsart ohne erhebliche Nachteile für den Käufer

VII. Leistungsort der Nacherfüllung

BGH: grds. § 269 I: vertragl. Vereinbarung, anderenfalls Umstände des Einzelfalls (Kauf im Ladengeschäft, Auf- oder Einbaufall, Verbrauchsgüterkauf; insb. bei letzterem: Belegenheitsort der Sache)

VIII. Unentgeltlichkeit der Nacherfüllung für Käufer § 439 II

IX. Aufwendungsersatz gem. § 439 III

X. Durchsetzbarkeit, insb. § 438

1. Dauer der Verjährung gem. § 438 I und III
   a) Verjährung in 30 Jahren
      aa) dinglicher Herausgabeanspruch eines Dritte
      bb) sonst. im Grundbuch eingetragenes Recht
   b) Verjährung in fünf Jahren *(beachte: § 438 III S. 2)*
      aa) bei einem Bauwerk
      bb) Baumaterialien
   c) Verjährung in zwei Jahren im Übrigen (außer bei arglistigem Verschweigen → § 195 → drei Jahre, vgl. § 438 III)
   d) keine spezielle Verjährung gem. § 438 III
      aa) arglistiges Verschweigen (oder Täuschung)

bb) RF

(1) bei Bauwerken oder Baustoffen → § 199 → § 195 (drei Jahre) und Beginn gem. § 199; jedoch nicht vor fünf Jahren nach Übergabe, vgl. § 438 III S. 2

(2) bei sonstig. Mängelansprüchen iSd Abs. 1 Nr. 3 → drei Jahre und Beginn gem. § 199, vgl. § 438 III

2. Beginn der Verjährung gem. § 438 II und III
   a) bei Grundstücken mit der Übergabe
   b) im Übrigen mit der Ablieferung der Sache
3. keine Ablaufhemmung gem. § 445b II *(für Verträge seit 01.01.2018)*
   a) Kaufvertragsgegenstand = neu hergestellte Sache
   b) Verjährung frühestens zwei Monate nach Nacherfüllung durch den Käufer an seinen Käufer

   Beachte: Käufer ist hier zugleich Verkäufer ggü. Drittem.

   c) keine Ende der Ablaufhemmung (fünf Jahre nach Übergabe des Kaufgegenstandes an den Anspruchsteller)

Aufbauschema: Rücktritt vom Vertrag gem. §§ 433 I 2, 437 Nr. 2 Var. 1, 440, 323 179

I. wirksamer Kaufvertrag, § 433

II. fällige und einredefreie Leistungspflicht

III. behebbarer Mangel (= Pflichtverletzung)

IV. Fristsetzung oder Entbehrlichkeit der Fristsetzung gem.
   1. § 323 II
   2. § 440
      a) keine berechtigte Verweigerung, § 439 IV *(Verträge vor 01.01.2018: Abs. 3)*, § 440 S. 1 Var. 1

b) Fehlschlag der Nacherfüllung, § 440 S. 1 Var. 2

aa) bei Nachbesserung vermutet, wenn zweiter Nachbesserungsversuch den Mangel nicht beseitigt oder einen neuen Mangel erzeugt, § 440 S. 2 (anders bei bes. Umständen)

bb) bei Nachlieferung, wenn diese denselben oder einen anderen Mangel aufweist und zu befürchten ist, dass die zweite Nachlieferung auch mangelhaft sein wird

c) Unzumutbarkeit der Nacherfüllung, § 440 S. 1 Var. 3

3. Entbehrlichkeit gem. § 445a II (ggf. mit III) *(Verträge seit 01.01.2018)*

a) Kaufvertragsgegenstand = neu hergestellte Sache *und*

b) Weiterverkauf an einen Dritten

Beachte: Käufer ist hier zugleich Verkäufer ggü. Drittem.

c) wirksamer Rücktritt des Dritten *oder*

d) wirksame Minderung des Kaufpreises durch den Dritten

V. erfolgloser Fristablauf (im Falle der Erforderlichkeit der Fristsetzung)

VI. keine Unerheblichkeit nach § 323 V 2

VII. kein Ausschluss gem. § 323 VI

VIII. keine Unwirksamkeit des Rücktritts wegen Verjährung des Nacherfüllungsanspruchs gem. §§ 218, 438 IV 1

Beachte: Für Verträge seit 01.01.2018 denkbar im Rahmen der Verjährung:

keine Ablaufhemmung gem. § 445b II

1. Kaufvertragsgegenstand = neu hergestellte Sache
2. Verjährung frühestens zwei Monate nach Nacherfüllung durch den Käufer an seinen Käufer

Beachte: Käufer ist hier zugleich Verkäufer ggü. Drittem.

3. keine Ende der Ablaufhemmung (fünf Jahre nach Übergabe des Kaufgegenstandes an den Anspruchsteller)

Aufbauschema: Leistungsverweigerungsrecht bei verjährtem Nacherfüllungsanspruch gem. § 438 IV 2 bzw. Rücktrittsrecht des Verkäufers 180

I. Unwirksamkeit des Rücktritts gem. § 218 I

II. Kaufpreis noch nicht gezahlt

III. Vorliegen der sonstig. Rücktrittsvoraussetzungen (→ Rn. 125)

IV. Erheben der Einrede, § 438 IV S. 2

V. weitere Folge: Rücktrittsrecht des Verkäufers, § 438 IV S. 3

Aufbauschema: Rücktritt vom Vertrag gem. §§ 433 I 2, 437 Nr. 2 Var. 2, 326 V 181

I. wirksamer Kaufvertrag, § 433

II. mangelhafte Leistung (→ Rn. 177)

III. Unmöglichkeit der Nacherfüllung, § 275 I–III (→ Rn. 120 ff.)

IV. keine Unerheblichkeit wegen Teilleistung, §§ 326 V, 323 V 1

V. keine Unerheblichkeit wegen Schlechtleistung, §§ 326 V, 323 V 2

VI. kein Ausschluss wegen Verantwortlichkeit des Käufers oder Annahmeverzugs, §§ 326 V, 323 VI

VII. keine Unwirksamkeit des Rücktritts wegen Verjährung des Nacherfüllungsanspruchs, §§ 218, 438 IV 1

Beachte: Für Verträge seit 01.01.2018 denkbar im Rahmen der Verjährung:

keine Ablaufhemmung gem. § 445b II

1. Kaufvertragsgegenstand = neu hergestellte Sache
2. Verjährung frühestens zwei Monate nach Nacherfüllung durch den Käufer an seinen Käufer

   Beachte: Käufer ist hier zugleich Verkäufer ggü. Drittem.
3. keine Ende der Ablaufhemmung (fünf Jahre nach Übergabe des Kaufgegenstandes an den Anspruchsteller)

182 **Aufbauschema: Anspruch auf Rückzahlung wegen Minderung gem. §§ 433 I 2, 437 Nr. 2 Var. 2, 441**

I. Vss. des Rücktritts, § 441 I 1

Beachte: Erheblichkeit gem. § 323 V 2 nicht erforderlich, § 441 I 2

II. Ausübung des Gestaltungsrechts (bei mehreren Beteiligten einheitlich, § 441 II)

III. Berechnung der Minderung gem. § 441 III 1: geminderter Kaufpreis = Wert der mangelhaften Sache dividiert durch Wert in mangelfreiem Zustand multipliziert mit dem vereinbarten Kaufpreis

IV. keine Unwirksamkeit der Minderung wegen Verjährung des Nacherfüllungsanspruchs gem. §§ 218, 438 V

V. RF: Teilrückerstattung gem. § 441 IV (§§ 346 I, 347 I gelten entsprechend)

Beachte: Für Verträge seit 01.01.2018 denkbar im Rahmen der Verjährung:

keine Ablaufhemmung gem. § 445b II

1. Kaufvertragsgegenstand = neu hergestellte Sache
2. Verjährung frühestens zwei Monate nach Nacherfüllung durch den Käufer an seinen Käufer

   Beachte: Käufer ist hier zugleich Verkäufer ggü. Drittem.
3. keine Ende der Ablaufhemmung (fünf Jahre nach Übergabe des Kaufgegenstandes an den Anspruchsteller)

183 **Aufbauschema: Leistungsverweigerungsrecht bei quasiverjährtem Minderungsrecht gem. § 438 V**

I. Unwirksamkeit der Minderung gem. § 218 I

Beachte: Für Verträge seit 01.01.2018 denkbar im Rahmen der Verjährung:

keine Ablaufhemmung gem. § 445b II

1. Kaufvertragsgegenstand = neu hergestellte Sache
2. Verjährung frühestens zwei Monate nach Nacherfüllung durch den Käufer an seinen Käufer

   Beachte: Käufer ist hier zugleich Verkäufer ggü. Drittem.
3. keine Ende der Ablaufhemmung (fünf Jahre nach Übergabe des Kaufgegenstandes an den Anspruchsteller)

II. Kaufpreis noch nicht bis zur Höhe des geminderten Betrags gezahlt

III. Vorliegen der sonst. Minderungsvoraussetzungen (→ Rn. 182)

IV. Erheben der Einrede, § 438 IV 2

Aufbauschema: Schadensersatz wegen Verzögerung der Nacherfüllung gem. §§ 433 I 2, 437 Nr. 3, 280 I, II, 286 184

I. wirksamer Kaufvertrag, § 433

II. mangelhafte Leistung des Verkäufers

III. Nacherfüllungsverlangen gem. § 439 I

IV. Verzug der Nacherfüllung, §§ 280 I, II, 286

1. Nichtvornahme der Nacherfüllung
2. Fälligkeit (setzt Möglichkeit voraus)
3. Durchsetzbarkeit
4. Mahnung oder Entbehrlichkeit nach § 286 II

V. RF: Ersatz des Verzögerungsschadens (→ Rn. 139)

Beachte: Für Verträge seit 01.01.2018 denkbar im Rahmen der Verjährung:

keine Ablaufhemmung gem. § 445b II

1. Kaufvertragsgegenstand = neu hergestellte Sache
2. Verjährung frühestens zwei Monate nach Nacherfüllung durch den Käufer an seinen Käufer

   Beachte: Käufer ist hier zugleich Verkäufer ggü. Drittem.
3. keine Ende der Ablaufhemmung (fünf Jahre nach Übergabe des Kaufgegenstandes an den Anspruchsteller)

Aufbauschema: Schadensersatz statt der Leistung bei behebbarem Mangel gem. §§ 433 I 2, 437 Nr. 3, 280 I, III, 281 185

I. wirksamer Kaufvertrag, § 433

II. Pflichtverletzung des Verkäufers

1. Lieferung einer mangelhaften Sache *oder*
2. Unterbleiben einer ordnungsgemäßen Nacherfüllung

III. erfolglose Fristsetzung

1. Entbehrlichkeit gem. § 281 II *oder*
2. Entbehrlichkeit gem. § 440 S. 1
3. Entbehrlichkeit gem. § 445a II (ggf. mit Abs. 3) *(für Verträge seit 01.01.2018)*

   a) Kaufvertragsgegenstand = neu hergestellte Sache *und*

   b) Weiterverkauf an einen Dritten

   (Beachte: Käufer ist hier zugleich Verkäufer ggü. Drittem)

   c) wirksamer Rücktritt des Dritten *oder*

   d) wirksame Minderung des Kaufpreises durch den Dritten

IV. Vertretenmüssen

Ⓟ Anknüpfungspunkt?

1. e.A.: Verkäufer muss nur die nicht erfolgte Nacherfüllung zu vertreten haben (ursprünglich mangelhafte Lieferung irrelevant)
2. h.M.: Verkäufer hat entweder die ursprünglich mangelhafte Lieferung oder die ausgebliebene Nacherfüllung zu vertreten

V. kausaler Schaden

VI. keine Verjährung gem. § 438 (→ Rn. 178)

VII. RF

1. „kleiner Schadensersatz", Schadensersatz statt der Nachbesserung = Behalten der Sache und Forderung des Minderwerts
2. „großer Schadensersatz", statt der ganzen Leistung (statt der Nachlieferung) = Schadensberechnung nach dem positiven Interesse unter Rückgabe der Sache, § 281 V

   → nur unter den Vss. des § 281 I 3 (Erheblichkeit)

Beachte: Für Verträge seit 01.01.2018 denkbar im Rahmen der Verjährung:

keine Ablaufhemmung gem. § 445b II

1. Kaufvertragsgegenstand = neu hergestellte Sache
2. Verjährung frühestens zwei Monate nach Nacherfüllung durch den Käufer an seinen Käufer

   Beachte: Käufer ist hier zugleich Verkäufer ggü. Drittem.

3. keine Ende der Ablaufhemmung (fünf Jahre nach Übergabe des Kaufgegenstandes an den Anspruchsteller)

Aufbauschema: Schadensersatz wegen anfänglicher Unmöglichkeit gem. §§ 433 I 2, 437 Nr. 3, 311a II 186

I. wirksamer Kaufvertrag, § 433

II. Mangel bei Vertragsschluss, §§ 434, 435 (→ Rn. 177)

III. anfängl. Unmöglichkeit der Nacherfüllung, § 275 I–III (→ Rn. 120 ff.)

IV. Kenntnis oder zu vertretende Unkenntnis des Verkäufers von der Unbehebbarkeit (vermutet, § 311a II 2)

V. keine Verjährung gem. § 438 (→ Rn. 178)

VI. RF nach Wahl des Käufers (alternativ)

1. Schadensersatz statt der Leistung: „kleiner" oder „großer" Schadensersatz (*beachte: §§ 311a II 3, 281 I 2, 3)*
2. Aufwendungsersatz nach § 284

Beachte: Für Verträge seit 01.01.2018 denkbar im Rahmen der Verjährung:

keine Ablaufhemmung gem. § 445b II

1. Kaufvertragsgegenstand = neu hergestellte Sache
2. Verjährung frühestens zwei Monate nach Nacherfüllung durch den Käufer an seinen Käufer

   Beachte: Käufer ist hier zugleich Verkäufer ggü. Drittem.

3. keine Ende der Ablaufhemmung (fünf Jahre nach Übergabe des Kaufgegenstandes an den Anspruchsteller)

Aufbauschema: Schadensersatz statt der Leistung wegen nachträglicher Unmöglichkeit, §§ 433 I 2, 437, 280 I, III, 283 187

I. wirksamer Kaufvertrag, § 433

II. Vorliegen eines Mangels, §§ 434, 435 (→ Rn. 177)

III. nachträgliche Unmöglichkeit der Nacherfüllung, § 275 I–III (→ Rn. 120 ff.)

IV. Vertretenmüssen

V. keine Verjährung gem. § 438 (→ Rn. 178)

VI. RF: „kleiner" oder „großer" Schadensersatz

Beachte: §§ 283 S. 2, 281 I 2 u. 3, V

Beachte: Für Verträge seit 01.01.2018 denkbar im Rahmen der Verjährung:

keine Ablaufhemmung gem. § 445b II

1. Kaufvertragsgegenstand = neu hergestellte Sache
2. Verjährung frühestens zwei Monate nach Nacherfüllung durch den Käufer an seinen Käufer

   Beachte: Käufer ist hier zugleich Verkäufer ggü. Drittem.

3. keine Ende der Ablaufhemmung (fünf Jahre nach Übergabe des Kaufgegenstandes an den Anspruchsteller)

188 **Aufbauschema: Ersatz vergeblicher Aufwendungen, §§ 433 I 2, 437 Nr. 3 Var. 2, 284**

I. Anspruch auf Schadensersatz statt der Leistung gem. §§ 433 I 2, 437 Nr. 3 (über § 281 → Rn. 138, § 282 → Rn. 140, § 283 → Rn. 141 oder § 311a → Rn. 142)

II. RF: Ersatz der vergeblichen Aufwendungen (→ Rn. 143)

Beachte: Für Verträge seit 01.01.2018 denkbar im Rahmen der Verjährung:

keine Ablaufhemmung gem. § 445b II

1. Kaufvertragsgegenstand = neu hergestellte Sache
2. Verjährung frühestens zwei Monate nach Nacherfüllung durch den Käufer an seinen Käufer

   Beachte: Käufer ist hier zugleich Verkäufer ggü. Drittem.

3. keine Ende der Ablaufhemmung (fünf Jahre nach Übergabe des Kaufgegenstandes an den Anspruchsteller)

189 **Aufbauschema: Schadensersatz neben der Leistung gem. §§ 433 I 2, 437 Nr. 3, 280 I (Mangelfolgeschaden)**

I. wirksamer Kaufvertrag, § 433

II. Pflichtverletzung des Verkäufers

1. Lieferung einer mangelhaften Sache (→ Rn. 177) *oder*
2. keine ordnungsgemäße Nacherfüllung

III. Vertretenmüssen des Verkäufers

1. schuldhafte Pflichtverletzung gem. §§ 276 ff.
2. verschuldensunabhängig bei Garantie

IV. kausaler Integritätsschaden

V. keine Verjährung gem. § 438 (vgl. oben)

VI. RF: Schadensersatz

Beachte: Für Verträge seit 01.01.2018 denkbar im Rahmen der Verjährung:

keine Ablaufhemmung gem. § 445b II

1. Kaufvertragsgegenstand = neu hergestellte Sache
2. Verjährung frühestens zwei Monate nach Nacherfüllung durch den Käufer an seinen Käufer

   Beachte: Käufer ist hier zugleich Verkäufer ggü. Drittem.
3. keine Ende der Ablaufhemmung (fünf Jahre nach Übergabe des Kaufgegenstandes an den Anspruchsteller)

Aufbauschema: Aufwendungsersatz gem. §§ 433, 445a (Nacherfüllungsaufwendungsersatz) gegen den Lieferanten für Verträge seit 01.01.2018 190

I. wirksamer Kaufvertrag, § 433

1. Verkäufer = Lieferant iSd § 445a I *und*
2. Käufer = Verkäufer an einen Dritten

   Hinweis: ggf. Lieferkette gem. § 445a III

II. Kaufgegenstand = neu hergestellte Sache

III. Nacherfüllungsverpflichtung (§ 439 II, III nF) ggü. eigenem Käufer

1. Kaufvertrag zwischen Anspruchsteller als Verkäufer und einem Dritten als Käufer
2. Nacherfüllungsanspruch des Dritten (→ Rn. 178)

IV. Aufwendungen = Erfüllungskosten der Pflicht

V. kein Ausschluss gem. § 377 HGB (→ Rn. 912)

VI. Durchsetzbarkeit (insb. Verjährung gem. § 445b I, III)

191 **Aufbauschema: Verbrauchsgüterkauf gem. §§ 474 ff.**

I. persönl. Anwendungsbereich § 474 I 1

1. Käufer = Verbraucher, § 13

a) vorgetäuschte Unternehmereigenschaft: obj. Betrachtung der Verbrauchereigenschaft → aber: § 242 verwehrt Berufung auf Verbraucherschutz nach §§ 474 ff. bei bewusster Täuschung über Geschäftszweck

b) „dual use“: teils berufliche, teils private Nutzung

→ Schwerpunkt der Nutzung ist entscheidend, § 13

2. Verkäufer = Unternehmer, § 14

II. sachlicher Anwendungsbereich

1. Kaufgegenstand = bewegliche Sache

2. Ausnahme für gebrauchte Sachen in einer öff. Versteigerung, an der der Verbraucher persönl. teilnehmen kann, § 474 I 2

III. Modifikationen des Kaufrechts

1. Einschränkung der Verweisung des § 439 V *(Verträge vor 01.01.2018: Abs. 4)* gem. § 475 III 1 *(Verträge vor 01.01.2018: § 474 V 1)* (bei Ersatzlieferung kein Nutzungsersatz)

2. Nichtanwendung der §§ 445, 447 gem. § 475 III *(Verträge vor 01.01.2018: § 474 V 2)*

3. Einschränkung abweichender Vereinbarungen gem. § 476 I und Umgehungsverbot *(Verträge vor 01.01.2018: § 475 I)*

a) Verbot von Vereinbarungen zu Lasten des Verbrauchers vor Mitteilung des Mangels, die von §§ 433–435, 437, 439–443 und den Vorschriften der §§ 474 ff. abweichen, § 476 I *(Verträge vor 01.01.2018: § 475 I 1)*

Beachte: abweichende Vereinbarung bzgl. einer Beschränkung des Schadensersatzes ist möglich → aber AGB-Recht als Schranke, §§ 476 III, 307–309 (Verträge vor 01.01.2018: § 475 III)

b) eingeschränkte Möglichkeit für Verjährungsverkürzung, § 476 II *(Verträge bis 01.01.2018: § 475 II)*

aa) nur für Ansprüche iSd § 437

bb) bei neuen Sachen nicht unter zwei Jahre

cc) bei gebrauchten Sachen nicht unter ein Jahr

d) Beweislastumkehr gem. § 477 *(Verträge vor 01.01.2018: § 476)* (für Zeitpunkt des Vorliegen des Mangels)

3. Sonderbestimmungen für Garantien gem. § 479 *(Verträge vor 01.01.2018: § 477)*

a) Vss. an Abfassung der Garantieerklärung, § 479 I *(Verträge vor 01.01.2018: § 477 I)*

b) Anspruch des Käufers auf Mitteilung in Textform, § 479 II *(Verträge vor 01.01.2018: § 477 II)*

c) Wirksamkeit der Garantie gem. § 479 III *(Verträge vor 01.01.2018: § 477 III)* unabhängig von Einhaltung der Anforderungen des § 479 I *(Verträge vor 01.01.2018: § 477 I)*

Aufbauschema: Unternehmerregress, §§ 478 II, 479 aF („selbst. Unternehmerregress") *(für Verträge vor 01.01.2018)* **192**

Hinweis: für Verträge seit 01.01.2018 → § 445a (→ Rn. 190)

I. Anspruch entstanden

1. Unternehmer (Wiederverkäufer) verkauft an einen Verbraucher
2. Kaufgegenstand = neu hergestellte bewegliche Sache
3. Verkäufer des Wiederverkäufers (Lieferant) = Unternehmer
4. Mangel der Kaufsache bei Gefahrübergang (Kaufvertrag Lieferant – Verkäufer), Sonderregeln für Gefahrübergang, §§ 478 III, 476 aF
5. Aufwendungsersatz des Verkäufers für Nacherfüllung
6. kein vorheriger Ausschluss der Mängelrechte (Einschränkung der Dispositivität gem. § 478 IV aF)
7. kein Ausschluss gem. § 377 HGB, § 478 VI aF

II. Durchsetzbarkeit (insb. Verjährung)

Verjährung des Anspruchs in zwei Jahren, § 479 I aF; *aber*: Ablaufhemmung gem. § 479 II aF gilt auch hier

Hinweis: soweit der Lieferant seinerseits in Anspruch genommen wird, so wird er ggf. selbst im Rahmen der Lieferkette gegen seinen Lieferanten anspruchsberechtigt (dies ist dann nach I. 3. zu prüfen)

193 **Aufbauschema: Unternehmerregress, §§ 433, 434, 437, 478 I, 479 aF („unselbst. Unternehmerregress") *(für Verträge vor 01.01.2018)***

I. wirksamer Kaufvertrag (zw. einem Verkäufer und Wiederverkäufer als Unternehmern)

II. über eine neu hergestellte bewegliche Sache

III. mangelhafte Sache, § 434 (→ Rn. 177)

IV. bei Gefahrübergang; Sonderregel für Gefahrübergang §§ 446, 478 III, 476 aF → Fristbeginn ab Übergabe an den Verbraucher

V. Inanspruchnahme des Käufers durch den Verbraucher
   1. Ersatzlieferung gem. § 439 I
   2. Rücktritt gem. §§ 323 ff.
   3. großer Schadensersatz gem. §§ 280 I, III, 281 I 2, 3, V
   4. Minderung gem. § 441

VI. kein vorheriger Ausschluss der Mängelrechte (Einschränkung der Dispositivität gem. § 478 IV aF)

   aber: bzgl. Schadensersatz AGB-Recht beachten (§ 307), § 478 IV 2 aF

VII. kein Ausschluss gem. § 377 HGB, § 478 VI aF

VIII. RF des unselbst. Regresses
   1. Entbehrlichkeit der Fristsetzung iSd § 281 II oder §§ 323 II, 478 I aF
   2. Sonderregelung für Verjährung der Ansprüche aus § 437: Ablaufhemmung § 479 II aF
      a) frühestmöglich zwei Monate nach Erfüllung der Gewährleistungsrechte des Verkäufers (*Vorsicht:* des Verkäufers ggü. dem Verbraucher)
      b) spätestens fünf Jahre nach Ablieferung der Sache durch Lieferant (des Verkäufers im Unternehmerkaufvertrag) an Käufer (also Verkäufer im Verbrauchsgütervertrag)

      Hinweis: Soweit der Lieferant seinerseits in Anspruch genommen wird, so finden die RF (Entbehrlichkeit der Fristsetzung, Beweislast für den Gefahrenübergang und Vermeidung der Verjährungsfalle) auch zu seinen Gunsten Anwendung.

Aufbauschema: Anspruch aus Rechtskauf gem. § 453 194

Hinweis: kein eigenständiges Schema, sondern nur Modifikation des Sachkaufs (vgl. § 453 I)

I. Gegenstand des Kaufvertrags
   1. Rechte (§ 453 I Var. 1 z.B. Grundschuld, Patent, Lizenz) oder sonst. Gegenstände (§ 453 I Var. 2 z.B. Wasser, Strom, Sachgesamtheiten, insb. Unternehmen)
   2. Übertragbarkeit des Rechts (anderenfalls anfängliche Unmöglichkeit iSd § 311a)

II. Pflichten des Verkäufers
   1. Verschaffungspflicht gem. §§ 453 I, III, 433 I 1
      a) Übertragung des Rechts auf den K (Inhaberschaft)
      b) Übergabe einer Sache im mangelfreien Zustand gem. § 453 III, wenn
         aa) das verkaufte Recht zum Besitz dieser Sache berechtigt (z.B. Nießbrauch gem. § 1036)
         bb) keine anderweitige Vereinbarung (dispositiv)
   2. Pflicht zur mangelfreien Leistung gem. §§ 453 I, 433 I 2
      a) Rechtsmangel gem. § 435
         aa) unmittelbare Anwendung bei § 435 III bzgl. der Sache
         bb) entsprechende Anwendung für das verkaufte Recht (§ 435 gilt direkt nur für Rechtsmängel einer Sache)
      b) Sachmangel gem. § 434
         aa) unmittelbare Anwendung bei § 453 III bzgl. der Sache
         bb) entspr. Anwendung für das verkaufte Recht, soweit auf die Beschaffenheit des Rechts abgestellt wird (§ 434 gilt direkt für den Mangel einer Sache)

            Ⓟ Bonitätshaftung des Verkäufers für eine ausgefallene Forderung?

            (1) bei entsprechender Vereinbarung (+), §§ 453 I, 434 I 1

            (2) ohne Vereinbarung (-), § 434 I 2 findet beim Rechtskauf keine Anwendung

III. Pflichten des Käufers: §§ 453 I, 433 II Kaufpreiszahlung

195 **Aufbauschema: Anspruch aus Kaufvertrag iVm Vorkaufsrecht gem. §§ 433, 463 ff.**

I. Vss.

1. Vereinbarung eines Vorkaufsrechts
   (beachte bei Grundstücken § 311b I)
2. kein Ausschluss des Vorkaufsrechts nach § 471
   a) bei Verkauf im Wege der Zwangsvollstreckung
   b) bei Verkauf aus Insolvenzmasse
3. Eintritt des Vorkaufsfalls = wirksamer Kaufvertrag
   a) zw. Vorkaufsverpflichtetem und Drittem
   b) über Vorkaufsgegenstand, § 463
   c) Überwindung der Unwirksamkeit des Kaufvertrags gem. § 465 wegen
      aa) aufschiebender oder auflösender Bedingung bzgl. der Nichtausübung des Vorkaufsrechts durch den Berechtigten
      bb) Rücktrittsrecht im Fall der Ausübung des Vorkaufsrechts
      cc) § 465 analog für andere Umgehungsgeschäfte
4. ordnungsgem. Ausübung des Vorkaufsrechts gem. §§ 464, 469 II
   a) Erklärung des Vorkaufsberechtigten ggü. dem Vorkaufsverpflichteten, § 464 I 1 (formlos möglich, § 464 I 2); einheitlich gem. § 472 bei Gemeinschaft
   b) Wahrung der Ausübungsfrist, § 469 II
      aa) vereinbarte Frist, § 469 II 2
      bb) Grundstücke: zwei Monate, § 469 II 1 Var. 1
      cc) andere Gegenstände: eine Woche, § 469 II 1 Var. 2
      dd) Fristbeginn: Empfang der Mitteilung über Vorkaufsfall (§ 469 II 1) durch
         (1) Mitteilung des Vorkaufsverpflichteten, § 469 I 1
         oder
         (2) Mitteilung des Dritten iSd § 463, § 469 I 2

Beachte: Anderweitige Mitteilung setzt Frist nicht in Gang.

II. RF

1. Kaufvertrag zw. Verpflichtetem und Berechtigtem mit dem Inhalt, den der Kaufvertrag mit dem Dritten hat (§ 464 II, dispositiv)
2. Kaufvertrag zw. Verpflichtetem und Drittem bleibt bestehen (dispositiv; insb. Bedingung, Rücktritt)

Aufbauschema: Kauf auf Probe, §§ 454 f. 196

Hinweis: Der Kauf auf Probe ist ein einfacher Kaufvertrag iSd §§ 433 ff.

I. Anwendungsbereich = Kaufverträge aller Art (auch Verbrauchsgüterkauf)

II. Zustandekommen des Vertrags, § 454 I

1. aufschiebende Bedingung: Billigung des K, § 158 I (gesetzl. Regelvermutung, § 454 I 2) *oder*
2. auflösende Bedingung: Missbilligung des K, § 158 II (nur bei expliziter Vereinbarung)

III. Billigungsfrist, § 455

1. Vereinbarung, § 455 S. 1 HS. 1
2. nachträgliche angemessene Fristsetzung durch Verkäufer, § 455 S. 1 HS. 2

IV. Billigung

1. Billigungserklärung ggü. Verkäufer *oder*
2. Fiktion der Billigung
   a) Gegenstand zur Probe oder Besichtigung übergeben
   b) Fristablauf
   c) keine Äußerung des Käufers ggü. Verkäufer

B. Werkvertrag

I. Definitionen

197	Abnahme	körperliche Entgegennahme im Rahmen der Besitzübertragung, verbunden mit der Billigung des Werkes als die im Wesentlichen vertragsgemäße geschuldete Leistung
198	„Erforderlichkeit" der Aufwendungen iRd § 637	Erforderlich sind Aufwendungen, die ein wirtschaftlich denkender Besteller auf Grund sachkundiger Beratung für eine vertretbare, d. h. geeignete und Erfolg versprechende Maßnahme der Mängelbeseitigung erbringen konnte und musste.
199	Kosten, unverhältnismäßige, § 635 III	Der Aufwand des Unternehmers zur Mängelbeseitigung steht in keinem vernünftigen Verhältnis zu dem Vorteil, den der Besteller durch die Beseitigung erlangen würde. Abwägungskriterien: Leistungsinteresse des Bestellers und dessen Mitwirkungsbereitschaft, erforderlicher Aufwand des Unternehmers, Ursache des Leistungshindernisses
200	Sachmangel	jede für den Besteller negative Abweichung der Ist-Beschaffenheit des Werks von seiner Soll-Beschaffenheit
201	„großer Schadensersatz"	Schadensersatz statt der ganzen Leistung (statt der Neuherstellung) = Schadensabrechnung nach dem positiven Interesse unter Rückgabe des Werks, § 281 V
202	„kleiner Schadensersatz"	Schadensersatz statt der ganzen Leistung (statt der Nachbesserung) = Behalten der Sache und Forderung des Minderwerts
203	Zinssatz, gesetzlicher	4 % gem. § 246 5 % gem. § 352 HGB bei beiderseitigem Handelsgeschäft

II. Schemata und Strukturen

Aufbauschema: Primäransprüche aus Werkvertrag gem. §§ 631 I, 633 bzw. §§ 631 I, 640 I 1 204

I. wirksamer Werkvertrag

II. Pflichten des Unternehmers gem. §§ 631 I, 633 I

1. Herstellung des versprochenen Werkes

Beachte: bzgl. Gegenstand des Werkvertrags § 631 II

2. frei von Sach- und Rechtsmängeln

III. Pflichten des Bestellers gem. §§ 631 I, 640 I 1

1. Zahlung der vereinbarten Vergütung

2. Abnahme des Werkes

Aufbauschema: Anspruch des Unternehmers auf Vergütung gem. § 631 I 205

I. wirksamer Werkvertrag

1. ggf. Abgrenzung zum Kaufrecht, § 650

a) Anwendung des Kaufvertragsrechts bei

aa) Lieferung

bb) herzustellende

cc) bewegliche

dd) vertretbare Sache

Beachte: Gem. § 650 (Verträge vor 01.01.2018: § 651 S. 3 aF) finden bei nicht vertretbaren Sachen zusätzlich zum Kaufrecht die §§ 642, 643, 645, 648 (Verträge vor 01.01.2018: § 649 aF), 649 (Verträge vor 01.01.2018: § 650 aF) Anwendung mit der Maßgabe, dass an die Stelle der Abnahme der nach §§ 446, 447 maßgebliche Zeitpunkt tritt.

b) Anwendung des Werkvertragsrechts

aa) bei der Herstellung von unbeweglichen Sachen

bb) bei der Herstellung beweglicher Sachen, wenn

(1) nach dem Vertragsinhalt

(2) nicht die Übertragung von Eigentum und Besitz im Vordergrund steht

(3) sondern ein über die bloße technische Herstellung der beweglichen Sache hinausgehender Gesamterfolg den Schwerpunkt der Verpflichtung des Unternehmers bildet

2. evtl. Formerfordernis des § 311b I, z.B. bei einheitlichem Vertrag über den Kauf und die Bebauung eines Grundstücks

II. kein Erlöschen

1. allgemeine Erlöschensgründe

2. Aufhebung, § 643: „Unternehmerkündigung“

a) Vss. des § 642 I

aa) Erforderlichkeit der Mitwirkungshandlung des Bestellers

bb) Unterlassen der Mitwirkungshandlung

b) Erklärung des Unternehmers ggü. Besteller

aa) Kündigungsandrohung

bb) Setzung einer angemessenen Frist für Mitwirkungshandlung

c) erfolgloser Fristablauf

d) RF

aa) Vertrag gilt als aufgelöst (ipso iure)

bb) Teilvergütungsanspruch, § 645 I 1, 2

cc) Entschädigung gem. § 642 (neben Teilvergütung)

III. Höhe der Vergütung

1. vereinbarte Vergütung

Hinweis: Kostenanschlag ist ohne entsprechende Vereinbarung nicht zu vergüten, § 632 III.

2. ohne Vereinbarung: taxmäßige oder übliche Vergütung, § 631 II

3. Vermutung einer stillschweigenden Vereinbarung, § 632 I

4. Abschlagszahlungen
   a) Verträge vor 01.01.2018 → § 632a I 1 aF in der Höhe des Wertzuwachses
   b) Verträge seit 01.01.2018 → § 632a I 1: Wert der erbrachten und nach dem Vertrag geschuldeten Leistungen
      aa) Leistungsaufstellung durch Unternehmer
      bb) keine berechtigte Verweigerung durch Besteller (§ 632a I 2, 4 iVm § 641 III = angemessener Teil zzgl. des Doppelten der Mängelbeseitigungskosten)

   oder
   c) bei Vereinbarung

      Beachte: Einschränkung bei Bauverträgen (§ 650v; Verträge vor 01.01.2018: § 632a II aF;)

      aa) Individualvertrag (grds. möglich)
      bb) AGB *(Verträge seit 01.01.2018: § 309 Nr. 15)*
5. Teilvergütung
   a) § 645 I 2
      aa) Untergang, Verschlechterung oder Unausführbarkeit des Werkes
      bb) vor der Abnahme
      cc) Mangel des von dem Besteller gelieferten Stoffes *oder* infolge einer von dem Besteller für die Ausführung erteilten Anweisung
      dd) Kausalität („infolge“)
      ee) kein Vertretenmüssen des Unternehmers

   oder
   b) §§ 645 I 2, 643 (s.o.)
   c) §§ 649 *(Verträge vor 01.01.2018: § 650 I aF)*, 645 I, wenn
      aa) Kündigung des Bestellers
      bb) kausaler Kostenanschlag (für Vertragsschluss)
      cc) wesentl. Überschreitung des Kostenanschlags
      dd) keine Richtigkeitsgewähr für den Anschlag

IV. Anspruch durchsetzbar

1. Fälligkeit der Vergütung

a) grds. bei Abnahme, § 641 I 1 oder Entbehrlichkeit/Fiktion, § 640 II 1 *(§ 640 I 3 aF für Verträge vor 01.01.2018)*

bei **Bauverträgen** seit 01.01.2018 gem. § 650g IV 1 **zusätzlich** prüffähige Schlussrechnung

b) bei Abschlagszahlungen gem. § 632a I 1 schon vor der Abnahme

Für Verträge seit 01.01.2018: bei Mängeln Leistungsverweigerungsrecht hinsichtlich angemessenem Teil (§ 632a I 2) und Beweislast (§ 632a I 3)

c) Teilvergütung bei jeder Teilabnahme, wenn Vergütung für die einzelnen Teile vereinbart

d) kein Zurückbehaltungsrecht des Bestellers gem. § 641 III

aa) Fälligkeit der Vergütung

bb) Mängelbeseitigungsanspruch

cc) Begrenzung des ZBR auf das Doppelte der Beseitigungskosten

e) kein Zurückbehaltungsrecht gem. § 273 bei Abschlagszahlungen wegen fehlender Sicherheit gem. § 650m II *(bei Verträgen vor 01.01.2018: § 632a III aF); beachte:* § 632a II *(bei Verträgen vor 01.01.2018: § 632a IV aF)*

f) *Beachte*: Verzinsung der geschuldeten Vergütung ab Abnahme, sofern die Vergütung nicht gestundet ist, § 641 IV

206 **Überblickschema: Gewährleistungsrechte, §§ 631, 633, 634, 635**

I. wirksamer Werkvertrag

II. Mangel

1. § 633 II 1, Vereinbarung (vorrangig)
2. § 633 II 2 Nr. 1, Verwendungszweck
3. § 633 II 2 Nr. 2, Üblichkeit
4. § 633 II 3, Falsch- oder Minderherstellung
5. § 633 III, Rechtsmangel

III. bei Gefahrübergang, §§ 644 I 1, 640 I 1 bzw. §§ 644 II, 447

IV. RF

1. Nacherfüllung §§ 634 Nr. 1, 635 (Wahlrecht des Unternehmers)
   a) Neuherstellung
   b) Nachbesserung
2. Selbstvornahme, §§ 634 Nr. 2, 637
3. Rücktritt, §§ 634 Nr. 3, 636, 323
4. Minderung, §§ 634 Nr. 3, 638
5. Schadensersatz, §§ 634 Nr. 4, 636, 280 I, III, 281, 283, 311a („großer" und „kleiner" Schadensersatz)
6. Aufwendungsersatz, §§ 634 Nr. 4, 284

Aufbauschema: Detailschema für Gewährleistungsrechte beim Werkvertrag, §§ 631, 633, 634, 635, 637 207

Für die Prüfung der in § 634 genannten konkreten Mängelrechte ist das Vorliegen dieser Grundvoraussetzungen erforderlich:

I. wirksamer Werkvertrag iSd § 631

II. Mangel des Werkes iSd § 633

1. Sachmangel, § 633 I, II
   a) Beschaffenheitsvereinbarung, § 633 II 1
   b) vertragl. vorausgesetzte Verwendung, § 633 II 2 Nr. 1
   c) gewöhnliche Verwendung (subsidiär zu a) und b))
      aa) Fehlen der gewöhnlichen Verwendbarkeit
      bb) Üblichkeit bei Werken der gleichen Art
      cc) berechtigte Erwartung des Bestellers, § 633 II 2 Nr. 2 (obj. Mangel)
   d) aliud, § 633 II 3 Var. 1
      aa) Erfüllungsversuch des Unternehmers
      bb) anderes Werk
   e) Minderherstellung, § 633 II 3 (lat. minus)
2. Rechtsmangel § 633 III

III. bei Gefahrübergang
  1. Abnahme, § 644 *oder*
  2. Entbehrlichkeit der Abnahme
    a) Abnahmefiktion
      – bei Verträgen vor 01.01.2018

      Nichtabnahme nach gesetzter angemessener Frist trotz Abnahmepflicht (d.h. keine wesentlichen Mängel, § 640 I 2), § 640 I 3 aF

      – bei Verträgen seit 01.01.2018

      Nichtabnahme nach gesetzter angemessener Frist ohne Grundangabe mind. eines Mangels, § 640 II 1

      Beachte: Hinweis ggü. Verbraucher erforderlich, § 640 II 2
    b) Vollendung gem. § 646
    c) Risikoübergang kraft Annahmeverzugs, § 644 I 2
    d) Risikoübergang bei Versendung gem. §§ 644 II, 447

IV. kein Ausschluss der Mängelrechte
  1. Kenntnis bei Abnahme, § 640 III *(bei Verträgen vor 01.01.2018: § 640 II aF)*

     außer: Vorbehalt der Mängelrechte

     Beachte: Ausschluss umfasst nicht die Schadensersatzansprüche aus § 634 Nr. 4
  2. Vereinbarung eines Gewährleistungsausschlusses
    a) vertragl. Vereinbarung
    b) keine Unzulässigkeit der Rechtsausübung des Unternehmers gem. § 639
      aa) arglistiges Verschweigen des Mangels, § 639 Var. 1
      bb) Übernahme einer Beschaffenheitsgarantie, § 639 Var. 2
    c) keine Unwirksamkeit in AGB
      aa) bei Schadensersatzansprüchen für Verletzung von Leben, Körper, Gesundheit und bei grobem VS, § 309 Nr. 7
      bb) bei Werkleistungen, § 309 Nr. 8 lit. b)
    d) keine Unzulässigkeit der Rechtsausübung wegen Beschaffenheitsvereinbarung, vgl. Schemata Kaufrecht

Aufbauschema: Anspruch auf Nacherfüllung gem. §§ 631, 633 I, 634 Nr. 1, 635 208

I. wirksamer Werkvertrag

II. Mangel bei Gefahrübergang

III. Ausübung des Wahlrecht des Unternehmers gem. § 635 I

IV. Arten der Nacherfüllung

1. Nachbesserung, § 635 I Var. 1
2. Neuerstellung, § 635 I Var. 2

Beachte: RF §§ 635 IV, 346–348

V. keine Verweigerung wegen Unverhältnismäßigkeit

1. unverhältnismäßiger Aufwand, § 275 II (→ Rn. 121) *oder*
2. Unzumutbarkeit persönl. Leistungserbringung, § 275 III (→ Rn. 122) *oder*
3. unverhältnismäßige Kosten, § 635 III

VI. Leistungsort der Nacherfüllung (im Zweifel dort, wo sich das Werk vertragsgemäß befindet; bei fehlender Vereinbarung § 269)

VII. Durchsetzbarkeit (insb. § 634a)

1. Dauer der Verjährung gem. § 634a I und II
   a) Verjährung in zwei Jahren bei Herstellung, Wartung oder Veränderung einer Sache oder in der Erbringung von Planungs- oder Überwachungsleistungen, § 634a I Nr. 1
   b) Verjährung in fünf Jahren
      aa) bei einem Bauwerk
      bb) bei einem Werk, dessen Erfolg in der Erbringung von Planungs- oder Überwachungsleistungen hierfür besteht, § 634a I Nr. 2
   c) sonst. Verjährung in drei Jahren, §§ 634a I Nr. 3, 195
   d) keine spezielle Verjährung, § 634a III
      aa) arglistiges Verschweigen (oder Täuschen)

bb) RF

(1) bei einem Werk iSd § 634a I Nr. 1 → drei Jahre (§ 195) und Beginn gem. § 199

(2) bei einem Bauwerk und Werk iSd § 634a I Nr. 2 Var. 2 → drei Jahre (§ 195) und Beginn gem. § 199; nicht vor fünf Jahren nach der Abnahme, vgl. § 634a III 2

2. Beginn der Verjährung

a) im Fall des § 634a I Nr. 1 und 2 mit der Abnahme

b) im Fall des § 634a I Nr. 3 mit dem Schluss des Jahres der Anspruchsentstehung und Kenntniserlangung iSd § 199 I Nr. 2

VIII. RF: Unentgeltlichkeit gem. § 635 IV

209 **Aufbauschema: Selbstvornahme und Aufwendungsersatzverlangen gem. §§ 631, 633 I, 634 Nr. 2, 637**

I. wirksamer Werkvertrag

II. Mangel bei Gefahrübergang

III. Fristsetzung zur Nacherfüllung oder Entbehrlichkeit

1. erfolgloser Ablauf der gesetzten angemessenen Frist, § 637 I *oder*

2. Entbehrlichkeit der Fristsetzung gem.

a) §§ 637 II 1, 323 II

b) § 637 II 2

aa) Nacherfüllung ist fehlgeschlagen (Var. 1)

bb) Unzumutbarkeit der gewählten Art der Nacherfüllung für den Besteller (Var. 2)

IV. keine Leistungsverweigerung wegen Unverhältnismäßigkeit gem. §§ 635 III, 637 I a.E.

V. Durchsetzbarkeit (insb. keine Verjährung, s.o. → Rn. 208)

VI. RF

1. Ersatz der erforderl. Aufwendungen, § 637 I

2. Kostenvorschuss, § 637 III

Aufbauschema: Rücktritt vom Vertrag gem. §§ 631 I, 633 II 1, 634 Nr. 3, 323 210

I. wirksamer Werkvertrag

II. fällige und einredefreie Leistungspflicht

III. behebbarer Mangel (= Pflichtverletzung)

IV. Fristsetzung oder Entbehrlichkeit der Fristsetzung

1. gem. § 323 II
2. gem. § 636
   a) berechtigte Verweigerung (Var. 1)
   b) Fehlschlag der Nacherfüllung (Var. 2): Fehlschlag der gewählten Art der Nacherfüllung

      → Mangel kann bei (ggf. wiederholter) Nachbesserung nicht beseitigt werden; § 440 S. 2 ist nicht direkt anwendbar, dessen Wertung aber als Regelfall
   c) Unzumutbarkeit der Nacherfüllung (Var. 3)

V. erfolgloser Fristablauf

VI. keine Unerheblichkeit nach § 323 V 2

VII. keine Unerheblichkeit nach § 323 VI

VIII. keine Unwirksamkeit des Rücktritts wegen Verjährung des Nacherfüllungsanspruchs gem. §§ 634a IV 1, 218

Aufbauschema: Leistungsverweigerungsrecht bei verjährtem Nacherfüllungsanspruch gem. § 634a IV 2 oder Rücktrittsrecht des Unternehmers 211

I. Unwirksamkeit des Rücktritts gem. § 218

II. Vergütung noch nicht gezahlt

III. Vorliegen der sonst. Rücktrittsvoraussetzungen

IV. Erheben der Einrede, § 634a IV 2

V. weitere Folge: Rücktrittsrecht des Unternehmers, § 634a IV 3

212 **Aufbauschema: Rücktritt vom Vertrag gem. §§ 631, 633 I, 634 Nr. 3, 326 V**

I. wirksamer Werkvertrag

II. mangelhafte Leistung

III. Unmöglichkeit der Nacherfüllung, § 275 I–III (→ Rn. 120 ff.)

IV. keine Unerheblichkeit wegen Teilleistung, §§ 326 V, 323 V 1

V. keine Unerheblichkeit wegen Schlechtleistung, §§ 326 V, 323 V 2

VI. kein Ausschluss wegen Verantwortlichkeit des Bestellers oder Annahmeverzug, §§ 326 V, 323 VI

VII. keine Unwirksamkeit wegen Verjährung des Nacherfüllungsanspruchs gem. §§ 634a IV 1, 218

213 **Aufbauschema: Anspruch auf Rückzahlung wegen Minderung gem. §§ 631, 633 I, 634 Nr. 3, 638**

I. Vss. des Rücktritts liegen vor, § 638 I 1

Beachte: Erheblichkeit gem. § 323 V 2 nicht erforderlich, § 638 I 2

II. Ausübung des Gestaltungsrechts (bei mehreren Beteiligten einheitlich, § 638 II)

III. Berechnung der Minderung gem. § 638 III 1: geminderte Vergütung = Wert der mangelhaften Sache dividiert durch Wert in mangelfreiem Zustand multipliziert mit dem vereinbarten Werklohn

IV. keine Unwirksamkeit der Minderung wegen Verjährung des Nacherfüllungsanspruchs gem. §§ 634a V, 218

V. RF: Teilrückerstattung gem. § 638 IV 1 (§§ 346 I, 347 I gelten entsprechend)

214 **Aufbauschema: Schadensersatz wegen Verzögerung der Nacherfüllung, §§ 631, 633 I, 634 Nr. 4, 280 I, II, 286**

I. wirksamer Werkvertrag

II. Vorliegen eines Mangels

III. Nacherfüllungsverlangen gem. § 635 I

IV. Verzug der Nacherfüllung, §§ 280 I, II, 286
   1. Nichtvornahme der Nacherfüllung
   2. Fälligkeit (setzt Möglichkeit voraus)
   3. Durchsetzbarkeit
   4. Mahnung bzw. Entbehrlichkeit nach § 286 II
   5. VS (vermutet nach § 280 I 2)

V. RF: Ersatz des Verzögerungsschadens

Aufbauschema: Schadensersatz statt der Leistung bei behebbarem Mangel gem. §§ 631, 633 I, 634 Nr. 4, 280 I, III, 281 215

I. wirksamer Werkvertrag

II. Pflichtverletzung des Unternehmers
   1. Herstellung eines mangelhaften Werkes
   2. Unterbleiben einer ordnungsgemäßen Nacherfüllung

III. erfolglose Fristsetzung
   1. Ablauf angemessener Frist *oder*
   2. Entbehrlichkeit gem. § 281 II *oder*
   3. Entbehrlichkeit gem. § 636

IV. Vertretenmüssen

V. kausaler Schaden

VI. RF
   1. „kleiner Schadensersatz“ → Schadensersatz statt der ganzen Leistung (statt der Nachbesserung) = Behalten der Sache und Forderung des Minderwerts
   2. „großer Schadensersatz“ → Schadensersatz statt der ganzen Leistung (statt der Neuherstellung) = Schadensabrechnung nach dem positiven Interesse unter Rückgabe des Werks (§ 281 V) → nur unter den Vss. des § 281 I 3 (Erheblichkeit)

216 **Aufbauschema: Schadensersatz statt der Leistung wegen anfänglicher Unmöglichkeit, §§ 631, 633 I, 634 Nr. 4, 311a II**

I. wirksamer Werkvertrag

II. Mangel bei Vertragsschluss, § 633

III. anfängliche Unmöglichkeit der Nacherfüllung, § 275 I–III (→ Rn. 120 ff.)

IV. Kenntnis oder zu vertretende Unkenntnis (vermutet, § 311a II 2)

V. Durchsetzbarkeit (inbes. keine Verjährung, § 634a, s.o.)

VI. RF nach Wahl des Bestellers: Schadensersatz statt der Leistung („kleiner" oder „großer" Schadensersatz)

Beachte: §§ 311a II 3, 281 I 2, 3

217 **Aufbauschema: Schadensersatz statt der Leistung wegen nachträglicher Unmöglichkeit, §§ 631 I, 633 II 1, 634 Nr. 4, 280 I, III, 283**

I. wirksamer Werkvertrag

II. Vorliegen eines Mangels, § 633

III. nachträgliche Unmöglichkeit der Nacherfüllung, § 275 I–III (→ Rn. 120 ff.)

IV. Vertretenmüssen

V. Durchsetzbarkeit (inbes. keine Verjährung, § 634a, s.o.)

VI. RF: „kleiner" oder „großer" Schadensersatz, §§ 283 S. 2, 281 I 2, 3, V

218 **Aufbauschema: Ersatz vergeblicher Aufwendungen, §§ 631, 633 I, 634 Nr. 4, 284**

I. Anspruch auf Schadensersatz statt der Leistung gem. §§ 633 I, 634 Nr. 4 (über §§ 281 [→ Rn. 138], 282 [→ Rn. 140], 283 [→ Rn. 141] oder 311a [→ Rn. 142])

II. RF: Ersatz der vergeblichen Aufwendungen

Beachte: Einschränkung auf Billigkeit, → Rn. 143

Aufbauschema: Schadensersatz neben der Leistung gem. §§ 631, 633 I, 634 Nr. 4, 280 I (Mangelfolgeschaden) 219

I. wirksamer Werkvertrag

II. Pflichtverletzung des Unternehmers (= Herstellung eines mangelhaften Werks)

III. Vertretenmüssen

IV. kausaler Integritätsschaden

V. Durchsetzbarkeit (inbes. keine Verjährung, § 634a, s.o.)

VI. RF: Schadensersatz

Aufbauschema: Kündigung des Bestellers gem. § 648 ***(für Verträge vor 01.01.2018:*** **§ 649 aF*)*** 220

I. Kündigungserklärung des Bestellers

II. jederzeit bis zur Vollendung des Werkes (§ 646) bzw. bei abnahmefähigen Werken bis zur Abnahmereife

III. ohne Angabe von Gründen

IV. RF

1. Kündigung hebt den Vertrag für die Zukunft auf
2. Vertrag bleibt als Rechtsgrund für die vor der Kündigung erbrachten Leistungen bestehen; insoweit stehen dem Besteller die allgemeinen Mängelrechte zu
3. Unternehmer behält seinen Anspruch auf (vereinbarte) Vergütung (§ 649 S. 2 HS. 2 aF; Verträge seit 01.01.2018 gem. § 648 S. 2 HS. 2); Anrechnung dessen, was er erspart oder durch anderweitige Verwendung seiner Arbeitskraft erwirbt oder hätte erwerben können (§ 649 S. 2 HS. 2; Verträge seit 01.01.2018: § 648 S. 2 HS. 2)

Aufbauschema: Kündigung aus wichtigem Grund gem. § 648a ***(für Verträge seit 01.01.2018)*** 221

I. Kündigungserklärung (Hinweis: beiden Seiten möglich)

II. wichtiger Grund iSd § 648a I 2 (Abwägung der Zumutbarkeit bis zur Fertigstellung am Vertrag festzuhalten)

III. grds. formfrei, wenn Bauvertrag iSd § 650a, dann Schriftform (§ 126 I) gem. § 650h

IV. RF

1. Beendigung des gesamten Vertrags *oder*
2. Teilbeendigung bei Teilkündigung (Abs. 2)
3. Anspruch auf gemeinsame Feststellung des Leistungsstandes (Abs. 4)
   a) Feststellung erfolgt → siehe 4. Vergütungspflicht
   b) Feststellung verweigert oder angemessene Frist abgelaufen (Abs. 4 S. 2) → KEINE Fiktion, sondern nur Beweislast bzgl. Leistungsstand bei Kündigung für Vergütung (siehe 4.); Ausnahme: unverschuldete Verhinderung und unverzügliche Mitteilung der Verhinderung (Abs. 4 S. 3)
4. Vergütungspflicht für den erbrachten Teil (Abs. 5)

   Hinweis: nur bei Kündigung nach § 648a nicht bei Kündigung gem. § 314
5. Idealkonkurrenz zu Schadensersatzansprüchen (Abs. 6)

222 **Aufbauschema: Entschädigungsanspruch des Unternehmers gem. §§ 631, 642 I**

I. wirksamer Werkvertrag

II. Erforderlichkeit einer Mitwirkungshandlung des Bestellers

III. Unterlassen der Mitwirkungshandlung

IV. Verzug der Annahme, §§ 293 ff.

V. Kausalität des Unterlassens für den Annahmeverzug

VI. RF: Entschädigung, Höhe gem. § 642 II

1. nach der Dauer des Verzuges und Höhe der vereinbarten Vergütung *sowie*
2. nach der Ersparnis an Aufwendungen und Möglichkeit anderweitiger Verwendungsmöglichkeit der Arbeitskraft

Aufbauschema: Unternehmerpfandrecht gem. § 647 223

I. Entstehung

1. Bestehen einer Forderung aus dem Werkvertrag
2. bewegliche Sache des Bestellers (Eigentumsstellung; Pfandrecht kann auch an Anwartschaftsrecht entstehen)

   Ⓟ gutgläubiger Erwerb des Pfandrechts gem. §§ 1257, 1207? Nein, weil gutgläubiger Erwerb nur bei rechtsgeschäftlichem Erwerb möglich, das Unternehmerpfandrecht gem. § 647 aber kraft Gesetzes entsteht und der Wortlaut des § 1257 ein bereits entstandenes Pfandrecht voraussetzt
3. Besitz des Werkunternehmers
   a) unmittelbarer Besitz iSd § 854
   b) vertragsgemäßer Besitz
      aa) zur der Herstellung der Sache *oder*
      bb) zum Zwecke der Ausbesserung

II. kein Erlöschen des Pfandrechts

1. Pfandverkauf gem. §§ 1257, 1242
2. Erlöschen der Forderung aus dem Werkvertrag gem. §§ 1257, 1252 (Akzessorietät)
3. Rückgabe der Sache an den Besteller gem. §§ 1257, 1253 I 1
4. Aufhebung des Pfandrechts gem. §§ 1257, 1255
5. Unternehmer wird Eigentümer der Sache (Konfusion)
6. lastenfreier Erwerb eines Dritten gem. §§ 936, 932

Exkurs: Vereinbarung eines vertragl. Pfandrechts in AGB des Unternehmers (bei Sachen im Eigentum eines Dritten) 224

1. kein Fall des § 647 (kein Eigentum des Bestellers)
2. vertragliches Pfandrecht durch AGB
   a) Voraussetzung für AGB liegen vor (§§ 305 I, II, 305b, 305c)

b) Inhaltskontrolle gem. § 307 I 1

aa) Lit.: unangemessene Benachteiligung, Besteller wird in eine Schadensersatzpflicht ggü. dem Eigentümer gedrängt

bb) Rspr.: vertragl. Pfandrecht kann in AGB vereinbart werden, wenn Pfandrecht für Forderungen aus demselben Rechtsverhältnis vereinbart wurde

225 **Aufbauschema: Anspruch auf Zahlung des Werklohns aus Bauvertrag gem. §§ 631, § 650a (Verträge seit 01.01.2018)**

I. Werkvertrag gem. §§ 631, 650a I, über Herstellung, Wiederherstellung, Beseitigung oder den Umbau eines Bauwerks, einer Außenanlage oder eines Teils davon *oder*

II. Vertrag über die Instandhaltung eines Bauwerks, wobei das Werk für die Konstruktion, den Bestand oder den bestimmungsgemäßen Gebrauch von wesentlicher Bedeutung ist

III. weitere Voraussetzungen des Werklohnanspruchs gem. § 631, → Rn. 205

Beachte: Sollte ein Verbraucherbauvertrag vorliegen, so kommen die §§ 650i ff. ergänzend hinzu; insb. das Widerrufsrecht gem. § 650l

IV. Durchsetzbarkeit: Fälligkeit gem. § 650g IV 1

1. Abnahme gem. § 640 I oder Entbehrlichkeit gem. § 640 II *und*
2. prüffähige Schlussrechnung iSd § 650g IV 2

226 **Aufbauschema: Anspruch auf Änderung des Bauvertrags gem. § 650b *(Verträge seit 01.01.2018)***

I. Bauvertrag gem. § 650a I oder II (→ Rn. 225)

II. Konsens nach § 650b I 1 *oder*

III. wirksame Anordnung gem. § 650b II

1. Änderungsbegehren des Bestellers
2. kein Konsens

3. 30-Tagefrist (Abs. 2 S. 1)
   a) Änderung iSd Abs. 1 S. 1 Nr. 2 (ohne weitere Einschränkungen) *oder*
   b) Änderung iSd Abs. 1 S. 1 Nr. 1 → Zumutbarkeit der Änderung (Beweislast des Unternehmers für Unzumutbarkeit aus betriebsinternen Gründen, Abs. 2 S. 3, Abs. 1 S. 3)
4. Anordnung in Textform, § 126b

Aufbauschema: Anspruch auf Unterbreitung eines Angebots für Mehr- oder Mindervergütung des Bauvertrags gem. § 650b I 2 *(Verträge seit 01.01.2018)* 227

I. Bauvertrag gem. § 650a I oder II (→ Rn. 225)

II. Änderungsbegehren, § 650b I 1

III. Änderung iSd Abs. 1 S. 1

Nr. 2 (ohne weitere Einschränkungen) *oder*

Nr. 1 → Zumutbarkeit der Änderung (Beweislast des Unternehmers für Unzumutbarkeit aus betriebsinternen Gründen, Abs. 1 S. 3)

IV. keine Verantwortung des Bestellers für die Planung des Bauwerks oder der Außenanlage (Ausnahme: Besteller hat die für die Änderung erforderliche Planung vorgenommen und dem Unternehmer zur Verfügung gestellt), Abs. 1 S. 4

V. keine Unentgeltlichkeit der Änderung, Abs. 1 S. 5 → dann nur Konsens über Änderung

Aufbauschema: Anspruch auf veränderten Werklohn gem. §§ 631, 650a, 650b II, 650c I *(Verträge seit 01.01.2018)* 228

I. Werkvertrag in Form eines Bauvertrags, §§ 631, 650a

II. Änderungsantrag gem. § 650b I

III. kein Konsens bzgl. Änderungsantrag mind. hinsichtlich Kosten, § 650b II

IV. Ablauf der 30-Tagefrist

V. Änderungsanordnung des Bestellers, § 650b II

VI. RF: Bestimmung des Vergütungsanspruchs gem. § 650c I

1. Mehr- oder Minderkosten für den Mehr- oder Minderaufwand
2. Addition bzw. Subtraktion angemessener Zuschläge für allgemeine Geschäftskosten, Wagnis und Gewinn
   a) Fortschreibung des Äquivalenzverhältnisses gem. § 650c II 1 (Rückgriff auf die bisherige Kalkulation des Bauvertrags) *oder hilfsweise*
   b) angemessene Bestimmung der Zuschläge nach billigem Ermessen
3. kein Ausschluss gem. § 650c I 2 (bei Planung des Bauwerks oder der Außenanlage bei Anpassung nach § 650b I 2 Nr. 2)
4. weitere RF: Anspruch auf Abschlagszahlung, § 650c III 1
   a) Höhe bis zu 80 % der vom Unternehmer als Änderung gem. § 650b I 2 vorgeschlagenen Vergütung
   b) keine anderweitige gerichtliche Entscheidung
   c) Fälligkeit der geänderten Vergütung (erst) Abnahme (§ 640), § 650c III 2
   d) bei Überzahlung aufgrund von Minderlohn Rückzahlung inkl. Zins, § 650c III 3, 4 (§§ 288 I 2, II, 289 S. 1)

229 **Aufbauschema: Anspruch auf Rückzahlung überzahlten Werklohns aufgrund Vergütungsanpassung gem. §§ 631, 650a, 650b II, 650c I, III 3 *(Verträge seit 01.01.2018)***

I. Werkvertrag in Form eines Bauvertrags, §§ 631, 650a

II. Änderungsantrag gem. § 650b I

III. kein Konsens bzgl. Änderungsantrag mind. hinsichtlich Kosten, § 650b II

IV. Ablauf der 30-Tagefrist

V. Änderungsanordnung des Bestellers, § 650b II

VI. RF: Bestimmung des Vergütungsanspruchs gem. § 650c I

1. Minderkosten für den Minderaufwand

2. Subtraktion angemessener Zuschläge für allgemeine Geschäftskosten, Wagnis und Gewinn
   a) Fortschreibung des Äquivalenzverhältnisses gem. § 650c II 1 (Rückgriff auf die bisherige Kalkulation des Bauvertrags) *oder hilfsweise*
   b) angemessene Bestimmung der Zuschläge nach billigem Ermessen
3. kein Ausschluss gem. § 650c I 2 (bei Planung des Bauwerks oder der Außenanlage bei Anpassung nach § 650b I 2 Nr. 2)
4. keine anderweitige gerichtliche Entscheidung
5. RF: Rückzahlung inkl. Zins, § 650c III 3, 4 (§§ 288 I 2, II, 289 S. 1)

Aufbauschema: Anspruch auf Mitwirkung an gemeinsamer Leistungsfeststellung gem. §§ 631, 650a, 650g I *(Verträge seit 01.01.2018)* 230

I. Werkvertrag in Form eines Bauvertrags, §§ 631, 650a

II. Abnahmeverweigerung unter Grundangabe

III. RF: Pflicht zur Mitwirkung

IV. Weitere RF nach erfolgter Feststellung: Vermutung, dass nachfolgend festgestellter offenkundiger Mangel, der nicht in der Feststellung vermerkt ist, zeitlich nach der Feststellung entstanden ist und dass den Besteller das Verschulden am Mangel trifft; Ausnahme: Mangel nach seiner Art nicht durch Besteller verursachbar

Aufbauschema: Einseitiges Leistungsfeststellungsrecht gem. §§ 631, 650a, 650g II, I *(Verträge seit 01.01.2018)* 231

I. Werkvertrag in Form eines Bauvertrags, §§ 631, 650a

II. Abnahmeverweigerung unter Grundangabe

III. Verletzung der Mitwirkungspflicht gem. § 650g II 1

1. vereinbarter Termin zur Mitwirkung *oder*
   mittels angemessener Frist bestimmter Termin

2. Verschulden des Bestellers (vermutet) *oder* unverschuldete Nichtmitwirkung, aber keine unverzügliche (§ 121) Mitteilung

IV. Schriftform der Zustandsbeschreibung, § 126 I

V. Datumsangabe in der Zustandsbeschreibung

VI. Unterschrift des Unternehmers

VII. Überlassung einer Abschrift an Besteller

232 **Überblickschema: Verbraucherbauvertrag gem. §§ 631, 650a, 650i *(Verträge seit 01.01.2018)***

I. Werkvertrag in Form eines Bauvertrags, §§ 631, 650a

II. Werkinhalt = Bau eines neuen Gebäudes oder erhebliche Umbaumaßnahmen an bestehendem Gebäude

III. Werkunternehmer = Unternehmer iSd § 14 I

IV. Besteller = Verbraucher iSd § 13

V. keine Nichtigkeit gem. § 125 S. 1 (Textform gem. §§ 650i II, 126b)

VI. kein wirksamer Widerruf, §§ 650l, 310 III, 355, 356e, 357d (vgl. auch Schema Rn. 128)

1. Verbrauchervertrag (+), s.o.
2. gesetzliches Widerrufsrecht, §§ 355, 650l (Ausnahme: notarielle Beurkundung)
3. Widerrufserklärung, § 355 I 2 (ggü. Unternehmer)
4. Widerrufsfrist, §§ 355 II 1, 356e
   a) Dauer 14 Tage, § 355 II 1
   b) Beginn, § 356e (Belehrung gem. Art. 249 § 3 EGBGB)
   c) Fristende
   d) kein Erlöschen gem. §§ 356e S. 2, 355 II 2 (zwölf Monate und 14 Tage nach Vertragsschluss)
5. RF bei wirksamem Widerruf: § 357d (Wertersatz bei Unmöglichkeit der Herausgabe aus Gründen der Natur der Leistung; *beachte:* S. 2 bestimmt die vereinbarte Vergütung zur Grundlage, aber S. 3 legt bei unverhältnismäßig hoher Vergütung den Marktwert zugrunde)

VII. Pflichten

1. Erstellung einer Baubeschreibung, § 650j (Ausnahme: Besteller macht die wesentlichen Planungsvorgaben)

   Inhalt der Baubeschreibung Art. 249 § 2 EGBGB (Abs. 1 S. 2 Nr. 1–9 wesentliche Eigenschaften und Abs. 2 Zeitpunkt der Fertigstellung oder hilfsweise Dauer)

2. Werkserbringung nach Vereinbarung, ggf. zzgl. Baubeschreibung § 650k I

   vertraglich. Vereinbarung (insb. zwingende Angabe des Zeitpunkts der Fertigstellung oder hilfsweise Dauer, § 650k III 1); Auslegung bei Lücken oder Unklarheit gem. § 650k II anhand der Begleitumstände, insb. der Leistungsbeschreibung; Zweifel zulasten des Unternehmers

3. Erstellung und Herausgabe von Unterlagen, § 650n

   a) Planungsunterlagen

      aa) Herstellung und Übergabe von Unterlagen zur Vorlage bei Behörden für Nachweis der Einhaltung öff.-recht. Vorschriften durch die Planung (§ 650n I 1) oder Nachweis für Dritte, die Nachweise vom Besteller verlangen (§ 650n III)

      bb) Zeitpunkt: vor Beginn der Ausführung, § 650n I 1

      cc) Ausnahme: Besteller erstellt wesentliche Planungsvorgaben, § 650n I 2

   b) Fertigstellungsunterlagen

      aa) Herstellung und Übergabe von Unterlagen zur Vorlage bei Behörden für Nachweis der Einhaltung öff.-recht. Vorschriften (§ 650n I 1) oder Nachweis für Dritte, die Nachweise vom Besteller verlangen (§ 650n III) durch Erstellung

      bb) Zeitpunkt: spätestens mit Fertigstellung

VIII. Modifikationen des „normalen" Bauvertragsrechts

1. Verbesserung der Position des Bestellers bzgl. Abschlagszahlungen, § 650m

   a) Beschränkung der Abschlagshöhe nach § 632a auf max. 90 % der Gesamtvergütung, § 650m I

   b) Sicherheitsleistung iHv 5 % für rechtzeitige Fertigstellung, § 650m II

c) Unwirksamkeit von Sicherheitsleistungen des Bestellers nach Abschlagszahlung gem. § 632a oder Vertrags in zu großer Höhe (Übersteigung der nächsten Abschlagszahlung oder Übersteigung um 20 % des Gesamtvergütung)

2. zwingendes Recht und Umgehungsverbot, § 650o

233 **Überblickschema: Architekten- und Ingenieurvertrag gem. § 650p *(Verträge seit 01.01.2018)***

I. Pflicht des Werkunternehmers

1. Leistungen, die nach dem jeweiligen Stand der Planung und Ausführung des Bauwerks oder der Außenanlage erforderlich sind, um die zwischen den Parteien vereinbarten Planungs- und Überwachungsziele zu erreichen (Abs. 1) *oder/und*
2. Erstellung einer Planungsgrundlage zur Ermittlung der Ziele, die für die Ausführung des Bauwerks oder der Außenanlage erforderlich sind (Abs. 2)

II. Pflicht des Bestellers

1. Werklohnzahlung (vertraglich vereinbart)
2. ggf. Vergütungsanpassung bei Mehr- oder Minderleistungsantrag gem. § 650b II; aber: nach Maßgabe der HOAI, hilfsweise Vereinbarung, äußerst hilfsweise § 650c

III. Verweis auf Teile des Bauvertrags, § 650q I

IV. Kündigung des Bestellers, § 650r I

1. Kündigungserklärung (§ 650r I, schriftlich: § 650h)
2. Frist
   a) bis zwei Wochen nach Vorlage der Unterlagen iSd § 650p II
   b) bei Verbrauch zusätzlich Unterrichtung über Kündigungsrecht in Textform

V. Kündigung des Werkunternehmers

1. Kündigungserklärung (§ 650r I, schriftlich: § 650h)
2. Verweigerung der Zustimmung gem. § 650p II 2 (§ 650r II 2)
   a) Zustimmungsverweigerung
   b) angemessene Frist zur Erklärung gesetzt und verstrichen

VI. Teilvergütungspflicht bei Sonderkündigungsrecht, § 650r III

VII. Teilabnahmeanspruch gem. § 650s ab Abnahme der letzten Leistung des bauausführenden Unternehmers

VIII. Leistungsverweigerungsrecht gem. § 650t für Schadensersatzansprüche für Mängel aufgrund Überwachungsfehler, die zugleich eine Haftung des ausführende Bauunternehmers begründen, wenn nicht zuvor erfolglose Fristsetzung zur Nacherfüllung an Werkunternehmer

Überblickschema: Bauträgervertrag gem. § 650u *(Verträge seit 01.01.2018)* 234

I. Pflicht des Werkunternehmers

1. Errichtung oder den Umbau eines Hauses oder eines vergleichbaren Bauwerks *und*
2. Verpflichtung Besteller das Eigentum oder Erbbaurecht an dem Grundstück zu übertragen bzw. zu bestellen

II. Verweis auf Untertitel 1 (§§ 631–650o) für Errichtung und/oder Umbau, § 650u I 2

III. Verweis auf Kaufrecht (§§ 433 ff.) für Verschaffung der sachenrechtlichen Position am Grundstück, § 650u I 3

IV. Ausschluss der §§ 648, 648a, 650b bis 650e, 650k I sowie der §§ 650l und 650m I (gem. § 650u II)

V. Beschränkung des Rechts auf Abschläge auf Vereinbarung nach VO aufgrund Art. 244 EGBGB, § 650v

Aufbauschema: Anspruch auf Sicherungshypothek gem. § 650e *(Verträge vor 01.01.2018: § 648 I aF)* 235

I. Werkvertrag

– *(Verträge vor 01.01.2018)* Werkvertrag gem. § 631 über Erstellung eines Bauwerks oder eines Teils eines Bauwerks

– *(Verträge seit 01.01.2018)* Bauvertrag, § 650a

II. Forderung aus dem Werkvertrag bzw. Bauvertrag

III. Vollendung (Abs. 1 S. 1) *oder* erbrachte Teilleistung (dann nur anteilig)

VI. Grundstück des Bestellers (Eigentum)

236 **Aufbauschema: Anspruch auf Sicherungshypothek gem. § 647a *(Verträge vor 01.01.2018: § 648 II, I aF)***

I. Werkvertrag über Bau oder Ausbesserung eines Schiffs, § 631

II. Forderung aus dem Werkvertrag

III. Vollendung (§ 648 II, I 1 bzw. § 647 I 2) *oder* erbrachte Teilleistung (dann nur anteilig)

IV. Schiff des Bestellers (Eigentum)

237 **Aufbauschema: Vertragl. Rückforderungsanspruch des Unternehmers gem. §§ 631, 242 bei Vorschusszahlung nach § 637 III**

I. Vorschusszahlung durch Werkunternehmer wegen Selbstvornahme, § 637 III

II. Überzahlung *oder*

III. nicht bestimmungsgemäße Verwendung des Vorschusses

1. Nichtdurchführung der Mangelbeseitigung oder nicht in angemessener Frist
2. Mangelbeseitigung erfüllte Zweck nicht

IV. RF: Rückzahlung des Vorschusses

C. Mietvertrag

I. Definitionen

Aufwendungen auf die Mietsache	freiwillige Vermögensopfer, die der Sache zugutekommen, indem sie ihrer Wiederherstellung, Erhaltung oder Verbesserung dienen	**238**
Einbringen	Mieter schafft Sachen während der Dauer des Mietverhältnisses in Ausübung des mietvertragl. Gebrauchsrechts willentlich und nicht lediglich vorübergehend in die Mieträume.	**239**
Einrichtung	bewegliche Sachen, die mit der Mietsache fest verbunden sind, aber wieder abgetrennt werden können und dazu bestimmt sind, der Mietsache zu dienen	**240**
Gebrauchsgewährung	je nach Mietobjekt Einräumung des unmittelbaren Besitzes oder Zugänglichmachung der Mietsache	**241**
Lasten	Leistungspflichten, die aus der Sache zu entrichten sind und insofern deren Nutzungswert vermindern	**242**
Leasingvertrag	Beim Leasingvertrag handelt es sich um einen atyp. Mietvertrag, da nicht der Leasinggeber (LG) die Gefahr der Verschlechterung oder des zufälligen Untergangs trägt, sondern der Leasingnehmer (LN). Es liegt ein Drei-Personen-Verhältnis vor. Der LG schließt ggü. dem LN die Gewährleistungsansprüche aus §§ 536 ff. aus, tritt dafür seine Gewährleistungsansprüche aus §§ 437 ff. gegen den Händler an den LN ab.	**243**
Mangel	Jede Untauglichkeit der Sache für den von den Parteien vorausgesetzten vertragsmäßigen Gebrauch. Unerheblich ist, ob die Untauglichkeit auf den Zustand der Sache selbst oder auf sonst. rechtliche, tatsächliche oder wirtschaftliche Verhältnisse zurückzuführen ist, die in Folge ihrer Art und Dauer nach der Verkehrsauffassung einen Einfluss auf die Brauchbarkeit und Wertschätzung der Sache ausüben.	**244**

245	Mangelschaden	Ein Mangelschaden ist der Schaden, der den Mangelunwert darstellt, d.h. was die Leistung weniger wert ist bzw. was es kostet, den Schaden zu kompensieren (z.B. Anmietung von Ersatzraum).
246	Mangelfolgeschaden	Ein Mangelfolgeschaden ist der Schaden, der an anderen Rechtsgütern des Mieters eintritt (Integritätsinteresse).
247	Räumung	ist die über reine Besitzverschaffung an der Mietsache hinausgehende Pflicht des Mieters, diese in dem Zustand zurückzugeben, wie es vertragl. geschuldet ist. Ohne vertragl. Vereinbarung ist die Mietsache in ordnungsgemäßem Zustand zurückzugeben.
248	Schönheitsreparaturen	Maßnahmen, die Spuren eines vertragsgemäßen Gebrauchs im Innenraum beseitigen, d.h. Reparatur- und Dekorationsarbeiten in Räumen, insb. Tapezieren, Anstreichen oder Kalken der Wände, Decken, Böden, Heizungen, Innentüren, sowie Fenster und Außentüren von innen
249	Wohnraum	jeder zum Wohnen bestimmte Raum, der Innenteil eines Gebäudes ist, ohne zwingend wesentlicher Bestandteil eines Grundstücks zu sein
250	Wohnraummietverhältnis	Mietverhältnis, das nach dem durch die Parteien vereinbarten Vertragszweck auf das Bewohnen der Mietsache durch den Mieter gerichtet ist (tatsächliche Nutzung ist subsidiär, falls eine vertragl. Vereinbarung fehlt).

II. Schemata und Strukturen

Aufbauschema: Primäransprüche aus Mietvertrag gem. § 535 I bzw. II 251

I. wirksamer Mietvertrag

II. Pflichten des Vermieters

1. Gebrauchsgewährung und Gebrauchsüberlassung
2. (an) der Sache (iSd § 90), § 535 I 1
3. Instandhaltung im zum vertragsgemäßen Gebrauch geeigneten Zustand, § 535 I 2

   Hinweis: tw. Abbedingung und Abwälzung auf Mieter möglich (vgl. Schönheitsreparaturen)

4. Tragen der auf der Mietsache ruhenden Lasten, § 535 I 3

   Hinweis: tw. Abwälzung iRd Betriebskosten auf Mieter möglich, § 556 I

III. Pflicht des Mieters zur Entrichtung der vereinbarten Miete

Beachte: Vorleistungspflicht des Mieters bei Räumen §§ 556b I, 579 II, ansonsten Vorleistungspflicht des Vermieters, § 579 I)

Hinweis: Soweit die Miete noch nicht entrichtet ist und eine Befreiung oder Minderung (vgl. Detailschema Mietminderung) vorliegt, entfällt der Mietpreis bzw. ist herabgesetzt.

Überblickschema: Gewährleistungsrechte bei der Miete, §§ 535, 536, 536a 252

I. wirksamer Mietvertrag

II. Mangel (führt zu)

1. Aufhebung der Tauglichkeit, § 536 I 1
2. nicht unerhebliche Minderung der Tauglichkeit, § 536 I 2, 3

   Beachte: § 535 Ia bei energetischen Modernisierungsmaßnahmen gem. § 555b Nr. 1.

oder

III. einem Mangel gleichstehend

1. Fehlen oder Entfallen einer zugesicherten Eigenschaft, § 536 II *oder*

2. vollständiger oder teilweiser Entzug des vertragsgemäßen Gebrauchs durch das Recht eines Dritten, § 536 III

IV. Zeitpunkt

1. bei Vertragsschluss, § 536a I Var. 1, *oder*
2. zur Zeit der Überlassung, § 536 I 1 Var. 1, *oder*
3. Entstehung während der Mietzeit, § 536 I 1 Var. 2 und § 536a I Var. 2

Hinweis: Gewährleistungsrechte können erst nach Überlassung geltend gemacht werden, zuvor §§ 280 ff.

oder

V. Verzug des Vermieters bzgl Mangelbeseitigung, § 536a I Var. 3 und § 536a II Nr. 1 (→ Rn. 139)

VI. umgehende Beseitigung des Mangels ist notwendig für

1. Erhaltung, § 536a II Nr. 2 Var. 1, *oder*
2. Wiederherstellung des Bestands der Mietsache, § 536a II Nr. 2 Var. 2

VII. RF

1. (gesetzl.) Befreiung von Mietentrichtungspflicht, § 536 I 1
2. (gesetzl.) Minderung der Miete, § 536 I 2
3. Schadensersatz, § 536a I
4. Selbstvornahmerecht, § 536a II
5. Aufwendungsersatz, § 536a II

253 **Detailschema: Mietminderung, §§ 535, 536 I**

I. wirksamer Mietvertrag

II. Mangel führt zu

1. Aufhebung der Tauglichkeit, § 536 I 1

oder

2. Minderung der Tauglichkeit, § 536 I 2
   a) kein Ausschluss wegen Unerheblichkeit, § 536 I 3, *und*
   b) kein Ausschluss für die Dauer von drei Monaten bei energetischen Modernisierungsmaßnahmen (gem. § 555b Nr. 1), § 536 Ia

oder

3. Vorliegen eines dem Mangel gleich gestellten Tatbestandes
   a) Fehlen oder Entfallen einer zugesicherten Eigenschaft, § 536 II, *oder*
   b) vollständige oder tw. Entziehung des vertragsgemäßen Gebrauchs durch das Recht eines Dritten, § 536 III

III. Zeitpunkt

1. zur Zeit der Überlassung, § 536 I 1 Var. 1, *oder*
2. Entstehung während der Mietzeit, § 536 I 1 Var. 2

IV. kein Ausschluss der Gewährleistungsrechte

1. vertragl. Ausschluss, § 536d
   a) nicht möglich bei Wohnraummietverhältnissen, § 536 IV
   b) Vermieter kann sich bei arglistigem Verschweigen nicht darauf berufen, § 536d

   oder

2. Kenntnis des Mangels bei Vertragsschluss (§ 536b S. 1) ohne Vorbehalt der Rechte (§ 536b S. 3) *oder*
3. grob fahrlässige Unkenntnis des Mieters ohne arglistiges Verschweigen des Mangels durch Vermieter (§ 536b S. 2) *oder*
4. Unterlassen der unverzüglichen Mängelanzeige (vgl. Detailschema Schadensersatz wegen Unterlassung der Mängelanzeige), die kausal dazu führt, dass Vermieter keine Abhilfe leisten kann (§ 536c II 2 Nr. 1) *oder*
5. vom Mieter verschuldeter Mangel (§ 538)

V. RF

1. Fortfall der Mietzahlungspflicht für die Zeit der Aufhebung der Tauglichkeit *oder*
2. Verringerung der Miete für die Zeit der Minderung der Tauglichkeit

   Hinweis: Der Herausgabeanspruch bei zu viel gezahlter Miete ergibt sich aus § 812 I 1 Var. 1 (→ Rn. 485). Mit diesem kann aufgerechnet werden (beachte: § 556b II bei Wohnraummiete auch, wenn ein Aufrechnungsverbot vereinbart wurde).

254 **Detailschema: Schadensersatz statt und neben der Leistung, §§ 535, 536, 536a I**

I. wirksamer Mietvertrag

II. Mangel iSd § 536 (vgl. Schema Mietminderung, → Rn. 253)

III. Zeitpunkt

1. bei Vertragsschluss *oder*
2. nach Vertragsschluss
   a) wegen eines Umstandes, den der Vermieter zu vertreten hat *oder*
   b) Verzug des Vermieters mit Beseitigung des Mangels (→ Rn. 139)

IV. kein Ausschluss der Gewährleistungsrechte

1. § 536d (→ Rn. 253 Ziff. IV. 1.)
2. § 536b (→ Rn. 253 Ziff. IV. 2. und 3.)
3. § 536c II 2 Nr. 2 (→ Rn. 253 Ziff. IV. 4.)
4. kein vertragswidriger Gebrauch durch den Mieter (e contrario § 538)

V. kausaler Schaden

1. Mangelschaden
2. Mangelfolgeschaden

VI. RF

1. Schadensersatz statt der Leistung
2. Schadensersatz neben der Leistung

255 **Detailschema: Selbstvornahmerecht und Aufwendungsersatz, §§ 535, 536, 536a II**

I. wirksamer Mietvertrag

II. Mangel iSd § 536 (vgl. Schema Mietminderung, → Rn. 253)

III. Verzug des Vermieters mit der Beseitigung (→ Rn. 139) *oder*

IV. umgehende Beseitigung des Mangels ist notwendig für

1. Erhaltung *oder*
2. Wiederherstellung des Bestandes der Mietsache

V. kein Ausschluss der Gewährleistungsrechte
   1. § 536d (→ Rn. 253 Ziff. IV. 1.)
   2. § 536b (→ Rn. 253 Ziff. IV. 2. und 3.)

VI. RF
   1. Recht zur Selbstvornahme der Beseitigung *und*
   2. Ersatz der erforderlichen Aufwendungen

Aufbauschema: Schadensersatz neben der Leistung wegen Unterlassen der Mängelanzeige, §§ 535, 536, 536c II 1 256

I. wirksamer Mietvertrag

II. Mangel iSd § 536 (vgl. Schema Mietminderung → Rn. 253)

III. Unterlassen der unverzüglichen (vgl. § 121) Mängelanzeige, § 536c I
   1. Mangel zeigt sich im Laufe der Mietzeit *oder*
   2. Maßnahme zum Schutz der Mietsache vor unvorhergesehener Gefahr erforderlich *oder*
   3. Dritter maßt sich Recht an Sache an

IV. kausaler Schaden

V. RF: Schadensersatz neben der Leistung

Aufbauschema: Vornahme von Schönheitsreparaturen (§ 535, iVm AGB-Klausel oder Individualvereinbarung zw. den Parteien) 257

I. wirksamer Mietvertrag über Wohn- oder Geschäftsraum

II. Abweichung von § 535 I 2 Var. 2
   1. wirksame individualvertragl. Vereinbarung
      Beachte: Maßstab sind §§ 134, 138, 242 → grds. zulässig
   2. wirksame Regelung in AGB (→ Rn. 148)
      Vertiefender Hinweis: grds. liegt kein Verstoß gegen § 307 vor. Abwälzung ist auch im Interesse des Mieters, da der Mietzins geringer gehalten wird und nach seinen Wünschen renoviert wird. Unangemessen benachteiligende Klauseln liegen vor, wenn sie über den tatsächlichen Renovierungsbedarf hinausgehen; insb.:

a) Renovierungsklauseln

aa) bei nicht renoviert übergebener Wohnung *und*

bb) ohne angemessenen Ausgleich

oder

cc) mit starren Fristen *und*

dd) ohne Berücksichtigung des wirklichen Renovierungsbedarfs

b) vom Renovierungsbedarf unabhängige Endrenovierungsklauseln

c) Quotenabgeltungsklauseln, die den Mieter zur anteiligen Kostentragung der Schönheitsreparaturen für den Fall verpflichten, dass die Wohnung bei Beendigung des Mietverhältnisses Abnutzungs- oder Gebrauchsspuren aufweist, Schönheitsreparaturen aber nach dem in der Renovierungsklausel festgelegten Fristenplan noch nicht fällig sind

d) Summierung mehrerer für sich zulässiger Klauseln, die insgesamt zu einer zu starken Belastung des Mieters führen

e) Fachhandwerksklausel

3. kombinierte Klausel

a) wirksame Regelung in AGB (→ Rn. 148)

Hinweis: Auch das Zusammentreffen von AGB-Klausel und Individualvereinbarung kann zu einem unangemessen benachteiligenden Summierungseffekt führen

b) wirksame individualvertragl. Vereinbarung (s.o.)

III. RF

1. tw. Befreiung des Vermieters von der Verpflichtung aus § 535 I 2

2. Anspruch gegen Mieter auf Vornahme der Schönheitsreparaturen

Hinweis 1: Ist der Mieter verpflichtet und zieht aus, ohne diese vorzunehmen, entsteht ein Schadensersatzanspruch gem. §§ 280 I, III, 281 (→ Rn. 138).

Hinweis 2: Bei unzulässiger Klausel bleibt es bei § 535 I 2 Var. 2 und der Vermieter begeht eine vorvertragl. Pflichtverletzung (kann Schadensersatz gem. §§ 311, 280 begründen). Täuscht der Vermieter während des Mietverhältnisses über eine bestehende Verpflichtung, kann ein Anspruch gem. §§ 280 I, 241 II (→ Rn. 134) bestehen.

Hinweis 3: Nimmt der Mieter – ohne Pflicht – Schönheitsreparaturen (bei unwirksamer Renovierungsklausel) vor, stehen ihm neben möglichen Schadensersatzansprüchen auch bereicherungsrechtliche Ansprüche zu (→ Rn. 485).

Hinweis 4: Eine einseitige Erhöhung der Miete ist nicht möglich. § 558 ist nicht einschlägig, eine ergänzende Vertragsauslegen nach §§ 133, 157 scheitert an § 535 I 2, eine Anpassung gem. § 313 scheidet wegen der Risikozuweisung an den Vermieter aus. Möglich bleibt nur eine einvernehmliche Änderung des Mietvertrags.

Aufbauschema: Schadensersatz neben der Leistung wegen nicht vertragsgemäßem Gebrauch, §§ 535, 280 I 258

I. wirksamer Mietvertrag

II. Pflichtverletzung = nicht vertragsgemäßer Gebrauch (arg e contrario § 538)

III. Vertretenmüssen (vermutet, § 280 I 2)

IV. kausaler Schaden

V. RF: Schadensersatz neben der Leistung

Aufbauschema: Aufwendungsersatz, § 539 I 259

I. wirksamer Mietvertrag

II. kein Vorrang speziellerer Normen

1. keine Aufwendungen des Mieters zur Mängelbeseitigung (§ 536 a II) (vgl. Schema Selbstvornahmerecht und Aufwendungsersatz)
2. keine Einrichtungen, § 539 II

III. sonst. Aufwendungen (→ Definitionen Mietrecht Rn. 238)

IV. auf die Mietsache

V. Vss. der Vorschriften über die Geschäftsführung ohne Auftrag *(beachte: Rechtsgrundverweis)* (→ Rn. 402)

VI. RF: Aufwendungsersatz

260 **Aufbauschema: Wegnahmerecht, § 539 II (*beachte: nach Rückgabe iVm § 258)***

I. wirksamer Mietvertrag

II. Einrichtung (→ Definitionen Mietrecht Rn. 240)

III. mit welcher der Mieter die Mietsache versehen hat

IV. kein Ausschluss des Wegnahmerechts

1. kein vertragl. Ausschluss

Hinweis: bei Wohnraummiete ist Ausschluss nur bei angemessenem Ausgleich wirksam, § 552 II

2. keine Pflicht zur Installation der Einrichtung

3. kein Vermieterpfandrecht gem. § 562 (→ Rn. 262)

V. RF: Wegnahmerecht

Hinweis: Dieser Anspruch korrespondiert mit einer Wegnahmepflicht aus § 546 I.

261 **Aufbauschema: Unterlassung bei vertragswidrigem Gebrauch, § 541**

I. wirksamer Mietvertrag

II. vertragswidriger Gebrauch

III. Abmahnung

IV. Fortsetzung des vertragswidrigen Gebrauchs

V. RF: Unterlassungsanspruch

262 **Aufbauschema: Vermieterpfandrecht, § 562**

I. wirksamer Mietvertrag über Grundstück oder Raum, §§ 562, 578

II. zu sichernde Forderung

1. aus dem Mietverhältnis

2. bereits entstanden (Fälligkeit nicht erforderlich)

3. künftige Forderungen nur aus dem laufenden und dem folgenden Mietjahr, § 562 II

III. Einbringen

IV. Sache, § 90

V. im Eigentum des Mieters

1. Alleineigentum
2. auflösend bedingtes Eigentum
3. Gesellschaftseigentum
4. Anwartschaftsrecht

VI. keine unpfändbare Sache, § 562 I 2

Beachte: Regelung zur Unpfändbarkeit: § 811 ZPO

VII. RF: Vermieter steht Pfandrecht an der Sache zu

Hinweis: Das Vermieterpfandrecht ist sonst. Recht iSd § 823 I.

Aufbauschema: Zeitmietvertrag bei Wohnraummiete, § 575 263

I. wirksamer Mietvertrag

II. auf best. Zeit; möglich wenn nach Ablauf der Mietzeit

1. Eigenbedarf, § 575 I 1 Nr. 1
2. Modernisierungsabsicht, § 575 I 1 Nr. 2
3. Betriebsbedarf, § 575 I 1 Nr. 3

III. schriftliche Mitteilung des Grundes bei Vertragsschluss, § 575 I 1

IV. schriftlicher Vertragsschluss, wenn Mietvertrag für länger als ein Jahr geschlossen wurde

Hinweis: Der Zeitmietvertrag ist als befristeter Vertrag nur außerordentlich kündbar. Möglich ist die Vereinbarung eines ordentlichen Kündigungsrechts.

Aufbauschema: Anspruch auf Fortsetzung bei Zeitmietvertrag für Wohnraum, § 575 II, III 264

I. wirksamer Zeitmietvertrag (→ Rn. 263)

II. Ablauf der Mietzeit

III. verspätete Mitteilung, § 575 II 1

1. Auskunftsanspruch frühestens vier Monate vor Ablauf der Befristung

2. keine Erfüllung innerhalb eines Monats
3. Geltendmachung der Fortsetzung, § 575 II 2

oder

IV. Verzögerung oder Fortfall des Befristungsgrundes, § 575 III 1
1. Befristungsgrund tritt später ein (§ 575 III 1) *oder* entfällt (§ 575 III 2)
2. Geltendmachung der Fortsetzung, § 575 III 1, 2

V. RF
1. Verlängerung um den Zeitraum der Verspätung, § 575 II 2
2. Verlängerung um Zeitraum bis Befristungsgrund eingetreten ist, § 575 III 1
3. Entfristung, § 575 III 2

265 **Überblickschema: Beendigung des Mietverhältnisses**

I. wirksamer Mietvertrag

II. unbefristeter Mietvertrag über Wohnraum, §§ 549, 542 I
1. Kündigung durch Vermieter
a) ordentlich
aa) Grund
(1) berechtigtes Interesse, § 573
(2) Wohnung in selbst bewohntem Gebäude mit nicht mehr als zwei Wohnungen, § 573a I
(3) Wohnraum innerhalb vom Vermieter selbst bewohnter Wohnung, § 573a II
(4) Teilkündigung, § 573b
bb) Einhaltung der Frist, § 573c
cc) Angabe der Gründe
(1) berechtigtes Interesse, § 573 III
(2) Angabe nach § 573a III
b) außerordentlich
aa) wichtiger Grund, §§ 543 I, II, 549, 569 II, IIa
bb) kein Ausschluss, §§ 543 II 2, 3, III, 549, 569 III Nr. 2, 3

cc) Angabe des Grundes, § 569 IV

dd) ausnahmsweise mit gesetzl. Frist, §§ 544 S. 1, 549, 563 IV, 564 S. 2

2. Kündigung durch Mieter

a) ordentlich, Fristwahrung, § 573c I 1

b) außerordentlich

aa) wichtiger Grund, §§ 543 I, 549, 569 I, II

bb) kein Ausschluss, §§ 543 III, 549

cc) Angabe des Grundes, § 569 IV

dd) Ausnahmsweise mit gesetzl. Frist, §§ 549, 540 I 2, 561, 563 a, 564 S. 2

3. schriftliche Erklärung, § 568 I

III. unbefristeter Mietvertrag über sonst. Sachen, § 542 I

1. ordentlich

a) Grundstücke und Räume, die keine Geschäftsräume sind, Frist nach § 580a I

b) Geschäftsräume, Frist nach § 580a II

c) bewegliche Sachen, Frist nach § 580a III

2. außerordentlich

a) wichtiger Grund, §§ 543, 578 II

aa) Geschäftsräume, §§ 578 II 1, 569 II

bb) Räume, die zum Aufenthalt von Menschen bestimmt sind, §§ 578 II 3, 569 I

b) ausnahmsweise mit gesetzl. Frist, §§ 580, 580a IV

IV. befristeter Mietvertrag, § 542 II

Beachte: §§ 550, 578 I → Fiktion eines unbefristeten Vertrags bei Grundstücken und Räumen, wenn der Mietvertrag für länger als ein Jahr und nicht schriftlich

1. Ablauf der Zeit, § 542 II HS. 1

2. keine außerordentliche Kündigung, § 542 II Nr. 1

Beachte: § 575a → Anwendbarkeit der Vorschriften zur außerordentlichen Kündigung mit gesetzl. Frist auf Zeitmietverträge bei Wohnraummiete

3. keine Verlängerung, § 542 II Nr. 2

V. keine stillschweigende Verlängerung, § 545
   1. Fortsetzung des Gebrauchs nach Zeitablauf
   2. Erklärung eines der Verlängerung entgegenstehenden Willens *(beachte: konkludent möglich)*
   3. innerhalb einer Frist von zwei Wochen
      a) Fristbeginn für den Mieter (§ 545 S. 2 Nr. 1: mit Fortsetzung des Gebrauchs)
      b) Fristbeginn für den Vermieter (§ 545 S. 2 Nr. 2: mit Kenntnis über die Fortsetzung)

VI. RF
   1. Beendigung des Mietverhältnisses
   2. wechsels. Ansprüche (vgl. die nach der Kündigung folgenden Schemata → Rn. 269 ff.)

266 **Detailschema: Ordentliche Vermieterkündigung bei Wohnraummiete und berechtigtem Interesse, §§ 535, 549, 542 I, 573**

I. wirksamer, unbefristeter Mietvertrag über Wohnraum

II. berechtigtes Interesse (§ 573 I), insb. bei
   1. schuldhafter und erheblicher Pflichtverletzung durch den Mieter (§ 573 II Nr. 1) *oder*
   2. Eigenbedarf des Vermieters (§ 573 II Nr. 2) *oder*
   3. Hinderung des Vermieters an einer angemessenen wirtschaftlichen Verwertung des Grundstücks durch die Fortsetzung des Mietverhältnisses und dadurch Erleiden erheblicher Nachteile (§ 573 II Nr. 3)

III. Kündigungserklärung
   1. schriftlich, § 568 I
   2. Angabe des berechtigten Interesses (§ 573 III 1) *oder*
      Nachschieben von später entstandenen Gründen, § 573 III 2

IV. Kündigungsfrist, § 573c
   1. zum dritten Werktag eines Kalendermonats zum Ablauf des übernächsten Monats (drei Monate), § 573c I 1
   2. Verlängerung um jeweils drei Monate nach fünf bzw. acht Jahren seit Überlassung des Wohnraums, § 573c I 2

3. Vereinbarung einer kürzeren Frist bei für Wohnraum zum vorübergehenden Gebrauch, § 573c II
4. Wohnraum nach § 549 II Nr. 2 kann spätestens zum 15. eines Monats zu dessen Ablauf gekündigt werden, § 573c III
5. kein vertragl. Verzicht
   a) Individualvereinbarung
      aa) Staffelmiete max. vier Jahre, § 557a III
      bb) max. fünf Jahre

      Beachte: Temporärer Verzicht stellt keinen Verstoß gegen § 573c IV dar
   b) AGB-Klausel (→ Rn. 148)

      Vertiefender Hinweis: Grds. kein Verstoß gegen § 307, aber unangemessene Benachteiligung bei Verzicht von über vier Jahren (orientiert an § 557a III) und bei einseitigem Ausschluss zu Lasten des Mieters, wenn kein Staffelmietvertrag geschlossen wurde.

      Hinweis: Die Nichteinhaltung der Kündigungsfrist führt nicht zur Unwirksamkeit, sondern zur Beendigung zum nächstmöglichen Termin (Umdeutung gem. § 140).

V. keine Fortsetzung nach Widerspruch des Mieters, §§ 574 f.
1. Widerspruch und Fortsetzungsverlangen des Mieters, § 574 I 1
2. Beendigung des Mietverhältnisses bedeutet Härte für
   a) Mieter
   b) die Familie des Mieters
   c) die anderen Angehörigen des Haushalts des Mieters

      Hinweis: Härte liegt auch vor, wenn angemessener Ersatzwohnraum zu zumutbaren Bedingungen nicht beschafft werden kann, § 574 II.
3. keine Rechtfertigung unter Würdigung des berechtigten Interesses des Vermieters

   Hinweis: Bei der Würdigung der berechtigten Interessen des Vermieters werden nur die in dem Kündigungsschreiben nach § 573 III angegebenen Gründe berücksichtigt, außer die Gründe sind nachträglich entstanden, § 574 III.

4. kein Grund, der zur außerordentlichen fristlosen Kündigung berechtigt, § 574 I 2
5. schriftliche Erklärung, § 574b I
6. Frist, § 574b II
   a) zwei Monate vor Beendigung des Mietverhältnisses, § 574b II 1 *oder*
   b) im ersten Termin des Räumungsrechtsstreits, wenn Vermieter nicht gem. § 568 II auf Möglichkeit sowie Form und Frist des Widerspruchs hingewiesen hat, § 574b II 2
7. RF des Widerspruchs, § 574a
   a) Anspruch auf unter Berücksichtigung aller Umstände angemessene Dauer der Fortsetzung, § 574a I 1 *oder*
   b) bei Unzumutbarkeit für Vermieter Anspruch auf Fortsetzung unter angemessener Änderung der Bedingungen, § 574a I 2

VI. RF
1. Beendigung des Mietverhältnisses zum Fristablauf
2. wechsels. Ansprüche (vgl. die nach der Kündigung folgenden Schemata → Rn. 269 ff.)

267 **Detailschema: Erleichterte (Vermieter-)Kündigung bei Wohnraummiete, §§ 535, 549, 542 I, 573a**

I. wirksamer, unbefristeter Mietvertrag über Wohnraum

II. Entbehrlichkeit des berechtigen Interesses, § 573a
1. Mietverhältnis über Wohnung in einem vom Vermieter selbst bewohnten Gebäude mit nicht mehr als zwei Wohnungen, § 573a I 1 *oder*
2. Wohnraum innerhalb der vom Vermieter selbst bewohnten Wohnung, sofern der Wohnraum nicht nach § 549 II Nr. 2 vom Schutz ausgenommen ist

III. Kündigungserklärung
1. schriftlich, § 568 I
2. Angabe des Kündigungsgrundes der § 573a I bzw. II, § 573a III

IV. Kündigungsfrist
   1. § 573c (→ Rn. 266 Ziff. IV.) *und*
   2. Verlängerung um drei Monate, § 573a I 2

V. keine Fortsetzung nach Widerspruch des Mieters, §§ 574 f. (→ Rn. 266 Ziff. V.)

VI. RF
   1. Beendigung des Mietverhältnisses zum Fristablauf
   2. wechsels. Ansprüche (vgl. die nach der Kündigung folgenden Schemata → Rn. 269 ff.)

Detailschema: Außerordentliche Kündigung bei Wohnraummiete, §§ 535, 543, 549, 569 268

I. wirksamer Mietvertrag über Wohnraum

II. wichtiger Grund, §§ 543, 549, 569
   1. Regelbeispiel des wichtigen Grundes, §§ 543 II 1, 549, 569 III, wenn
      a) Verletzung der Überlassungspflicht, §§ 543 II 1 Nr. 1, 549
         aa) nicht rechtzeitige Gewährung des vertragsgemäße Gebrauchs der Mietsache ganz oder zum Teil

         oder Entziehung der Gebrauchsmöglichkeit
         bb) kein Ausschluss des Kündigungsrechts gem. §§ 543 IV 1, 549 iVm 536b, 536d

      Beachte: Grund nur für den Mieter
      b) Pflichtverletzung des Mieters in erheblichem Maße, §§ 543 II 1 Nr. 2, 549
         aa) durch Vernachlässigung der ihm obliegenden Sorgfalt ggü. der Mietsache bei erheblicher Gefährdung derselben *oder*
         bb) unbefugte Gebrauchsüberlassung an Dritten

      Beachte: Grund nur für den Vermieter

c) Zahlungsverzug des Mieters, §§ 543 II 1 Nr. 3, 549

aa) Verzug, § 286

(1) zwei aufeinander folgende Termine *oder*

(2) mit nicht unerheblichem Teil der Miete

Beachte: § 569 III Nr. 1 nur dann unerheblich, wenn Miete für einen Monat überstiegen, Ausnahme: Wohnraum zum vorübergehenden Gebrauch

(a) in einem Zeitraum, der sich über mehr als zwei Termine erstreckt

(b) in Höhe eines Betrages in Verzug ist, der die Miete für zwei Monate erreicht

bb) keine vorherige Befriedigung, §§ 543 II 2, 549

cc) keine Unwirksamkeit gem. §§ 543 II 3, 549

(1) Aufrechenbarkeit zugunsten des Mieters

(2) unverzügliche Aufrechnungserklärung nach Kündigung

dd) keine Unwirksamkeit gem. § 569 III Nr. 2

(1) Befriedigung des Vermieters *oder* Verpflichtung einer öff. Stelle zur Befriedigung des Vermieters hinsichtlich der fälligen Miete und der fälligen Entschädigung nach § 546a I

(2) bis zum Ablauf von 2 Monaten nach Eintritt der Rechtshängigkeit

(3) keine nicht länger als zwei Jahre zurückliegende nach S. 1 unwirksam gewordene Kündigung, § 569 III Nr. 2 S. 2

Beachte: Grund nur für den Vermieter

2. keine Einschränkung des wichtigen Grundes bei Verletzung einer Pflicht aus dem Mietvertrag (§§ 543 III 1, 549)

a) erfolgloser Ablauf einer zur Abhilfe bestimmten angemessenen Frist *oder*

b) erfolglose Abmahnung

c) Rückausnahmen, §§ 543 III 2 Nr. 1, 2, 3, 549

aa) Frist *oder* Entbehrlichkeit (Abmahnung verspricht offensichtlich keinen Erfolg)

bb) sofortige Kündigung ist aus bes. Gründen unter Abwägung der beiderseitigen Interessen gerechtfertigt *oder*

cc) Mieter ist mit Entrichtung der Miete iSd § 543 II 1 Nr. 3 in Verzug *(beachte: Unwirksamkeit nach § 569 III Nr. 2)*

3. wichtiger Grund gem. § 569 II

a) nachhaltige Störung des Hausfriedens

b) Abwägung der beiderseitigen Interessen inkl. Verschulden

Beachte: Grund nur für den Vermieter

4. wichtiger Grund gem. § 569 IIa (Verzug mit der Sicherheitsleistung gem. § 551 in Höhe zweifacher Miete)

Beachte: Grund nur für den Vermieter

5. Generalklausel des wichtigen Grundes gem. § 543 I 1

Unzumutbarkeit der Fortsetzung des Mietverhältnisses bis zum Ablauf der Kündigungsfrist oder bis zur sonst. Beendigung des Mietverhältnisses (§§ 543 I 2, 549)

→ Abwägung der beiderseitigen Interessen (Berücksichtigung aller Umstände des Einzelfalls, insb. VS der Vertragsparteien)

III. Kündigungserklärung

1. schriftlich, § 568 I

2. Grundangabe, § 569 IV

IV. gesetzl. Auslauffrist

1. Vertrag über mehr als 30 Jahre, §§ 544 S. 1, 549

a) Mietvertrag über mehr als 30 Jahre geschlossen

b) Ablauf von mindestens 30 Jahren nach Überlassung

c) keine Unzulässigkeit wegen Bindung für die Lebenszeit einer Vertragspartei, § 544 S. 2

d) Frist (→ Rn. 266 Ziff. IV.)

2. Vertrag mit Nachfolger bei Tod des Mieters, §§ 563 IV, 564 S. 2
   a) Tod des Mieters
   b) gesetzl. Nachfolger im Mietverhältnis
      aa) Ehegatte, Lebenspartner in gemeinsamem Haushalt, § 563 I
      bb) subsidiär Kinder in gemeinsamem Haushalt, § 563 II 1
      cc) subsidiär andere Familienangehörige in gemeinsamem Haushalt, § 563 II 3
      dd) subsidiär Personen, die mit dem Mieter einen auf Dauer angelegten Haushalt führen, § 563 II 4
      ee) subsidiär Erben, § 564 S. 1
   c) Eintritt in Mietvertrag

      Beachte: Erklärung der Ablehnung der Fortsetzung bis einen Monat nach Kenntniserlangung vom Tod des Mieters möglich (§ 563 III); das gilt nicht für den Erben

   d) Kündigungserklärung innerhalb eines Monats nach Kenntniserlangung, § 563 IV
   e) wichtiger Grund in der Person des Eingetretenen, § 563 IV

      Beachte: nicht erforderlich bei Eintritt des Erben nach § 564 S. 2

   f) Frist (→ Rn. 266 Ziff. IV.)

V. RF
1. sofortige Beendigung des Mietverhältnisses *oder*
2. ausnahmsweise Beendigung des Mietverhältnisses zum Fristablauf
3. wechsels. Ansprüche (vgl. die folgenden Schemata)

Aufbauschema: Rückgabe der Mietsache, § 546 I 269

I. wirksamer Mietvertrag

Beachte: andernfalls nur Anspruch aus §§ 985, 812

II. Beendigung des Mietverhältnisses (→ Rn. 265)

III. RF

1. Herausgabe
2. Räumung

Hinweis: Herausgabeanspruch auch aus §§ 985, 812; bei § 546 I jedoch auf die Einräumung des Besitzes in vertragl. Zustand; bei §§ 985, 812 nur auf Einräumung des Besitzes im aktuellen Zustand.

Aufbauschema: Rückgabe der Mietsache von Dritten, § 546 II 270

I. wirksamer Mietvertrag

Beachte: Hier ist der Hauptmietvertrag gemeint.

II. Gebrauchsüberlassung an Dritten

III. Beendigung des Mietverhältnisses (→ Rn. 265)

IV. Aufforderung ggü. Drittem zur Rückgabe durch den (Haupt-) Vermieter

V. RF: Anspruch auf Rückgabe (→ Rn. 269)

Aufbauschema: Entschädigung bei verspäteter Rückgabe, § 546a I 271

I. wirksamer Mietvertrag

II. Beendigung des Mietverhältnisses (→ Rn. 265)

III. keine § 546 I entsprechende Rückgabe

IV. Rücknahmewille des Vermieters

V. RF: Nutzungsentschädigung

1. in Höhe der urspr. vereinbarten Miete (§ 546a I Var. 1)

   Hinweis: Eine evtl. zu diesem Zeitpunkt geminderte Miete ist zu berücksichtigen, § 536 (→ Rn. 253).

   Beachte: Mängel ab Vorenthaltung bewirken keine Minderung mehr.

2. *oder* in Höhe der ortsüblichen Miete, § 546a I Var. 2

272 **Aufbauschema: Verzinsung und Erstattung von im Voraus entrichteter Miete, § 547 I 1**

I. wirksamer Mietvertrag

II. Beendigung des Mietverhältnisses (→ Rn. 265)

III. im Voraus entrichtete Miete

IV. nicht abgewohnt

V. Beendigung des Mietverhältnisses vom Vermieter zu vertreten

Hinweis: wenn kein Vertretenmüssen, dann Rechtsfolgenverweis in §§ 818 f.

VI. RF

1. Erstattung der im Voraus entrichteten Miete
2. mit Verzinsung ab Empfang
3. Herausgabe nach §§ 818 f. (→ Rn. 485)

D. Pacht und Leasing

I. Hinweise

Hinweise zur Pacht: 273

Gem. § 581 II sind die Vorschriften über den Mietvertrag auf den Pachtvertrag weitgehend entsprechend anzuwenden. Wichtigste Unterschiede zur Miete sind:

I. Das Pachtobjekt kann nicht nur eine Sache iSd § 90 sein, sondern auch ein anderer Gegenstand.

II. Fruchtziehungsrecht zusätzlich zum Gebrauchsrecht

III. Kündigungsfrist gem. § 584, falls nichts vereinbart wurde, am dritten Werktag des halben Jahres zum Ende des Jahres

IV. Kündigungsrecht aus § 540 I besteht nicht für den Pächter, dasjenige aus § 580 nicht für den Verpächter.

Hinweise zum Leasing: 274

Aus der Konstruktion des Leasingvertrags ergeben sich Probleme hauptsächliche iRd Rückabwicklung. Für die Primäransprüche vgl. Aufbauschema Primäransprüche aus Mietvertrag → Rn. 251. Für die entsprechenden Besonderheiten vgl. Definitionen Mietvertrag → Rn. 241 ff. Die Gewährleistungsansprüche des LN richten sich wegen der Abtretung nach Kaufrecht, vgl. → Rn. 176.

II. Schemata und Strukturen

275 **Aufbauschema: Anspruch auf Rückzahlung der Leasingraten nach ausgeübtem Rücktrittsrecht, § 346 iVm § 313 I, III 1**

I. reales Element: Geschäftsgrundlage des Leasingvertrags ist der Kaufvertrag zw. Händler und LG. Diese entfällt, wenn sich der Kaufvertrag durch den ausgeübten Rücktritt des LN aus abgetretenem Recht in ein Rückgewährschuldverhältnis wandelt, §§ 398 S. 2, 437 Nr. 2, 323, 440 (→ Rn. 179).

II. hypothetisches Element: LG muss sich darauf einlassen, da niemand einen Leasingvertrag schließen würde, wenn er sich trotz Mangelhaftigkeit der Sache nicht vom Vertrag mit dem LG lösen könnte.

III. normatives Element:

1. Geltendmachung des Rücktritts aus abgetretenem Recht wegen Mängeln der Leasingsache liegt im Risikobereich des LG
2. Unzumutbarkeit für den LN weiter am unveränderten Vertrag festzuhalten
   a) e.A.: LN kann durch Ausüben des Rücktrittsrechts allein die Störung der Geschäftsgrundlage herbeiführen
   b) a.A. BGH: Störung der Geschäftsgrundlage tritt erst ein, wenn der Rücktritt vom Händler anerkannt oder der Händler rechtskräftig verurteilt wurde und der LG an das Urteil gebunden ist. Pflicht des LN, den LG darüber in Kenntnis zu setzten, dass er seine Gewährleistungsansprüche geltend machen wird.

   Hinweis: Bindung des LG an das Urteil/den Rücktritt ergibt sich aus einer ergänzenden Vertragsauslegung (§§ 133, 157, 242). Wer sich durch AGB von seinen eigenen Gewährleistungsrechten freizeichnet und stattdessen seine eigenen Gewährleistungsrechte ggü. einem Dritten abtritt, erklärt damit zugleich, dass er die Konsequenzen aus der Geltendmachung der abgetretenen Rechte als für sich bindend akzeptiert.

IV. RF

1. Vertragsanpassung, wenn Minderung erklärt wurde
2. Rückabwicklung ex tunc bei Rücktritt

Hinweis: Es kann eine Verrechnung mit Nutzungsersatzansprüchen aus §§ 346 I, II Nr. 1, 313 II erfolgen.

E. Leihe

I. Definitionen

Einrichtung iSv § 601 II 2	Sache, die körperlich mit der Leihsache verbunden wurde, um ihrem wirtschaftlichen Zweck zu dienen, unabhängig davon, ob sie wesentlicher Bestandteil wurde.	**276**
Fehler	s. Mangelbegriff des Kaufrechts	**277**
Gebrauch	tatsächliche Verwendung und Benutzung einer Sache, ohne in ihre Substanz einzugreifen	**278**
Gebrauch, vertragsmäßiger iSd § 602	definiert sich über Vertragsinhalt, Zweckbestimmung der Sache und Verkehrsanschauung	**279**
Gebrauchsgestattung	Verschaffung der Nutzungsmöglichkeit – Besitzverschaffung ist dafür nicht zwingend notwendig	**280**
Mangel	liegt vor, wenn ein Dritter bzgl. der Leihsache Rechte gegen den Entleiher geltend machen kann	**281**
Verschweigen, arglistiges	Nicht-Offenlegung von offenbarungspflichtigen Mängeln und billigendes Inkaufnehmen, dass der Vertragspartner dies nicht weiß und es daher seine Entscheidung über den Vertragsschluss beeinflusst (bedingter Täuschungsvorsatz). Ein Mangel ist offenbarungspflichtig, wenn aus Sicht eines redlichen, nicht nur auf den eigenen Vorteil bedachten Vertragspartners anzunehmen ist, dass der andere den Mangel nicht kennt und dessen Existenz ihn vom Vertragsschluss abhalten oder wenigstens zur Modifizierung der Konditionen Anlass geben würde.	**282**
Verwendung	freiwillige Vermögensopfer, die der Sache zugutekommen, indem sie ihrer Wiederherstellung, Erhaltung oder Verbesserung dienen	**283**

II. Schemata und Strukturen

284 **Aufbauschema: Anspruch des Entleihers auf Gebrauchsgestattung gegen den Verleiher, § 598**

I. Anspruch entstanden

1. Leihvertrag

a) Gebrauchsüberlassung

b) Sache, § 90

c) unentgeltlich

Bei Bedarf abzugrenzen: reine Gefälligkeit → nach Rechtsbindungswillen; Vertragsanbahnung → nach dem Grund bzw. dem Sinn und Zweck der Gebrauchsüberlassung; Mietvertrag → entgeltlich; Sachdarlehen → hier muss nicht dieselbe Sache zurückgegeben werden; Schenkung → Sacheigentum wird übertragen, also keine Rückgabe; unentgeltl. Verwahrung → es kommt darauf an, in wessen Interesse die Sache bewahrt wird (idR kein Gebrauchsrecht)

2. keine rechtshindernden Einwendungen

II. kein Erlöschen

1. Beendigung der Leihe gem. § 604 (→ Rn. 291) *oder* durch Rückgabe durch Entleiher

2. Kündigung gem. § 605

a) Anwendbarkeit: Nur bei der Zeit- und Zweckleihe (anderenfalls kann der Verleiher ohnehin zu jedem Zeitpunkt Rückgabe verlangen, § 604 III)

b) Kündigungserklärung durch Verleiher; (formlose, einseitige, empfangsbedürftige Willenserklärung)

c) Kündigungsgrund

aa) Eigenbedarf, § 605 Nr. 1

(1) Eigenbedarf (tatsächlich bzw. wirklich, nicht jedoch zwingend dringend)

(2) unvorhergesehener Umstand

(3) Billigkeitsabwägung (Verleiherinteressen idR gewichtiger)

bb) § 605 Nr. 2

(1) Var. 1: vertragswidriger Gebrauch, insb. unbefugte Überlassung an Dritte, § 603

(2) Var. 2: erhebliche Gefährdung der Sache *durch* Vernachlässigung der dem Entleiher obliegenden Sorgfalt (Kausalität)

cc) § 605 Nr. 3: Tod des Entleihers

d) Konkurrenzen: Kündigung aus *anderem* wichtigen Grund gem. § 314 (auch für den Entleiher) bleibt unberührt (→ Rn. 146)

3. allgemeine Erlöschensgründe, insb. § 314

III. Durchsetzbarkeit

1. allgemeine Einreden; insb. verjährt der Primäranspruch nach den allgemeinen Vorschriften; § 606 ordnet die verkürzte Verjährung nur für Ersatzansprüche gem. §§ 601 ff. an;

2. Zurückbehaltungsrecht nur nach § 273 (nicht § 320)

Aufbauschema: Haftungsbeschränkung des Verleihers, § 599 **285**

I. Anspruch entstanden

1. Anspruch bis zum Vertretenmüssen (z.B. §§ 280 ff. mit dem Leihvertrag als Schuldverhältnis)

2. Vertretenmüssen

a) Grundsatz: Gem. § 276 I 1

b) mildere Haftung gem. § 599 bei

aa) Verletzung einer Pflicht aus dem Leihvertrag

bb) durch Verleiher

cc) wenn das Erfüllungsinteresse des Entleihers betroffen (nicht bei Mangelfolgeschäden)

dd) subsidiär zu § 600 bei Mangelhaftigkeit der Sache

ee) analog auch auf deliktische Haftung anwendbar

ff) RF: Haftung nur bei grober Fahrlässigkeit oder Vorsatz

3. Schaden, Art und Umfang gem. §§ 249 ff.

II. kein Untergang

III. Durchsetzbarkeit

286 **Aufbauschema: Mängelhaftung gem. § 600 (eigene Anspruchsgrundlage für Sach- und Rechtsmängel)**

I. Anwendbarkeit: nur bei Mangelschäden (Mangelfolgeschäden sind nach allg. Regeln zu ersetzen)

II. Anspruch entstanden

1. Leihvertrag, § 598
2. arglistiges Verschweigen
   a) Mangel im Recht *oder*
   b) Fehler der verliehenen Sache
   c) bei Vertragsschluss (oder bei Gefahrübergang [meist Besitzübertragung], wenn Leihsache vom Verleiher erst noch erworben werden muss) (später: Haftung nach allg. Grundsätzen)
3. Ausschluss gem. §§ 442 I 1, 536b S. 1 analog
   a) Kenntnis (des Entleihers) vom Mangel
   b) bei Vertragsschluss
4. Schaden, Art und Umfang §§ 249 ff. (nur Vertrauensschaden ist zu ersetzen)

III. kein Untergang

IV. Durchsetzbarkeit

287 **Aufbauschema: Anspruch auf Verwendungsersatz, § 601 II 1 iVm §§ 677 ff., 670**

I. Anspruch entstanden

1. Leihvertrag, § 598
2. andere Verwendungen iSd § 601 II 1
   a) Verwendung
   b) „andere" → nicht die gewöhnlichen Kosten für den Erhalt der Leihsache (diese trägt der Entleiher gem. § 601 I selbst), sondern solche Verwendungen, die die gewöhnlichen Erhaltungskosten übersteigen
3. Rechts**grund**verweis auf die Vorschriften der GoA → Vss. der §§ 677 ff., 670 müssen vorliegen, → Rn. 402

II. kein Erlöschen

III. Durchsetzbarkeit (insb. kurze Verjährung, § 606 → Rn. 288)

Aufbauschema: kurze Verjährung, § 606 288

I. Ersatzanspruch des Verleihers wegen
   1. Veränderung *oder*
   2. Verschlechterung der verliehenen Sache

oder

II. Anspruch des Entleihers
   1. Verwendungsersatz gem. § 601 II 1 *oder*
   2. Gestattung der Wegnahme einer Einrichtung gem. § 601 II 2

III. RF: verkürzte Verjährung gem. § 606 S. 1
   1. Beginn der Verjährung für Verleiher gem. § 606 S. 2 entspr. § 548 I 2 mit (tatsächlicher) Rückgewähr der Leihsache
   2. Beginn der Verjährung für Entleiher gem. § 606 S. 2 entspr. § 548 II mit Beendigung der Leihe

Aufbauschema: Wegnahmerecht des Entleihers, § 601 II 2 289

I. Anspruch entstanden
   1. Leihvertrag
   2. Leihsache wurde mit einer Einrichtung versehen
   3. RF: Wegnahmerecht des Entleihers, d.h. nicht Anspruch auf Herausgabe, sondern auf Gestattung der Entfernung auf Kosten des Entleihers

II. kein Erlöschen

III. Durchsetzbarkeit

Beachte insb. kurze Verjährung gem. § 606 → Rn. 288

290 **Aufbauschema: Haftungsausschluss für Abnutzung der Sache, § 602**

I. Anspruch entstanden
   1. Anspruch bis zum Vertretenmüssen (z.B. §§ 280 ff.) mit dem Leihvertrag als Schuldverhältnis
   2. Vertretenmüssen
      a) Grundsatz: § 276 I 1
      b) Konkretisierung gem. § 602
         aa) Veränderung oder Verschlechterung der Leihsache → nicht bei Untergang der Leihsache
         bb) durch vertragsgemäßen Gebrauch
            (1) vertragsgem. Gebrauch, § 603 S. 1
            (2) Kausalität
      c) RF: Haftungsausschluss
   3. Schaden, Art und Umfang gem. §§ 249 ff.

II. kein Erlöschen

III. Durchsetzbarkeit

Beachte insb. kurze Verjährung gem. § 606 → Rn. 288

291 **Aufbauschema: Anspruch des Verleihers gegen den Entleiher oder Dritten auf Rückgabe der Leihsache, § 604**

I. Anspruch entstanden
   1. Leihvertrag
   2. *ein* Beendigungstatbestand des § 604
      a) § 604 I: Beendigung durch Zeitablauf
         aa) Befristung
         bb) Fristablauf
      b) § 604 II 1: Beendigung durch Zweckerreichung
         aa) keine Befristung
         bb) Zweckerreichung (vereinbarter Zweck) durch Gebrauch

c) § 604 II 2: Beendigung der Leihe bei Zweckerreichungsmöglichkeit

aa) keine Befristung der Leihe

bb) Gebrauchszweck der Leihe

cc) keine Erreichung des Zwecks

dd) Verstreichen einer Zeitspanne, in der der Zweck hätte erreicht werden können (obj. zu bestimmen – ob der Entleiher subj. in der Lage war, ist unerheblich)

d) § 604 III (jederzeit und grundlos)

aa) keine Befristung der Leihe

bb) keine Befristung durch Nutzungszweck

cc) RF: jederzeitige Rückforderbarkeit (Ausnahme: § 242 zur Unzeit)

e) (alternativ) ungeschriebene Beendigung durch Kündigung gem. § 605 oder gem. § 314

4. RF: Rückgabeanspruch (modifiziert durch § 602) gegen den Entleiher oder gem. § 604 IV gegen einen Dritten

II. kein Erlöschen

III. Durchsetzbarkeit

Beachte: Verjährungsbeginn ab Beendigung der Leihe, § 604 V

F. Freier Dienstvertrag

I. Definitionen

Zeugnis, einfaches, § 630	Ein einfaches Zeugnis enthält nur Angaben über die konkrete Art der Tätigkeit und die Dauer.	**292**
Zeugnis, qualifiziertes, § 630	Ein qualifiziertes Zeugnis enthält über das einfache Zeugnis hinaus eine Leistungs- und Verhaltensbeurteilung.	**293**

II. Schemata und Strukturen

Aufbauschema: Anspruch auf Leistung versprochener Dienste, § 611 I **294**

I. Vereinbarung über die Leistung von Diensten gegen eine Vergütung

II. keine Beendigung vor Zeitpunkt der Geltendmachung

1. keine Befristung iSd § 620 I
2. keine Kündigung iSd §§ 620 II, 621 ff.
   a) ordentliche Kündigung gem. § 621
      aa) selbst. Dienstverhältnis (kein Arbeitsverhältnis)
      bb) eine der Nummern des § 621 Nr. 1–5
   b) ordentliche Kündigung gem. § 624 unter Wahrung der Dreimonatsfrist
3. keine außerordentliche Kündigung gem. § 626
4. keine außerordentliche Kündigung gem. § 627
   a) selbst. Dienstverhältnis (kein Arbeitsverhältnis)
   b) Verpflichtung zu Diensten höherer Art
   c) kein dauerndes Dienstverhältnis mit festen Bezügen

   Hinweis: Eine Kündigung zur Unzeit iSd § 627 II 1 ist, auch wenn kein wichtiger Grund vorliegt, nicht unwirksam. Der Dienstverpflichtete muss lediglich Schadensersatz nach § 627 II 2 leisten.
5. kein schriftlicher Auflösungsvertrag gem. § 623

6. keine sonst. rechtsvernichtenden Einwendungen

III. RF: Anspruch des Dienstberechtigten auf Leistung der versprochenen Dienste (Höhe ggf. § 612)

295 **Aufbauschema: Anspruch auf Gewährung der vereinbarten Vergütung, § 611 I**

I. Vereinbarung über die Leistung von Diensten gegen eine Vergütung

II. keine Beendigung vor Zeitpunkt der Geltendmachung

1. keine Befristung iSd § 620 I
2. keine Kündigung iSd §§ 620 II, 621 ff.
   a) ordentliche Kündigung gem. § 621
      aa) selbst. Dienstverhältnis (kein Arbeitsverhältnis)
      bb) eine der Nummern des § 621 Nr. 1–5
   b) ordentliche Kündigung gem. § 624 unter Wahrung der Dreimonatsfrist
3. keine außerordentliche Kündigung gem. § 626
4. keine außerordentliche Kündigung gem. § 627
   a) selbst. Dienstverhältnis (kein Arbeitsverhältnis)
   b) Verpflichtung zu Diensten höherer Art
   c) kein dauerndes Dienstverhältnis mit festen Bezügen

   Hinweis: Eine Kündigung zur Unzeit iSd § 627 II 1 ist, auch wenn kein wichtiger Grund vorliegt, nicht unwirksam. Der Dienstverpflichtete muss lediglich Schadensersatz nach § 627 II 2 leisten.
5. kein schriftlicher Auflösungsvertrag gem. § 623
6. keine sonst. rechtsvernichtenden Einwendungen

III. RF: Anspruch des Dienstverpflichteten auf Gewährung der Vergütung

Aufbauschema: Teilvergütungsanspruch, § 628 I 296

I. Kündigung eines Dienstverhältnisses gem. § 626 oder § 627

II. kein Fall des § 628 I 2

1. keine Veranlassung

a) des Dienstverpflichteten durch ein Verhalten des Dienstberechtigten

b) des Dienstberechtigten durch Fehlverhalten des Dienstverpflichteten

2. Interessenfortfall an der Teilleistung

III. RF: Anspruch des Verpflichteten auf einen seinen bisherigen Leistungen entsprechenden Teil der Vergütung

Aufbauschema: Schadensersatz bei fristloser Kündigung, § 628 II 297

I. Kündigung wegen vertragswidrigem Verhalten des Dienstverpflichteten, welches nicht vom Dienstberechtigen veranlasst wurde

II. kausal durch Aufhebung des Dienstverhältnisses entstandener Schaden

III. RF: Ersatz des Schadens gem. §§ 249 ff.

Aufbauschema: Zeugniserteilungsanspruch 298

I. Beendigung eines dauernden selbst. Dienstverhältnisses (kein Arbeitsverhältnis)

II. RF: Anspruch auf Erteilung eines einfachen (§ 630 S. 1) oder qualifizierten (§ 630 S. 2) Zeugnisses

G. Bürgschaft

I. Definitionen

Ausfallbürgschaft	Erklärung, dass man dafür einstehen will, was beim Schuldner nach erfolglosem Vollstreckungsversuch nicht beizutreiben ist	**299**
Bürgschaft auf erstes Anfordern	Der Bürge kann zunächst keine Einwendungen bzw. Einreden gegen die Hauptschuld geltend machen, sondern ist zur Zahlung auf Anforderung verpflichtet.	**300**
Garantievertrag	Versprechen, verschuldensunabhängig für einen bestimmten Erfolg einstehen zu wollen (In Entstehung und Fortbestand unabhängig von der zugrundeliegenden Forderung.)	**301**
Globalbürgschaft	Bürgschaft, bei der sich der Bürge für alle aktuellen und künftigen Verbindlichkeiten des Hauptschuldners verpflichtet	**302**
Mitbürgschaft	mehrere Bürgen treten für eine Forderung gleichrangig ein; Ausgleichsansprüche untereinander	**303**
Nachbürgschaft	Der Nachbürge haftet ggü. dem Sicherungsnehmer dafür, dass der Vorbürge (auch Hauptbürge genannt) seiner Verpflichtung nachkommt.	**304**
Rückbürgschaft	Der Rückbürge haftet ggü. dem Hauptbürgen für die Rückgriffsansprüche gegen den Schuldner.	**305**
Schuldbeitritt	Dritter tritt neben den Schuldner, so dass sie als Gesamtschuldner haften.	**306**
Schuldübernahme	Dritter tritt anstelle des Schuldners, d.h. er übernimmt sie und wird selber Schuldner anstelle des ursprünglichen.	**307**
selbstschuldnerische Bürgschaft	Verzicht auf die Einrede der Vorausklage	**308**

II. Schemata und Strukturen

309 **Aufbauschema: Inanspruchnahme des Bürgen gem. § 765 I**

I. Bürgschaftsverpflichtung entstanden

1. wirksamer Bürgschaftsvertrag gem. § 765
   a) auslegen
   b) ggf. abgrenzen ggü.
      aa) Garantievertrag (viel höhere Anforderung an Rechtsbindungswillen)
      bb) Schuldübernahme, §§ 414 ff.
      cc) Schuldbeitritt
   c) keine rechtshindernden Einwendungen
      aa) gem. §§ 766 S. 1, 125 S. 1, 126 S. 1 Schriftform der Bürgschafts*erklärung* (oder Heilung, § 766 S. 3)
      Beachte: formlos möglich im Fall der §§ 343 f., 350 HGB
      bb) § 551 (Bürgschaft für Wohnraummiete)
      cc) § 138 I bei emotionaler Zwangslage für Ehegatten, nahe Angehörige und AN und/oder wirtschaftlicher Überforderung, wenn ein krasses Missverhältnis besteht, weil Bürge nicht imstande wäre, die laufenden Zinsen zu tilgen
      dd) § 142 I
         (1) § 119 II wegen Irrtums über Liquidität (-); teleologische Reduktion der verkehrswesentlichen Eigenschaft in Bezug auf das Liquiditätsrisiko des Schuldners
         (2) § 123 wegen arglistiger Täuschung des Hauptschuldners über seine Liquidität idR (-), da Hauptschuldner Dritter iSd § 123 II ist
2. *statt Bürgschaftsvertrag* auch: entstandener Kreditauftrag, § 778
3. Akzessorietät (Bestand der Hauptforderung gem. §§ 765 I, II, 767)
   a) Hauptverbindlichkeit (Höhe der Bürgschaftsschuld vom Umfang und jeweiligen Bestand der Hauptforderung abhängig)

aa) Begrenzung/Verminderung der Hauptforderung durch rechtshindernde/rechtsvernichtende Einwendungen oder ausgeübte Gestaltungsrechte?

bb) Erhöhung der Hauptforderung

(1) kraft Gesetzes (vgl. § 767 I 2)

(2) gem. § 767 II durch zu ersetzende Kosten

(a) Kündigung

(b) Rechtsverfolgung

(3) gem. § 767 I 3 *nicht* durch

(a) Rechtsgeschäft

(b) das der Hauptschuldner nach Übernahme der Bürgschaft vornimmt

b) Bestimmbarkeit der Hauptverbindlichkeit

aa) auch bedingte, § 765 II Var. 2 *oder*

bb) künftige, § 765 II Var. 1

cc) Ⓟ Globalbürgschaften

(1) individualvertragl. grds. wirksam, da kein Verstoß gegen den Bestimmtheitsgrundsatz: „alle" beschreibt hinreichend genug)

(2) in AGB: § 305c I oder gem. § 307 I und II 1, § 767 I 3 grds. unwirksam

II. kein Erlöschen der Bürgschaftsverpflichtung

1. Widerruf gem. §§ 312g, 312b, 355

2. Erlöschen gem. § 776 S. 1

a) Sicherungsaufgabe (rechtl. oder tatsächl.)

aa) mit der Forderung verbundenes Vorzugsrecht *oder*

bb) für die Forderung bestehenden Hypothek oder Schiffshypothek *oder*

cc) Recht gegen einen Mitbürgen

b) Umfang der Befreiung: soweit Bürge nach § 774 hätte Ersatz verlangen können (unabhängig vom Entstehungszeitpunkt)

3. Erlöschen gem. § 777 I
   a) Zeitablauf, §§ 163, 158 II
      aa) Befristung der Bürgschaft
      bb) Ablauf der bestimten Zeit
   b) keine Einschränkung gem. § 777 I 1
      aa) unverzügl. Einziehung der Forderung nach § 772
      bb) Fortsetzung des Verfahrens ohne wesentliche Verzögerung
      cc) keine unverzügl. Nichtinanspruchnahmeanzeige nach Beendigung des Verfahrens
   c) keine Einschränkung gem. § 777 I 2
      aa) dem Bürgen steht Einrede der Vorausklage nicht zu
      bb) der Gläubiger macht keine unverzügliche Anzeige

III. Durchsetzbarkeit der Bürgschaftsverpflichtung
1. eigene Einreden des Bürgen
   a) Einrede der Vorausklage gem. § 771
      aa) kein erfolgloser Zwangsvollstreckungsversuch beim Hauptschuldner
      bb) kein Ausschluss gem. § 773 I
         (1) Verzicht der Einrede, § 773 I Nr. 1
         (2) Erschwernis der Rechtsverfolgung gegen Hauptschuldner, § 773 I Nr. 2
            (a) wesentlich Erschwernis durch Änderung
               (aa) Wohnsitz *oder*
               (bb) gewerbliche Niederlassung *oder*
               (cc) Aufenthaltsort
            (b) nach Bürgschaftsübernahme
            (c) Kausalität zw. Änderungen und Erschwernis
         (3) Eröffnung des Insolvenzverfahrens, § 773 I Nr. 3

         Einschränkung nach § 773 II: soweit sich der Gläubiger aus einer beweglichen Sache des Hauptschuldners befriedigen kann, an der er ein Pfandrecht oder Zurückbehaltungsrecht hat

(4) Annahme, dass Zwangsvollstreckung nicht zur Befriedigung des Gläubigers führt, § 773 I Nr. 4

Einschränkung nach § 773 II: soweit sich der Gläubiger aus einer beweglichen Sache des Hauptschuldners befriedigen kann, an der er ein Pfandrecht oder Zurückbehaltungsrecht hat

cc) Erheben der Einrede

b) Sonst. eigene Einreden des Bürgen und deren Geltendmachung, insb. Verjährung der Bürgschaftsforderung

Beachte: § 771 S. 2

2. abgeleitete Einreden

a) Einreden gegen die Hauptforderung, § 768 I 1

aa) Einrede des Hauptschuldners gegen Hauptforderung, z.B. § 214, § 273, § 320

bb) Erheben der Einrede

b) Einrede der Anfechtbarkeit, § 770 I

Entsprechende Anwendung auf andere Gestaltungsrechte (z.B. bei Rücktritts- oder Minderungsmöglichkeit)

aa) Anfechtbarkeit der Hauptverbindlichkeit

bb) Erheben der Einrede

c) Einrede der Aufrechenbarkeit, § 770 II

aa) Aufrechnungslage zugunsten des Gläubigers gegen Hauptschuldner (→ Rn. 147)

℗ einseitige Aufrechnungsverbote (str.)

bb) Erheben der Einrede

Aufbauschema: Rückgriffsanspruch des Bürgen gegen Hauptschuldner gem. §§ 774 I 1 iVm der übergegangenen Forderung 310

I. Anspruch entstanden

1. Bürgschaftsverpflichtung → Rn. 309

2. Befriedigung der Bürgschaftsverpflichtung durch Bürgen

II. kein Untergang

Beachte: §§ 412, 404 und § 774 I 3

III. Durchsetzbarkeit

IV. RF: Übergang der Forderung und der von dieser abhängigen Nebenrechte gem. §§ 412, 401

Ⓟ *Zusammentreffen von Bürgschaft und anderen Sicherheiten („Wettlauf der Sicherungsgeber")*

Problemaufriss: *Auf denjenigen Sicherungsgeber, der den Gläubiger zuerst befriedigt, geht mit der Forderung wegen §§ 412, 404 auch die gesamte Sicherheit über, so dass er sich am jeweils nächsten schadlos halten kann usw. – dem zuletzt in Anspruch genommenen Sicherungsgeber jedoch bleibt nur noch ein Rückgriff gegen den Hauptschuldner übrig, welcher idR zahlungsunfähig sein wird. Die Risikoverteilung scheint daher vom Zufall abhängig zu sein, d.h. davon, wer nicht als letzter zahlt, wodurch die Sicherungsgeber bestrebt sind, möglichst schnell zu zahlen und es zum sog. Problem des „Wettlaufs der Sicherungsgeber" kommt.*

Problemlösung: *Beim Zusammentreffen von Bürgschaft und anderen Sicherheiten erfolgt der Ausgleich zw. den Sicherungsgebern gem. §§ 774 II, 426 analog zu gleichen Anteilen, wie bei Mitbürgen; die Sicherheiten werden nur anteilig erworben.*

Arg.: *Vermeidung von Zufallsergebnissen und damit der Billigkeit entsprechend; die Gefahr der unbeschr. persönl. Haftung des Bürgen steht nicht entgegen und er ist nicht ggü. anderen Sicherungsgebern zu bevorzugen, da gesetzl. Schutzbestimmungen dieser bes. Gefährdung des Bürgen Rechnung tragen (z.B. §§ 766, 771)*

311 **Aufbauschema: Anspruch des Bürgen auf Befreiung gem. § 775 I gegen Hauptschuldner**

I. Bürgschaft als Auftrag oder Übernahme löst Ansprüche aus GoA als Beauftragter aus

1. Bürgschaft im Auftrag des Hauptschuldners
   a) Bürgschaftsverpflichtung → Rn. 309
   b) im Auftrag des Hauptschuldners, §§ 662 ff.

   oder

2. Bürgschaft als GoA, §§ 677, 683, 670
   a) Übernahme der Bürgschaft s.o.
   b) Voraussetzungen der GoA (→ Rn. 402)
   c) Rechte eines Beauftragten gegen Hauptschuldner (→ Rn. 412)

II. Risikoerhöhung
  1. wesentliche Verschlechterung der Vermögensverhältnisse, § 775 I Nr. 1
  2. Erschwernis der Rechtsverfolgung, § 775 I Nr. 2
    a) wesentliche Erschwernis der Rechtsverfolgung
    b) nach Bürgschaftsübernahme
    c) durch Änderung
      aa) des Wohnsitzes *oder*
      bb) der gewerblichen Niederlassung *oder*
      cc) des Aufenthaltsortes des Hauptschuldners
    d) Kausalität zw. der eingetretenen Änderung und der wesentlichen Erschwernis
  3. Verzug des Schuldners mit Erfüllung der Verbindlichkeit, § 775 I Nr. 3
  4. vollstreckbares Urteil gegen den Bürgen, § 775 I Nr. 4

III. Fälligkeit der Hauptverbindlichkeit (wenn noch nicht fällig besteht die Möglichkeit der Abwendung durch Sicherheitsleistung, § 775 II)

H. Darlehen

I. Definitionen

Teilzahlungsvertrag, § 498	Darlehensvertrag, bei dem der Rückerstattungsanspruch aus § 488 in Teilzahlungen erfüllt werden soll	**312**
wesentliche Vermögensverschlechterung, § 490 I	liegt vor, wenn die Verschlechterung der Vermögensverhältnisse bzw. der Werthaltigkeit einer bestellten Sicherheit kausal für die Gefährdung des Rückzahlungsanspruchs ist	**313**

II. Schemata und Strukturen

Aufbauschema: Anspruch auf Überlassung eines Geldbetrages, § 488 I 1 **314**

I. Vereinbarung der Überlassung eines Geldbetrages gegen Zins- und Rückzahlung bei Fälligkeit

II. RF: Anspruch auf Überlassung

Aufbauschema: Anspruch auf Zinszahlung, § 488 I 2 **315**

I. Vereinbarung der Überlassung eines Geldbetrages gegen Zins- und Rückzahlung bei Fälligkeit

II. RF: Anspruch auf Zinszahlung

Aufbauschema: Anspruch auf Rückzahlung aus Darlehensvertrag, § 488 I 2 **316**

I. Vorliegen eines Darlehensvertrags

II. Auszahlung

III. Fälligkeit der Rückzahlung, § 488 III

317 **Aufbauschema: Kündigung durch Darlehensnehmer gem. § 489 I (ordentlich)**

I. Vorliegen eines Darlehensvertrags mit gebundenem Sollzinssatz (festverzinsliches Darlehen)

II. Kündigungserklärung

III. Kündigungsgrund

1. vorzeitiger Ablauf der Sollzinsbindung, § 489 I Nr. 1
2. Ablauf von zehn Jahren nach vollständigem Empfang

IV. Kündigungsfrist

1. ein Monat, § 489 I Nr. 1
2. sechs Monate, § 489 I Nr. 2

V. keine Unwirksamkeit gem. § 489 III

318 **Aufbauschema: Kündigung durch Darlehensnehmer gem. § 489 II (ordentlich)**

I. Vorliegen eines Darlehensvertrags mit veränderlichem Sollzinssatz

II. Kündigungserklärung

III. Kündigungsfrist

1. grds. drei Monate, § 489 II bzw. § 488 III 2
2. Verbraucherdarlehensverträge: fristlos (wenn eine Zeit für die Rückzahlung nicht bestimmt ist, gem. § 500 I; es sei denn § 503)

IV. keine Unwirksamkeit gem. § 489 III

319 **Aufbauschema: Kündigung durch Darlehensgeber aufgrund vertragl. Kündigungsrechts (ordentlich)**

I. Vorliegen eines Darlehensvertrags

II. Kündigungserklärung

III. Kündigungsgrund

1. vertragl. vereinbartes Kündigungsrecht

2. keine Unwirksamkeit gem. § 499 I
   a) Vorliegen eines Verbraucherdarlehensvertrags iSd § 491
   b) bestimmte Vertragslaufzeit vereinbart
   c) Kündigungsfrist unterschreitet zwei Monate nicht
   d) keine Rückausnahme gem. § 503
3. Ausschluss gem. § 498 für Kündigung wegen Zahlungsverzugs des Darlehensnehmers (auch bei vertragl. Kündigungsrecht anwendbar)
   a) Vorliegen eines Verbraucherdarlehensvertrags mit Teilzahlungstilgung
   b) Ausnahme gem. § 498
      aa) Verzug mit der Rückzahlung mind. zweier aufeinanderfolgender Teilzahlungen, § 498 I 1 Nr. 1
      bb) erfolglose zweiwöchige Nachfristsetzung, § 498 I 1 Nr. 2

IV. Kündigungsfrist je nach Vereinbarung

Aufbauschema: Kündigung durch Darlehensgeber gem. § 490 I (außerordentlich) 320

I. Vorliegen eines Darlehensvertrags

II. Kündigungserklärung

III. Kündigungsgrund
1. wesentliche Vermögensverschlechterung des Darlehensnehmers *oder*
2. Verschlechterung der Werthaltigkeit einer gestellten Sicherheit

IV. Kündigungsfrist
1. vor Auszahlung: jederzeit
2. nach Auszahlung: idR (Interessenabwägung) fristlos

321 **Aufbauschema: Kündigung durch Darlehensnehmer gem. § 490 II (außerordentlich)**

I. Vorliegen eines Darlehensvertrags mit gebundenem Sollzinssatz (festverzinsliches Darlehen)

II. Sicherung durch Grund- oder Schiffspfandrecht

III. Kündigungserklärung

IV. Kündigungsgrund

1. berechtigtes Interesse des Darlehensnehmers (insb. § 490 II 2)
2. Ablauf von sechs Monaten nach Empfang des Darlehens

V. Kündigungsfrist: drei Monate, § 488 III 2

322 **Aufbauschema: Rücktritt gem. § 313 III (→ Rn. 145) iVm § 490 III**

323 **Aufbauschema: Kündigung gem. § 314 (→ Rn. 146) iVm § 490 III**

I. Kündigungserklärung

II. Kündigungsgrund

1. Vorliegen eines Dauerschuldverhältnisses
2. wichtiger Grund iSd § 314 I 2
3. Ausschluss gem. § 498 für Kündigung wegen Zahlungsverzugs des Darlehensnehmers
   a) Vorliegen eines Verbraucherdarlehensvertrags mit Teilzahlungstilgung
   b) Ausnahme gem. § 498
      aa) Verzug mit der Rückzahlung mind. zweier aufeinanderfolgender Teilzahlungen, § 498 I 1 Nr. 1
      bb) erfolglose zweiwöchige Nachfristsetzung, § 498 I 1 Nr. 2

III. Kündigungsfrist gem. § 314 III

I. Verbraucherdarlehen

Aufbauschema: Anspruch auf Überlassung eines Geldbetrages, § 488 I 1 iVm § 491 324

I. Vereinbarung der Überlassung eines Geldbetrages gegen Zins- und Rückzahlung bei Fälligkeit

II. Qualifikation als Verbraucherdarlehensvertrag

1. Vss. gem. § 491 I

a) Unternehmer (§ 14) als Darlehensgeber

b) Verbraucher (§ 13) oder Existenzgründer (§ 512) als Darlehensnehmer

2. kein Fall des § 491 II

III. Formerfordernisse

1. Schriftformerfordernis gem. § 492 I

2. Pflichtangaben gem. § 492 II iVm Art. 247 §§ 6 bis 13 EGBGB

IV. Heilung der Nichtigkeit bei Verstößen gegen Formerfordernisse, § 494 II

V. RF: Anspruch des Darlehensnehmers auf Überlassung, § 488 I 1

Aufbauschema: Anspruch auf Zinszahlung, § 488 I 2 iVm § 491 325

I. Vereinbarung der Überlassung eines Geldbetrages gegen Zins- und Rückzahlung bei Fälligkeit

II. Qualifikation als Verbraucherdarlehensvertrag

1. Vss. gem. § 491 I

a) Unternehmer (§ 14) als Darlehensgeber

b) Verbraucher (§ 13) oder Existenzgründer (§ 512) als Darlehensnehmer

2. kein Fall des § 491 II

III. Formerfordernisse
   1. Schriftformerfordernis gem. § 492 I
   2. Pflichtangaben gem. § 492 II iVm Art. 247 §§ 6 bis 13 EGBGB
IV. Heilung der Nichtigkeit bei Verstößen gegen Formerfordernisse, § 494 II
V. RF: Anspruch des Darlehensnehmers auf Zinszahlung, § 488 I 2

326 **Aufbauschema: Sonderkündigungsrecht des Verbrauchers gem. § 494 VI**

I. Vereinbarung der Überlassung eines Geldbetrages gegen Zins- und spätere Rückzahlung
II. Qualifikation als Verbraucherdarlehensvertrag
   1. Vss. gem. § 491 I
      a) Unternehmer (§ 14) als Darlehensgeber
      b) Verbraucher (§ 13) oder Existenzgründer (§ 512) als Darlehensnehmer
   2. kein Fall des § 491 II
III. Kündigungserklärung
IV. Kündigungsgrund: Fehlen von Angaben im Vertrag gem. § 494 VI
V. Kündigungsfrist: jederzeit, § 494 VI 1

327 **Aufbauschema: Widerruf durch Verbraucher gem. § 495**

I. Widerrufserklärung
II. Widerrufsrecht
   1. Verbraucherdarlehensvertrag iSd § 495 I
      a) Vereinbarung der Überlassung eines Geldbetrages gegen Zins- und spätere Rückzahlung

b) Qualifikation als Verbraucherdarlehensvertrag

aa) Vorliegen der Vss. gem. § 491 I

(1) Unternehmer (§ 14) als Darlehensgeber

(2) Verbraucher (§ 13) oder Existenzgründer (§ 512) als Darlehensnehmer

bb) kein Fall des § 491 II

2. kein Ausschluss gem. § 495 II

a) bes. Gestaltung, § 495 II Nr. 1

b) Bestätigung des Notars, § 495 II Nr. 2

c) Fälle des § 504 II oder 505, § 495 II Nr. 2

3. kein Ausschluss des Widerrufsrechts gem. § 504 II

a) vereinbarte Überziehungsmöglichkeit iSd § 504 II 1

oder

b) fristlose Kündigungsmöglichkeit des Darlehensgebers

4. kein Ausschluss gem. § 505 IV

III. Widerrufsfrist

1. grds. 14 Tage ab Vertragsschluss, § 355 II

2. bes. Bestimmungen nach § 356b

a) Fristbeginn erst mit Übergabe einer Abschrift der Vertragsurkunde (§ 356b I)

b) Fristbeginn erst mit Nachholung der Pflichtangaben nach § 492 II (§ 356b II)

IV. RF gem. § 357a: Rückgewähr der empfangenen Leistungen binnen 30 Tagen (§ 357a I) sowie Entrichtung des Sollzinses für Zwischenzeit (§ 357a III). Im Falle eines verbundenen Vertrags iSd § 358 III wird das finanzierte Geschäft gem. § 359 II ebenfalls widerrufen.

328 **Aufbauschema: Vorfälligkeitsentschädigung, § 502**

I. Vereinbarung der Überlassung eines Geldbetrages gegen Zins- und spätere Rückzahlung

II. Qualifikation als Verbraucherdarlehensvertrag

1. Vss. gem. § 491 I

   a) Unternehmer (§ 14) als Darlehensgeber

   b) Verbraucher (§ 13) oder Existenzgründer (§ 512) als Darlehensnehmer

2. kein Fall des § 491 II

III. vorzeitige Rückzahlung

IV. vertragl. vereinbarte Zinsschuld mit gebundenen Sollzinssatz

V. kausaler Schaden

VI. kein Ausschluss gem. § 502 II

1. Rückzahlung aus verbundener Versicherung, § 502 II Nr. 1
2. unzureichende Vertragsangaben, § 502 II Nr. 2

VII. kein Ausschluss gem. § 503

VIII. RF: Anspruch auf Vorfälligkeitsentschädigung

1. grds. angemessene Entschädigung
2. Beschränkungen nach § 503 I 2

   a) max. 1 % des zurückgezahlten Betrages, § 503 I 2 Nr. 1

   b) Betrag der Sollzinsen, die ohne Rückzahlung angefallen wären, § 503 I 2 Nr. 2

J. Auftrag

I. Definitionen

Aufwendungen iSd § 670	Aufwendungen sind freiwillige Vermögensopfer inkl. typ. Begleitschäden.	**329**
erforderlich iSd § 670	ist, was aus der subj. Sicht des Beauftragten, nicht aber zwingend auch obj. nötig ist.	**330**
etwas iSd § 667	Alles, was dem Beauftragten zum Zwecke der Auftragsausführung vom Auftraggeber oder einem Dritten zur Verfügung gestellt wird.	**331**
Geschäft iSd § 662	ist jede rechtsgeschäftliche oder tatsächliche Handlung.	**332**

II. Schemata und Strukturen

333 **Aufbauschema: Anspruch auf unentgeltliche Geschäftsbesorgung, § 662**

I. vertragl. Vereinbarung (kein bloßes Schweigen – vgl. § 663)

II. Besorgung eines vom Auftraggeber übertragenen Geschäfts

III. Unentgeltlichkeit

IV. keine Beendigung

1. Kündigung nach § 671 II und III
   a) Kündigungserklärung
   b) Einschränkungen des Kündigungsrechts
      aa) Verzicht auf Kündigungsrecht
      bb) Kündigung trotz Verzicht aus wichtigem Grund, § 671 III
2. Widerruf gem. § 671
   a) Widerrufserklärung
   b) kein Verzicht auf Widerrufsrecht

V. RF: Anspruch des Auftraggebers auf unentgeltliche Geschäftsbesorgung

334 **Aufbauschema: Schadensersatz wegen Nichtanzeige der Ablehnung, § 663 iVm § 280 I**

I. Schuldverhältnis durch öff. Bestellung/Erbietung oder Erbietung ggü. dem Auftraggeber zur Übernahme eines Auftrages

II. Pflichtverletzung in Form von Nichtannahme des Auftrages

III. keine Exkulpation nach § 280 I 2

IV. Schaden

335 **Aufbauschema: Schadensersatz bei Pflichtverletzung durch den Gehilfen, § 664 I 3 → § 280 I iVm § 278**

Aufbauschema: Schadensersatz bei Übertragung auf Dritten, § 664 I 2 → VS bei Übertragung, § 280 I 336

Aufbauschema: Herausgabeanspruch, §§ 662, 667 337

I. Vorliegen eines Auftrages iSd § 662

II. etwas erlangt

III. zur Ausführung des Auftrages/aus der Geschäftsbesorgung erhalten/erlangt

IV. RF: Herausgabe des etwas

Aufbauschema: Aufwendungsersatzanspruch, §§ 662, 670 338

I. Aufwendungen

II. zum Zwecke der Ausführung (zur Ausführung erbracht oder im Rahmen dieser notwendigerweise angefallen)

III. aus Sicht des Beauftragten erforderlich

IV. RF: Ersatzpflicht des Auftraggebers

Aufbauschema: Schadensersatz bei Kündigung zur Unzeit, §§ 662, 671 II 2 339

I. Vorliegen eines Auftrags iSd § 662

II. Kündigung zur Unzeit iSd § 671 II 1

III. kein wichtiger Grund

IV. kausaler Schaden, § 671 II 2

K. Geschäftsbesorgungsvertrag

I. Definitionen

Geschäftsbesorgung iSd § 675	ist eng auszulegen und umfasst nur selbst. Tätigkeiten wirtschaftlicher Art, für die ursprünglich der Geschäftsherr selbst zu sorgen hatte, die ihm aber durch einen anderen abgenommen werden	340

II. Schemata und Strukturen

341 **Aufbauschema: Anspruch aus entgeltlichem Geschäftsbesorgungsvertrag (§ 675) auf Leistung**

I. Vereinbarung über die Vornahme einer Geschäftsbesorgung iSd § 675

II. keine Wirksamkeitshindernisse

III. RF

1. Anspruch des Geschäftsherrn auf Vornahme
2. Anspruch des Verpflichteten auf Vergütung nach Dienst- bzw. Werkvertragsrecht

342 **Aufbauschema: Schadensersatz für Rat und Empfehlung gem. §§ 280 I, 241 II**

I. (vorvertragliches) Schuldverhältnis mit Nebenpflicht zur Auskunftserteilung

II. Pflichtverletzung durch Erteilung eines mangelhaften Ratschlags

III. VS (vermutet nach § 280 I 2)

IV. Schaden

V. kein Haftungsausschluss nach § 675 II

1. grds. keine Haftung
2. Ausnahmen
   a) Bestehen eines Auskunftsvertrags
   b) Vornahme einer unerlaubten Handlung, insb. § 823 II
   c) sonst. Verantwortlichkeit

VI. RF: Anspruch auf Ersatz des entstandenen Schadens

L. Reisevertrag

Hinweis: *Das „alte" Reisevertragsrecht ist auf Verträge anwendbar, die bis zum 30. Juni 2018 geschlossen wurden, Art. 229 § 42 EGBGB. Der zeitliche Anwendungsbereich ist stets der erste Prüfungspunkt! Liegt der Vertragsschluss danach, müssen Sie in das „neue" Pauschalreisevertragsrecht → Rn. 358 ff. Die nachfolgenden BGB-Normen sind bis „III. Defintionen neues Reisevertragsrecht" (ab hier bis Rn. 357) alles Normen des BGB a.F.*

I. Definitionen

Gastschulaufenthalt, § 651l	mind. dreimonatiger Aufenthalt eines Schülers in einem anderen Land, in dem er bei einer Gastfamilie wohnt und am dortigen Schulunterricht teilnimmt	**343**
höhere Gewalt	von außen kommendes, keinen betrieblichen Zusammenhang aufweisendes, nicht vorhersehbares und auch durch äußerste, vernünftigerweise zu erwartende Sorgfalt nicht abwendbares Ereignis	**344**
Reise	legaldefiniert in § 651a I 1 als „Gesamtheit von Reiseleistungen"; liegt vor, wenn mind. zwei wesentliche Einzelleistungen vom Reiseveranstalter, zu einer Einheit zusammengefasst, erbracht werden sollen	**345**
Reisebeginn	Wenn der Reisende zumindest eine Reiseleistung auch nur tw. in Anspruch genommen hat.	**346**
Reisevermittlungs-vertrag	Vertrag über die bereits vorher vom Reiseveranstalter (nicht vom Reisevermittler) gebündelten Leistungen.	**347**

II. Schemata und Strukturen

348 **Aufbauschema: Anspruch des Reisenden auf die Reise und des Reiseveranstalters auf den Reisepreis gem. § 651a I 1, 2**

I. Anspruch entstanden

1. wirksamer Reisevertrag
   a) Leistung von mind. zwei Reiseleistungen
   b) ggf. abgrenzen zum Reisevermittlungsvertrag
2. keine rechtshindernden Einwendungen, insb. keine anfängliche Unmöglichkeit

II. keine rechtsvernichtenden Einwendungen

1. allgemeine Erlöschensgründe, insb. nachträgliche Unmöglichkeit
2. Minderung des Reisepreises gem. § 651d I → Rn. 352
3. Kündigung durch Reisenden gem. § 651e → Rn. 353
4. Rücktritt des Reisenden gem. § 651i → Rn. 356
5. Kündigung wegen höherer Gewalt gem. § 651j → Rn. 357

III. Durchsetzbarkeit

Fälligkeit des Reisepreises: analog § 646 nach Vollendung der Reise

Beachte: § 651k IV insb. bei AGB.

IV. RF

1. Anspruch des Reisenden auf die Reise gem. § 651a I 1
2. Anspruch des Reiseveranstalters auf Zahlung des Reisepreises gem. § 651a I 2
3. Anspruch des Reisenden auf eine Reisebestätigung (§ 615a III 1), die den Anforderungen des § 651a III 2 gerecht wird (bei Vertragsschluss oder unverzüglich danach)

Aufbauschema: Anspruch auf Reisepreiserhöhung, § 651a IV 349

I. Anspruch auf erhöhten Reisepreis entstanden
   1. vertragl. Vereinbarung einer Erhöhungsmöglichkeit mit genauen Angaben zur Berechnung des neuen Preises
   2. Vorliegen eines berücksichtigungsfähigen Faktors aufgrund dessen der Preisanstieg erfolgt
      a) Anstieg von Beförderungskosten *oder*
      b) von Abgaben für best. Leistungen
         aa) Hafen- *oder*
         bb) Flughafengebühren
      c) *oder* Änderung der für die betreffende Reise geltenden Wechselkurse
   3. unverzügliche (§ 121 I 1) Erhöhungserklärung nach Kenntnis vom Änderungsgrund, § 651a V 1
   4. kein Ausschluss der Erhöhung
      a) Ausschlussfrist des § 651a IV 2: Zugang spätestens am 21. Tag vor Reisebeginn
      b) bei AGB kein Ausschluss gem. § 309 Nr. 1

II. keine rechtsvernichtenden Einwendungen
   1. allgemeine Erlöschensgründe
   2. spezielle Erlöschensgründe, insb. Rücktritt gem. § 651a V 2
      a) Erhöhung des Reisepreises um mehr als 5 %
      b) unverzügliche Rücktrittserklärung nach Erhöhungserklärung

Aufbauschema: Vertragsübertragung auf einen Dritten, § 651b 350

I. Reisevertrag

II. Übertragungserklärung des Reisenden ggü. Reiseveranstalter *vor* Reisebeginn gem. § 651b I 1

III. Einverständnis des Dritten

IV. kein berechtigter Widerspruch des Reiseveranstalters gem. § 651b I 2, weil
   1. der Dritte den bes. Reiseerfordernissen nicht genügt *oder*
   2. seiner Teilnahme
      a) gesetzl. Vorschriften *oder*
      b) behördliche Anordnungen entgegenstehen
V. kein Ausschluss gem. § 242 (kurzfristige Erklärung, die eine Prüfung etwaiger Widerspruchsgründe unmöglich macht)
VI. RF: Dritter und Reisender haften als Gesamtschuldner für den Reisepreis sowie die durch Vertragsübertragung kausal entstehenden Mehrkosten

351 **Aufbauschema: Anspruch des Reisenden auf Aufwendungsersatz gem. § 651c III 1**

Hinweis zum Aufbau: Anspruch auf Aufwendungsersatz gem. § 651c III 1 setzt Recht auf Selbstabhilfe voraus, dieses wiederum Anspruch auf Abhilfe:

I. (Schema: Anspruch auf Abhilfe gem. § 651c II 1)
   1. Reisevertrag gem. § 651a
   2. Reisemangel gem. § 651c I
   3. kein Verweigerungsrecht des Reiseveranstalters gem. § 651c II 2
      a) Abhilfe erfordert unverhältnismäßigen Aufwand
      b) Geltendmachung durch den Reiseveranstalter
II. (Schema: Recht auf Selbstabhilfe)
   1. Angemessene Fristsetzung zur Abhilfe durch Reisenden und erfolgloser Ablauf dieser Frist *oder*
   2. Entbehrlichkeit
      a) Verweigerung der Abhilfe *oder*
      b) Gebotenheit sofortiger Abhilfe aufgrund bes. Interesse des Reisenden
III. erforderliche Aufwendungen

IV. kein Ausschluss gem. § 651g I
  1. Geltendmachung des Anspruchs innerhalb eines Monats nach vertragl. vorgesehener Reisebeendigung
  2. ggü. dem Reiseveranstalter
V. Durchsetzbarkeit: insb. keine Verjährung gem. § 651g II
  Beachte: § 651m S. 2
VI. RF: Anspruch auf Ersatz der notwendigen Aufwendungen

Aufbauschema: Reisepreisminderung, § 651d 352

I. Reisevertrag gem. § 651a
II. Reisemangel gem. § 651c I
III. kein schuldhaftes Unterlassen der Mängelanzeige durch Reisenden gem. § 651d II
IV. kein Ausschluss gem. § 651g I
V. Durchsetzbarkeit: insb. keine Verjährung gem. § 651g II
  Beachte: § 651m S. 2
VI. RF
  1. Minderung des Reisepreises *ipso iure* nach Maßgabe des § 638 III
  2. bei völliger Wertlosigkeit der ganzen Reise durch den Reisemangel: Erlöschen des Anspruchs
  3. Anspruch auf Erstattung des überzahlten Reisepreises des Reisenden gegen Reiseveranstalter gem. § 651d I 2 iVm § 638 IV

Aufbauschema: Kündigung der Reise durch Reisenden wegen Mangels gem. § 651e 353

I. Reisevertrag, § 651a
II. Kündigungserklärung
III. Kündigungsgrund
  1. erhebliche Beeinträchtigung der Reise infolge eines Reisemangel, § 651e I 1

a) erhebliche Beeinträchtigung der Reise → ab 50 % Minderung (obj. beurteilen)

b) durch Reisemangel

c) Kausalität

oder

2. Reisemangel gem. § 651c I, der zur Unzumutbarkeit der Fortsetzung der Reise führt und Erkennbarkeit dessen für Reiseveranstalter, § 651e I 2

   a) wichtiger Grund, der dem Reisenden die Reise unzumutbar macht (subj. beurteilen)

   b) Erkennbarkeit für Reiseveranstalter

   c) Kausalität von Reisemangel für wichtigen Grund

IV. Abhilfefrist

1. Fristsetzung und erfolgloser Ablauf, § 651e II 1 *oder*
2. Entbehrlichkeit der Frist, § 651e II 2

   a) Abhilfe unmöglich *oder*

   b) wird vom Reiseveranstalter verweigert *oder*

   c) die sofortige Kündigung wird durch ein bes. Interesse des Reisenden gerechtfertigt

V. RF: Beendigung des Reisevertrags und Umwandlung in Abwicklungsschuldverhältnis

1. Reiseveranstalter verliert Anspruch auf vereinbarten Reisepreis, bekommt Anspruch auf Entschädigung für die bereits erbrachten oder für die Beendigung der Reise zu erbringenden Reiseleistungen (über § 638 III), es sei denn diese Leistungen haben für den Reisenden infolge der Kündigung kein Interesse (§ 651e III); falls der Reisende den Reisepreis bereits erbracht hat, hat er direkt aus dem durch die Kündigung umgewandelten Vertragsverhältnis einen Rückforderungsanspruch unmittelbar aus § 651e; § 638 IV ist hier analog anzuwenden
2. Verpflichtung und Übernahme von Mehrkosten des Reiseveranstalters zu den infolge der Kündigung notwendigen Maßnahmen, insb. zur Rückbeförderung des Reisenden, falls diese Vertragsinhalt war, § 651e IV

Aufbauschema: Schadensersatz gem. § 651f I 354

Hinweis: § 651f enthält zwar keinen Verweis auf § 651d II oder § 651e II, Mängelanzeige oder Abhilfeverlangen und Fristsetzung zur Abhilfe müssen jedoch nach BGH und h.L. vorliegen, was sich aus dem Zusammenhang der § 651c ff. ergibt.

I. Reisevertrag gem. § 651a

II. Reisemangel gem. § 651c I

III. kein schuldhaftes Unterlassen der Mängelanzeige durch Reisenden (§ 651d II) oder Abhilfeverlangen (außer bei Mangelfolgeschäden)

IV. Frist (nicht bei Mangelfolgeschäden)

1. Fristsetzung durch den Reisenden zur Abhilfe und erfolgloser Ablauf, § 651e II 1 *oder*
2. Entbehrlichkeit der Frist, § 651e II 2
   a) Abhilfe unmöglich *oder*
   b) Verweigerung der Abhilfe

V. Vertretenmüssen des Reiseveranstalters

VI. ersatzfähiger Schaden

1. Schaden (unfreiwilliges Vermögensopfer)
2. Inhalt (Nichterfüllungsschaden und Mangelfolgeschäden)
3. Art und Umfang gem. §§ 249 ff.

VII. keine Haftungsbeschränkung gem. § 651h

1. vertragl. gem. § 651h I
   a) wirksame Vereinbarung
   b) über Haftungsbegrenzung auf dreifachen Reisepreis
   c) für Schäden, die nicht Körperschäden sind *und*
      aa) weder vorsätzlich noch grob fahrlässig herbeigeführt wurden
      oder
      bb) Schäden, für die der Reiseveranstalter allein wegen eines VS des Leistungsträgers verantwortlich ist
2. gesetzl. gem. § 651h II wegen internationaler Abkommen
   a) internationale Übereinkommen *oder*

b) auf solchen beruhende gesetzl. Vorschriften

c) die für eine vom Leistungsträger zu erbringende Reiseleistung gelten *und*

d) den Anspruch auf Schadensersatz nur unter best. Vss. oder Beschränkungen

aa) entstehen lassen *oder*

bb) einer Geltendmachung zugänglich machen *oder*

cc) ausschließen

e) Folge: Reiseveranstalter kann sich hierauf auch im Verhältnis zum Reisenden berufen

VIII. kein Ausschluss gem. § 651g I → Rn. 351 Ziff. IV.

IX. keine Verjährung gem. § 651g II → Rn. 351 Ziff. V.

355 **Aufbauschema: Schadensersatz, § 651f II**

Hinweis: § 651f beinhaltet zwar keinen Verweis auf § 651d II oder § 651e II, Mängelanzeige oder Abhilfeverlangen und Fristsetzung zur Abhilfe müssen jedoch nach BGH und h.L. vorliegen, was sich aus dem Zusammenhang der § 651c ff. ergibt.

I. Reisevertrag gem. § 651a

II. Reisemangel gem. § 651c I

III. kein schuldhaftes Unterlassen der Mängelanzeige durch Reisenden (§ 651d II) oder Abhilfeverlangen (außer bei Mangelfolgeschäden)

IV. Frist (nicht bei Mangelfolgeschäden)

1. Fristsetzung durch den Reisenden zur Abhilfe und erfolgloser Ablauf, § 651e II 1 *oder*

2. Entbehrlichkeit der Frist, § 651e II 2

a) Abhilfe unmöglich *oder*

b) Verweigerung der Abhilfe

V. Vereitelung oder erhebliche Beeinträchtigung der Reise

1. Vereitelung der Reise *oder*

2. erhebliche Beeinträchtigung der Reise (ca. ab 35 % Minderwertigkeit der Reise (BeckOK-BGB/*Geib* § 651f Rn. 14.)

VI. Vertretenmüssen des Reiseveranstalters

VII. ersatzfähiger Schaden (Ersatz des immateriellen Schadens für nutzlos aufgewendete Urlaubszeit)

VIII. keine Haftungsbeschränkung gem. § 651h

1. vertragl. gem. § 651h I

a) wirksame Vereinbarung zw. Reiseveranstalter und Reisenden

b) über Haftungsbegrenzung auf dreifachen Reisepreis

c) für Schäden, die nicht Körperschäden sind *und*

aa) die weder vorsätzlich noch grob fahrlässig herbeigeführt *oder*

bb) für Schäden, für die der Reiseveranstalter allein wegen eines VS des Leistungsträgers verantwortlich ist

2. gesetzl. gem. § 651h II wegen internationaler Abkommen

a) internationale Übereinkommen *oder*

b) auf solchen beruhende gesetzl. Vorschriften

c) die für eine vom Leistungsträger zu erbringende Reiseleistung gelten *und*

d) den Anspruch auf Schadensersatz nur unter best. Vss. oder Beschränkungen

aa) entstehen lassen *oder*

bb) einer Geltendmachung zugänglich machen *oder*

cc) ausschließen

e) Folge: Reiseveranstalter kann sich hierauf auch im Verhältnis zum Reisenden berufen

IX. kein Ausschluss gem. § 651g I → Rn. 351 Ziff. IV.

X. keine Verjährung gem. § 651g II → Rn. 351 Ziff. V.

356 **Aufbauschema: Rücktritt vom Reisevertrag vor Reisebeginn gem. § 651i**

I. Reisevertrag gem. § 651a

II. Anwendungsbereich

1. zeitlich: nur vor Reisebeginn möglich (entscheidend ist Eingang der Rücktrittserklärung)
2. persönlich: kann nur der Reisende erklären
3. Konkurrenzen: § 651j geht § 651i im Wege der Spezialität vor. Für den Reisenden günstigere Loslösungsmöglichkeiten möglich (§ 651a V 2 uneingeschränkt), § 651e wenn der Mangel schon vor Reisebeginn vorliegt. Kein Rückgriff auf die allgemeinen Vorschriften möglich.

III. Rücktrittserklärung

1. Auslegen: laiengünstig auch bei Nichterscheinen (str.)
2. vor Reisebeginn

IV. RF: Reiseveranstalter

1. Verlust des Reisepreisanspruchs, § 651i II 1
2. Entschädigungsanspruch gegen den Zurückgetretenen gem. § 651i II 2

   Einschränkung gem. § 651l III: kein Entschädigungsanspruch bei Rücktritt vom Gastschulaufenthalt

   a) Gastschulaufenthalt gem. § 651l I 1

      aa) Auslandsaufenthalt

      bb) mit regelm. Schulbesuch verbunden

      cc) Dauer mindestens drei Monaten

      dd) Unterbringung in einer Gastfamilie

   b) bis spätestens zwei Wochen vor Reiseantritt

      aa) keine Information über

         (1) Name und Anschrift der Gastfamilie

         (2) Name und Erreichbarkeit eines Ansprechpartners im Aufnahmeland (Legaldef.: § 651l I 1)

      bb) keine angemessene Vorbereitung auf den Aufenthalt

cc) des Reisenden

dd) durch den Reiseveranstalter

3. Höhe gem. § 651i II 3: ursprünglicher Reisepreis abzüglich ersparter Aufwendungen und Wert dessen, anderweitiger Verwendung der Reiseleistung → konkret berechnen; es sei denn, es ist wirksame Pauschale iSd § 651i III vereinbart

Hinweis: § 651i II 3, III sind im Falle von § 651l III nicht anwendbar, Vss. s.o.

Aufbauschema: § 651j I Kündigung wegen höherer Gewalt 357

I. Reisevertrag gem. § 651a

II. Kündigungserklärung (Reisender oder Reiseveranstalter)

III. erhebliche Erschwerung, Gefährdung oder Beeinträchtigung der Reise

IV. infolge nicht voraussehbarer höherer Gewalt

1. höhere Gewalt
2. nicht voraussehbar
3. Kausalität

V. RF: § 651j II

1. S. 1: Verweis auf § 651e III 1, 2, IV 1 → Rn. 353
2. S. 2: Parteien müssen die Mehrkosten der Rückbeförderung (falls Vertragsbestandteil) je zur Hälfte tragen
3. S. 3: übrige Mehrkosten hat der Reisende zu tragen

III. Definitionen neues Reisevertragsrecht

358 ***Hinweis:*** *Das „neue" Pauschalreisevertragsrecht ist auf Verträge Reiseverträge anwendbar, die nach dem 30. Juni 2018 geschlossen wurden, Art. 229 § 42 EGBGB. Der zeitliche Anwendungsbereich ist stets der erste Prüfungspunkt!*

Hinweis: *Beim neuen Reisevertragsrecht wird der Unternehmerbegriff (wie auch bei § 631) verwendet, ohne jedoch zwingend § 14 zum Prüfungspunkt zu machen. Jedoch sind die Materien idR parallel erfüllt. Die BT-Drs. spricht auch von einer Verknüpfung mit § 14 (BT-Drs. 18/10822, 65), m.E. ist es nicht notwendig die Unternehmereigenschaft iSd § 14 explizit zu prüfen.*

Hinweis: *Vorsicht! Bei verbundenen Reiseleistungen ist unter den Vss. des § 651c das Reisevertragsrecht anwendbar. Wichtig ist dies insbes. für das Gewährleistungsrecht in §§ 651i bis 651t und § 651v III und § 651w.*

Aufnahmeland	*§ 651u I 1*
erheblichen Anteil der Gesamtreise	*§ 651a IV*
Leistungserbringer	*§ 651b I 2*
Pauschalreise	*§ 651a II, IV*
Reiseleistungen	*§ 651a III*
Reiseveranstalter	*§ 651a I 1*
Rückbeförderung	*§ 651k IV*
unvermeidbare, außergewöhnliche Umstände	*§ 651h III 2*
Vertriebsstellen	*§ 651b II*

IV. Schemata neues Reisevertragsrecht

359 **Überblicksschema Reisevertragsrecht → Vertragstypen**

I. Reisevertrag, § 651a (Verpflichtung zur Verschaffung einer Pauschalreise, vgl. Abs. 2)

II. Gastschulaufenthalte, § 651u (eingeschränktes Reisvertragsrecht aufgrund Verweisung gem. § 651u I und teilweise parallele Regelungen in Abs. 2–4)

III. Reisevermittlung, § 651v (Abgrenzung zum Reisevertrag in § 651b)

IV. verbundene Verträge, § 651c (Anwendung der Reisevertragsrechtregelungen)

Überblicksschema Ansprüche und Rechte aus dem Reisevertrag: 360

I. Ansprüche des Reisenden auf Hauptleistung, (Verschaffung der Pauschalreise, § 651a I 1)

II. (Gestaltungs-)Rechte des Reisenden

1. Rücktritt vor Reisebeginn, § 651h I
2. Gewährleistungsrechte und Folgen
   a) Abhilfe, § 651k I
   b) Selbstvornahmerecht und Kosten der Ersatzvornahme, § 651k II
   c) Ersatzleistungsvornahme und deren Kosten, § 651k III
   d) Ersatz anderweitiger Beherbergungskosten, § 651k IV, V
   e) Rückzahlung aufgrund (gesetzl.) Minderung, § 651m
   f) Kündigung, § 651l
   g) Schadensersatz
      aa) materieller Schadensersatz, § 651n I
      bb) immaterieller Schadensersatz, § 651n II
   h) Aufwendungsersatz, § 284
3. Schadensersatz für Buchungsfehler, § 651x

III. Nebenleistungspflichten des Reiseveranstalters

1. Informationspflichten, § 651d
2. Beistandspflicht, § 651q
3. Insolvenzsicherungspflicht, § 651r, § 651s

IV. Ansprüche des Reiseveranstalters

1. Zahlung des Reisepreises, § 651a I 2
2. Vertragsanpassung (Preiserhöhung)
   a) einfache Veränderung, § 651f (Änderungsvorbehalt und einseitige Ausübung)
   b) erhebliche Veränderung, § 651g (einvernehmliche Änderung)
3. Aufwendungsersatz bei Beistandspflicht, § 651q II

V. (Gestaltungs-)Rechte des Reiseveranstalters

1. Rücktritt vor Reisebeginn, § 651h IV

2. Rücktritt nach den allgemeinen Vorschriften (soweit nicht speziell in § 651h IV, V erfasst; insbes. § 323 I BGB)
3. einseitige Vertragsänderung
   a) unwesentliche Preiserhöhung, § 651f I
   b) unwesentliche sonstige Änderungen, § 651f II

VI. Vertragsänderungen
1. wesentliche Preiserhöhung, § 651g I 1
2. wesentliche sonstige Änderungen (Leistungsinhalt), § 651g I 3

361 **Aufbauschema: Wirksamer Reisevertrag zugleich Schema für Anspruch des Reisenden auf Verschaffung der Reise und Abschriftverschaffung sowie des Reiseveranstalters auf den Reisepreis gem. § 651a I 1, 2 (beachte: drei Schemata in einem)**

Hinweis: Auf Gastschulaufenthalte gem. § 651u I teilweise entsprechend anwendbar.

I. Anspruch entstanden
1. wirksamer Pauschalreisevertrag, § 651a
   a) Gesamtheit von mind. zwei *verschiedenen* Arten von Reiseleistungen für den Zweck derselben Reise, § 651a II 1
      aa) mind. zwei verschiedene Reiseleistungen iSd § 651a III Nr. 1–4
         (1) Beförderung
         (2) Beherbergung
         (3) Vermietung von Kraftfahrzeugen und -rädern *oder*
         (4) eine der vorgenannten Reiseleistungen (§ 651a III Nr. 1–3) und eine touristische Leistung (§ 651a IV Nr. 4), wenn diese einen erheblichen Anteil am Gesamtwert der Zusammenstellung ausmacht (= mind. 25 % des Gesamtwerts, § 651a IV 2) *oder* ein wesentliches Merkmal der Reise ist *oder* als solches beworben wird und nicht erst nach Beginn der Reiseleistungen iSd § 651a III Nr. 1–3 ausgewählt und vereinbart wurde, § 651a IV

(5) keine Ausklammerung der Reiseleitungen (wesensmäßiger Bestandteil einer anderen Reiseleistung, § 651a III 2)

bb) für den Zweck derselben Reise (Verkehrsanschauung, jedenfalls bei Vorliegen eines Merkmals aus § 651b I 2 Nr. 1–3)

Hinweis: Eine Pauschalreise liegt auch vor, wenn Reiseleistungen vom oder auf Wunsch des Reisenden zusammengestellt werden (dynamic packaging) oder nach Vertragsschluss von diesem aus dem Angebot des Reiseveranstalters ausgewählt wurden (Reise-Geschenkboxen), § 651a II 2

b) ggf. Fiktion der Pauschalreiseveranstalterstellung (des Pauschalreisevertrags) gem. § 651b I 3 → Rn. 362

c) ggf. Fiktion der Pauschalreiseveranstalterstellung (des Pauschalreisevertrags) gem. § 651c I → Rn. 363

Hinweis: Es kann eine Abgrenzung zum Reisevermittlungsvertrag (§ 651v) und zur Vermittlung verbundener Reiseleistungen (§ 651w) anhand § 651b I erforderlich sein

2. keine Anwendungsbereichsbeschränkung gem. § 651a V

a) gelegentliches Anbieten ohne Gewinnerzielungszweck und nur an begrenzten Personenkreis (S. 2 Nr. 1) *oder*

b) kürzer als 24 Stunden, keine Übernachtung und Reisepreis ≥ 500 Euro (S. 2 Nr. 2) *oder*

c) Grundlage eines Rahmenvertrags für Organisation von Geschäftsreisen mit einem Unternehmer, in dessen unternehmerischen Zwecke (S. 2 Nr. 3)

3. keine rechtshindernden Einwendungen, (z.B. für die Leistungspflicht des Reiseveranstalters anfängliche Unmöglichkeit gem. § 275 I)

II. keine rechtsvernichtenden Einwendungen

1. allgemeine Erlöschensgründe, (z.B. für die Leistungspflicht des Reiseveranstalters nachträgliche Unmöglichkeit gem. § 275 I)

2. Herabsetzung des Reisepreises wegen minderwertiger Beschaffenheit der Ersatzleistung oder Kündigung wegen berechtigt abgelehnter Ersatzleistungen, § 651k III 2-4

3. Minderung des Reisepreises, § 651m → Rn. 376

4. Kündigung durch Reisenden, § 651l → Rn. 375

5. Rücktritt des Reisenden, § 651h I → Rn. 371
6. Rücktritt des Reiseveranstalters, § 651h IV → Rn. 372

III. Durchsetzbarkeit

Fälligkeit des Reisepreises: analog §§ 641, 646 grds. erst nach Vollendung der Reise (dispositiv aber eingeschränkt durch § 651t)

IV. RF

1. Anspruch des Reisenden auf Verschaffung der Pauschalreise, § 651a I 1

   Beachte: Die vom Veranstalter gem. § 651d III iVm Art. 250 § 3 Nr. 1, 3–5, 7 EGBGB zwingend zu machenden Angaben werden Vertragsinhalt. Eine Änderung ist nur unter den Voraussetzungen des Art. 250 § 1 II EGBGB möglich.

2. Anspruch des Reisenden auf unverzügliche Abschrift/Bestätigung des Vertrags, § 651d III 2 iVm Art. 250 § 6 EGBGB und auf notwendige Reiseunterlagen, § 651d III 3 iVm Art. 250 § 7 EGBGB

   Beachte: § 651d V iVm Art. 250 § 8 II bei Verträgen im Online-Buchungsverfahren)

3. Anspruch des Reiseveranstalters auf Zahlung des Reisepreises, § 651a I 2 *(Einschränkungen gem. § 651d II)*

362 **Aufbauschema: Geltung einer Pauschalreiseveranstalterstellung bzw. Bindung, § 651b I 3**

Hinweis: auf Gastschulaufenthalte nach § 651u I entsprechend anwendbar

I. Unternehmer als Vertragspartner (hier wohl iSd § 14)

II. Erbringung von mindestens zwei verschiedenen Reiseleistungen iSd § 651a III

III. zum Zweck derselben Reise

IV. buchungstechnisch relevanter Vorgang

1. Buchung in einer einzigen Vertriebsstelle (Legaldef.: § 651b II) im Rahmen desselben Buchungsvorgangs, S. 2 Nr. 1 (*Beachte:* § 651b I 4) *oder*
2. Bildung eines Gesamtpreises, S. 2 Nr. 2 *oder*
3. Bezeichnung oder Bewerbung als Pauschalreise, S. 2 Nr. 3

V. RF: Reisevermittler ist Reiseveranstalter und Ausschluss der Irrtumsanfechtung, § 651b I 3

Aufbauschema: Geltung der Pauschalreiseveranstalterstellung bei verbundenen online-Buchungen, § 651c 363

I. erste Reiseleistung
1. Abschluss *oder* Vermittlung eines Vertrags über eine Reiseleistung
2. mittels eines online-Buchungsverfahrens
3. Unternehmer (iSd § 14) als Vermittler/Vertragspartner der ersten Reiseleistung

II. weitere Reiseleistung
1. Vermittlung mind. einer weiteren Reiseleistung anderer Art zum Zweck derselben Reise durch Vertragspartner/Vermittler der ersten Reiseleistung
2. Verbindung
   a) durch
      aa) Ermöglichung des Zugriffs auf das Online-Buchungsverfahren, § 651c I Nr. 1
      bb) eines weiteren Anbieters (Unternehmers iSd. § 14), § 651c I Nr. 1
   b) Datenübertragung an den weiteren Anbieter, § 651c I Nr. 2
   c) weiterer Vertragsschluss binnen 24 Stunden, § 651c I Nr. 3

III. RF
1. erster Unternehmer gilt als Reiseveranstalter, § 651c I
2. Fiktion der geschlossenen Einzelverträge als ein Pauschalreisevertrag, § 651c II

Beachte: Nach Abs. 2 gilt § 651a IV entsprechend; aber § 651a V Nr. 2 gilt entsprechend mit der Maßgabe, dass es auf die Höhe des Reisepreises nicht ankommt

Beachte: Umgehungsverbot des § 651y

364 **Aufbauschema: Anspruch des Reisenden gegen den Reiseveranstalter auf Informationen, § 651d**

Hinweis: auf Gastschulaufenthalte (§ 651u I) teilweise anwendbar; Pflicht trifft auch den Reisevermittler nach § 651v I 1, der die Informationspflicht des Reiseveranstalters nach § 651d I durch die Erfüllung seiner eigenen Pflicht gleichsam miterfüllt.

I. vorvertragliches Schuldverhältnis oder Vertrag

II. mit dem Ziel/Inhalt eines Pauschalreisevertrags

III. RF

1. vorvertragliche Informationspflicht des Reiseveranstalters gem. § 651d I 1 iVm Art. 250 §§ 1–3 EGBGB
   a) Informationen aus Art. 250 § 3 Nr. 1, 3–5, 7 EGBGB werden Vertragsinhalt (dispositiv), § 651d III 1
   b) Ausschluss des Zahlungsanspruchs des Reiseveranstalters bzgl. der angegebenen Zusatzkosten, § 651d II (*Ausnahme:* entsprechend Art. 250 § 3 Nr. 3 EGBGB informiert)
2. Stellen einer Abschrift/Bestätigung des Vertrags bei/unverzüglich nach Vertragsschluss, § 651d III 2 iVm Art. 250 § 6 EGBGB
3. Übermittlungspflicht bzgl. der notwendige Reiseunterlagen vor Reisebeginn, § 651d III 3 iVm Art. 250 § 7 EGBGB

   Beachte: Bei online-Buchungsverfahren gelten zusätzlich Art. 250 § 4 und § 8 EGBGB

   Hinweis: Folgeschäden sind ab Vertragsschluss über die Mängelgewährleistungsrechte aus § 651i ff. ersetzbar.

365 **Aufbauschema: Vertragsübertragung auf einen Dritten, § 651e**

Hinweis: auf Gastschulaufenthalte nach § 651u I entsprechend anwendbar

I. wirksamer Pauschalreisevertrag, § 651a

II. Übertragungserklärung des Reisenden ggü. dem Reiseveranstalter, § 651e I

1. Abgabe auf dauerhaftem Datenträger (§ 126b)
2. Rechtzeitigkeit der Erklärung
   a) Vermutung, wenn Zugang mind. 7 Tage vor Reisebeginn, § 651e I 2 BGB

b) kurzfristigere Erklärung → Prüfung etwaiger Widerspruchsgründe muss möglich sein

Beachte: Verspätete Erklärung kann nicht als Rücktrittserklärung gewertet werden.

III. Einverständnis/Zustimmung des Dritten

IV. kein berechtigter Widerspruch (weil Dritter die Reiseerfordernisse nicht erfüllt, § 651e II; ungeschrieben weiterhin auch Verstoß gegen gesetzliche Vorschriften und behördliche Anordnungen)

V. RF

1. Eintritt des Dritten in die Rechte und Pflichten des Pauschalreisevertrag
2. Haftung als Gesamtschuldner für den Reisepreis sowie die tatsächlich entstandenen und angemessenen Mehrkosten, § 651e III 1, 2
3. Nachweispflicht über die Höhe der entstandenen Mehrkosten, § 651e IV

Aufbauschema: Anspruch des Reiseveranstalters auf Zahlung eines nach Vertragsschluss unwesentlich erhöhten Reisepreises, § 651f I **366**

Hinweis: auf Gastschulaufenthalte nach § 651u I entsprechend anwendbar

I. Anspruch auf erhöhten Reisepreis entstanden

1. wirksamer Pauschalreisevertrag, § 651a
2. Vorbehalt der Erhöhung und Angabe der Berechnungsmethode, § 651f I 1 Nr. 1
3. Unwesentlichkeit der Preiserhöhung (= bis zu max. 8 % vgl, § 651g I 1)
4. Hinweis auf Preissenkungsverpflichtung gem. § 651f I Nr. 1, § 651f IV 1
5. Vorliegen eines berücksichtigungsfähigen Faktors für den Preisanstieg, § 651f I 1 Nr. 2

a) Anstieg von Beförderungskosten aufgrund höherer Kosten für Treibstoff oder anderer Energieträger, § 651f I 1 Nr. 2 lit. a) *oder*

b) Anstieg von Steuern oder Abgaben für vereinbarte Reiseleistungen, § 651f I 1 Nr. 2 lit. b) *oder*

c) Änderung der für die betreffende Pauschalreise geltenden Wechselkurse, § 651f I 1 Nr. 2 lit. c)

6. Eintritt *nach* Vertragsschluss, § 651f I 1 Nr. 2

7. Unterrichtung des Reisenden

a) Inhalt

aa) klarere und verständliche Weise

bb) Grundangabe

cc) Berechnung der Preiserhöhung

b) Form: dauerhafter Datenträger (§ 126b), § 651f I 2

8. kein Ausschluss der einseitigen Erhöhung

a) Erklärungsfrist: spätestens am 20. Tag vor Reisebeginn, § 651f I 3

b) bei AGB: keine Anwendbarkeit der §§ 309 Nr. 1, 308 Nr. 4, vgl. § 651f III

II. keine rechtsvernichtenden Einwendungen

III. RF Anspruch auf Zahlung des erhöhten Reisepreises

367 **Aufbauschema: Änderungsvorbehalt des Reiseveranstalters wegen sonstiger unwesentlicher Vertragsbedingungen, § 651f II**

Hinweis: auf Gastschulaufenthalte nach § 651u I entsprechend anwendbar

I. Vss.

1. wirksamer Pauschalreisevertrag, § 651a

2. keine Preisänderung

3. Unerheblichkeit der Änderung)

4. Änderungsvorbehalt *(Ausnahmsweise entbehrlich, wenn die treuwidrig wäre, § 242)*

5. tatsächliche oder rechtliche Änderung *(Beachte: Ursache und Zeitpunkt sind unbeachtlich.)*

6. Erklärung der Änderung durch den Reiseveranstalter, § 651f II 2, 3

a) Inhalt: klare, verständliche und hervorgehobene Weise

b) Zeitpunkt: vor Beginn der Reise

c) Form: auf dauerhaftem Datenträger (§ 126b), § 651f I 2

7. kein Ausschluss der einseitigen Erhöhung

bei AGB: keine Anwendbarkeit der §§ 309 Nr. 1, 308 Nr. 4, vgl. § 651f III

II. RF: Vertragsänderung

Aufbauschema: Recht des Reisenden auf einseitige Preissenkung, § 651f IV 368

Hinweis: auf Gastschulaufenthalte nach § 651u I entsprechend anwendbar

Hinweis: § 651f IV ist trotz desmissverständlichen Wortlauts („verlangen") nach hM ein Gestaltungsrecht und Gegenrecht zu § 651f I

I. wirksamer Pauschalreisevertrag, § 651a

II. Änderungsvorbehalt der Reisepreiserhöhung, § 651f IV

Beachte: Wirksamkeit irrelevant

III. Änderung der in § 651f I 1 Nr. 2 benannten Preise, Abgaben oder Wechselkurse, § 651f IV 1

IV. geringere Kosten des Reiseveranstalters, § 651f IV 1

V. Kausalität (zwischen III. und IV.), § 651f IV 1

VI. Änderung nach Vertragsschluss und vor Reisebeginn, § 651f IV 1

VII. RF

1. Senkung des Reisepreises durch Erklärung des Reisenden
2. Rückerstattungsanspruch des Reisenden soweit eine Überzahlung vorliegt, § 651f IV 2
3. Reiseveranstalter kann den tatsächlichen Verwaltungsmehraufwand abziehen (keine Erhöhung, wenn Mehraufwand höher).

369 **Aufbauschema: Änderungsvertrag bei erheblicher Änderung des Reisepreises, § 651g I**

Hinweis: auf Gastschulaufenthalte nach § 651u I entsprechend anwendbar

I. wirksamer Pauschalreisevertrag, § 651a

II. Wesentlichkeit der Reisepreiserhöhung (= mehr als 8 % des Reisepreises), § 651g I 1

III. vorbehaltene Reisepreiserhöhung iSd § 651f

Hinweis: § 651g I 1 stellt klar, die Voraussetzungen des § 651f bis auf die Unwesentlichkeit erfüllt sein müssen.

1. Änderungsvorbehalt unter Angabe der Berechnungsmethode für die Preiserhöhung, §§ 651g I 1, 651f I Nr. 1
2. Hinweis auf Preissenkungsverpflichtung gem. §§ 651g I 1, 651f IV 1
3. Vorliegen eines berücksichtigungsfähigen Faktors für den Preisanstieg, § 651f I 1 Nr. 2
   a) Anstieg von Beförderungskosten aufgrund höherer Kosten für Treibstoff oder anderer Energieträger, § 651f I 1 Nr. 2 lit. a) *oder*
   b) Anstieg von Steuern oder Abgaben für vereinbarte Reiseleistungen, § 651f I 1 Nr. 2 lit. b) *oder*
   c) Änderung der für die betreffende Pauschalreise geltenden Wechselkurse, § 651f I 1 Nr. 2 lit. c)
4. Eintritt *nach* Vertragsschluss, §§ 651g I 1, 651f 1 Nr. 1

IV. Antrag auf entsprechende Vertragsänderung, § 651g I 2

Beachte: Möglichkeit der Verknüpfung dieses Antrags mit einem Antrag auf Abschluss eines Vertrags über eine Ersatzreise, § 651g II 1 unter Wahrung der Informationspflichten nach § 651g II 2 iVm Art. 250 § 10 EGBGB

V. Unterrichtung bei erheblichen Vertragsänderungen, Art. 250 § 10 EGBGB

VI. Antragsfrist = mind. 20 Tage vor Reisebeginn, § 651g I 4 Var. 1

VII. angemessene Frist für Annahme oder Rücktritt, § 651g I 2

VIII. Annahme des Reisenden

1. ausdrücklich oder konkludent

2. Annahmefiktion nach Fristablauf, § 651g II 3

IX. RF

1. bei Annahmeerklärung (bzgl. Änderungen oder Ersatzreise)

a) Änderung des Pauschalreisevertrags zu neuen Bedingungen *und*

b) bei geringwertigerer Beschaffenheit der „neuen Reise" Minderung gem. § 651m, § 651g III 2 HS. 1 → Rn. 376 *oder*

c) bei gleichwertiger Beschaffenheit, aber geringeren Kosten für Reiseveranstalter: Rückzahlungsanspruch gem. § 651g III 2 HS. 2, § 651m II → Rn. 376

2. bei Rücktritt des Reisenden

a) § 651h I 2, V gilt gem. § 651g III 1 HS. 1 entsprechend

b) Schadensersatz- und Aufwendungsersatzansprüche gem. § 651i III Nr. 7 bleiben bestehen, § 651g III 1 HS. 2

3. bei Untätigkeit des Reisenden: Annahmefiktion (wenn ordnungsgemäße Frist abläuft), § 651g II 3

Aufbauschema: Änderungsvertrag bei erheblicher Änderung der Reiseleistung, § 651g I 3 370

Hinweis: auf Gastschulaufenthalte nach § 651u I entsprechend anwendbar

I. wirksamer Pauschalreisevertrag, § 651a

II. erhebliche Leistungsänderung, § 651g I 3

1. einer wesentlichen Eigenschaft iSd Art. 250 § 3 Nr. 1 EGBGB *oder*

2. Abweichung von besonderen vertraglichen Vorgaben des Reisenden

III. Änderung der Umstände nach Vertragsschluss, § 651g I 3

IV. Kausalität zwischen II. und III.

V. Änderungsvorbehalt, § 651g I 3, § 651f II

VI. Antrag auf entsprechende Änderung des Vertrags, § 651g I 2, 3

Beachte: Möglichkeit der Verknüpfung dieses Antrags mit einem Antrag auf Abschluss eines Vertrags über eine Ersatzreise, § 651g II 1 unter Wahrung der Informationspflichten nach § 651g II 2 iVm Art. 250 § 10 EGBGB

VII. Unterrichtung bei erheblichen Vertragsänderungen, Art. 250 § 10 EGBGB

VIII. Antragsfrist, vor oder bei Reisebeginn, § 651g I 4 Var. 2

IX. angemessene Frist für Annahme oder Rücktritt, § 651g I 2, 3

X. Annahme des Reisenden

1. ausdrücklich oder konkludent
2. Fiktion der Annahme mit Firstablauf gem. § 651g II 3

XI. RF

1. bei Annahmeerklärung (bzgl. Änderungen oder Ersatzreise)
   a) Änderung des Pauschalreisevertrags zu neuen Bedingungen *und*
   b) bei geringwertigerer Beschaffenheit der „neuen Reise" Minderung gem. § 651m, § 651g III 2 HS. 1 → Rn. 376 *oder*
   c) bei gleichwertiger Beschaffenheit, aber geringeren Kosten für Reiseveranstalter: Rückzahlungsanspruch gem. § 651g III 2 HS. 2, § 651m II → Rn. 376
2. bei Rücktritt des Reisenden
   a) § 651h I 2, V gilt gem. § 651g III 1 HS. 1 entsprechend
   b) Schadensersatz- und Aufwendungsersatzansprüche gem. § 651i III Nr. 7 bleiben bestehen, § 651g III 1 HS. 2
3. bei Untätigkeit des Reisenden: Annahmefiktion (wenn ordnungsgemäße Frist abläuft), § 651g II 3

371 **Aufbauschema: Rücktritt des Reisenden vor Reisebeginn, § 651h I–III**

Hinweis: auf Gastschulaufenthalte nach § 651u I mit Modifikationen anwendbar; auf Vermittlung verbundener Reiseleistungen unter den Voraussetzungen des § 651w IV anwendbar

I. wirksamer Pauschalreisevertrag, § 651a

II. Anwendungsbereich

1. zeitlich: nur vor Reisebeginn möglich (entscheidend Zugang)
2. persönlich: Reisender

3. Konkurrenzen
   a) Möglichkeit günstigerer Lösungsmöglichkeiten für Reisenden (insb. Rücktritt über § 651g III, der auf § 651h I 2, V verweist)
   b) Möglichkeit der Kündigung nach § 651l, (auch bei Mangel vor Reisebeginn)
   c) kein Rückgriff auf allgemeine Vorschriften

III. Rücktrittserklärung des Reisenden
   1. Auslegung: §§ 133, 157 laiengünstig (str., ob Nichterscheinen = Rücktritt)
   2. Zugang vor Reisebeginn

IV. RF
   1. Verlust des Reisepreisanspruchs, § 651h I 2
   2. Anspruch auf Rückzahlung des gezahlten Reisepreises, § 346 I, II (a.A. § 651h lex specialis für Rückzahlung)
      a) Leistung unverzüglich (statt sofort, § 651h V ist lex specialis zu § 271 I)
      b) 14-tägige Frist (§ 651h V) ist keine Fälligkeitsregelung; nach Fristablauf: Verzugseintritt (bei Verschulden, § 286 IV)
   3. Anspruch des Reiseveranstalters auf angemessene Entschädigung, § 651h I 3
      a) Einschränkung gem. § 651h III
         aa) unvermeidbare, außergewöhnliche Umstände (Legaldef. in S. 2)
         bb) erhebliche Beeinträchtigung der Durchführung der Reise oder der Beförderung der Reisenden an den Bestimmungsort
         cc) Kausalität (zwischen aa) und bb))
      b) Einschränkung bei Gastschulaufenthalt gem. § 651u III (keine Entschädigung)
         aa) Gastschulaufenthalt gem. § 651u I 1
            (1) Auslandsaufenthalt
            (2) geregelter Schulbesuch
            (3) Dauer mindestens drei Monate

(4) Unterbringung in einer Gastfamilie

bb) keine angemessene Vorbereitung auf den Aufenthalt

(1) des Reisenden durch den Reiseveranstalter *oder (insbes.)*

(2) keine Information bis zwei Wochen vor Reiseantritt über

(a) Name und Anschrift der Gastfamilie *und*

(b) Name und Erreichbarkeit eines Ansprechpartners im Aufnahmeland (Legaldef.: § 651u I 1)

4. Höhe grds. gem. § 651h II 2: urspr. Reisepreis abzüglich Wert ersparter Aufwendungen und anderweitiger Verwendung der Reiseleistungen (konkrete Berechnung, es sei denn wirksame Vereinbarung einer Pauschale iSd § 651h II 1)

5. Anspruch des Reisenden gegen den Reiseveranstalter auf Begründung der Entschädigungshöhe, § 651h II 3

372 **Aufbauschema: Rücktritt des Reiseveranstalters vor Reisebeginn, § 651h IV**

Hinweis: auf Gastschulaufenthalte nach § 651u I entsprechend anwendbar; nicht auf Vermittlung verbundener Reiseleistungen anwendbar

I. wirksamer Pauschalreisevertrag, § 651a

II. Anwendungsbereich

1. zeitlich: vor Reisebeginn (entscheidend Zugang)

2. persönlich: Reiseveranstalter

III. Rücktrittserklärung des Reiseveranstalters

IV. Rücktrittsgrund

1. Nichterreichen der Mindestteilnehmerzahl, § 651h IV 1 Nr. 1

a) Vereinbarung einer Mindestteilnehmerzahl

b) Anmeldung einer geringeren Personenzahl

c) Rücktrittsfrist, § 651h IV 1 Nr. 1 HS. 2

aa) Reisedauer > 6 Tage = 20 Tage vor Reisebeginn

bb) Reisedauer ≤ 6 bis 2 Tage = 7 Tage vor Reisebeginn

cc) Reisedauer < 2 Tage = 48 Stunden vor Reisebeginn

2. unvermeidbare, außergewöhnliche Umstände, § 651h IV 1 Nr. 2
   a) unvermeidbare, außergewöhnliche Umstände iSd § 651h III 2
   b) Hinderung an Vertragserfüllung
   c) Kausalität zwischen a) und b)
   d) Rücktrittsfrist: unverzüglich nach Kenntnis, § 651h IV 1 Nr. 2 HS. 2

V. RF
1. Verlust des Anspruchs auf Reisepreis, § 651 IV 2
2. Anspruch auf Rückzahlung des gezahlten Reisepreises, § 346 I, II (a.A. § 651h lex specialis für Rückzahlung)
   a) Leistung unverzüglich (statt sofort, § 651h V ist lex specialis zu § 271 I)
   b) 14-tägige Frist (§ 651h V) ist keine Fälligkeitsregelung; nach Fristablauf: Verzugseintritt (bei Verschulden, § 286 IV)

Überblicksschema: Gewährleistungsrechte, §§ 651a, 651i **373**

Hinweis: auf Gastschulaufenthalte nach § 651u I entsprechend anwendbar; auf Reisevermittlungen nach § 651v I unter den Voraussetzungen des § 651v III anwendbar; auf Vermittlung verbundener Reiseleistungen unter den Voraussetzungen des § 651w IV anwendbar

Hinweis: Die allgemeinen Vorschriften sind nach Vertragsschluss nicht anwendbar.

I. wirksamer Pauschalreisevertrag, § 651a

II. Reisemangel (Abweichung der Ist-Beschaffenheit von der Soll-Beschaffenheit)
1. Beschaffenheitsvereinbarung (vorrangig), § 651i II 1

   Beachte: Beschaffenheit der Reise ergibt sich aus der Parteivereinbarung, den gem. § 651d III, Art. 250 § 3 Nr. 1, 3–5, 7 EGBGB gemachten Angaben sowie aus der Abschrift oder Bestätigung des Vertrags iSd Art. 250 § 6 II EGBGB.
2. vertraglich vorausgesetzter Nutzen, § 651i II 2 Nr. 1
3. gewöhnlicher Nutzen, § 651i II 2 Nr. 2

4. übliche Beschaffenheit (die erwartet werden kann), § 651i II 2 Nr. 2
5. Nichtverschaffung, § 651k II 3 Var. 1
6. unangemessene Verspätung, § 651k II 3 Var. 2

III. keine bloße Unannehmlichkeit oder allgemeines Lebensrisiko

IV. kein wirksamer Gewährleistungsausschluss (Beachte: Unwirksam*keit des Ausschlusses der Mängelrechte, § 651y*)

V. RF

1. Abhilfe, § 651k I
2. Selbstabhilfe und Ersatz der erforderlichen Aufwendungen, § 651k II
3. Abhilfe durch andere Reiseleistungen (Ersatzleistungen), § 651k III
4. Kostentragung für eine notwendige Beherbergung, § 651k IV, V
5. Kündigung, § 651l
6. Minderung, § 651m
7. Schadensersatz, § 651n
8. Ersatz vergeblicher Aufwendungen, § 284

374 **Aufbauschema: Anspruch des Reisenden auf Abhilfe, Selbstvornahme und Aufwendungsersatz, § 651k II 1**

Hinweis zum Aufbau: Anspruch auf Aufwendungsersatz gem. § 651k II 1 HS. 2 setzt das Recht auf Selbstabhilfe gem. § 651k II 1 voraus und dieses den Anspruch auf Abhilfe gem. § 651k I 1

Hinweis: auf Gastschulaufenthalte nach § 651u I entsprechend anwendbar; auf Reisevermittlungen nach § 651v I unter den Voraussetzungen des § 651v III anwendbar; auf Vermittlung verbundener Reiseleistungen unter den Voraussetzungen des § 651w IV anwendbar

I. (Schema: Anspruch auf Abhilfe, § 651k I 1)

1. wirksamer Pauschalreisevertrag, § 651a
2. Reisemangel, §§ 651k I 1, 651i II (→ Rn. 373)
3. keine berechtigte Leistungsverweigerung, § 651k I 2
   a) Unmöglichkeit *oder*
   b) unverhältnismäßige Kosten

c) Erheben der Einrede (Leistungsverweigerung)

RF bei ausgeübtem Verweigerungsrecht:

aa) Anspruch auf Ersatzangebot und ggf. Herabsetzung des Preises (geringwertiges Angebot), § 651k III.
→ Herabsetzung gem. § 651m I 2 oder

bb) Ablehnungsrecht des Reisenden, wenn

(1) Ersatzleistung nicht mit vereinbarter Leistung vergleichbar oder

(2) angebotene Herabsetzung nicht angemessen

→ Entsprechende Anwendung des § 651l II, III

II. (Schema: Recht auf Selbstabhilfe)

1. Fristablauf

a) Setzen einer Abhilfefrist

b) Angemessenheit der Frist

c) Ablauf *oder*

2. Entbehrlichkeit der Frist

a) Verweigerung der Abhilfe *oder*

b) Notwendigkeit sofortiger Abhilfe

RF der erfolgreichen Abhilfe/Selbstabhilfe: Reise ist soweit wieder (ex nunc) mangelfrei.

III. erforderliche Aufwendungen

IV. Durchsetzbarkeit: insb. keine Verjährung gem. §§ 651j, 651i III Nr. 2

V. RF: Aufwendungsersatzanspruch

1. Höhe grds. getätigte Aufwendungen

2. keine Beschränkung wegen unvermeidbarer, außergewöhnlicher Umstände, gem. § 651k IV

a) Rückbeförderung geschuldet (Legaldef.: § 651k IV)

b) Unmöglichkeit wegen unvermeidbarer, außergewöhnlicher Umstände (Legaldef.: § 651h III 2)

c) kein Fall des § 651k V → *Reiseveranstalter hat Kosten der Beherbergung des Reisenden in einer der Reise vergleichbaren Unterkunft unabhängig von deren Dauer zu tragen.*

d) RF: Reiseveranstalter hat Kosten der Beherbergung des Reisenden in einer der Reise vergleichbaren Unterkunft für höchstens drei Tage zu tragen.

375 **Aufbauschema: Kündigung der Reise durch den Reisenden wegen Mangels, § 651l I**

Hinweis: auf Gastschulaufenthalte nach § 651u I entsprechend anwendbar; auf Reisevermittlungen nach § 651v I unter den Voraussetzungen des § 651v III anwendbar; auf Vermittlung verbundener Reiseleistungen unter den Voraussetzungen des § 651w IV anwendbar

I. wirksamer Pauschalreisevertrag, § 651a

II. Kündigungserklärung

III. Kündigungsgrund

1. erhebliche Beeinträchtigung der Reise infolge eines Reisemangels

   a) erhebliche Beeinträchtigung der Reise → ab 50 % Minderung (objektiv beurteilen)

   b) Reisemangel, § 651i II → Rn. 373

   c) Kausalität zwischen a) und b)

2. keine zuvor erfolgte Abhilfe

IV. Abhilfefrist

1. Fristsetzung und erfolgloser Ablauf, § 651l I 2 HS. 1

   a) Fristsetzung

   b) Angemessenheit

   c) Ablauf *oder*

2. Entbehrlichkeit der Fristsetzung, §§ 651l I 2 HS. 2, 651k II 2

   a) Verweigerung der Abhilfe durch Reiseveranstalter *oder*

   b) Notwendigkeit sofortiger Abhilfe *oder*

   c) Unmöglichkeit der Abhilfe (ungeschrieben)

V. RF

1. Zahlungsanspruch für erbrachte und bis zur Beendigung noch zu erbringender Leistungen, § 651l II 1 HS. 1
2. Anspruchsverlust für Zahlung nicht erbrachter und nicht mehr zu erbringender Leistungen, § 651l II 2 HS. 1
3. Anspruch auf Rückzahlung des so überzahlten Betrags, § 651l II 2 HS. 2
4. Verpflichtung zu infolge Kündigung notwendiger Maßnahmen, insb. zur Rückbeförderung des Reisenden (inkl. Kostentragung), falls Rückbeförderung geschuldet war, § 651l III

Aufbauschema: Rückzahlung aufgrund Reisepreisminderung, § 651m II 376

Hinweis: auf Gastschulaufenthalte nach § 651u I entsprechend anwendbar; auf Reisevermittlungen nach § 651v I unter den Voraussetzungen des § 651v III anwendbar; auf Vermittlung verbundener Reiseleistungen unter den Voraussetzungen des § 651w IV anwendbar

I. wirksamer Pauschalreisevertrag, § 651a

II. Reisemangel, §§ 651m I 1, 651i II → Rn. 373

Beachte: nennenswerte Dauer des Mangels erforderlich

III. keine unterlassene Mangelanzeige durch den Reisenden, § 651o II Nr. 1, I

1. unterlassene Mangelanzeige
2. Verschulden
3. Quasikausalität (zwischen und fehlender Mangelanzeige und unterlassener Mangelbeseitigung)

Beachte: Die Abhilfe und Folgeansprüche (§ 651k) setzen tatbestandlich immer eine Mangelanzeige voraus.

IV. Durchsetzbarkeit: insb. keine Verjährung (2 Jahren, §§ 651j, 651i III Nr. 6)

V. RF

1. Minderung des Reisepreises ipso iure, § 651m I 2
2. Erstattung des überzahlten Reisepreises, gem. § 651m II iVm §§ 346 I, 347 I

Beachte: Anrechnung gem. § 651p III

377 **Aufbauschema: (materieller) Schadensersatz, § 651n I**

Hinweis: auf Gastschulaufenthalte nach § 651u I entsprechend anwendbar; auf Reisevermittlungen nach § 651v I unter den Voraussetzungen des § 651v III anwendbar; auf Vermittlung verbundener Reiseleistungen unter den Voraussetzungen des § 651w IV anwendbar

I. Anspruch entstanden
  1. wirksamer Pauschalreisevertrag, § 651a
  2. Reisemangel, § 651i II → Rn. 373
  3. keine Exkulpation, § 651n I
    a) Verschulden des Reisenden, § 651n I Nr. 1
    b) Verschulden eines Dritten außerhalb der Risikosphäre des Reiseveranstalters, § 651n I Nr. 2
    c) Verursachung durch unvermeidbare, außergewöhnliche Umstände, § 651n I Nr. 3
    Beachte: Legaldefinition in § 651h III 2
  4. ersatzfähiger Schaden
    a) Schaden (unfreiwilliges Vermögensopfer)
    b) materieller Schaden (Nichterfüllungsschaden und Mangelfolgeschäden)
    c) Art und Umfang, §§ 249 ff.
  5. keine vertragliche Haftungsbeschränkung, § 651p I
    a) wirksame Vereinbarung
    b) Haftungsbegrenzung auf mind. dreifachen Reisepreis
    c) bes. Schäden (weder den Körper noch schuldhaft)
  6. keine rechtshindernde Einwendung
    a) unterlassene Mangelanzeige, § 651o II, I
      aa) unterlassene Mangelanzeige
      bb) Verschulden des Reisenden
      cc) Quasikausalität (zwischen fehlender Mangelanzeige und unterlassener Mangelbeseitigung)
    b) Anrechnung gem. § 651p III
      aa) Entschädigungsleistung an den Reisenden
      bb) aufgrund desselben Ereignisses
      cc) nach Maßgabe internationaler Übereinkünfte oder

dd) auf solchen beruhenden gesetzlichen Vorschriften *oder*

ee) aufgrund eines Falls des § 651p III Nr. 1–5

II. Durchsetzbarkeit

1. Verjährung (2 Jahre), §§ 651j, 651i III Nr. 7

2. Einrede aufgrund gesetzlicher Haftungsbeschränkungen, § 651p II

(kann je nach Inhalt der Einrede auch unter rechtshindernde Einreden zu prüfen sein)

a) internationale Übereinkünfte oder darauf beruhende gesetzliche Vorschriften

b) die für eine vom Leistungserbringer zu erbringende Reiseleistung gegenüber dem Reiseveranstalter gelten *und*

c) den Anspruch auf Schadensersatz nur unter best. Vss. oder Beschränkungen

aa) entstehen lassen *oder*

bb) einer Geltendmachung zugänglich machen *oder*

cc) ausschließen

d) Erheben der Einrede

e) RF: Wirken auch im Verhältnis zum Reisenden

Aufbauschema: (immaterieller) Schadensersatz, § 651n II 378

Hinweis: auf Gastschulaufenthalte nach § 651u I entsprechend anwendbar; auf Reisevermittlungen nach § 651v I unter den Voraussetzungen des § 651v III anwendbar; auf Vermittlung verbundener Reiseleistungen unter den Voraussetzungen des § 651w IV anwendbar

I. Anspruch entstanden

1. wirksamer Pauschalreisevertrag, § 651a

2. Reisemangel, § 651i II → Rn. 373

3. keine Exkulpation, § 651n I

a) Verschulden des Reisenden, § 651n I Nr. 1

b) Verschulden eines Dritten außerhalb der Risikosphäre des Reiseveranstalters, § 651n I Nr. 2

c) Verursachung durch unvermeidbare, außergewöhnliche Umstände, § 651n I Nr. 3

Beachte: Legaldefinition in § 651h III 2

4. ersatzfähiger Schaden: immaterieller Schaden (nutzlos aufgewendete Urlaubszeit)
5. keine vertragliche Haftungsbeschränkung, § 651p I
   a) wirksame Vereinbarung
   b) Haftungsbegrenzung auf mind. dreifachen Reisepreis
   c) bes. Schäden (weder den Körper noch schuldhaft)
6. keine rechtshindernde Einwendung
   a) unterlassene Mangelanzeige, § 651o II, I
      aa) unterlassene Mangelanzeige
      bb) Verschulden des Reisenden
      cc) Quasikausalität (zwischen fehlender Mangelanzeige und unterlassener Mangelbeseitigung)
   b) Anrechnung gem. § 651p III
      aa) Entschädigungsleistung an den Reisenden
      bb) aufgrund desselben Ereignisses
      cc) nach Maßgabe internationaler Übereinkünfte *oder*
      dd) auf solchen beruhenden gesetzlichen Vorschriften *oder*
      ee) aufgrund eines Falls des § 651p III Nr. 1–5

II. Durchsetzbarkeit
1. Verjährung (2 Jahre), §§ 651j, 651i III Nr. 7
2. Einrede aufgrund gesetzlicher Haftungsbeschränkungen, § 651p II

   (kann je nach Inhalt der Einrede auch unter rechtshindernde Einreden zu prüfen sein)

   a) internationale Übereinkünfte oder darauf beruhende gesetzliche Vorschriften
   b) die für eine vom Leistungserbringer zu erbringende Reiseleistung gegenüber dem Reiseveranstalter gelten *und*
   c) den Anspruch auf Schadensersatz nur unter best. Vss. oder Beschränkungen
      aa) entstehen lassen *oder*
      bb) einer Geltendmachung zugänglich machen *oder*
      cc) ausschließen

d) Erheben der Einrede

e) RF: Wirken auch im Verhältnis zum Reisenden

Aufbauschema: Anspruch des Reisenden gegen den Reiseveranstalter auf Beistand in Schwierigkeiten, § 651q I 379

Hinweis: auf Gastschulaufenthalte nach § 651u I entsprechend anwendbar; auf Reisevermittlungen nach § 651v I unter den Voraussetzungen des § 651v III anwendbar; auf Vermittlung verbundener Reiseleistungen unter den Voraussetzungen des § 651w IV anwendbar

Hinweis: Zwar handelt es sich hier um einen einklagbaren Anspruch, jedoch dürft dies in der Praxis keine Relevanz haben. Denkbar sind vor allem Schadensersatzansprüche aus §§ 280 I, 241 II oder §§ 651i ff wegen unterlassenem Beistand.

I. wirksamer Pauschalreisevertrag, § 651a

II. Schwierigkeiten des Reisenden, insb. Fall des § 651k IV

III. RF

1. unverzügliche und angemessene Beistandsgewährung insbes. durch:
   a) Informationsbereitstellung, § 651q I Nr. 1
   b) Unterstützung bei Fernkommunikationsmöglichkeit, § 651q I Nr. 2
   c) Unterstützung bei der Suche nach anderen Reisemöglichkeiten, § 651q I Nr. 3
2. bei schuldhafter Herbeiführung der Notwendigkeit einer Maßnahme→ Anspruch des Reiseveranstalters auf Ersatz tatsächlich entstandener und angemessener Aufwendungen

380 **Aufbauschema: Anspruch des Reiseveranstalters auf Aufwendungsersatz wegen Beistands in Schwierigkeiten, § 651q II**

Hinweis: auf Gastschulaufenthalte nach § 651u I entsprechend anwendbar; auf Reisevermittlungen nach § 651v I unter den Voraussetzungen des § 651v III anwendbar; auf Vermittlung verbundener Reiseleistungen unter den Voraussetzungen des § 651w IV anwendbar

I. wirksamer Pauschalreisevertrag, § 651a

II. Schwierigkeiten des Reisenden, insb. Fall des § 651k IV

III. Aufwendungen durch Beistandsleistung (insbes. Nr. 1-5)
1. Informationsbereitstellung, § 651q I Nr. 1 *oder*
2. Unterstützung bei Fernkommunikationsmöglichkeit, § 651q I Nr. 2 *oder*
3. Unterstützung bei der Suche nach anderen Reisemöglichkeiten, § 651q I Nr. 3
4. Unverzüglichkeit der Hilfe
5. Angemessenheit der Aufwendungen

IV. Verschulden des Reisenden (Herbeiführung der Notwendigkeit einer Maßnahme)

381 **Aufbauschema: Kündigung des Gastschulaufenthaltsvertrags durch den Gastschüler, § 651u IV 1**

I. wirksamer Gastschulaufenthaltsvertrag, § 651u I 1
1. Auslandsaufenthalt
2. geregelter Schulbesuch
3. Dauer mindestens drei Monate
4. Unterbringung in einer Gastfamilie

II. Anwendungsbereich und Subsidiarität
1. zeitlich: vor und während der Reise, § 651u IV 1
2. Subsidiarität gem. § 651u IV 5 → Vorrang der Kündigung gem. § 651l

III. Kündigungserklärung

IV. RF
1. Verringerung des Reisepreises um die ersparten Aufwendungen, § 651u IV 2
2. Pflicht zu notwendigen Maßnahmen (insb. Rückbeförderung), § 651u IV 3

Aufbauschema: Haftung für Buchungsfehler, § 651x **382**

I. Buchungsfehler
1. persönlicher Anwendungsbereich
a) Reiseveranstalter *oder*
b) Reisevermittler *oder*
c) Vermittler verbundener Reiseleistungen *oder*
d) Leistungserbringer
2. technischer Fehler im Buchungssystem, § 651x Nr. 1
a) Buchungssystem des Unternehmers
b) technischer Fehler
c) Vertretenmüssen (vermutet) Ⓟ *verstößt wohl gegen die EU-RL*
3. Fehler während des Buchungsvorgangs, § 651x Nr. 2
a) Fehler während des Buchungsvorgangs
b) durch den Unternehmer
c) kein Ausschluss Ⓟ *verstößt wohl gegen die EU-RL*
aa) Verschulden des Reisenden *oder*
bb) unvermeidbare, außergewöhnliche Umstände

II. Schaden
III. Kausalität zwischen I. und II
IV. RF Schadensersatz

M. Maklervertrag

I. Definitionen

Dritter	Vertragspartner im gemakelten Hauptvertrag	**383**
Fehlen der Eigenschaft eines Dritten im Dreipersonenverhältnis	(-) bei wirtschaftlicher Identität mit einer Vertragspartei (-) bei wirtschaftlicher oder rechtlicher Verflechtung des Maklers mit dem Vertragspartner des Auftraggebers (-) bei wirtschaftlichem oder rechtlichem Abhängigkeitsverhältnis des Maklers ggü. dem Vertragspartner des Auftraggebers	**384**
Kunde	Vertragspartner des Maklers	**385**
Makler	Sachleistender des Maklervertrags	**386**
Nachweis der Gelegenheit zum Abschluss eines Vertrags	Benennung des Vertragsgegenstandes und des eventuellen Vertragspartners durch den Makler, welche so genau ist, dass der Auftraggeber von sich aus Vertragsverhandlungen aufnehmen kann.	**387**
Vermitteln eines Vertrags	Herbeiführen oder Fördern des Abschlusses des Hauptvertrags durch bewusstes und aktives Einwirken auf die Willensentschließung des Vertragspartners des Auftraggebers.	**388**

II. Schemata und Strukturen

389 **Aufbauschema: Lohnanspruch gem. § 652 I**

I. Maklervertrag

1. Versprechen einer Maklerleistung gerichtet auf
   a) Nachweis zur Gelegenheit eines Vertragsabschlusses (Nachweismakler, § 652 I 1 Var. 1) *oder*
   b) Vermittlung eines Vertrags (Vermittlungsmakler, § 652 I 1 Var. 2); ggf. abgrenzen zum:
      aa) Dienstvertrag → Pflicht zum Tätigwerden
      bb) Werkvertrag → Erfolg wird geschuldet
2. Erbringung der Maklerleistung
   a) Nachweismakler: Mitteilung des Maklers an seinen Kunden, durch die dieser in die Lage versetzt wird, in konkrete Verhandlungen über den von ihm angestrebten Hauptvertrag einzutreten
   b) Vermittlungsmakler: bewusste, finale Herbeiführung der Abschlußbereitschaft des Vertragspartners des zukünftigen Hauptvertrags
3. Zustandekommen des Hauptvertrags mit einem Dritten
   a) wirksamer Vertragsschluss
      aa) ursprünglich wirksamer Vertrag *oder*
      bb) nachträglich geheilt, § 311b I 2
      cc) kein Mangel, der zur ex-tunc-Nichtigkeit führt oder hätte führen können
         (1) Probleme bei der anschließenden Durchführung sind grds. irrelevant (z.B. Minderung, Ausübung gesetzl. Rücktrittsrechts, Ausübung vertragl. Rücktrittsrechts wenn dieses an best. sachliche Vss. geknüpft ist, Kündigung, auflösende Bedingung)
         (2) bei vertragl. vereinbartem vorbehaltlosen Rücktrittsrechts entsteht der Anspruch erst mit Ablauf der Rücktrittsfrist

(3) Ⓟ Rücktritt des Dritten

(a) grds. irrelevant

(b) Ausnahme: bestehende Anfechtungsmöglichkeit des Kunden (ex-tunc-Wirkung gem. § 142 I)

b) ggf. teleologische Reduktion des § 652 I 1: primärer Leistungsanspruch aus Hauptvertrag muss entstanden sein

aa) bei anfänglicher Unmöglichkeit kein Anspruch

bb) bei nachträglicher Unmöglichkeit Anspruch

c) bei Vertragsschluss unter aufschiebender Bedingung: Eintritt der Bedingung, § 652 I 2

d) Vertragspartner = Dritter ≠ Makler (ungeschrieben)

Beachte die Definitionen → Rn. 383 ff.

4. Kausalität „infolge“: wesentlich (mit-)ursächlich

5. keine rechtshindernden Einwendungen des Maklervertrags

a) kein Ausschluss gem. § 654 (Verwirkung): unerlaubte Doppeltätigkeit des Maklers vertragl. Gestattung möglich

b) analog § 654: schwere Treuepflichtverletzung durch Makler

c) allgemeine rechtshindernde Einwendungen

aa) gem. § 125 iVm den §§ des Hauptvertrags (z.B. § 492 oder § 655b)

bb) gem. §§ 125, 311b, wenn Kunde sich im Vertrag verpflichtet, sein Grundstück an jeden vermittelten Interessenten zu verkaufen)

cc) § 134 (z.B. Adoptionsvermittlung)

dd) § 138 (z.B. bei Schmiergeldeinsatz)

6. keine Vertragsbeendigung zw. Vertragsschluss und Nachweis bzw. Vermittlung

a) Aufhebungsvertrag

b) bei befristeten Verträgen
aa) Fristablauf
bb) Kündigung gem. § 314
cc) ordentliche Kündigung

II. Höhe
1. Höhe der Vergütung richtet sich nach der Vereinbarung (vgl. § 653 I und II)
2. falls Vereinbarung (-), § 653 II → taxmäßiger Lohn bei Bestehen einer Taxe, bei Nicht-Bestehen der übliche Lohn
3. Herabsetzung des Maklerlohns durch Urteil gem. § 655 S. 1
a) unverhältnismäßig hoher Maklerlohn
b) Antrag des Kunden als Schuldner
c) keine vorzeitige Bezahlung, § 655 S. 2
4. zusätzlich gesetzl. Aufwendungsersatzanspruch (-), nur bei bes. Vereinbarung dessen, § 652 II 1, 2

390 **Aufbauschema: Lohnanspruch des Verbraucherdarlehensvermittlers gem. §§ 655c, 655a I 1, 652**

I. Darlehensvermittlungsvertrag gem. §§ 655a I 1, 652 zw.
1. Auftraggeber
a) Verbraucher (§ 13), als zukünftiger Darlehensnehmer
oder
b) Dritter, z.B. zukünftiger Darlehensgeber
2. Darlehensvermittler = Unternehmer, § 14
3. Vertragsinhalt
a) vereinbartes Entgelt
b) Nachweis der Gelegenheit zum Abschluss *oder* Vermittlung
c) Verbraucherdarlehen, § 491 I
aa) entgeltliches
bb) Darlehen

cc) zw. (dem möglichen Auftraggeber als) Verbraucher, § 13

dd) und einem anderen als dem o.g. Unternehmer (§ 14) als Darlehensgeber (Darlehensvermittler ≠ Darlehensgeber; auch eine Verflechtung darf nicht vorliegen)

ee) keine Bereichsausnahme, § 491 II

Beachte Schema zu §§ 491 ff. → Rn. 327

d) *oder* entgeltliche Finanzierungshilfe, § 506

4. Information des Verbraucher, § 655a II 1:

a) Wahrung der Informationspflichten

aa) Art. 247 § 13 II 1 EGBGB: wenn Auftraggeber (Kunde) = Verbraucher = Darlehensnehmer

(1) Höhe der Vergütung

(2) Entgeltanspruch gegen Drittem (inkl. Höhe)

(3) Umfang der Befugnisse (insb. ob Tätigkeit ausschließlich für einen oder best. mehrere Darlehensgeber oder ob unabhängige Tätigkeit)

(4) ggf. vom Verbraucher verlangte Nebenentgelte; bei Kenntnis zum Zeitpunkt der Unterrichtung deren Höhe, ansonsten Nennung eines Höchstbetrags

(5) Zeitpunkt: vor Abschluss des Darlehensvermittlungsvertrags

bb) Art. 247 § 13 II 2 EGBGB: wenn ausschließlich Dritter Vertragspartner ist

(1) Nummern 2. und 3. (Entgelt und Befugnisse, s.o.)

(2) Zeitpunkt: vor Abschluss des vermittelten Darlehensvertrags bzw. der vermittelten Finanzierungshilfe

cc) Form: auf dauerhaftem Datenträger, § 126b S. 2

b) Gem. § 655a II 2 zusätzliche Verpflichtung des Darlehensvermittlers nach § 491a (befreiend wirkt Erfüllung durch einen von beiden)

aa) §§ 491 ff., 491a → Rn. 324

bb) keine Ausnahme gem. § 655a II 3

(1) Warenlieferant oder Dienstleistungserbringer

(2) deren Darlehensvermittlungstätigkeit nur von untergeordneter Funktion ist

II. kausales Zustandekommen des (hier: Verbraucherdarlehens-) Vertrags (→ Rn. 324; Schema Maklervertrag, § 652 I 1 → Rn. 389)

III. kein Ausschluss der Vergütung gem. § 655c S. 1

1. wenn Auftraggeber = Verbraucher (§ 13): aufschiebende Bedingung:

a) Darlehensleistung an den Verbraucher infolge des Nachweises oder der Vermittlung durch den Darlehensvermittler erfolgt (= Inanspruchnahme, z.B. auch durch Valutierung an Dritte wenn entspr. Weisung des Verbrauchers vorliegt oder durch Aufrechnung des Darlehensgebers etc.; Heilung des Darlehensvertrags durch Leistung ist ausreichend (§ 494 II 1)

b) Widerrufsfrist des § 355 I, II abgelaufen, § 655c S. 1

IV. keine rechtshindernden Einwendungen

1. spezielle rechtshindernde Einwendung gem. § 655b II

a) Form: wenn Auftraggeber = Verbraucher (§ 13) → Schriftform § 655b I 1 gem. § 126

b) Verbindungsverbot gem. § 655b I 2

c) Mitteilung des Vertragsinhalts an Verbraucher durch Darlehensvermittler in Textform (§ 126b) gem. § 655b I 3

d) § 655b II Var. 2: Nichtigkeit des ganzen Vertrags bei Nicht-Erfüllung der Pflichten aus Art. 247 § 13 II EGBGB (s.o.) vor Vertragsschluss

e) keine Erhöhung des eff. Jahreszinses falls es sich um eine Umschuldung handelt, § 655c S. 2

aa) Verbraucherdarlehen dient der Umschuldung

bb) effektiver Jahreszins darf sich durch die Umschuldung nicht erhöhen oder der Darlehensvermittler darf keine Kenntnis vom Zweck der Umschuldung haben

2. keine allgemeinen rechtshindernden Einwendungen (insb. keine Teilnichtigkeit wegen Nebenentgeltabrede(n) gem. §§ 134, 655d S. 1)
   a) § 655d S. 1 = Verbotsgesetz iSd § 134
   b) Verstoß gegen § 655d S. 1
      aa) Nebenentgeltvereinbarung des Darlehensvermittlers
      bb) für Leistung(en) im Zusammenhang mit der Vermittlung/dem Nachweis der Gelegenheit zum Abschluss des Verbraucherdarlehens
      cc) *Ausnahme*: vertragl. Vereinbarung über Erstattung entstandener und erforderlicher Auslagen (§ 655d S. 2) → aber kein Übersteigen der Höhe oder Höchstbeträge, die der Darlehensvermittler dem Verbraucher gem. Art. 247 § 13 II S. 1 Nr. 4 EGBGB mitgeteilt hat

Kapitel 6. Schuldrecht BT 2
Gesetzliche Schuldverhältnisse

A. GoA

I. Definitionen

auch fremdes Geschäft	Geschäft, das dem äußeren Erscheinungsbild nach zugleich im Interesse des Handelnden und des Geschäftsherrn liegt	391
Auftrag iSd § 677	jeder rechtsgeschäftliche Verpflichtungsvertrag ist ein Auftrag iSd § 677 (keine Beschränkung auf den Auftrag iSd §§ 662 ff.)	392
Aufwendungen	Aufwendungen iSd §§ 683 S. 1, 670 sind freiwillige Vermögensopfer, die der Geschäftsführer zum Zwecke der Ausführung des Geschäfts auf sich nimmt, sowie solche Vermögenseinbußen, die sich als notwendige Folge der Geschäftsausführung ergeben.	393
Eigengeschäftsführungswille	Der Geschäftsführer muss um die Fremdheit und seine fehlende Berechtigung wissen, aber trotzdem das Geschäft nicht als fremdes, sondern eigennütziges, d.h. in der Absicht führen, es als eigenes zu behandeln.	394
Fremdgeschäftsführungswille	Der Handelnde hat das Bewusstsein und den Willen, das Geschäft für einen anderen zu führen.	395
Geltendmachung iSd § 687	umfasst nur Verlangen nach Herausgabe und Schadensersatz, weil Verlangen nach Rechenschaft und Auskunft nur der Vorbereitung dieser Ansprüche dienen	396
Geschäft	Ein Geschäft iSd § 677 ist jedes rechtsgeschäftliche oder tatsächliche Handeln, ausgenommen bloßes Unterlassen, Dulden oder Gewährenlassen.	397
obj. eigenes und neutrales Geschäft	nach dem obj. Erscheinungsbild ist das ausgeführte Geschäft Sache des Handelnden, nur subj. nimmt er es für einen anderen vor	398

399	obj. fremdes Geschäft	Geschäft, das die Rechtsordnung nach Inhalt, Natur und/oder äußerem Erscheinungsbild einem anderen Rechts- und Interessenkreis als dem des Handelnden zuordnet
400	obj. Interesse	ist anhand der konkreten Sachlage zu bestimmen, im Einzelfall nach der obj. Nützlichkeit und subj. bezogen auf das Verhalten des GH
401	sonst. Berechtigung	jede gesetzl. Befugnis, die zur Führung eines fremden Geschäfts berechtigt (z.B. Organstellung des Geschäftsführers einer GmbH gem. § 35 I GmbHG, Vertretungsbefugnis der Eltern ggü. dem minderjährigen Kind gem. §§ 1626, 1629); dagegen nicht ausreichend: Pflicht zur Hilfeleistung nach § 323c StGB

II. Schemata und Strukturen

Aufbauschema: Ansprüche des GF auf Aufwendungsersatz aus Geschäftsführung ohne Auftrag gem. §§ 677, 683 S. 1, 670 (berechtigte GoA) 402

I. Vss. der berechtigten GoA
1. Besorgung eines Geschäfts
2. Fremdheit des Geschäfts (Kenntnis der Person irrelevant, vgl. § 686)
3. Fremdgeschäftsführungswille (FGW)
   a) beim obj. fremden Geschäft
      → FGW wird widerlegbar vermutet
   b) beim auch fremden Geschäft
      → FGW wird widerlegbar vermutet

   Sonderkonstellationen:

   aa) Tätigwerden aufgrund Vertrags mit einem Dritten
      (1) Rspr.: grundsätzlich GoA möglich, wenn Geschäftsinteresse auch im Interesse des GH liegt; aber i. E. ist Vertrag mit Drittem abschließend
      (2) h. L.: keine GoA wegen Konflikt zw. vertragl. und gesetzl. Ansprüchen aus GoA (z.B.: GF hätte zwei Schuldner, die nicht Gesamtschuldner sind)

   bb) nichtiger Vertrag zw. GF und GH
      (1) Rspr.: der GF kommt seiner vermeintlichen Vertragsverpflichtung ggü. dem GH nach und handelt deshalb auch im fremden Interesse
      (2) h.L.: keine GoA bei unwirksamen Verträgen, weil dadurch das vorrangige gesetzl. Rückabwicklungsverhältnis der §§ 812 ff. (insb. §§ 814, 817 S. 2, 818 III) übergangen wird
4. ohne Auftrag oder sonst. Berechtigung
   a) ohne Auftrag
   b) ohne sonst. Berechtigung
5. im Interesse und Willen des Geschäftsherrn
   a) im Zeitpunkt der Geschäftsübernahme

b) wirklicher oder mutmaßlicher Wille des GH

Beachte: Hier wird bewusst von der h.M. abgewichen, die zuvor ein obj. Interesse prüft.

aa) wirklicher Wille des GH

(1) ausdrücklich oder konkludent geäußert (egal, ob unvernünftig oder interessenwidrig)

(2) Ⓟ Minderjährigkeit/Geschäftsunfähigkeit des GH

→ ist der GH geschäftsunfähig oder beschränkt geschäftsfähig, gelten die §§ 104 ff. analog, d.h. es kommt auf den wirklichen oder mutmaßlichen Willen des gesetzl. Vertreters an

bb) Unbeachtlichkeit des entgegenstehenden Willens gem. § 679, wenn

(1) ohne die Geschäftsführung

(2) eine Pflicht des GH

(a) privatrechtliche Pflicht (z.B. Verkehrssicherungspflicht) *oder*

(b) öff.-rechtliche Pflicht

(3) deren Erfüllung im öff. Interesse liegt *oder*

(4) eine gesetzl. Unterhaltspflicht des GH

(5) nicht rechtzeitig erfüllt werden würde

(6) RF: § 683 S. 2

cc) Strittig: analoge Anwendung des § 679, wenn der entgegenstehende Wille des GH gegen §§ 134, 138 verstößt (insb. Rettungsfälle bei Selbstmordversuch)

(1) e.A.: Wille des Selbstmörders ist sittenwidrig iSd § 138 → § 679 analog

(2) a.A.: der vom Selbstmörder geäußerte Wille ist entsprechend §§ 104 Nr. 2, 105 unwirksam (keine freie Willensbildung des Selbstmörders)

dd) mutmaßlicher Wille des GH (nur subsidiär zum wirklichen Willen

→ fehlen Anhaltspunkte, ist vom obj. Interesse auf den mutmaßlichen Willen zu schließen

c) Genehmigung der zunächst unberechtigten Geschäftsübernahme gem. § 684 S. 2

aa) ausdrücklich oder konkludent möglich, §§ 182, 184 analog

bb) Wirkungen: Geschäftsübernahme wird rückwirkend zur berechtigten GoA, Ansprüche aus § 678 entfallen, SEA wegen fehlerhafter Ausführung des Geschäfts können bestehen bleiben, wenn die Genehmigung nicht auch die Ausführung erfasst, sondern nur die Übernahme (Reichweite der Genehmigung ist durch Auslegung zu ermitteln)

6. kein Ausschluss nach § 685

a) GF handelte nicht in Schenkungsabsicht (Abs. 1)

b) Vermutung, wenn GF Unterhalt gewährt (Abs. 2)

II. RF: Ersatz von Aufwendungen iSd § 670

1. Aufwendungen

→ nach BGH Einschränkung: kein Ersatz für Aufwendungen, die die Rechtsordnung missbilligt, §§ 134, 138

2. typ. Begleitschäden

a) Ersatz nur, soweit sich ein für die Tätigkeit des GF spezifisches Risiko verwirklicht (nicht: allgemeines Lebensrisiko)

b) ein Mitverschulden des GF ist gem. § 254 analog zu berücksichtigen

3. Arbeitskraft

a) grundsätzlich kein Ersatz für Zeit und Arbeitskraft

b) Ausnahme: Ersatz für Leistungen, die zum Beruf oder Gewerbe des GF gehören, § 1835 III analog; d.h. Anspruch auf die übliche Vergütung

4. Verbindlichkeiten

→ besteht die Aufwendung in der Eingehung einer Verbindlichkeit, richtet sich der Anspruch auf Freistellung gem. § 257

403 **Aufbauschema: Anspruch des GH auf Herausgabe des Erlangten gem. §§ 681 S. 2, 667 (berechtigte GoA)**

I. Vss. der berechtigen GoA liegen vor → Rn. 402 f.

II. GF hat aus der Geschäftsführung etwas erlangt

→ erforderlich ist ein innerer Zusammenhang mit der Führung des Geschäfts (nicht: nur bei Gelegenheit Erlangtes)

III. RF

1. GF hat an GH das Erlangte herauszugeben
2. Verzinsung des Geldes, das der GF dem GH herauszugeben oder für ihn zu verwenden hat, § 668
3. Einschränkung/Ausschluss: Haftung des geschäftsunfähigen oder beschränkt geschäftsfähigen GF bestimmt sich nur nach Bereicherungsrecht, § 682; str., ob Rechtsgrund- oder Rechtsfolgenverweisung

   a) pro Rechtsgrundverweisung: Minderjährigenschutz, beschränkende Wirkung des § 682

   b) pro Rechtsfolgenverweisung: § 684 S. 1 enthält auch nur eine Rechtsfolgenverweisung, Gleichlauf der Verweisungen

404 **Aufbauschema: Anspruch des GH auf Auskunft und Rechenschaft gem. §§ 681 S. 2, 666 (berechtigte und unberechtigte GoA)**

I. Vss. der berechtigten oder unberechtigten GoA liegen vor → Rn. 402 f.

II. RF: GH hat Anspruch auf Erfüllung der Informationspflichten des § 666

1. Auskunftsanspruch (auch vor Abschluss der Geschäftsführung)
2. Rechenschaftslegung (nach Ausführung des Geschäfts)

Aufbauschema: Anspruch des GH auf Schadensersatz gem. §§ 677, 280 I (berechtigte GoA) 405

I. Vorliegen der Vss. der berechtigten GoA → Rn. 402 als Schuldverhältnis iSd § 280 I

II. Pflichtverletzung des GF im Rahmen der Geschäftsausführung

III. Vertretenmüssen der Pflichtverletzung (wird gem. § 280 I 2 vermutet)

1. Fahrlässigkeit und Vorsatz gem. § 276 (auch für Erfüllungshilfen gem. § 278)
2. Haftungsprivilegierung bei Geschäftsführung zur Gefahrenabwehr gem. § 680
   a) GF bezweckt (= kein Erfolg erforderlich) mit der Geschäftsführung eine
   b) dringende, aktuell unmittelbar drohende Gefahr
   c) vom GH oder dessen Angehörige(n) abzuwenden

IV. kausaler Schaden

V. kein Ausschluss: Haftung des geschäftsunfähigen oder beschränkt geschäftsfähigen GF bestimmt sich nur nach Deliktsrecht, § 682 → Rn. 453

VI. RF: Schadensersatz gem. §§ 249 ff.

Aufbauschema: Anspruch des GF auf Herausgabe des Erlangten §§ 684 S. 1, 818 ff. (unberechtigte GoA) 406

I. Vss. der unberechtigten GoA liegen vor, § 684 S. 1

1. Geschäftsbesorgung
2. Fremdheit des Geschäfts
3. ohne Auftrag oder sonst. Berechtigung
4. gegen oder ohne den (mutmaßlichen) Willen des GH
5. kein Ausschluss gem. § 685

II. RF
1. Herausgabe des durch die Geschäftsführung Erlangten gem. §§ 818 ff. (Rechtsfolgenverweisung)
2. Pflicht des GF zur Herausgabe des Erlangten nach §§ 684 S. 2, 683 S. 1, 667, wenn GH die Geschäftsführung genehmigt → Rn. 402

407 **Aufbauschema: Anspruch des GH auf Schadensersatz gem. § 678 wegen unberechtigter Geschäftsübernahme (unberechtigte GoA)**

I. Geschäftsübernahme
II. Fremdheit des Geschäfts
III. Übernahme steht im Widerspruch zum Willen des GH
1. Wille des GH ist beachtlich → Rn. 402
2. Widerspruch zum Willen des GH
a) wirklicher Wille steht entgegen *oder*
b) mutmaßlicher Wille steht entgegen
IV. subj. Übernahmeverschulden
1. Übernahmeverschulden
a) GF hat entgegenstehenden Willen des GH erkannt und trotzdem gehandelt *oder*
b) GF hat entgegenstehenden Willen des GH fahrlässig nicht erkannt (aber bei Anwendung gehöriger Sorgfalt iSd § 276 hätte erkennen können)
2. keine Haftungsprivilegierung gem. § 680; gilt auch hinsichtlich der Geschäftsübernahme

Hinweis: ein weiteres VS in Bezug auf die Ausführung ist gem. § 678 nicht erforderlich.

V. kausaler Schaden
VI. keine Genehmigung gem. § 684 S. 2 (vgl. oben)
VII. kein Ausschluss: Haftung des geschäftsunfähigen oder beschränkt geschäftsfähigen GF bestimmt sich nur nach Deliktsrecht, § 682 (s.o.)
VIII. RF: Schadensersatz gem. §§ 249 ff.

Überblickschema: Anwendbare Vorschriften für Ansprüche des GH/GF bei irrtümlicher Eigengeschäftsführung des GF 408

I. Geschäftsbesorgung durch GF

II. Fremdheit des Geschäfts

III. keine Kenntnis des GF, ein fremdes Geschäft zu besorgen (= Irrtum über Fremdheit [verschuldensunabhängig])

IV. RF

1. § 687 I = keine GoA
2. Ansprüche GH/GF richten sich allein nach §§ 987 ff., 812 ff., 823 ff.

Aufbauschema: Anspruch des GH auf Schadensersatz gem. §§ 687 II 1, 678 wegen unberechtigter Geschäftsübernahme (angemaßte Eigengeschäftsführung § 687 II) 409

I. Vss. der angemaßten Eigengeschäftsführung

1. Geschäftsübernahme
2. Fremdheit des Geschäfts
3. Kenntnis des GF von der Fremdheit des Geschäfts

   Hinweis: Kenntnis des GF von der Anfechtbarkeit des berechtigenden Geschäfts genügt, § 142 II
4. Eigengeschäftsführungswille des GF

II. kein Ausschluss: Haftung des geschäftsunfähigen oder beschränkt geschäftsfähigen GF bestimmt sich nur nach Deliktsrecht, § 682 → Rn. 453

III. RF: Schadensersatz gem. §§ 249 ff.

Aufbauschema: Anspruch des GH auf Herausgabe des Erlangten gem. §§ 687 II 1, 681 S. 2, 667 (angemaßte Eigengeschäftsführung § 687 II) 410

I. Vss. der angemaßten Eigengeschäftsführung → Rn. 409

II. kein Ausschluss: Haftung des geschäftsunfähigen oder beschränkt geschäftsfähigen GF bestimmt sich nur nach Deliktsrecht, § 682 (s.o.)

III. RF: GF hat an GH das Erlangte herauszugeben, § 667 (Zinspflicht gem. § 668)

411 **Aufbauschema: Anspruch des GH auf Auskunft und Rechenschaft gem. §§ 687 II 1, 681 S. 2, 666**

I. Vss. der angemaßten Eigengeschäftsführung gem. § 687 II 1

II. RF: GH hat Anspruch auf Erfüllung der Informationspflichten des § 666

1. Auskunftsanspruch (auch vor Abschluss der Geschäftsführung)
2. Rechenschaftslegung (nach Ausführung des Geschäfts)

412 **Aufbauschema: Anspruch des GF auf Herausgabe des Erlangten §§ 687 II 2, 684 S. 1, 818 ff.**

I. Vss. der angemaßten Eigengeschäftsführung gem. § 687 II 1

II. Geltendmachung von Ansprüchen durch GH ggü. GF, § 687 II 1, 2

III. RF: Herausgabe dessen Erlangten gem. §§ 684 S. 1, 818 ff. (vgl. oben)

B. Deliktsrecht

I. Definitionen

Ablösung	ist jede unwillkürliche Aufhebung der Verbindung zum Ganzen	**413**
alternative Kausalität (geregelt in § 830 I 2)	Eine von mehreren Handlungen ist ursächlich gewesen, es ist aber nicht feststellbar welche. → Kausalität nur bei § 830 I	**414**
Amtspflicht	ist jede persönliche Verhaltenspflicht eines Amtsträgers bezüglich seiner Amtsausführung	**415**
Ausreißer-Fabrikationsfehler	Produktfehler, der trotz Beachtung aller zumutbaren Sicherheitskontrollen unvermeidbar war	**416**
Beamter im haftungsrechtlichen Sinn (sog. Amtswalter)	Die Haftung setzt lediglich voraus, dass die betroffene Person in Ausübung eines ihr anvertrauten öff. Amtes handelt.	**417**
bei Ausführung der Verrichtung	Der Verrichtungsgehilfe handelt nicht nur bei Gelegenheit, sondern es besteht ein innerer Zusammenhang zw. der ihm aufgetragenen Verrichtung und der schädigenden Handlung.	**418**
bei Betrieb des Kfz	Nach dem Sinn und Zweck der Gefährdungshaftung des § 7 I StVG sollen alle Gefahren erfasst werden, die sich typischerweise aus dem öff. Verkehr ergeben.	**419**
berechtigtes Interesse	Wie bei § 193 StGB, str. ist, ob die Umstände für das Interesse obj. vorliegen müssen (h.M.: nein, es reicht eine ordnungsgemäße Recherche).	**420**
Beteiligter	Beteiligter i.d.S. ist, wer bei einem einheitlichen Vorgang mitwirkt. D.h. es muss ein sachlicher, räumlicher und zeitlicher Zusammenhang bestehen. Eine subj. Gemeinsamkeit ist nicht erforderlich).	**421**
dezentraler Entlastungsbeweis	Die Exkulpation des höheren Angestellten, auf den die Auswahl/ Leitung/ Überwachung übertragen wurde, genügt.	**422**
doppelte Kausalität	Jede Handlung wäre an sich, einzeln, ursächlich. → Kausalität (+)	**423**

424	Drittbezogenheit	bedeutet, dass die einschlägige Amtspflicht speziell dem Dritten (= Geschädigter) ggü. besteht und nicht nur ggü. der Allgemeinheit (Im Einzelfall nach dem Schutzzweck ermitteln.)
425	Fabrikationsfehler	Fehler bei der Herstellung des Produkts nach dem Vorbild der Konstruktion
426	gute Sitten	Anstandsgefühl aller billig und gerecht Denkenden
427	Halter	ist, wer andauernd die tatsächliche Gewalt über das Fahrzeug/den Anhänger iSd § 7 StVG ausübt und die wirtschaftlichen Lasten auf eigene Rechnung trägt (nicht zwingend der Eigentümer, z.B. Leasingnehmer).
428	Haustier (Oberbegriff)	ist ein zahmes Tier, das zur Nutzung gezogen und gehalten wird.
429	höhere Gewalt	Ein nicht zum Betriebsrisiko des Kfz gehörendes, von außen durch Naturkräfte oder Handlungen Dritter herbeigeführtes Ereignis, das nach menschlicher Einsicht und Erfahrung unvorhersehbar ist und auch nicht wegen seiner Häufigkeit in Kauf zu nehmen ist.
430	Instruktionsfehler	Der Fehler des Produkts basiert auf einer fehlerhaften Gebrauchsanweisung bzw. einer unzureichenden Sicherheitswarnung.
431	Kausalität (adäquat)	Eine Handlung ist kausal, wenn sie nicht hinweggedacht werden kann, ohne dass der konkrete Erfolg mit an Sicherheit grenzender Wahrscheinlichkeit entfällt und der Geschehensablauf nicht völlig außerhalb der allgemeinen Lebenserfahrung liegt.
432	Kausalität, haftungsausfüllende	Kausalität zw. Erfolg und Schaden
433	Kausalität, haftungsbegründende	Kausalität zw. Handlung und Erfolg
434	Kausalität, hypothetische	Die Tathandlung ist kausal, obwohl durch ein anderes, unabhängiges Ereignis der Taterfolg voraussichtlich „sowieso eingetreten wäre. → Kausalität (-)

Kausalität, überholende	Die erste Handlung wird von einer zweiten überholt, die den (schädigenden) Erfolg herstellt, so dass die erste sich nicht mehr auswirken kann.	**435**
Konstruktionsfehler	Fehler bei der technischen Planung und Konzeption des Produkts	**436**
Kraftfahrzeug	Gem. § 1 II StVG gelten als Kraftfahrzeuge Landfahrzeuge, die durch Maschinenkraft bewegt werden, ohne an Bahngleise gebunden zu sein.	**437**
kumulative Kausalität	Beide Handlungen waren nur zusammen ursächlich → Kausalität (+)	**438**
Luxustier (Unterbegriff)	ist ein Haustier, das kein Nutztier ist.	**439**
Nutztier (Unterbegriff)	ist ein Tier, das nach seiner hauptsächlichen Zweckbestimmung dem Beruf, der Erwerbstätigkeit oder dem Unterhalt zu dienen bestimmt ist.	**440**
Produktbeobachtungsfehler	Fehler, der sich erst nach dessen Inverkehrbringen zeigt (z.B. versteckter oder unvorhersehbarer Mangel)	**441**
Schaden	Ein Schaden liegt vor, wenn ein negativer Saldo zw. dem tatsächlichen Vermögen und dem Vermögen vorliegt, das der Geschädigte hypothetisch gehabt hätte, wenn das schädigende Ereignis nicht eingetreten wäre.	**442**
Schutzgesetz	Rechtsnorm, die den Schutz eines anderen (nicht der Allgemeinheit) bezweckt	**443**
Spruchrichter	Beamter iSd Abs. 2 ist auch jeder Spruchrichter, also neben dem vorsitzenden Richter auch Beisitzer, Schöffe und andere ehrenamtlicher Richter der verschiedenen Gerichtszweige; nicht dagegen Schiedsrichter oder Schiedsgutachter.	**444**
Tieraufseher	Tieraufseher ist derjenige, der die selbst. und allgemeine Gewalt über das Tier übertragen bekommt, selbst aber noch nicht zum Halter wird.	**445**
Tierhalter	Tierhalter ist, wer die Bestimmungsmacht über das Tier innehat und die Nutzungen und Kosten aus Eigeninteresse trägt.	**446**

447	Verstoß gegen die guten Sitten (typische Fallgruppen)	arglistiges Verhalten, Verleiten zum Vertragsbruch, Erteilen wissentlich falscher Auskünfte, Ausnutzen wirtschaftlicher Machtstellungen
448	unabwendbares Ereignis iSd § 17 III StVG	Ein Ereignis gilt als unabwendbar, wenn sowohl der Halter als auch der Führer des Fahrzeugs jede nach den Umständen des Falles gebotene Sorgfalt beobachtet haben (= Maßstab des Idealfahrers).
449	Urteil einer Rechtssache	Das ist eine die Rechtssache zumindest tw. abschließende richterliche Entscheidung im streitigen Erkenntnisverfahren oder einem vergleichbaren gerichtlichen Verfahren (z.B. Endurteil, Versäumnisurteil, Kostenbeschluss nach § 91a ZPO, Entscheidungen im Arrest- und einstweiligen Verfügungsverfahren).
450	Verrichtungsgehilfe	wer mit Wissen und Wollen des Geschäftsherrn in dessen Wirkungskreis weisungsabhängig tätig wird
451	wildes Tier (Gegenbegriff)	vgl. § 960 – die zahme Art lebt typischerweise mit dem Menschen, die wilde flieht vor ihm
452	Zurechnungsfähigkeit, natürliche	Es soll erforderlich sein, dass wenn man die Zurechnungsfähigkeit unterstellen würde, der Anspruch besteht und der Haftungsausschluss gerade auf den Zusammenhang von Schadenszufügung und Unzurechnungsfähigkeit zurückgeht.

II. Schemata und Strukturen

Aufbauschema: Schadensersatzansprüche aus deliktischem Verhalten, § 823 I **453**

I. Rechtsgutsverletzung

1. Leben
2. Körper, Gesundheit
3. Freiheit
4. Eigentum

   ℗ Weiterfresserschaden bei gekaufter Sache (str.)

   Lit.: Eigentumsverletzung (-)

   Rspr.: Eigentumsverletzung (+), wenn keine Stoffgleichheit

   Vss.:

   – urspr. Mangel ist funktional abgrenzbares Einzelteil, Mangel wäre mit vertretbarem Aufwand zu beheben gewesen

   – Mangelunwert ist im Vergleich zum Resteigentum untergeordnet

5. Sonstige Rechte, z.B.

   a) Pfandrechte

   b) Gesellschaftsrechte

   c) Anwartschaftsrecht

   d) berechtigter Besitz

   e) APR gem. Art. 2 I, 1 I GG (d.h. Recht am eigenen Namen, Recht am eigenen Bild, Recht am eigenen Wort)

   f) Recht am eingerichteten und ausgeübten Gewerbebetrieb, Art. 14 GG

II. Verletzungshandlung

1. Tun *oder*
2. Unterlassen (bei Verkehrssicherungs- oder Garantenpflicht)

III. haftungsbegründende Kausalität (Kausalität zw. I. und II.)

1. Äquivalenz

2. Adäquanz (Herausforderungsgedanke – psychische Kausalität)
3. Schutzzweck der Norm

IV. Rechtswidrigkeit
1. grds. Lehre vom Erfolgsunrecht bei unmittelbarer Rechtsgutsverletzung, aber Differenzierung bei mittelbarer Rechtsgutsverletzung (dann Verkehrssicherungspflicht erforderlich), so die h.M. und Rspr.
2. aber: bei Rahmenrechten ist die Widerrechtlichkeit gesondert festzustellen
3. allgemeine Rechtfertigungsgründe (z.B. §§ 227, 228, 229)
4. Einwilligung

V. VS
1. Verschuldensfähigkeit (§§ 827, 828), → ggf. Billigkeitshaftung gem. § 829 bei fehlender Verschuldensfähigkeit prüfen (eigene AGL)
2. Fahrlässigkeit/Vorsatz, § 276
   Ⓟ § 278 findet im Deliktsrecht grds. keine Anwendung
   Ⓟ Übertragung von Haftungsprivilegierungen

VI. Schaden

VII. haftungsausfüllende Kausalität (= Kausalität zw. II. und VI.)
1. Äquivalenz
2. Adäquanz
3. Schutzzweck der Norm

VIII. Art und Umfang des Schadens, §§ 249 ff./§§ 842–846

IX. Mitverschulden, § 254

X. Verjährung, §§ 199, 195

454 **Aufbauschema: Schadensersatz wegen Verletzung eines Schutzgesetzes, § 823 II**

I. Schutzgesetz iSd Art. 2 EGBGB

II. Schutzgesetzverletzung
1. Vss. des Schutzgesetzes, Art. 2 EGBGB

2. Verletzter fällt unter persönl. Schutzbereich
3. Verletzter fällt unter sachl. Schutzbereich
4. Verletzung der obj. und subj. TBM
(bei Strafgesetzen TB – RW – S)

III. Rechtswidrigkeit

IV. VS, § 276
1. bzgl. der Verletzung des Schutzgesetzes
2. evtl. § 823 II 2, wenn das Schutzgesetz kein VS verlangt

V. Schaden

VI. Kausalität (Schutzgesetzverletzung – Schaden)

VII. Art und Umfang des Schadens, §§ 249 ff./§§ 842–846

VIII. Mitverschulden, § 254

IX. Verjährung, §§ 195, 199

Aufbauschema: Schadensersatz wegen Kreditgefährdung, § 824 I 455

I. Behauptung oder Verbreitung einer Tatsache

II. Unwahrheit der Tatsache

III. (obj.) Eignung zur Herbeiführung von Nachteilen (Kreditgefährdung oder sonst. Nachteile für dessen Erwerb oder Fortkommen)

IV. Betroffenheit des Geschädigten oder seiner gewerblichen Tätigkeit

V. Schaden

VI. Kausalität (zw. Äußerung und Schaden)

VII. VS

VIII. keine Wahrung berechtigter Interessen gem. § 824 II
1. keine Kenntnis der Unrichtigkeit der Tatsachenbehauptung
2. Abwägung

456 **Aufbauschema: Schadensersatz wegen vorsätzlicher sittenwidriger Schädigung, § 826**

I. Schadenszufügung

II. Verletzungshandlung

1. Tun *oder*
2. Unterlassen (wenn das geforderte Tun einem sittlichen Gebot entspricht)

III. gegen die guten Sitten (vgl. § 138)

IV. Kausalität (Handlung – Schaden)

V. Schädigungsvorsatz

1. Vorsatz bzgl. Schaden durch Handlung/Unterlassen
2. Eventualvorsatz reicht aus

VI. Art und Umfang des Schadens, §§ 249 ff./§§ 842–846

VII. Verjährung, §§ 195, 199

457 **Aufbauschema: Schadensersatz bei Mittätern und Beteiligten, § 830 I 1, II**

I. unerlaubte Handlung gem. §§ 823 ff.

II. Verletzungserfolg

III. Beteiligter

1. unerlaubte Handlung als Mittäter nach § 830 I
2. unerlaubte Handlung als Anstifter oder Gehilfe nach § 830 II

IV. haftungsbegründende Kausalität

V. Schaden

VI. haftungsausfüllende Kausalität

VII. Art und Umfang des Schadens, §§ 249 ff./§§ 842–846

VIII. Verjährung, §§ 195, 199

Aufbauschema: Kausalitätsnotstand, § 830 I 2 458

I. unerlaubte Handlung gem. §§ 823 ff. (ohne Kausalität)

II. Verletzungserfolg

III. haftungsbegründende Kausalität → Rn. 453 Ziff. III.

1. Handlung als Beteiligter (ohne Nebentäter zu sein, da sonst § 823 alleine reicht)
2. Rechtsgutsverletzung mit Sicherheit durch einen Beteiligten oder alle verursacht
3. Kausalität lässt sich zu keinem der Beteiligten zuordnen (also auch kein § 830 I 1, II)

IV. Schaden

V. haftungsausfüllende Kausalität (Kausalitätsnotstand, s.o.)

VI. Art und Umfang des Schadens, §§ 249 ff./§§ 842–846

VII. Verjährung, §§ 195, 199

Aufbauschema: Schadensersatz für die Haftung eines Verrichtungsgehilfens, § 831 459

I. Verrichtungsgehilfe

II. unerlaubte Handlung des Verrichtungsgehilfen

1. Erfüllung eines Tatbestands §§ 823 ff. (kein VS erforderlich)
2. Rechtswidrigkeit des Gehilfenhandelns
3. bei Ausführung der Verrichtung

III. Rechtswidrigkeit des Handelns des Geschäftsherrn

IV. VS

1. Verschuldensvermutung gem. § 831 I 2
2. Möglichkeit der Exkulpation gem. § 831 I 2
   a) kein Entlastungsbeweis bzgl. der eigenen Pflichtverletzung
      aa) ordnungsgemäße Auswahl
      bb) pflichtgemäße Überwachung
      cc) ordnungsgemäße Leitung

b) kein Entlastungsbeweis bzgl. der Kausalität

Ⓟ dezentralisierter Entlastungsbeweis

V. Schaden

VI. haftungsausfüllende Kausalität

VII. Art und Umfang des Schadens, §§ 249 ff./§§ 842–846

VIII. Mitverschulden, § 254

IX. Verjährung, §§ 195, 199

460 **Aufbauschema: Haftung des Aufsichtspflichtigen, § 832**

I. unerlaubte Handlung gem. §§ 823 ff. (VS nur relevant, wenn TB der unerlaubten Handlung zusätzlich subj. Erfordernisse enthält)

II. durch Aufsichtspflichtigen

1. Minderjähriger *oder*

2. Volljähriger, der wegen seines geistigen oder körperlichen Zustands der Aufsicht bedarf

III. Aufsichtsverpflichteter

1. Aufsichtspflicht kraft Gesetz (Abs. 1 S.1)

2. Aufsichtspflicht kraft vertragl. Übernahme (Abs. 2)

IV. Verletzungserfolg

V. haftungsbegründende Kausalität (s.o.)

VI. VS

1. Verschuldensvermutung gem. § 832 I 2

2. kein Entlastungsbeweis gem. § 832 I 2

a) bzgl. der Erfüllung der Aufsichtspflicht

b) bzgl. der Kausalität

VII. Schaden eines Dritten

VIII. haftungsausfüllende Kausalität (s.o.)

IX. Art und Umfang des Schadens, §§ 249 ff./§§ 842–846

X. Mitverschulden, § 254

XI. Verjährung, §§ 195, 199

Aufbauschema: Schadensersatzanspruch gegen einen Tierhalter, § 833 461

I. Rechtsgutsverletzung
   1. Körper/Gesundheit
   2. Leben
   3. Eigentum

II. durch ein Tier
   1. Luxustier – § 833 S.1
   2. Nutztier – § 833 S.2

III. haftungsbegründende Kausalität (hier: typ. Tiergefahr erforderlich)

IV. Tierhalter

V. VS
   1. Gefährdungshaftung bei § 833 S. 1
   2. Verschuldensvermutung bei § 833 S. 2
   3. Entlastungsbeweis bei Nutztieren gem. § 833 S. 2

VI. Schaden

VII. haftungsausfüllende Kausalität

VIII. Art und Umfang des Schadens, §§ 249 ff./§§ 842–846

IX. Mitverschulden, § 254

X. Verjährung, §§ 195, 199

Aufbauschema: Schadensersatzanspruch gegen den Tieraufseher gem. §§ 834, 833 462

I. Haftung des Tierhalters → Rn. 461

II. Anspruchsgegner = Tieraufseher

III. kein Entlastungsbeweis gem. § 834 S. 2

463 **Aufbauschema: Schadensersatzanspruch gegen einen Grundstücksbesitzer, § 836**

I. Rechtsgutsverletzung
   1. Leben
   2. Körper/Gesundheit
   3. Eigentum

II. durch
   1. Einsturz eines Gebäudes *oder*
   2. Ablösung von Teilen eines Gebäudes

III. Kausalität
   1. aufgrund fehlerhafter Errichtung *oder*
   2. aufgrund mangelhafter Unterhaltung

IV. Anspruchsgegner
   1. Grundstücksbesitzer (gem. § 836 III der Eigenbesitzer iSd § 872)
   2. früherer Besitzer gem. § 836 II, wenn Einsturz bzw. Ablösung innerhalb eines Jahres nach Beendigung des Besitzes eintritt
   3. Gebäudebesitzer gem. § 837
   4. Gebäudeunterhaltspflichtiger gem. § 838

V. VS
   1. Verschuldensvermutung gem. § 836 I 2, II HS. 2
   2. kein Entlastungsbeweis
      a) des Grundstücksbesitzers, Gebäudebesitzers und Gebäudeunterhaltspflichtigen gem. § 836 I 2
         aa) für VS
         bb) für Kausalität
      b) des früheren Besitzers für VS gem. § 836 II

VI. Schaden

VII. haftungsausfüllende Kausalität

VIII. Art und Umfang des Schadens, §§ 249 ff./§§ 842–846

IX. Mitverschulden, § 254

X. Verjährung, §§ 195, 199

Aufbauschema: Billigkeitshaftung gem. § 829 464

I. Verwirklichung eines Delikts gem. §§ 823–826 (inkl. Rechtswidrigkeit und Kausalitäten)

II. fehlende Verantwortlichkeit

1. gem. § 827 *oder*
2. gem. § 828

III. nat. Zurechnungsfähigkeit (str., nach der Rspr. zu Recht nicht erforderlich)

IV. Unbilligkeit der Nichthaftung

Abwägung: je nach wirtschaftlichen Verhältnissen von Verletztem und Schädiger, konkrete Schädigung, Bestehen einer Versicherung (wenn versichert keine Haftung des Schädigers)

V. Subsidiarität ggü. allen anderen Anspruchsgrundlagen (auch der Haftung von Aufsichtspersonen)

VI. keine Entziehung der Mittel für den eigenen Unterhalt oder den Unterhalt ggü. Unterhaltsberechtigten

VII. RF: billige Entschädigung (muss also nicht dem Schaden entsprechen)

Aufbauschema: Amtshaftungsanspruch gem. § 839 I iVm Art. 34 GG 465

I. Beamter im haftungsrechtlichen Sinn (sog. Amtswalter)

II. Handeln in Ausübung eines öff. Amtes

→ nicht nur bei Gelegenheit der Amtsausübung

III. Verletzung einer Dritten ggü. obliegenden Amtspflicht

1. Verletzung einer Amtspflicht
2. Drittbezogenheit der Amtspflicht (grds. nicht bei legislativem Unrecht, da Amtspflicht ggü. der Allgemeinheit)

IV. Schaden

V. haftungsbegründende Kausalität

VI. VS, § 276 I

VII. haftungsausfüllende Kausalität

VIII. Hoheitsträger als Anspruchsgegner (Staat oder Körperschaft, für die der Amtswalter tätig ist)

IX. Art und Umfang des Schadensersatzes, §§ 249 ff.

Beachte: Wegen der Besonderheit des Amtshaftungsanspruchs (Überleitung der persönl. Haftung des Beamten auf den Staat) besteht kein Anspruch auf Naturalrestitution → nur Schadensersatzanspruch in Geld

X. kein Haftungsausschluss

1. Subsidiaritätsklausel Abs. 1 S. 2
   a) fahrlässige Amtspflicht
   b) Verletzter kann auf andere Weise Ersatz verlangen
2. Nichteingreifen des Richterspruchprivilegs Abs. 2 S. 1
   a) Amtspflichtverletzung
   b) eines Beamten (iSe Spruchrichters) ergeht
   c) bei dem Urteil in einer Rechtssache

      Beachte: Amtspflichtverletzung bei dem Urteil und nicht nur durch das Urteil; erfasst sind auch Maßnahmen, die darauf gerichtet sind, die Grundlagen für die Entscheidung zu gewinnen
   d) keine Straftat durch das Urteil (z.B. § 339 StGB)
   e) keine Rückausnahme gem. S. 2 (pflichtwidrige Verweigerung oder Verzögerung der Amtsausübung)
3. Rechtsmittelversäumnis Abs. 3
   a) Nichteinlegung eines Rechtsmittels
   b) schuldhaft, § 276
   c) Schadensabwendung durch Rechtsmittel (hypothetische Kausalität zugrunde gelegt)

XI. kein Mitverschulden, § 254

XII. Verjährung, §§ 199, 195

Aufbauschema: Produzentenhaftung, § 823 I (iVm § 31 analog) 466

I. Verletzungshandlung (Inverkehrbringen des fehlerhaften Produkts)
II. Rechtsgutsverletzung
III. haftungsbegründende Kausalität
IV. Rechtswidrigkeit
  1. Rspr./h.L.: RW (+), wenn Verstoß gegen Verkehrssicherungspflicht vorliegt, da Handeln erst nach längerem Kausalverlauf die Verletzung herbeiführt
  2. Verstoß gegen Verkehrssicherungspflicht
    a) Organisationspflicht des Herstellers = Verkehrssicherungspflicht
    b) Organisationspflicht besteht aus Vermeidung von
      aa) Konstruktionsfehlern
      bb) Fabrikationsfehlern
      cc) Instruktionsfehlern
      dd) Fehlern bei Produktbeobachtung
    c) Ⓟ Beweislast
      aa) allg. Grundsätze: Beweislast = Anspruchsteller
      bb) hier Besonderheit: Beweislastumkehr, → Pflichtverstoß wird vermutet (nicht bei Produktbeobachtung)
      cc) Entlastungsbeweis des Herstellers möglich (insb. bei Ausreißer-Fabrikationsfehlern)
V. VS
  1. § 276
  2. Hersteller ist Gesellschaft: § 31 analog, also VS der Organe
  3. Beweislastumkehr (Verschuldensvermutung)
VI. Schaden
VII. haftungsausfüllende Kausalität
VIII. Art und Umfang des Schadens, §§ 249 ff./§§ 842–846
IX. Mitverschulden, § 254
X. Verjährung, §§ 199, 195

467 **Aufbauschema: Produkthaftung, § 1 I ProdHaftG**

I. zeitlicher Anwendungsbereich §§ 16, 19 ProdHaftG

II. Rechtsgutsverletzung § 1 I 1 ProdHaftG

1. Leben
2. Köper/Gesundheit
3. Eigentum
   a) eingeschränkter Anwendungsbereich
      aa) privater Ge- oder Verbrauch
      bb) hauptsächl. Verwendung durch Geschädigten
   b) Ⓟ Weiterfressermangel (→ Rn. 453 unter I. 4.) (h.M. hier nicht erfasst)

III. durch ein Produkt § 2 ProdHaftG

IV. mit Fehler § 3 ProdHaftG

1. Konstruktionsfehler
2. Fabrikationsfehler
3. Instruktionsfehler

V. Haftungsausschluss § 1 II, III ProdHaftG

Beachte: wegen § 1 II Nr. 5 ProdHaftG gerade keine Haftungsausschluss für „Ausreißer" (↔ Produzentenhaftung)

VI. Schaden

VII. Kausalität zw. Fehler und Schaden

VIII. tauglicher Anspruchsgegner, § 4 ProdHaftG

1. tatsächlicher Hersteller, § 4 I 1 ProdHaftG
2. Quasihersteller, § 4 I 2 ProdHaftG
3. Importeur nach, § 4 II ProdHaftG
4. Lieferant nach, § 4 III ProdHaftG

IX. Art und Umfang des Schadens – §§ 249 ff. und Sonderregelungen im ProdHaftG, vgl. §§ 7 ff. ProdHaftG

X. Mitverschulden, § 6 ProdHaftG

XI. Selbstbeteiligung bis 500 €, § 11 ProdHaftG

XII. Verjährung, § 12 ProdHaftG

XIII. Ausschlussfrist, § 13 ProdHaftG

Aufbauschema: Kfz-Halterhaftung gem. § 7 StVG 468

I. Haltereigenschaft des Anspruchsgegners

II. Rechtsgutsverletzung
   1. Tod eines Menschen
   2. Körper- oder Gesundheitsverletzung
   3. Sachbeschädigung

III. bei Betrieb eines Kfz
   1. Kfz oder Anhänger, der dazu bestimmt ist, von einem Kfz mitgeführt zu werden
   2. bei dem Betrieb des Kfz (= haftungsbegründende Kausalität zw. I. und II.)
   → Verwirklichung der typ. Betriebsgefahr (weite Auslegung, d.h. es muss nicht notwendig zu einer Kollision der Unfallbeteiligten kommen)
      a) Äquivalenz
      b) Adäquanz
      c) Schutzzweck der Norm

IV. Schaden

V. haftungsausfüllende Kausalität „daraus" (zw. II. und IV.)
   1. Äquivalenz
   2. Adäquanz
   3. Schutzzweck der Norm

VI. kein Ausschluss der Ersatzpflicht, § 7 II, III StVG
   1. höhere Gewalt gem. § 7 II StVG
   2. Schwarzfahrt
      a) Benutzung des Fahrzeugs
      b) durch jemand anderen als den Halter
      c) ohne dessen Wissen und Willen
      d) Halter hat die Benutzung des Kfz nicht schuldhaft iSd § 276 ermöglicht

3. keine Ausnahmen gem. § 8 StVG
   a) Unfallverursachung durch ein Kfz, das maximal 20 km/h fahren kann oder durch einen im Unfallzeitpunkt mit einem solchen Fahrzeug verbundenen Anhänger *oder*
   b) Verletzter war bei dem Betrieb des Kfz oder des Anhängers tätig *oder*
   c) es wurde eine Sache beschädigt, die durch das Kfz oder durch den Anhänger befördert worden ist (Rückausnahme, wenn eine beförderte Person die beschädigte Sache an sich trägt oder mit sich führt)

VII. Anspruchskürzung: Mitverschulden gem. § 9 StVG iVm § 254

VIII. Haftungsausschluss/Anspruchskürzung beim Unfall von mehreren Kfz gem. § 17 II, III StVG

1. Entfallen der Ersatzpflicht wegen unabwendbarem Ereignis gem. § 17 III StVG
   a) Unfall mit mehreren Kfz
   b) unabwendbares Ereignis
      aa) kein Beschaffenheitsfehler des Fahrzeugs
      bb) kein Versagen der Fahrzeugvorrichtungen

      Beachte: Anforderungen an ein unabwendbares Ereignis gem. § 17 III 2 StVG

      → Maßstab des Idealfahrers
   c) Kausalität zw. a) und b)
2. Anspruchskürzung bei Schädigung des Kfz eines Halters § 17 II iVm I StVG
   a) Unfall mit mehreren Kfz
   b) Schaden
   c) bei einem der beteiligten Fahrzeughalter (auch wechsels.)
   d) RF: Haftungsquote (s.o.)

   Beachte: völliges Zurücktreten der eigenen Betriebsgefahr des Anspruchstellers mit der Folge, dass keine Anspruchskürzung erfolgt

IX. keine Verwirkung gem. § 15 StVG

a) Nichtanzeige des Unfalls durch Ersatzberechtigten

b) Frist: zwei Monate

c) Fristbeginn: Kenntniserlangung von

aa) Schaden *und*

bb) Person des Ersatzpflichtigen

d) Vertretenmüssen der Nichtanzeige gem. S. 2 (→ vermutet)

e) keine Kenntniserlangung des Ersatzpflichtigen innerhalb der zwei Monate auf andere Weise

X. Art und Umfang des Schadensersatzes

1. grds. nach §§ 249 ff.

Beachte: § 11 S. 2 StVG ist lex specialis zu § 253.

2. Umfang bei Tötung eines Menschen, § 10 StVG

3. Umfang bei Körperverletzung, § 11 StVG

4. Höchstbeträge der Haftung

a) Höchstbeträge gem. § 12 StVG

aa) § 12 I Nr. 1 StVG für Tötung und Körperverletzung

bb) § 12 I Nr. 2 StVG für Sachbeschädigung

cc) evtl. anteilige Verringerung der Höchstbeträge gem. § 12 II StVG

b) Höchstbeträge bei Beförderung gefährlicher Güter gem. § 12a StVG

c) kein Ausschluss der Anwendbarkeit der Höchstbeträge § 12b StVG

5. Geldrente gem. § 13 StVG

XI. Durchsetzbarkeit (insb. Verjährung gem. § 14 StVG iVm §§ 199, 195)

469 **Aufbauschema: Halterhaftung beim Unfall mit mehreren Kfz gem. § 17 II iVm I StVG**

I. Schadensersatzanspruch eines Halters gegen einen anderen Halter bei Beteiligung mehrerer Kfz am Unfall

1. § 17 II StVG

a) Unfall mit mehreren Kfz

b) Schaden bei einem der beteiligten Fahrzeughalter (auch wechsels.)

c) verursacht durch (= Kausalität)

2. kein Entfallen der Ersatzpflicht wegen unabwendbarem Ereignis gem. § 17 III StVG

a) Unfall

b) unabwendbares Ereignis

aa) kein Beschaffenheitsfehler des Fahrzeugs

bb) kein Versagen der Fahrzeugvorrichtungen

Beachte: Anforderungen an ein unabwendbares Ereignis gem. § 17 III 2 StVG

→ Maßstab des Idealfahrers

c) Kausalität zw. a) und b)

3. RF

a) Abs. 1: Schadensersatz

b) Abs. 2: Haftungsquote

Beachte: Diese hängt von den Umständen des Einzelfalls ab, insb. wer den Schaden vorwiegend verursacht hat [umfassende Abwägung der Verursachungsbeiträge, z.B. VS und Betriebsgefahren]; völliges Zurücktreten der eigenen Betriebsgefahr des Anspruchstellers möglich mit der Folge, dass keine Anspruchskürzung erfolgt). Sind Halter und Fahrer nicht identisch, kommt es bei einem unfallursächlichen Mitverschulden des Fahrers zu einer Verschuldenszurechnung auf den Halter.

II. keine Verwirkung gem. § 15 StVG

1. Nichtanzeige des Unfalls durch Ersatzberechtigten

2. Frist: zwei Monate

3. Fristbeginn: Kenntniserlangung von
   a) Schaden
   b) Person des Ersatzpflichtigen
4. Vertretenmüssen der Nichtanzeige gem. S. 2 (→ vermutet)
5. keine Kenntniserlangung des Ersatzpflichtigen innerhalb der zwei Monate auf andere Weise

III. Art und Umfang des Schadensersatzes
1. grds. nach §§ 249 ff.
   Beachte: § 11 S. 2 StVG ist lex specialis zu § 253
2. Umfang bei Tötung eines Menschen, § 10 StVG
3. Umfang bei Körperverletzung, § 11 StVG
4. Höchstbeträge der Haftung
   a) Höchstbeträge gem. § 12 StVG
      aa) § 12 I Nr. 1 StVG für Tötung und Körperverletzung
      bb) § 12 I Nr. 2 StVG für Sachbeschädigung
      cc) evtl. anteilige Verringerung der Höchstbeträge gem. § 12 II StVG
   b) Höchstbeträge bei Beförderung gefährlicher Güter gem. § 12a StVG
   c) kein Ausschluss der Anwendbarkeit der Höchstbeträge § 12b StVG

IV. Durchsetzbarkeit (insb. Verjährung gem. § 14 StVG iVm §§ 199, 195)

470 **Aufbauschema: Haftungsausgleich beim Unfall mit mehreren Kfz gem. § 17 I StVG**

I. Ausgleichsanspruch bei Beteiligung mehrerer Kfz am Unfall mit einem Dritten

Beachte: § 17 I StVG ist eine Anspruchsgrundlage für den Binnenausgleich zweier Schädiger, die einem Dritten haften. § 17 II StVG ist in diesem Fall lex specialis zu § 9 StVG iVm § 254.

1. § 17 I StVG
   a) Unfall mit mehreren Kfz
   b) Schaden bei einem Dritten
   c) verursacht durch (= Kausalität)
   d) Halter der *(beiden)* beteiligten Kfz sind dem Dritten zum Schadensersatz verpflichtet
   e) Folge: Haftungsquote der beteiligten Halter *(hängt von den Umständen des Einzelfalls ab, insb. wer den Schaden vorwiegend verursacht hat [umfassende Abwägung der Verursachungsbeiträge, z.B. VS und Betriebsgefahren])*

   Beachte: Sind Halter und Fahrer nicht identisch, kommt es bei einem unfallursächlichen Mitverschulden des Fahrers zu einer Verschuldenszurechnung auf den Halter.
2. kein Entfallen der Ersatzpflicht wegen unabwendbarem Ereignis gem. § 17 III StVG
   a) Unfall
   b) unabwendbares Ereignis
      aa) kein Beschaffenheitsfehler des Fahrzeugs
      bb) kein Versagen der Fahrzeugvorrichtungen

      Beachte: Anforderungen an ein unabwendbares Ereignis gem. § 17 III 2 StVG

      → Maßstab des Idealfahrers
   c) Kausalität zw. a) und b)
3. Anspruchskürzung gem. § 17 II iVm I StVG
   a) Schaden
   b) bei einem der beteiligten Fahrzeughalter (auch wechsels.)

c) RF: Haftungsquote (s.o.)

Beachte: Völliges Zurücktreten der eigenen Betriebsgefahr des Anspruchstellers mit der Folge, dass keine Anspruchskürzung erfolgt.

II. keine Verwirkung gem. § 15 StVG

a) Nichtanzeige des Unfalls durch Ersatzberechtigten

b) Frist: zwei Monate

c) Fristbeginn: Kenntniserlangung von

aa) Schaden

bb) Person des Ersatzpflichtigen

d) Vertretenmüssen der Nichtanzeige gem. S. 2 (→ vermutet)

e) keine Kenntniserlangung des Ersatzpflichtigen innerhalb der zwei Monate auf andere Weise

III. Art und Umfang des Schadensersatzes

1. grds. nach §§ 249 ff.

Beachte: § 11 S. 2 StVG ist lex specialis zu § 253.

2. Umfang bei Tötung eines Menschen, § 10 StVG

3. Umfang bei Körperverletzung, § 11 StVG (*beachte*: § 13 StVG)

4. Höchstbeträge der Haftung

a) Höchstbeträge gem. § 12 StVG

aa) § 12 I Nr. 1 StVG für Tötung und Körperverletzung

bb) § 12 I Nr. 2 StVG für Sachbeschädigung

cc) evtl. anteilige Verringerung der Höchstbeträge gem. § 12 II StVG

b) Höchstbeträge bei Beförderung gefährlicher Güter gem. § 12a StVG

c) kein Ausschluss der Anwendbarkeit der Höchstbeträge § 12b StVG

IV. Durchsetzbarkeit (insb. Verjährung gem. § 14 StVG iVm §§ 199, 195)

471 **Aufbauschema: Kfz-Fahrerhaftung gem. §§ 18 I, 7 I StVG**

I. Unfall, § 7 I StVG

II. bei Betrieb eines Kfz, § 7 I StVG

III. keine Ausnahme gem. § 18 I 1 iVm § 8 StVG

Beachte: Der Ausschluss der Ersatzpflicht wegen höherer Gewalt gem. § 7 II StVG gilt hier nicht, weil dieser Haftungsausschluss auf die verschuldensunabhängige Gefährdungshaftung nach § 7 I StVG zugeschnitten ist.

IV. Fahrzeugführereigenschaft des Anspruchsgegners

V. Rechtsgutsverletzung, § 18 I 1 iVm § 7 I StVG

VI. haftungsbegründende Kausalität (Unfall – Rechtsgutsverletzung)

VII. VS, § 18 I 2 StVG (wird vermutet)

VIII. Schaden

IX. haftungsausfüllende Kausalität (Rechtsgutsverletzung – Schaden)

X. evtl. Anspruchskürzung, § 18 III iVm § 17 StVG bzw. iVm § 9 StVG iVm § 254

XI. Art und Umfang des Schadensersatzes, §§ 18 I 1, 10–12b, 13 StVG iVm §§ 249 ff.

XII. keine Verwirkung gem. § 15 StVG

XIII. Durchsetzbarkeit (insb. Verjährung gem. § 14 StVG iVm §§ 199, 195)

C. Bereicherungsrecht

I. Definitionen

Leistung	jede bewusste und zweckgerichtete Mehrung fremden Vermögens aus Sicht eines obj. Empfängers analog §§ 133, 157	**472**
auf dessen Kosten/auf Kosten des Bereicherungsgläubigers	früher: Unmittelbarkeit, d.h. dass das Erlangte bis zum kondiktionsauslösenden Vorgang zum Vermögen des Gläubigers gehört haben muss; heute: anlehnend an die Lehre vom Zuweisungsgehalt → die zugewiesene Befugnis des Rechtsinhabers	**473**
aufgedrängte Bereicherung	Im Rahmen der Berechnung der Bereicherung liegt obj. eine solche vor, ist aber für den Schuldner nicht von Interesse. → Der Wert ist subj. nach der Brauchbarkeit für den Bereicherungsschuldner zu bestimmen.	**474**
Aufwendung	jedes freiwillige Vermögensopfer	**475**
betagte Verbindlichkeit	… ist eine solche, die zwar schon besteht, aber noch nicht fällig ist	**476**
Eingriff	nach der Lehre vom Zuweisungsgehalt dann, wenn ein Eingriff in eine Rechtsposition vorliegt, die nach ihrem Zuweisungsgehalt dem Gläubiger vermögensrechtlich vorbehalten ist	**477**
Entreicherung	jeder Vermögensnachteil, der kausal auf der Bereicherung beruht	**478**
etwas (erlangt)	jede vermögenswerte Rechtsposition (Rechte aller Art, Befreiung von Verbindlichkeiten, vorteilhafte Rechtsstellungen, Nutzungs- und Gebrauchsvorteile, Kondiktionsansprüche)	**479**
in sonst. Weise	nicht durch Leistung (Vorrang der Leistungsbeziehungen)	**480**
Nichtberechtigter (iSd § 816 I)	weder Rechtsinhaber, noch zur Verfügung gem. § 185 I Ermächtigter	**481**
Nichtberechtigter (iSd § 816 II)	Der Leistungsempfänger ist nicht Gläubiger des Anspruchs.	**482**
ohne Rechtsgrund	nicht nur das bloße Fehlen des der Leistung zugrunde liegenden Schuldverhältnisses, sondern	**483**

		das Fehlen der Erreichung des bezweckten Leistungserfolgs (subj. Rechtsgrundtheorie)
484	Verfügung	jedes Rechtsgeschäft, das ein bestehendes Recht unmittelbar aufhebt, überträgt, belastet oder inhaltlich ändert

II. Schemata und Strukturen

485 **Aufbauschema: condictio indebiti, § 812 I 1 Var. 1**

I. etwas erlangt

II. durch Leistung

III. ohne Rechtsgrund

IV. kein Ausschluss gem. §§ 814, 817 S. 2

V. Umfang des Bereicherungsanspruchs

1. Herausgabe des Erlangten
   a) Erweiterung über § 818 I: Nutzungen und Surrogate
   b) Wertersatz gem. § 818 II bei Unmöglichkeit der Herausgabe – zu bestimmen nach dem obj. Wert, es sei denn, es handelt sich um eine sog. aufgedrängte Bereicherung – dann ist der Wert subj. nach der Brauchbarkeit für den Bereicherungsschuldner zu bestimmen
2. Entreicherung gem. § 818 III
3. Haftungsverschärfungen
   a) § 818 IV – Rechtshängigkeit gem. §§ 253 I, 261 ZPO
   b) § 819 – Positive Kenntnis; bei Minderjährigen § 166 I analog (es sei denn Leistung wurde deliktisch erschlichen, dann § 828 III)
4. Saldotheorie
   a) automatische Verrechnung gleichartiger Bereicherungsgegenstände
   b) Wert der Entreicherung wird zum Abzugsposten des eigenen Bereicherungsanspruchs des Entreicherten
   c) Einschränkungen der Saldotheorie
      aa) nicht zu Lasten des Geschäftsunfähigen, Minderjährigen oder arglistig Getäuschten
      bb) Wertung des § 346 III 1 Nr. 3

Aufbauschema: Erweiterung des Anwendungsbereichs von § 812 I 1 Var. 1 gem. § 813 486

I. zum Zweck der Erfüllung einer Verbindlichkeit Geleistetes
   1. Leistung (s.o.)
   2. zum Zweck der Erfüllung einer Verbindlichkeit

II. dauernde Einrede

III. Ausnahmen
   1. § 813 I 2 – gem. der Verweisung auf § 214 II keine Kondiktion, obwohl § 214 I dauernde Einrede ist
   2. § 813 II HS. 1 – keine Rückforderung bei Leistung auf nicht fällige Verbindlichkeiten; HS. 2 = § 272
   3. Mängeleinrede des § 438 IV 2

Aufbauschema: condictio ob causam finitam, § 812 I 2 Var. 1 487

I. Anwendbarkeit (Spezialität bei Verweisungen auf das Rücktrittsrecht)

II. etwas erlangt

III. durch Leistung

IV. späterer Wegfall des Rechtsgrundes (§ 158 II evtl. iVm § 163; §§ 530, 531 II; Vertragsaufhebung; Kündigung; str.: § 142 I)

V. kein Ausschluss gem. § 817 S. 2

VI. Umfang des Bereicherungsanspruchs
   1. Herausgabe des Erlangten
   2. keine Entreicherung
   3. Haftungsverschärfungen
      a) § 818 IV
      b) § 819
      c) § 820 I 2 (nur bei § 812 I 2)
   4. Saldotheorie bzw. Zweikondiktionenlehre

488 **Aufbauschema: condictio ob rem, § 812 I 2 Var. 2**

I. etwas erlangt

II. durch Leistung

III. Nichteintritt des bezweckten Erfolges

1. tatsächlich – nicht vertragl. – vereinbarter Erfolgszweck, der über die bloße Erfüllung einer Verbindlichkeit hinaus geht (Willensübereinkunft erforderlich)
2. Nichteintritt
3. Abgrenzung zu Vertragsbestandteil, wobei Vertrag unwirksam

IV. kein Ausschluss

1. gem. § 815 (nur bei § 812 I 2 Var. 2)
   a) Var. 1 – bei positiver Kenntnis der Unmöglichkeit des Erfolgseintritts
   b) Var. 2 – Erfolgseintritt treuwidrig verhindert
2. gem. § 817 S. 2

V. Umfang des Bereicherungsanspruchs (vgl. Rn. 485)

489 **Aufbauschema: condictio ob turpem vel iniustam causam, § 817 S. 1**

I. etwas erlangt

II. durch Leistung

III. Gesetzes- oder Sittenverstoß

1. gerade durch die Annahme („Empfänger") – Sittenwidrigkeit auch des dinglichen Rechtsgeschäfts nicht zwingend notwendig
2. positive Kenntnis des Empfängers vom Gesetzesverstoß bzw. der Sittenwidrigkeit (str., BGH: ab leichtfertigem Verschließen; a.A.: subj. Komponente nicht notwendig – obj. Gesetzes- oder Sittenverstoß ausreichend [Arg.: Es geht nicht darum den Empfänger zu pönalisieren sondern darum, die Güterordnung wiederherzustellen.])

IV. Ausschluss gem. § 817 S. 2

1. wenn auch dem Leistenden ein solcher Verstoß zur Last fällt

a) Gesetzes- oder Sittenverstoß: entgegen Wortlaut auch, wenn nur dem Leistendem ein solcher Verstoß zur Last fällt (Arg.: Wertungswiderspruch, wenn Leistender bei beiderseitigem Verstoß schlechter steht)

b) Vorsatz wie oben bei S. 1

c) Leistung, die endgültig in das Vermögen übergegangen ist und nicht nur vorübergehender Natur ist

2. Ausnahme: Leistung bestand in Eingehung einer Verbindlichkeit

3. Einschränkung der Berufung auf § 817 S. 2 gem. § 242 wenn der Rückforderungsausschluss unbillig ist, insb. bei einseitigen Vorleistungen

V. Umfang des Bereicherungsanspruchs

1. Herausgabe des Erlangten und Entreicherung (vgl. Rn. 485)

2. Haftungsverschärfung

a) § 818 IV s.o.

b) § 819

aa) Abs. 1: bei auch vorliegender Kenntnis der RF

bb) Abs. 2: Kenntnis des Empfängers von den zum Gesetzes- oder Sittenwidrigkeit führenden Umständen bei Annahme ausreichend, spätere Kenntnis unschädlich; auch bei beidseitigem Verstoß anwendbar

Aufbauschema: § 812 I 1 Var. 2 **490**

I. Anwendbarkeit: Liegen vorrangige Leistungsbeziehungen (im selben oder in einem anderen Personenverhältnis) bzgl. desselben Bereicherungsgegenstandes vor?

II. etwas erlangt

III. in sonst. Weise, durch:

1. Eingriff (Eingriffskondiktion) *oder*
2. Verwendung (Verwendungskondiktion)
   a) Verwendung
   b) keine vorrangigen, abschließenden Regelungen wie z.B. die des EBV oder berechtigte GoA

   oder
3. Leistung eines Dritten (Rückgriffskondiktion)
   a) Hauptanwendungsfall: Tilgung fremder Schulden, § 267 I
   b) keine speziellen Rückgriffsregelungen
      aa) cessio legis, z.B. § 426 II
      bb) gesetzl. Anspruch, z.B. § 426 I
      cc) rechtsgeschäftliche Übertragung

IV. auf Kosten des Bereicherungsgläubigers

V. ohne Rechtsgrund

VI. Umfang des Bereicherungsanspruchs (vgl. Rn. 485): Herausgabe des Geleisteten nach den allgemeinen Grundsätzen, s.o., mit einer Ausnahme: iRd Rückgriffskondiktion wird bei einer aufgedrängten Verwendung §§ 404 ff. analog angewendet statt bei § 818 II auf den subj. Wert abzustellen

491 **Aufbauschema: § 816 I 1 (Spezialfall der Eingriffskondiktion)**

I. rechtsgeschäftliche Verfügung

II. durch Nichtberechtigten

III. welche dem Berechtigten ggü. wirksam ist
1. von Anfang an wirksam, z.B. gutgläubiger Erwerb *oder*
2. nachträglich durch Genehmigung §§ 184 I, 185 II 1 Var. 1 analog (analog, da nur Rechtsfolgengenehmigung gewollt ist; denn sonst wird Verfügender zum Berechtigten)

IV. Umfang des Bereicherungsanspruchs: Herausgabe des Erlangten nach den allgemeinen Grundsätzen, s.o.

Ⓟ Herausgabe auch des Gewinns oder lediglich des obj. Werts gem. § 818 II? H.M.: Herauszugeben ist das tatsächlich Erlangte; a.A. (Einheitlichkeit): Der Wert der Befreiung von der typ. eingegangenen Verbindlichkeit.

Aufbauschema: § 816 I 2 492

I. Verfügung

II. durch Nichtberechtigten

III. Wirksamkeit der Verfügung ggü. dem Berechtigten

IV. Unentgeltlichkeit der Verfügung (bei gemischter Schenkung BGH: (+) wenn der unentgeltliche Teil überwiegt; Lit.: S. 1 bei Verfügendem und §§ 816 I 2, 818 II beim Beschenkten)

V. RF: ausnahmsweise darf der Bereicherungsgläubiger das unmittelbar aus der Verfügung Erlangte vom Zuwendungsempfänger selbst herausverlangen, sog. Durchgriff.

Aufbauschema: § 816 I 2 analog bzgl. „rechtsgrundlos = unentgeltlich" → Rn. 492 (h.M.: nicht analog anwendbar) 493

Aufbauschema: § 816 II 494

I. Leistung an einen Nichtberechtigten

II. Wirksamkeit ggü. dem Berechtigten

1. aufgrund gesetzl. Vorschriften, z.B. §§ 407 ff. *oder*
2. durch Genehmigung §§ 184 I, 185 II 1 Var. 1 analog

III. Umfang des Bereicherungsanspruchs: Herausgabe des Geleisteten nach den allgemeinen Grundsätzen → Rn. 485

495 **Aufbauschema: § 822**

I. Bereicherungsanspruch gegen den Erstempfänger durch dinglich wirksamen, jedoch rechtsgrundlosen Erwerb

II. Zuwendung an den Dritten

III. Unentgeltlichkeit der Zuwendung

IV. kausaler Ausschluss des Bereicherungsanspruchs gegen den zuwendenden Erstempfänger

1. Ausschluss des Bereicherungsanspruchs gerade wegen Entreicherung gem. § 818 III
2. Kausalität zw. Entreicherung und unentgeltlicher Zuwendung

V. RF: Ausnahmsweise Durchgriff, s.o.

496 **Aufbauschema: Rückabwicklung im Mehrpersonenverhältnis**

I. Herausarbeiten der vorrangigen Leistungsbeziehungen

II. Herausarbeiten, in welchen Leistungsbeziehungen nun der Rechtsgrund fehlt

III. ggf. ausnahmsweise Direktkondiktionen anhand von Wertungskriterien – Bereicherungsrecht ist Billigkeitsrecht, es verbietet sich jede schematische Lösung – daher:

1. keine Rückabwicklung zu Lasten Minderjähriger
2. Rechtsgedanke der §§ 816 I 2, 822 : Geminderte Schutzbedürftigkeit des unentgeltlichen Erwerbers
3. keine Verschiebung des Liquiditätsrisikos: die Verteilung des Liquiditätsrisikos so wie sie im ursprünglichen bzw. gescheiterten Vertragsverhältnis war soll beibehalten werden
4. Einwendungen gegen die zwischengeschalteten Personen im Mehrpersonenverhältnisses dürfen nicht abgeschnitten oder kumuliert werden
5. Leistungsnähe
6. Veranlassungsprinzip – wer keine Leistung veranlasst hat soll aus der Rückabwicklung herausgehalten werden

Kapitel 7. Sachenrecht

A. Definitionen

Abhandenkommen	unfreiwilliger Verlust des unmittelbaren Besitzes ohne oder gegen den Willen des unmittelbaren Besitzers, § 935 I	**497**
Ablieferung	Übereignung einer öff. versteigerten Sache an den Ersteigerer mittels Hoheitsakt durch einen Gerichtsvollzieher	**498**
absolutes Recht	Recht, das gegen jedermann wirkt	**499**
Absolutheitsprinzip	Grundsatz, dass dingliche Rechte ggü. jedermann wirken	**500**
Absonderung	Recht auf bevorzugte Befriedigung aus einem zur Insolvenzmasse gehörenden Gegenstand (§§ 49 ff. InsO) (vgl. Aussonderung)	**501**
abstrakt	losgelöst (lat.), verallgemeinert; wörtlich: getrennt	**502**
Abstraktionsprinzip	Grundsatz, dass Fehler des schuldrechtlichen Verpflichtungsgeschäfts nicht auf das dingliche Verfügungsgeschäft durchschlagen, beide Geschäfte also voneinander unabhängig sind	**503**
Akzessorietät	Abhängigkeit zweier Rechte dergestalt, dass mit dem Fehlen des einen Rechts auch das andere Recht erlischt, nicht entsteht oder nicht übertragen wird	**504**
Alleinbesitzer	wer eine Sache allein und nur für sich besitzt	**505**
Alleineigentum	alleiniges Eigentum, §§ 903 ff.	**506**
Aneignung	Eigentumserwerb an herrenlosen beweglichen Sachen durch Begründung von Eigenbesitz, §§ 958 ff.	**507**

508	antizipierte Übereignung	im Voraus vereinbarte Übereignung einer beweglichen Sache für den Fall, dass der Übereignende Besitz am zu übereignenden Gegenstand erhält
509	Anwartschaft	(tatsächliche) Aussicht auf einen künftigen Rechtserwerb
510	Anwartschaftsrecht	Ein Anwartschaftsrecht liegt vor, wenn von einem mehrgliedrigen Erwerbstatbestand bereits so viele Elemente erfüllt sind, dass von einer gesicherten Rechtsposition gesprochen werden kann. Dies ist insb. bei bedingten (§ 158) Verfügungen der Fall, da der Erwerber gem. § 161 geschützt wird.
511	Auflassung	Eigentumsübertragung an einem Grundstück gem. § 873 erforderliche dingliche Einigung des Veräußerers und des Erwerbers, § 925
512	Aufwendungen	sind freiwillige Vermögensopfer
513	Aussonderung	aufgrund dinglicher oder persönl. Rechte mögliche tatsächliche Ausgliederung eines Gegenstands aus der Insolvenzmasse, so dass dieser nicht mehr zur Insolvenzmasse gehört (vgl. Absonderung)
514	beschränkt dingliche Rechte	gesetzlich vorgesehene, vom Eigentum abspaltbare Rechte, die best. Teilberechtigungen am Eigentum gewähren und dadurch die Herrschaft des Eigentümers beschränken bzw. das Eigentum belasten (Beispiele: Nießbrauch, Grunddienstbarkeit, beschränkt persönliche Dienstbarkeiten; Grundpfandrechte, Pfandrecht an beweglichen Sachen; dingliches Vorkaufsrecht)
515	beschränkt persönliche Dienstbarkeit	Befugnis einer best. Person, das belastete Grundstück in einzelnen Beziehungen zu nutzen, §§ 1090 ff.
516	Besitz	von Besitzwillen getragene tatsächliche Beherrschungsmöglichkeit einer Person über eine Sache (Sachherrschaft), § 854
517	Besitz(erwerbs)wille	nat. Wille, die tatsächliche Gewalt über eine Sache auszuüben (genereller Herrschaftswille genügt)

Besitzdiener	ist, wer für einen anderen im Rahmen eines Unterordnungsverhältnisses weisungsgebunden die tatsächliche Gewalt über eine Sache ausübt, § 855.	**518**
Besitzerwerb kurzer Hand (lat. brevi manu)	Besitzerwerb durch bloße Einigung mit dem bisherigen Besitzer, wenn der Erwerber in der Lage ist, den Besitz über die Sache auszuüben, § 854 II	**519**
Besitzkehr	Selbsthilfemöglichkeit des früheren Besitzers, sich bei Besitzentziehung durch verbotene Eigenmacht den Besitz wieder zu verschaffen. Bei beweglichen Sachen, wenn der Besitzentzieher auf frischer Tat betroffen oder verfolgt ist, § 859 II, bei Grundstücken, wenn der frühere Besitzer den Besitzentzieher aus dem Besitz verdrängt, § 859 III	**520**
Besitzmittlungsverhältnis	Rechtsverhältnis zw. dem unmittelbaren und mittelbaren Besitzer, durch das der unmittelbare Besitzer auf Zeit zum Besitz berechtigt oder verpflichtet ist	**521**
Besitzstörer	ist, wer den Besitz durch verbotene Eigenmacht stört, § 858 I (nicht: durch erlaubte Besitzwehr: § 859 I)	**522**
Besitzwehr	Selbsthilfemöglichkeit des Besitzers, sich verbotener Eigenmacht zu erwehren, § 859 I	**523**
Bestandteil	anorganischer, von der Hauptsache getrennter körperlicher Gegenstand; bei Grundstücken auch Rechte, die mit dem Eigentum an einem Grundstück verbunden sind, § 96	**524**
Bestimmtheitsprinzip (Spezialitätsprinzip)	Grundsatz, dass sich ein dingliches Recht auf einen hinreichend genau konkretisierten Gegenstand beziehen muss	**525**
bewegliche Sachen	ortsveränderliche Sachen, die nicht unselbst. Teil eines Grundstücks sind, §§ 90 ff. *Beachte: Zu den beweglichen Sachen zählen auch unbewegliche Scheinbestandteile eines Grundstücks, § 95.*	**526**
Briefgrundschuld	Grundschuld, über die vom Grundbuchamt ein Grundschuldbrief erteilt wird	**527**

528	Briefhypothek	Hypothek, über die vom Grundbuchamt ein Hypothekenbrief erteilt wird
529	Bruchteilseigentum	s. Miteigentum nach Bruchteilen
530	Dereliktion	Eigentumsaufgabe (lat.: Zurücklassung), Aufgabe des Besitzes durch den Eigentümer in der Absicht der Eigentumsaufgabe
531	Dienstbarkeit	inhaltlich oder persönlich-zeitlich beschränktes dingliches Nutzungsrecht an einer Sache oder einem Recht
532	dingliche Surrogation	Fortsetzung der dinglichen Rechte, die an einem Gegenstand bestanden haben, an einem anderen Gegenstand
533	dinglicher Anspruch	Anspruch aus einem dinglichen Recht
534	dingliches Recht	ggü. jedermann wirkendes (absolutes) Recht einer Person zur unmittelbaren Herrschaft über eine Sache
535	Eigenbesitzer	wer eine Sache als ihm gehörend besitzt, § 872
536	Eigentum, § 903	Herrschaftsrecht einer Person über eine Sache, die den Eigentümer berechtigt, mit der Sache nach Belieben zu verfahren und andere von der Einwirkung auszuschließen. Grenze: Gemeinwohl und Rechte anderer (im Sachenrecht: umfassendstes dingliches Recht an einer Sache; im öff. Recht als Begriff (Art. 14 GG) weiter gehend, umfasst dort auch Sachgesamtheiten, Forderungen und Rechte sowie sonst. Vermögenswerte öff.-rechtl. Rechtspositionen
537	Eigentümer-Besitzer-Verhältnis	Rechtsverhältnis zw. dem Eigentümer und dem unrechtmäßigen Besitzer einer Sache, §§ 987 ff.
538	Eigentümergrundschuld	dem Grundstückseigentümer am eigenen Grundstück zustehende Grundschuld, die durch Bestellung in Form einer einseitigen Erklärung und Grundbucheintragung oder durch Bestellung einer Hypothek, bei der die zu sichernde Forderung nicht besteht, entsteht, §§ 1196, 1177

Eigentümerhypothek	dem Grundstückseigentümer am eigenen Grundstück zustehende Hypothek, § 1163	**539**
Eigentumsaufgabe	s. Dereliktion	**540**
Eigentumsbeeinträchtigung	Einwirkung auf fremdes Eigentum in anderer Weise als durch Entziehung oder Vorenthaltung des Besitzes, § 1004 (Beispiele: Immissionen, Benutzung oder Nutzungshinderung, Einwirkung auf Substanz)	**541**
Eigentumsvermutung	widerlegliche Vermutung, nach der zugunsten des Besitzers einer beweglichen Sache vermutet wird, dass er bei Besitzerwerb Eigenbesitz begründet, das Eigentum erworben und dieses während der Besitzzeit behalten hat bzw. zugunsten des eingetragenen Bucheigentümers vermutet wird, dass er Eigentümer des Grundstücks ist, §§ 1006; 891	**542**
Eigentumsvorbehalt	Übereignung einer Kaufsache unter der aufschiebenden Bedingung vollständiger Kaufpreiszahlung, § 449 I	**543**
Eigentumsvorbehalt, erweiterter	Form des Eigentumsvorbehalts, wonach der Eigentumsübergang nicht schon nach Kaufpreiszahlung, sondern erst nach Eintritt weiterer Bedingungen stattfindet	**544**
Eigentumsvorbehalt, nachgeschalteter	Weiterverkauf einer unter Eigentumsvorbehalt stehenden Sache unter Eigentumsvorbehalt, ohne dass der bestehende Eigentumsvorbehalt offengelegt wird	**545**
Eigentumsvorbehalt, verlängerter	Eigentumsvorbehalt mit der Vereinbarung, dass der Käufer zum Verkauf der unter Eigentumsvorbehalt stehenden Ware im normalen Geschäftsbetrieb ermächtigt ist und er die daraus entstehende Kaufpreisforderung im Voraus sicherheitshalber an den Vorbehaltsverkäufer abtritt (Vorausabtretungsklausel)	**546**
Eigentumsvorbehalt, weitergeleiteter	s. Eigentumsvorbehalt, nachgeschalteter	**547**
Enthaftung	Entlassung eines Gegenstandes aus dem Haftungsverband von Grundschuld oder Hypothek	**548**

549	Erbenbesitz	liegt vor, wenn Erben dem Erblasser in die Besitzstellung nachfolgen, § 857
550	Ersitzung	originärer gesetzl. Eigentumserwerb durch zehnjährigen gutgläubigen Eigenbesitz an einer beweglichen Sache, §§ 937 ff.
551	Erzeugnis	organischer, von der Muttersache getrennter körperlicher Gegenstand, §§ 953 ff.
552	fehlerhafter Besitzer	§ 858 II 1: wer den Besitz durch verbotene Eigenmacht erlangt hat (nicht durch erlaubte Besitzkehr: § 859 II bei beweglichen Sachen; § 859 III bei Grundstücken) *oder* § 858 II: Besitznachfolger, der Erbe des Besitzers ist oder Besitznachfolger, der Fehlerhaftigkeit des Besitzes kennt (vgl. auch § 859 IV)
553	Fremdbesitzer	wer eine Sache für einen anderen besitzt
554	Fremdbesitzerexzess	Fremdbesitzer, der die Grenzen seines Besitzrechts überschreitet
555	Fremdbesitzerwille	Wille, die tatsächliche Sachherrschaft für einen anderen auszuüben (nat. Wille genügt)
556	Gebrauchsvorteile	Vorteile, die – ohne Früchte zu sein – gezogen werden können, § 100
557	Gegenstand	Sache oder Recht; genauer: Rechtsobjekt, das der Rechtsmacht eines Rechtssubjekts unterworfen ist (umfasst neben Sachen auch unkörperliche Gegenstände wie Rechte, Forderungen und Werte, ist also weiter als Sachbegriff)
558	Geheißperson	Dritter, der in einen Übereignungsvorgang eingeschaltet wird, indem er auf Anweisung des Erwerbers für diesen den Besitz erlangt, dabei aber kein Besitzdiener oder Besitzmittler ist
559	Gesamthandseigentum	gemeinsames Eigentum mehrerer an einer Sache, so dass jedem Beteiligten das Ganze gehört, aber beschränkt durch die Mitberechtigung der anderen
560	Grundbuch	öff. Register über das Bestehen und die Rangverhältnisse von dinglichen Rechten und Verfügungsbeschränkungen bzgl. Grundstü-

	cken, das beim Amtsgericht (Grundbuchamt) geführt wird	
Grundbuchberichtigungsanspruch	dinglicher Anspruch des Inhabers eines dinglichen Rechts an einem Grundstück auf Herstellung der dem materiellen Recht entsprechenden Grundbucheintragung (u.A. § 894)	**561**
Grunddienstbarkeit	ist das dem jeweiligen Eigentümer eines (herrschenden) Grundstücks zustehende dingliche Recht zur beschränkten unmittelbaren Nutzung eines anderen (dienenden) Grundstücks mit der Folge einer Duldungs- bzw. Unterlassungspflicht des Eigentümers des belasteten (dienenden) Grundstücks, §§ 1018 ff.	**562**
Grundpfandrechte	sind dingliche Verwertungsrechte an einem Grundstück (Hypothek, Grundschuld, Rentenschuld)	**563**
Grundschuld	abstrakte Belastung eines Grundstücks in der Weise, dass Geld aus dem Grundstück zu zahlen ist	**564**
Grundschuldbrief	vom Grundbuchamt bei Erstellung und Eintragung einer Briefgrundschuld erteilte amtliche Urkunde, die Angaben über den Inhalt der Eintragung (Betrag der Grundschuld, Zinsen, Fälligkeit) enthält	**565**
Grundstück	katastermäßig vermessener und bezeichneter Teil der Erdoberfläche, der im Grundbuch als Grundstück geführt wird	**566**
Haftungsverband	einer Hypothek oder Grundschuld bezeichnet den Umfang der Haftung eines Grundstückseigentümers bei der Zwangsvollstreckung, §§ 1120 ff.	**567**
Handlungsstörer	ist, wer eine Störung durch eigenes Verhalten zurechenbar verursacht hat.	**568**
Hauptsache	bedeutet, dass nach der Verkehrsauffassung die übrigen Bestandteile fehlen können, ohne dass das Wesen der Sache dadurch beeinträchtigt wird, § 947 II	**569**

570	herrenlos	wird eine bewegliche Sache durch Besitzaufgabe des Eigentümers in Eigentumsverzichtsabsicht, 959
571	Hersteller	in wessen Namen und wirtschaftlichen Interesse nach der Verkehrsanschauung und unter Zugrundelegung obj. Kriterien die Herstellung einer Sache erfolgt, § 950
572	Hypothek	akzessorisches Grundpfandrecht in Form der Belastung eines oder mehrerer Grundstücke in der Weise, dass aus dem Grundstück eine Geldsumme zur Befriedigung einer Forderung zu zahlen ist
573	Hypothekenbrief	vom Grundbuchamt bei Erstellung und Eintragung einer Briefhypothek erteilte amtliche Urkunde, die Angaben über den Inhalt der Eintragung (Bezeichnung des belasteten Grundstücks, Eigentümer, den Geldbetrag, Darlehensbedingungen, vorgehende oder gleichstehende Eintragungen) enthält
574	Mitbesitz	gemeinsame Besitzausübung durch mehrere Personen, bei der jeder einzelne in seiner Besitzausübung eingeschränkt ist, § 866
575	Mitbesitz, schlichter	jedem Mitbesitzer allein zugänglicher Besitz
576	Mitbesitz, qualifizierter	Mitbesitzern nur gemeinsam zugänglicher Besitz (gesamthänderischer Mitbesitz)
577	Miteigentum	gemeinsames Eigentum mehrerer Personen an einer Sache (Formen: Bruchteilseigentum und Gesamthandseigentum)
578	Miteigentum nach Bruchteilen	oder Bruchteilseigentum ist das Eigentum mehrerer Beteiligter an einer Sache, wobei den Teilhabern jeweils nur ein quotenmäßig best. ideeller Anteil an der Sache zusteht, sie über das Eigentum im Ganzen aber nur gemeinschaftlich verfügen können, §§ 1008 ff.
579	mittelbare Sach- oder Rechtsfrüchte	Erträge, die eine Sache oder ein Recht durch ein auf Nutzung oder Gebrauch gerichtetes Rechtsverhältnis gewährt, § 99 III
580	mittelbarer Besitzer	wer die Sachherrschaft auf Zeit im Rahmen eines Besitzmittlungsverhältnisses mit

	Fremdbesitzerwillen für einen anderen ausübt, § 868	
nicht so berechtigter Besitzer	rechtmäßiger Fremdbesitzer, der die Grenzen seines Besitzrechts überschreitet	**581**
Nießbrauch	unveräußerliches und unvererbliches absolutes Recht, Nutzungen aus einem fremden Belastungsgegenstand (Sache, Recht, Vermögen) zu ziehen (Nießbrauch an Sachen, § 1030; Nießbrauch an einer Erbschaft, § 1089)	**582**
notwendige Verwendungen	sind Verwendungen, die obj. erforderlich sind, um die Sache in ihrem wirtschaftlichen Bestand zu erhalten.	**583**
nützliche Verwendungen	sind Verwendungen, die den Wert der Sache steigern oder die Gebrauchsfähigkeit erhöhen	**584**
Nutzungen, § 100	Früchte und Gebrauchsvorteile einer Sache	**585**
Organbesitz	Besitz durch eine jur. Person oder Personenmehrheit, die die Sachherrschaft durch ihre Organe ausübt	**586**
petitorischer Besitzanspruch	Herausgabeanspruch des Besitzers mit besserem Besitzrecht gegen den schlechter berechtigten Besitzer, § 1007	**587**
Pfandrecht, gesetzliches	Aufgrund gesetzlicher Voraussetzungen zustande kommendes Pfandrecht, § 1257	**588**
Pfandrecht, vertragliches	zur Sicherung einer Forderung vertragl. vereinbartes dingliches Recht an einer fremden beweglichen Sache oder einem Recht, wonach der Gläubiger berechtigt ist, das Pfand zu verwerten und sich aus dem Erlös für die zu sichernde Forderung zu befriedigen, §§ 1204 ff.	**589**
possessorischer Besitzanspruch	Besitzschutzanspruch für bewegliche und unbewegliche Sachen, der allein aus dem Besitz abgeleitet und vom Besitzrecht unabhängig ist, §§ 861, 862	**590**
Publizitätsprinzip	Grundsatz, dass die Bestellung und Übertragung dinglicher Rechte nach außen erkennbar sein müssen, um ggü. jedermann Wirkung zu entfalten	**591**

592	quasi-negatorischer Unterlassungsanspruch	Unterlassungsanspruch bei drohender (wiederholter) Verletzung eines der über § 823 I und II geschützten Rechte oder Rechtsgüter, § 1004 analog
593	Reallast	beschränkt dingliches Recht an einem Grundstück, aus dem der Berechtigte von dem jeweiligen Grundstückseigentümer wiederkehrende Leistungen fordern kann (lat.: onera realia), § 1105
594	Sachen	körperliche Gegenstände (§ 90), die räumlich abgegrenzt sind (nicht Tiere, vgl. § 90a, auf die die sachenrechtlichen Vorschriften aber sinngemäß Anwendung finden)
595	Sachfrüchte	Erzeugnisse, bestimmungsgemäße Ausbeute, § 99 I, Erträge, § 99 III
596	Sachherrschaft	für eine gewisse Dauer wirkende (räumliche) Herrschaftsbeziehung einer Person zu einer Sache, die nach der Verkehrsanschauung eine Einwirkung auf die Sache zulässt (tatsächliche Gewalt)
597	Scheinbestandteile	und damit nicht zu den Bestandteilen eines Grundstücks bzw. eines Gebäudes gehören solche Sachen, die nur zu einem vorübergehenden Zweck mit dem Grund und Boden verbunden oder in ein Gebäude eingefügt sind, § 95
598	Sicherungsgrundschuld	Grundschuld, die zur Sicherung eines Anspruchs verschafft wird, § 1192 Ia
599	Sicherungsübereignung	Übereignung einer Sache zur Sicherung einer Forderung, wobei der Schuldner durch Vereinbarung eines Besitzkonstituts im Besitz der Sache bleibt
600	Störer	wer den Besitz durch verbotene Eigenmacht stört, § 858 I
601	subj.-dingliches Recht	dingliches Recht, das dem jeweiligen Eigentümer eines Grundstücks an einem anderen Grundstück zusteht
602	Teilbesitzer	wer einen abgrenzbaren Teil einer Sache besitzt, § 865

Trennungsprinzip	Grundsatz, dass schuldrechtliches Verpflichtungsgeschäft und sachenrechtliches Verfügungsgeschäft getrennte Geschäfte sind	**603**
Typenzwang (numerus clausus)	Grundsatz, dass das BGB nur eine abschließend best. Anzahl dinglicher Rechtstypen zulässt (numerus clausus im Sachenrecht)	**604**
Überbau	Errichtung eines Bauwerks über die Grundstücksgrenze hinweg	**605**
Übergabe	Besitzerwerb auf Erwerberseite bei vollständigem Besitzverlust auf Veräußererseite, der vom Veräußerer veranlasst wurde	**606**
Übergabesurrogat	rechtliche Konstruktionen, die eine Übergabe ersetzen, wie die Übergabe kurzer Hand, Vereinbarung eines Besitzkonstituts durch Besitzmittlungsverhältnis und die Abtretung eines Herausgabeanspruchs	**607**
unbewegliche Sachen	Grundstücke und ihre wesentlichen Bestandteile	**608**
unmittelbarer Besitz	von Besitzwillen getragene tatsächliche Innehabung der Sachherrschaft, ohne auf andere Person angewiesen zu sein	**609**
Unterlassungs- und Beseitigungsanspruch	Anspruch des Eigentümers gegen den Störer auf Beseitigung einer Eigentumsbeeinträchtigung bzw. auf Unterlassung einer drohenden Eigentumsbeeinträchtigung, § 1004	**610**
untrennbar	verbunden sind Sachen, wenn sie unlösbar und ununterscheidbar sind oder ihre Trennung nur mit unverhältnismäßigen Kosten möglich ist, §§ 947, 948	**611**
Verarbeitung	auf die Herstellung einer neuen Sache gerichtete menschliche Tätigkeit, § 950	**612**
verbotene Eigenmacht	§ 858 I: Besitzentziehung (Var. 1) oder Besitzstörung (Var. 2) ohne den Willen des (unmittelbaren) Besitzers	**613**
verbrauchbare Sachen	Sachen, deren bestimmungsgemäßer Gebrauch im Verbrauch oder der Veräußerung besteht, § 92	**614**

615	Verfügung	Rechtsgeschäft, durch das ein dingliches Recht unmittelbar aufgehoben, übertragen, belastet oder inhaltlich verändert wird
616	Verfügungsbeschränkung, absolute	Einschränkung der Verfügungsbefugnis im Interesse der Allgemeinheit
617	Verfügungsbeschränkung, relative	Einschränkung der Verfügungsbefugnis zum Schutz best. Personen
618	Verkehrsgeschäft	Rechtsgeschäft unter Beteiligung mindestens einer Person auf Erwerberseite, die rechtlich-formal, aber auch wirtschaftlich betrachtet nicht auch auf der Veräußererseite steht und damit personenverschieden ist
619	verloren	ist eine Sache, die besitz-, aber nicht herrenlos ist, §§ 965 ff.
620	Vermengung	untrennbare Verbindung verschiedener beweglicher fester Sachen unterschiedlicher Eigentümer, § 948
621	Vermischung	untrennbare Verbindung verschiedener Flüssigkeiten unterschiedlicher Eigentümer, § 948
622	Verstrickung	öff.-rechtl. Gewaltverhältnis, das mit der Pfändung beweglicher Sachen oder der Beschlagnahme eines Grundstücks begründet wird
623	vertretbare Sachen	Sachen, die im Verkehr nach Zahl, Maß oder Gewicht bestimmt werden, § 91
624	Verwendungen	sind Aufwendungen des Besitzers zum Erhalt, zur Verbesserung oder Wiederherstellung einer Sache, §§ 994 ff.
625	Vindikation	Anspruch des Eigentümers auf Herausgabe einer beweglichen oder unbeweglichen Sache gegen den unmittel- oder mittelbaren Besitzer, der kein RzB iSv § 986 hat
626	Vollbesitzer	wer eine Sache ganz besitzt
627	Vormerkung	im Grundbuch eingetragenes Sicherungsmittel zur Sicherung eines schuldrechtlichen Anspruchs auf Herbeiführung einer dinglichen Rechtsänderung an einem Grundstück, §§ 883 ff.

wesentlicher Bestandteil einer Sache	Bestandteile einer Sache, die voneinander nicht getrennt werden können, ohne dass der eine oder der andere zerstört oder in seinem Wesen verändert wird, §§ 93, 94 (wirtschaftliche Betrachtung)	**628**
wesentlicher Bestandteil eines Grundstücks oder Gebäudes	ist eine bewegliche Sache, die mit Grund und Boden fest verbunden ist (Beispiele: Gebäude, Erzeugnisse des Grundstücks, solange sie noch mit dem Boden zusammenhängen); wesentliche Bestandteile eines Gebäudes sind die zur Herstellung eingefügten Sachen, § 94	**629**
Zubehör	bewegliche Sache, die kein Bestandteil ist und dem wirtschaftlichen Zweck der Hauptsache nicht nur vorübergehend dient, § 97	**630**
Zustandsstörer	ist, wer die Herrschaft über die gefährliche Sache ausübt, von der die Gefahr ausgeht	**631**

B. Schemata und Strukturen

632

Überblick: Prinzipien des Sachenrechts

I. Typenzwang (numerus clausus-Grundsatz): Grundsatz, dass das BGB nur eine abschließend best. Anzahl dinglicher Rechtstypen zulässt

II. Publizitätsgrundsatz: Grundsatz, dass die Bestellung und Übertragung dinglicher Rechte nach außen erkennbar sein müssen, um ggü. jedermann Wirkung zu entfalten

III. Bestimmtheitsgrundsatz: Grundsatz, dass sich ein dingliches Recht auf einen hinreichend genau konkretisierten Gegenstand und eine entsprechend konkretisierte Person beziehen muss

IV. Spezialitätsgrundsatz: Grundsatz, dass jeder selbst. Sache ein gesondertes Eigentumsrecht entspricht

V. Trennungsprinzip: Grundsatz, dass schuldrechtliches Verpflichtungsgeschäft und sachenrechtliches Verfügungsgeschäft getrennte Geschäfte sind

VI. Abstraktionsprinzip: Grundsatz, dass Fehler des schuldrechtlichen Verpflichtungsgeschäfts nicht auf das dingliche Verfügungsgeschäft durchschlagen, beide Geschäfte also voneinander unabhängig sind

I. Besitz

633

Überblick: Funktionen des Besitzes

I. Schutzfunktion: gewährt Verteidigungs-, Selbsthilfe- Herausgabe- und Schutzrechte, §§ 859, 860, 861, 862, 867, 1007 I, II; deliktischer Schutz, § 823; Besitzschutz in der ZVS, §§ 771, 809 ZPO

II. Publizitätsfunktion: Sichtbarkeit nach außen; Übergabeerfordernis bei Eigentumsübertragung; Besitz als Anknüpfung für guten Glauben bei beweglichen Sachen; bei unbeweglichen Sachen übernimmt dies das Grundbuch

III. Erhaltungsfunktion: Kontinuitätsfunktion, § 986 II: Erhalt von Einwendungen; § Kauf bricht nicht Miete, 566; Ersitzungswirkung, § 937

634

Überblick: Arten des Besitzerwerbs

I. Erlangung tatsächlicher Sachherrschaft, § 854 I

II. Besitzerwerb durch Einigung, § 854 II

III. Besitzerwerb über Besitzdiener, § 855

IV. Besitzerwerb des Erben, § 857

635

Aufbauschema: Besitzerwerb, § 854 I

I. Erlangung tatsächlicher Sachherrschaft

II. (nat.) Besitzerwerbswille (genereller Wille ausreichend) (Ausnahme: Erbenbesitz, § 857)

636

Aufbauschema: Besitzerwerb durch Einigung, § 854 II

I. (Rechtsgeschäftliche) Einigung über den Besitzübergang

II. (vollständige) Aufgabe des Besitzes durch bisherigen Besitzer

III. Möglichkeit der Sachherrschaftsausübung durch Erwerber, d.h. die Sache muss dem Erwerber zugänglich sein

637

Aufbauschema: Besitzerwerb über Besitzdiener, § 855

I. soziales Abhängigkeitsverhältnis zw. Besitzer und Besitzdiener (Weisungsgebundenheit des Besitzdieners)

II. äußerliche Erkennbarkeit der Weisungsgebundenheit

III. Ausübung der Sachherrschaft im Rahmen des sozialen Abhängigkeitsverhältnisses (Vertrag nicht erforderlich; entgegenstehender Wille darf nicht erkennbar sein)

IV. Unterordnungswille des Besitzdieners

638

Überblick: Beendigung des Besitzes, § 856

I. willentliche, äußerlich erkennbare Besitzaufgabehandlung

oder

II. unfreiwilliger Besitzverlust durch Entziehung oder Verlust

639 **Überblick: Herausgabeansprüche des Besitzers**

I. possessorischer Herausgabeanspruch bei verbotener Eigenmacht, § 861

II. petitorischer Herausgabeanspruch, § 1007 I

III. petitorischer Herausgabeanspruch bei Abhandenkommen, § 1007 II

IV. Besitzkondiktion, § 812 I 1 Var. 1 und Var. 2 (str.)

V. deliktischer Schadensersatz: § 823 I iVm § 249 I (RzB als sonst. Recht iSv § 823 I, h.M.)

640 **Überblick: Ansprüche wegen Beeinträchtigung des Besitzes**

I. Unterlassungsanspruch bei verbotener Eigenmacht, § 862 I

II. (Quasi-)Negatorischer Unterlassungs- und Beseitigungsanspruch: §§ 1004, 823 I analog (Besitz als sonst. Recht iSv § 823 I; str. nach richtiger Auffassung fehlt es für diese Fälle wegen § 862 an einer Regelungslücke)

641 **Aufbauschema: Besitzwehr, § 859 I, IV**

1. Selbsthilfelage

   drohende Besitzentziehung oder drohende Besitzstörung durch verbotene Eigenmacht

2. Selbsthilfeberechtigter

   a) unmittelbarer Besitzer (str. bzgl. mittelbarem Besitzer)

   b) Besitzdiener, § 860

3. Selbsthilfegegner

   a) § 859 I: wer die verbotene Eigenmacht begeht

   b) § 859 IV: Besitznachfolger, der Fehlerhaftigkeit des Besitzes gegen sich gelten lassen muss

      aa) Erbe des fehlerhaften Besitzers, §§ 859 IV, 858 II 2 Var. 1

      bb) wer Fehlerhaftigkeit des Besitzes bei Besitzerwerb positiv kennt, §§ 859 IV, 858 II 2 Var. 2

4. Selbsthilfemittel: Besitzwehr (verhältnismäßige Gewaltanwendung)

Aufbauschema: Besitzkehr, § 859 II, III 642

1. Selbsthilfelage

   Besitzentziehung durch verbotene Eigenmacht
2. Selbsthilfeberechtigter
   a) vormaliger unmittelbarer Besitzer (str. bzgl. vormaligem mittelbarem Besitzer)
   b) vormaliger Besitzdiener, § 860
3. Selbsthilfegegner
   a) § 859 II: wer die verbotene Eigenmacht begeht
   b) § 859 IV: Besitznachfolger, der Fehlerhaftigkeit des Besitzes gegen sich gelten lassen muss
      aa) Erbe des fehlerhaften Besitzers, §§ 859 IV, 858 II 2 Var. 1
      bb) wer Fehlerhaftigkeit des Besitzes bei Besitzerwerb positiv kennt, §§ 859 IV, 858 II 2 Var. 2
4. Selbsthilfemittel: Besitzkehr
   a) Wegnahme der Sache
   b) Einhaltung der zeitlichen Grenzen
      aa) bewegliche Sachen: wenn Täter auf frischer Tat betroffen oder verfolgt (Nacheile), § 859 II
      bb) Grundstücke: sofort nach der Entziehung, § 859 III

Aufbauschema: (Possessorischer) Herausgabeanspruch wegen Besitzentziehung, § 861 643

I. Vss.
   1. Besitzentzug beim Anspruchsteller (ehem. unmittelbarer oder mittelbarer Besitzer [iVm § 869 S. 1])
   2. fehlerhafter Besitz des Anspruchsgegners
      a) § 858 II 1: Besitzentzug war verbotene Eigenmacht (nicht erlaubte Besitzkehr: § 859 II bei beweglichen Sachen; § 859 III bei Grundstücken) *oder*

b) § 858 II 2: Besitznachfolger ist Erbe des fehlerhaften Besitzers, § 858 II 2 Var. 1, oder kannte Fehlerhaftigkeit des Besitzes bei Besitzerwerb, § 858 II 2 Var. 2

3. Anspruch nicht gem. § 861 II ausgeschlossen

Anspruch ist ausgeschlossen, wenn Besitz des Anspruchstellers selbst fehlerhaft ggü. dem Besitzentzieher und im letzten Jahr vor Besitzstörung erlangt war

4. Anspruch nicht gem. § 864 erloschen

Anspruch erlischt ein Jahr nach verbotener Eigenmacht, wenn nicht Anspruch bis dahin klageweise geltend gemacht ist, § 864 I, oder wenn durch rechtskräftiges Urteil ein Recht des Täters an der Sache festgestellt wird, § 864 II.

Beachte: Unbeachtlichkeit petitorischer Einwendungen

Gegen die Ansprüche aus §§ 861, 862 können das RzB oder zur Vornahme der Störungshandlung nur als possessorische Einwendungen mit dem Ziel geltend gemacht werden, dass die Störung nicht verbotene Eigenmacht sei, § 863. Ziel ist eine effektive vorläufige Wiederherstellung des status quo ante.

Petitorische Einwendungen (schuld- und sachenrechtliche Einwendungen, dass ein Recht an der [gestörten/entzogenen] Sache bestehe), können analog § 864 II prozessual per Widerklage geltend gemacht werden (vgl. BGH NJW 1999, 425, 427).

II. RF

Wiedereinräumung des Besitzes (wenn Anspruchsteller mittelbarer Besitzer: Herausgabe an unmittelbaren Besitzer oder wenn dieser den unmittelbaren Besitz nicht übernehmen möchte bzw. kann an mittelbaren Besitzer, § 869 S. 2)

644 **Aufbauschema: Beseitigungs- oder Unterlassungsanspruch wegen Besitzstörung, § 862**

I. Vss.

1. Anspruchsteller ist (unmittelbarer oder mittelbarer [iVm § 869 S. 1]) Besitzer

2. Besitzstörung durch verbotene Eigenmacht, § 858

3. Anspruchsgegner ist Besitzstörer

§ 858 II: wer den Besitz durch verbotene Eigenmacht stört

Beachte: § 858 II 2 auch Erbe oder Kenntnis bei Erlangung

4. Andauern der Störung bei Beseitigung bzw. drohende Wiederholungsgefahr bei Unterlassen
5. Anspruch nicht ausgeschlossen
   a) § 859 I: kein Anspruch, wenn Besitzstörung erlaubte Besitzwehr/-kehr war (beachte § 863)
   b) § 862 II: Anspruch ist ausgeschlossen, wenn Besitz des Anspruchstellers selbst fehlerhaft ggü. dem Besitzstörer und im letzten Jahr vor Besitzentzug erlangt war
   c) § 864 I: Anspruch ist erloschen, wenn ein Jahr nach verbotener Eigenmacht vergangen und Anspruch nicht klageweise geltend gemacht ist oder wenn durch rechtskräftiges Urteil ein Recht des Täters an der Sache festgestellt wird, § 864 II

   Beachte: Unbeachtlichkeit petitorischer Einwendungen: Gegen die Ansprüche aus §§ 861, 862 können das RzB oder zur Vornahme der Störungshandlung nur als possessorische Einwendungen mit dem Ziel geltend gemacht werden, dass die Störung nicht verbotene Eigenmacht sei, § 863. Ziel ist eine effektive vorläufige Wiederherstellung des status quo ante.

   Petitorische Einwendungen (schuld- und sachenrechtliche Einwendungen, dass ein Recht an der [gestörten/entzogenen] Sache bestehe), können analog § 864 II prozessual per Widerklage geltend gemacht werden (vgl. BGH NJW 1999, 425, 427).

   d) Ausschluss in den Fällen des § 1004 II (h.M.)

II. RF
1. Anspruch auf Beseitigung der Störung (Entfernen von Sachen; Beseitigung von Schäden, str.), § 862 I 1 bzw.
2. Anspruch auf Unterlassung (weiterer) Störungen (bei konkreter Gefahr der Begehung), § 862 I 2

Aufbauschema: Verfolgungsrecht des Besitzers, § 867 **645**

I. Vss. des Anspruchs auf Duldung der Verfolgung und Abholung, § 867 S. 1
1. Sache ursprünglich in Sachgewalt des Besitzers
2. Verlust der Sachgewalt durch Gelangen der Sache auf Grundstück im Besitz eines anderen
3. keine verbotene Eigenmacht des Grundstücksbesitzers

4. keine Besitzaufgabe des ursprünglichen Sachgewaltinhabers

II. kein Ausschluss

Anspruch ist ausgeschlossen, wenn Grundstücksbesitzer die Sache schon in Besitz genommen hat, § 867 S. 1 HS. 2.

III. keine Einreden

Ist die Entstehung eines Schadens zu besorgen, kann Grundstücksbesitzer Gestattung bis zum Leisten einer Sicherheit verweigern, § 867 S. 3 HS. 1 (nicht bei Gefahr im Verzug, § 867 S. 3 HS. 2).

IV. RF: Anspruch des Sachbesitzers gegen den Grundstücksbesitzers auf Gestattung (Duldung) des

1. Aufsuchens des Grundstücks
2. Wegschaffens der Sache

646 **Aufbauschema: Schadensersatzanspruch des Grundstücksinhabers, § 867 S. 2**

I. Besitzer realisiert Anspruchs aus § 867 S. 1

II. dadurch Entstehen eines kausalen Schadens beim Grundstücksinhaber

III. RF: SEA des Grundstücksinhabers gegen Besitzer

647 **Aufbauschema: Mittelbarer Besitz, § 868**

I. unmittelbarer Besitz des Besitzmittlers iSd § 854

II. Besitzmittlungsverhältnis, § 868

1. Rechtsverhältnis iSd § 868 zw. Besitzer und Besitzmittler
2. erkennbarer Fremdbesitzerwille des Besitzmittlers
3. durchsetzbarer Herausgabeanspruch des mittelbaren Besitzers gegen den Besitzmittler (z.B. aus Besitzmittlungsverhältnis)

II. Allgemeine Vorschriften über Rechte an Grundstücken

Aufbauschema: Eigentumserwerb an einem Grundstück, §§ 873, 925 → Rn. 656 648

Aufbauschema: Nachträgliche Verfügungsbeschränkungen, § 878 649

I. Verfügender ist Berechtigter bei Abgabe einer Erklärung iSv §§ 873, 875 oder 877

II. Erklärung ist bindend geworden, § 873 II

1. Erklärung notariell beurkundet *oder*
2. Erklärung beim Grundbuchamt abgegeben oder eingereicht *oder*
3. Eintragungsbewilligung ausgehändigt

III. Eintragungsantrag gestellt, § 13 GBO

IV. (bei Grundstückserwerb zusätzlich: sonstige Erwerbsvoraussetzungen wie z.B. Genehmigungen erfüllt)

Aufbauschema: Vormerkung, §§ 883 ff. 650

I. Ersterwerb einer Vormerkung

1. schuldrechtlicher Anspruch auf dingliche Rechtsänderung (§ 883 I) (Akzessorietät)
2. Bewilligung

   des Betroffenen (§ 885 I 2 Var. 2) oder einstweilige Verfügung (§ 885 I 2 Var. 1, S. 2 iVm § 935 ZPO) im Zeitpunkt der Eintragung, § 873 II

   Beachte: Bei einseitiger Bewilligung des Betroffenen ist keine Einigung iSv § 873 erforderlich (§ 885 ist lex specialis zu § 873).)
3. Eintragung

   der Vormerkung in das Grundbuch, § 885
4. Berechtigung

   des Bewilligenden (oder Erwerb vom Nichtberechtigten), §§ 893, 892

   a) verfügungsbefugter Eigentümer

   b) verfügungsbefugter Nichteigentümer, § 185 I

c) Erwerb vom Nichtberechtigten

aa) Wirksamwerden einer Verfügung, § 185 II

bb) nachträgliche Verfügungsbeschränkung unbeachtlich, § 878 analog (→ Rn. 649)

cc) gutgläubiger Erwerb, §§ 892, 893 (Vormerkung zwar Sicherungsrecht und kein Recht am Grundstück, aber Behandlung wie Verfügung iSd § 893)

(1) Rechtsgeschäft iSe Verkehrsgeschäfts

(2) Grundbuch unrichtig

(3) Verfügender durch Grundbuch legitimiert

(4) Gutgläubigkeit des Erwerbers

(5) kein Widerspruch für Berechtigten eingetragen

5. RF

a) § 883 II relative Unwirksamkeit beeinträchtigender Verfügungen

→ Verfügungen, die nach Eintragung der Vormerkung über das Grundstück oder das Recht getroffen werden, sind insoweit unwirksam, soweit sie den Anspruch vereiteln oder beeinträchtigen würden.

b) § 888: Anspruch auf Eintragungs- oder Löschungsbewilligung gegen Dritten

→ Soweit der Erwerb eines eingetragenen Rechts oder eines Rechts an einem solchen Recht ggü. demjenigen, zu dessen Gunsten die Vormerkung besteht, unwirksam ist, kann dieser von dem Erwerber die Zustimmung zu der Eintragung oder der Löschung verlangen, die zur Verwirklichung des durch die Vormerkung gesicherten Anspruchs erforderlich ist.

II. Zweiterwerb einer Vormerkung

1. Abtretung der gesicherten Forderung, § 398 (→ Rn. 149)

→ Vormerkung geht als akzessorisches Recht mit über, § 401 analog

2. Forderung existiert

3. Berechtigung oder Erwerb vom Nichtberechtigten

a) Berechtigung als Vormerkungsinhaber

b) gutgläubiger Erwerb analog § 892 (str., e.A. (-), da Übergang kraft Gesetzes und § 892 ein Rechtsgeschäft fordert; h.M. (+), da zugrunde liegende Abtretung das entsprechende Rechtsgeschäft ist)

Aufbauschema: Öff. Glaube des Grundbuchs (gutgläubiger Erwerb), § 892 651

I. Rechtsgeschäft iSe Verkehrsgeschäfts

→ nicht: Erbschaft, wirtschaftliche Personenidentität

II. Grundbuch unrichtig

→ im Grundbuch eingetragene Rechtslage stimmt nicht mit materieller Rechtslage überein

III. Verfügender durch Grundbuch legitimiert

→ Rechtsschein des Grundbuchs streitet für den Verfügenden (§ 2366 für Scheinerben, § 185 für durch Einwilligung oder Genehmigung Legitimierten)

IV. Gutgläubigkeit des Erwerbers

1. guter Glaube hinsichtlich Eigentum (bzw. Nichtbestehen einer Verfügungsbeschränkung); nur positive Kenntnis von der Unrichtigkeit des Grundbuchs schadet;
2. Zeitpunkt: Vollendung des Rechtserwerbs (Eintragung, bei §§ 892 II Var. 1 Eintragungsantrag, ggf. bei Vorliegen der letzten zum Rechtserwerb erforderlichen Voraussetzung; wenn Einigung nach Antragstellung, dann bis dahin guter Glaube, § 892 II Var. 2)

V. kein Widerspruch im Grundbuch eingetragen, § 899

Beachte: Gutgläubigkeit ist hier irrelevant, es genügt das obj. Vorliegen eines Widerspruchs.

Aufbauschema: Buchersitzung (bei Grundstücken), § 900 652

I. Ersitzender ist Bucheigentümer (im Grundbuch als Eigentümer eingetragen)

II. Eintragung und Eigenbesitz 30 Jahre (für Fristberechnung gelten die Regelungen der §§ 937 ff.)

Beachte: Gutgläubigkeit ist hier, im Gegensatz zur Ersitzung beweglicher Sachen (→ Rn. 655), nicht erforderlich!

III. Eigentum

1. Inhalt des Eigentums

653 **Aufbauschema: Entschädigungsanspruch, § 906 II 2**

I. Anspruchsteller ist Grundstückseigentümer

II. Vss. eines Anspruchs aus § 1004 bzgl. Einwirkungen iSv § 906 I 1

1. Einwirkungen iSv § 906 I 1 (Imponderabilien), die von einem anderen Grundstück ausgehen
2. wesentliche Beeinträchtigung
3. Anspruchsgegner ist Störer

III. Duldungspflicht iSv § 906 II 1

IV. Einwirkung beeinträchtigt die ortsübliche Benutzung des Grundstücks oder dessen Ertrag über das zumutbare Maß hinaus

V. RF: angemessener Ausgleich in Geld

654 **Aufbauschema: Nachbarrechtlicher Ausgleichsanspruch, § 906 II 2 analog**

I. Vss.

1. Anwendbarkeit, sofern keine bes. Norm vorrangig eingreift
2. Anspruchsteller ist Grundstückseigentümer oder -besitzer
3. Abwehranspruch gem. §§ 1004, 861, 907, 908 oder 909
4. Anspruchsteller ist durch (z.B. öff.-rechtliche) Duldungspflicht an Abwehr gehindert
5. Beeinträchtigung hat konkreten Grundstücksbezug
6. Zumutbarkeitsgrenze zur entschädigungslos hinzunehmenden Beeinträchtigung überschritten

II. RF: angemessener Ausgleich in Geld

2. Erwerb und Verlust des Eigentums an Grundstücken

Überblick: Arten des Eigentumserwerbs 655

I. Rechtsgeschäft
   1. §§ 929 ff. bewegliche Sachen
   2. §§ 873 ff. unbewegliche Sachen (Grundstücke)

II. gesetzl. Anordnung
   1. Ersitzung, §§ 937 ff.
   2. Verbindung, Vermischung, Verarbeitung, §§ 946 ff.
   3. dingliche Surrogation, §§ 718 II, 1247 S.2, 1287, 2019, 2111

III. Aneignung, §§ 958 ff.

IV. Erbschaft, §§ 1922 ff.

V. Hoheitsakt, §§ 817 II ZPO, 90 I ZVG

Aufbauschema: Eigentumserwerb an einem Grundstück, §§ 873, 925 656

I. Auflassung, §§ 873, 925
   1. Einigung über den Eigentumsübergang, § 873
      a) Bestimmtheitsgrundsatz beachtet
      b) keine Unwirksamkeits- oder Nichtigkeitsgründe
   2. Form des § 925
      a) gleichzeitige Anwesenheit vor einer zuständigen Stelle
      b) Gegenstand ist Grundstück
      c) Bedingungs- und Befristungsfeindlichkeit, § 925 II

II. Eintragung ins Grundbuch

Beachte: Die §§ 13 ff. GBO sind für Wirksamkeit nicht zu prüfen!

III. Einigsein im Zeitpunkt der Eintragung, insb. kein wirksamer Widerruf, § 873 II (nicht möglich bei Bindungswirkung); beachte: §§ 130 II, 153

IV. Berechtigung des Veräußerers
   1. Eigentümer mit Verfügungsbefugnis (fehlt z.B. in Fällen der §§ 135, 136, 161 I, 1365, 1369, 1984 I, 2113 I, 2211; § 81 I InsO)

2. Nichteigentümer mit Verfügungsbefugnis kraft Gesetzes (z.B. §§ 1985 I, 2205; § 80 I InsO)
3. Nichteigentümer mit Verfügungsbefugnis kraft Einwilligung, § 185 I
4. Erwerb vom Nichtberechtigten
   a) Wirksamwerden einer Verfügung iSd § 185 II (Genehmigung durch Berechtigten, § 184, Verfügender erwirbt Gegenstand oder Berechtigter ist Erbe bei unbeschr. Haftung für Nachlassverbindlichkeiten)
   b) nachträgliche Verfügungsbeschränkungen unbeachtlich, § 878 (→ Rn. 649)
   c) gutgläubiger, lastenfreier Erwerb, § 892 (→ Rn. 651)

3. Erwerb und Verlust des Eigentums an beweglichen Sachen

a) Übertragung

657 **Aufbauschema: Eigentumserwerb an beweglichen Sachen, §§ 929 ff.**

I. Einigung über den Eigentumsübergang, § 929 S. 1

II. Übergabe, § 929 S. 1, oder Übergabesurrogat, §§ 929 S. 2, 930, 931

III. Einigsein im Zeitpunkt der Übergabe (oder des sonst. letzten Übertragungsakts)

IV. Berechtigung des Veräußerers (bei Nichtberechtigung gutgläubiger Erwerb möglich)

658 **Detailschema: Einigung**

- dingliche Einigung (auch konkludent durch Übergabe oder Annahme einer angebotenen Sache) zw. Veräußerer und Erwerber (§§ 164 ff. sind anwendbar)
- Inhalt: Bestimmtheitsgrundsatz beachten; aufschiebende oder auflösende Bedingungen sind möglich (z.B. bedingte Einigung bei Eigentumsvorbehalt, vgl. Auslegungsregel des § 449 I)
- keine Unwirksamkeit oder Nichtigkeit, §§ 104 ff., §§ 119 ff., § 125, § 134, § 142 ff.

– kein Widerruf bis zum vollständigen Rechtserwerb (bei antizipierter Einigung; beachte: §§ 130 II, 153)

Detailschema: Übergabe oder Übergabesurrogat, §§ 929 S. 1, 930, 931 659

1. Übergabe, § 929 S. 1
   a) Besitzerwerb des Erwerbers
      aa) Erwerber erlangt unmittelbaren Besitz, §§ 854 ff. (tatsächlich, § 854 I bzw. durch Vereinbarung, § 854 II oder über Besitzdiener, § 855) oder
      bb) Geheißperson erlangt unmittelbaren Besitz oder
      cc) Erwerber erlangt mittelbaren Besitz über Besitzmittler, § 868 (Besitzkonstitut)
   b) auf Veranlassung des Veräußerers zum Zweck des Eigentumsübergangs (Besitzübertragungswille)
   c) vollständige Besitzaufgabe des Veräußerers
2. Übergabesurrogat
   a) Übereignung kurzer Hand, § 929 S. 2
      aa) Erwerber ist bereits im (unmittelbaren oder mittelbaren) Besitz der Sache (auch Umwandlung von Fremd- in Eigenbesitz möglich)
      bb) dingliche Einigung über Eigentumsübergang
      cc) vollständige Besitzaufgabe des Veräußerers
   b) Vereinbarung eines Besitzkonstituts, § 930
      aa) Veräußerer bleibt Besitzer (mittelbarer oder Mit-Besitz genügt)
      bb) Einigung über Besitzmittlungsverhältnis (auch antizipiert) zw. Veräußerer und Erwerber, § 868
      cc) Herausgabeanspruch des mittelbaren gegen den unmittelbaren Besitzer (z.B. § 985 oder § 812)
      dd) Fremdbesitzerwille des unmittelbaren Besitzers

c) Abtretung eines Herausgabeanspruchs, § 931

aa) dingliche Einigung auf Eigentumsübertragung (bzgl. der RF s.o.)

bb) Veräußerer ist mittelbarer Besitzer

cc) Dritter ist mittel- oder unmittelbarer Besitzer (ist keiner Besitzer, genügt die bloße Einigung)

dd) Abtretung des Herausgabeanspruchs, § 398 oder § 870 (bei § 985 genügt bloße Einigung über Eigentumsübergang, da nicht isoliert abtretbar)

660 **Detailschema: Einigsein**

1. im Zeitpunkt der Übergabe bzw. der Vollendung des Rechtserwerbs
2. kein Widerruf der Einigung (vgl. §§ 873 II, 956 I)

Beachte: §§ 130 II, 153)

661 **Detailschema: Berechtigung des Veräußerers**

1. Eigentümer mit Verfügungsbefugnis (fehlt bzw. kann fehlen z.B. in Fällen der §§ 135, 136, 161 I, 1365, 1369)
2. Nichteigentümer mit Verfügungsbefugnis kraft Gesetzes (z.B. § 1985 I; § 2205; § 80 I InsO)
3. Nichteigentümer mit Verfügungsbefugnis kraft Einwilligung, § 185 I

Beachte: Bei fehlender Berechtigung gutgläubigen Erwerb prüfen (→ Rn. 657)

662 **Gutgläubiger Erwerb beweglicher Sachen vom Nichtberechtigten, §§ 932 ff.**

I. Einigung über den Eigentumsübergang, § 929 S. 1

II. Übergabe, § 929 S. 1, oder Übergabesurrogat, §§ 929 S. 2, 930, 931 (hier genügt Abtretung eines vorgeblichen Anspruchs)

III. Einigsein im Zeitpunkt der Übergabe (oder des sonst. letzten Übertragungsakts)

IV. keine Berechtigung des Veräußerers: wirksamer Erwerb vom Nichtberechtigten

1. Wirksamwerden einer Verfügung gem. § 185 II oder
2. gutgläubiger Erwerb gem. §§ 932 ff.

a) Rechtsgeschäft (z.B. nicht: Erbschaft, Ersitzung) iSe Verkehrsgeschäfts (z.B. nicht: wirtschaftliche Personenidentität)

b) Legitimation durch Rechtsschein des Besitzes, §§ 932 I 1, 2, 933, 934 Var. 1, Var. 2

c) guter Glaube (nicht bei positiver Kenntnis oder grob fahrlässiger Unkenntnis, § 932 II) des Erwerbers bzw. dessen Vertreters (§ 166 I) bei Vollendung des Rechtserwerbs

aa) an das Eigentum *oder*

bb) an das Nichtbestehen einer relativen Verfügungsbefugnis, z.B. §§ 135 II, 136, 161 III; nicht bei absoluten Verfügungsbeschränkungen, z.B. §§ 1365 ff., 1643; § 81 InsO) *oder*

cc) an das Bestehen einer Verfügungsbefugnis (§ 366 HGB, str.) *oder*

dd) an die Lastenfreiheit des Eigentums, § 936

Beachte aber: § 936 III

d) kein Abhandenkommen (§ 935, aber: § 935 II)

Überblick: Gesetzl. Eigentumserwerb **663**

I. Ersitzung, §§ 937 ff.

II. Verbindung, Vermischung, Verarbeitung, §§ 946 ff.

III. Eigentumserwerb an Schuldurkunden, § 952

IV. Erwerb von Erzeugnissen bzw. sonst. Bestandteilen einer Sache, §§ 953 ff.

V. Aneignung, §§ 958 ff.

VI. Fund, §§ 965 ff.

VII. dingliche Surrogation, §§ 2019, 2111

b) Ersitzung

664 **Aufbauschema: Ersitzung (von beweglichen Sachen), §§ 937 ff.**

I. bewegliche Sache

Beachte für unbewegliche Sachen: § 900

II. Ersitzender ist Eigenbesitzer, § 872

Beachte: Eigenbesitzvermutung, § 938; Anrechnung einer Vorbesitzerzeit, § 943; Unterbrechung durch Besitzverlust oder Vollstreckungshandlung, §§ 940 ff.

III. Ersitzungszeit (10 Jahre) abgelaufen, §§ 938 ff.

IV. Gutgläubigkeit des Ersitzenden bis zum Zeitpunkt der Ersitzung, § 937 II

c) Verbindung, Vermischung, Verarbeitung

665 **Aufbauschema: Eigentumserwerb durch Verbindung mit einem Grundstück, § 946**

I. bewegliche Sache

II. wird mit Grundstück fest verbunden

III. RF: bewegliche Sache wird wesentlicher Bestandteil (§ 94) des Grundstücks (nicht: Scheinbestandteil, § 95); für Unterscheidung ist Wille des Verbindenden entscheidend

666 **Aufbauschema: Eigentumserwerb durch Verbindung mit beweglichen Sachen, § 947**

I. bewegliche Sachen

II. werden dergestalt miteinander verbunden, dass sie wesentliche Bestandteile (§ 93) einer einheitlichen Sache werden

III. kein Fall von § 950 (kein Schaffen einer neuen Sache mit nicht unerheblichem Arbeitsaufwand)

IV. RF

1. Eigentümer der beweglichen Sachen werden Miteigentümer im Verhältnis des Wertes im Zeitpunkt der Verbindung

   Beachte: Ist eine Sache Hauptsache, wird der Hauptsacheeigentümer zum Alleineigentümer, § 947 II!

2. früherer Eigentümer der Stoffe hat Anspruch auf Entschädigung, § 951

Aufbauschema: Eigentumserwerb durch Vermischung, § 948 667

I. bewegliche Sachen

II. werden vermischt (Flüssiges) oder vermengt (Festes)

III. Untrennbarkeit (oder wenn die Trennung zwar möglich, aber mit unverhältnismäßigen Kosten verbunden wäre, § 948 II)

IV. RF

1. Eigentümer der beweglichen Sachen werden Miteigentümer im Verhältnis des Wertes im Zeitpunkt der Verbindung; ist eine Sache Hauptsache, wird Hauptsacheeigentümer Alleineigentümer
2. früherer Eigentümer der Stoffe hat Anspruch auf Entschädigung, § 951

Aufbauschema: Eigentumserwerb durch Verarbeitung, § 950 668

I. Herstellung einer neuen, beweglichen Sache

II. durch Verarbeitung oder Umbildung eines oder mehrerer Stoffe

III. Wert der Verarbeitung oder Umbildung ist nicht erheblich geringer als Wert des Stoffes der neuen Sache (BGH: jedenfalls beim Verhältnis 60:100 anzunehmen, NJW 1995, 2633)

IV. RF

1. Hersteller wird Eigentümer der verarbeiteten Sachen
2. früherer Eigentümer der Stoffe hat Anspruch auf Entschädigung, § 951 (s. dort)

Aufbauschema: Entschädigung für Rechtsverlust (Herausgabe und Wertersatz bei Eigentumsverlust kraft Gesetzes), §§ 951, 812 ff. 669

I. Vss.

1. Rechtsverlust kraft Gesetzes iSd §§ 946 ff.
2. kein Vorrang von Sonderregeln
3. etwas erlangt (Eigentum iSd §§ 946 ff.)

4. in sonst. Weise ohne rechtlichen Grund: Unterscheidung, ob Zuwendung ohne oder mit Einverständnis des Eigentümers erfolgt:
   a) ohne Einverständnis des Eigentümers: Eingriff

      RF: Wertersatz in Geld

   b) mit Einverständnis des Eigentümers: bei Vertrag (mit Gutgläubigem)

      RF: Vorrang der Leistungskondiktion, Ausschluss der Direktkondiktion

   c) bei abhanden gekommenen Sachen: kein Vorrang der Leistungskondiktion

      RF: Wertersatz in Geld

II. RF: Wertersatz, § 818 II; §§ 818 III, IV, 819 anwendbar; Vergütung in Geld, § 951 I; Grundsätze der aufgedrängten Bereicherung anwendbar, zur Abwehr ggf. Anspruch auf Beseitigung/Verweis auf Wegnahmerecht möglich

d) Erwerb von Erzeugnissen und sonstigen Bestandteilen einer Sache

670 **Überblick: Eigentumserwerb von Erzeugnissen und sonst. Bestandteilen einer Sache, §§ 953 ff.**

I. Grundsatz: Eigentümer der Muttersache ist auch Eigentümer der Erzeugnisse und sonst. Bestandteile einer Sache nach der Trennung

II. Ausnahmen: §§ 954–957. Mit Trennung erwirbt Eigentum an Erzeugnissen und sonst. Bestandteilen einer Sache:
   1. § 954: der dinglich Nutzungsberechtigte
   2. § 955: der gutgläubige Eigenbesitzer
   3. § 956: der schuldrechtlich Aneignungsberechtigte, der Besitz hat bzw. Besitz ergreift (auch bei gutgläubiger Ableitung des Aneignungsrechts, § 957)

Aufbauschema: Eigentumserwerb an Erzeugnissen und sonst. Bestandteilen einer Sache, § 955 671

I. Eigenbesitz, § 955 I/Nutzungsbesitz, § 955 II

II. Trennung während Besitzzeit oder nach unfreiwilligem Besitzverlust, §§ 955 III, 940 II

III. kein Ausschluss gem. § 955 I 2

1. kein Besitzrecht *oder* Fruchtziehungsrecht eines anderen
2. Bösgläubigkeit bzgl. dessen
   a) bei Besitzerwerb
   b) keine nachträgliche Kenntnis bis Abschluss der Trennung

IV. kein Fall der §§ 956, 957

V. RF: Eigentumserwerb an den abgetrennten Erzeugnissen und Bestandteilen

Aufbauschema: Eigentumserwerb des Aneignungsberechtigten an Erzeugnissen und sonst. Bestandteilen einer Sache, § 956 672

I. Trennung nach Besitzüberlassung (§ 956 I 1 Var. 1) oder Besitzergreifung (§ 956 I 1 Var. 2)

II. Aneignungsgestattung, die bis Besitzüberlassung oder Besitzergreifung fortwirkt

III. Verfügungsberechtigung des Gestattenden

1. Eigentümer
2. Berechtigter iSv §§ 954, 955 (§ 956 II)
3. gutgläubiger Erwerb, § 957

IV. Eigentumserwerb des Aneignungsberechtigten an den getrennten Erzeugnissen und Bestandteilen

e) Aneignung

673

Aufbauschema: Aneignung (Eigentumserwerb an beweglichen, herrenlosen Sachen), § 958
I. herrenlose, bewegliche Sache II. Begründung von Eigenbesitz durch Aneignenden III. kein Aneignungsverbot, keine Verletzung von Rechten anderer (vgl. § 958 II)

f) Fund

674

Aufbauschema: Eigentumserwerb durch Fund, § 973
I. verlorene Sache (besitz-, aber nicht herrenlos) II. Fund: Besitzbegründung durch Ansichnahme, § 965 III. Anzeige des Fundes beim Verlierer, Eigentümer oder sonst. Empfangsberechtigten, § 965 I; sonst der Behörde, § 965 II (Ausnahme: Wert unter 10 EUR, § 965 II 2) IV. Ablauf der Sechsmonatsfrist nach Anzeige bei Behörde, ohne dass Finder oder Empfangsberechtigter bekannt geworden ist oder sein Recht bei der zuständigen Behörde angemeldet hat V. RF: Eigentumserwerb, § 973; Ausnahme Schatzfund, § 984: Eigentumsaufteilung zw. Entdecker und Eigentümer der Sache, in der der Schatz verborgen war

4. Besondere Konstellationen

675

Aufbauschema: Eigentumserwerb kraft Hoheitsakts
I. Ablieferung, § 817 II ZPO (bei Zwangsvollstreckung bzgl. beweglicher Sachen) Pfändung durch Gerichtsvollzieher; Übertragung des Eigentums kraft Hoheitsakt durch Gerichtsvollzieher an Meistbietenden II. Zuschlag bei Zwangsversteigerung, § 90 I ZVG (bei Zwangsvollstreckung bzgl. Grundstücke) *Beachte: Erstreckung des Eigentumserwerbs auf beschlagnahmte Gegenstände im Haftungsverband sowie Zubehörstücke im Eigentum Dritter, §§ 90 II, 55 I, 20 II ZVG*

Übersicht: Sicherungsübereignung 676

I. Ausgangspunkt: Schuldverhältnis, das abgesichert werden soll

II. Vereinbarung eines Sicherungsvertrags als Grundlage für die Eigentumsübertragung (Rechtsgrund für Übereignung)

III. Eigentumsübertragung durch Vereinbarung eines Besitzkonstituts, §§ 929, 930, mit dem Gläubiger; Schuldner bleibt (mittelbarer) Besitzer

Beachte: Bestimmtheitsgrundsatz muss beachtet werden (wirksam/gebräuchlich: Raumsicherung, Gattungsübereignung, Markierungsfunktion)

Beachte: Sittenwidrigkeit, § 138 I, bei Übersicherung möglich

IV. RF: Sicherungsnehmer wird Eigentümer, Sicherungsgeber bleibt (mittelbarer) Besitzer. Bei Einzelzwangsvollstreckung ist jeweils Drittwiderspruchsklage, § 771 ZPO, möglich; bei Insolvenz ist zu differenzieren:

1. Insolvenz des Sicherungsgebers: Sicherungsnehmer hat (nur) Recht auf abgesonderte Befriedigung, § 51 Nr. 1 InsO (da Sicherungsübereignung Funktion eines besitzlosen Pfandrechts hat);
2. Insolvenz des Sicherungsnehmers: Sicherungsgeber hat Aussonderungsrecht, § 47 InsO, Zug um Zug gegen Forderungstilgung

Übersicht: Anwartschaftsrecht 677

Eine Anwartschaft liegt vor, wenn von einem mehrgliedrigen Erwerbstatbestand bereits so viele Elemente erfüllt sind, dass von einer gesicherten Rechtsposition gesprochen werden kann. Dies ist insb. bei bedingten (§ 158) Verfügungen der Fall, da der Erwerber gem. § 161 geschützt wird.

I. Fallgruppen: Käufer bei Kauf unter Eigentumsvorbehalt; Sicherungsgeber bei auflösend bedingter Sicherungsübereignung; Grundstückserwerber nach Eintragungsantrag beim Grundbuchamt; Erwerber nach Vormerkungseintragung; Hypothekar nach Eintragung, aber vor Forderungsentstehung bzw. vor Briefübergabe; Vor- und Nacherbschaft (des Nacherben mit Erbfall)

II. Schutz des Anwartschaftsrechts: Besitzrecht (§ 986), Besitzschutz (§§ 861 f.), Ansprüche aus §§ 985, 987 ff. analog; Schutz vor Störungen (§ 1004 analog); Deliktsschutz (§ 823; sonst. Recht); Aussonderungsrecht in der Insolvenz (§ 47 InsO)

III. Übertragung analog dem Vollrecht, §§ 929 ff.

678 **Aufbauschema: Anwartschaftsrecht**

I. Begründung
   1. Begründung bei beweglichen Sachen
      a) (Aufschiebend oder auflösend) bedingte Einigung über Eigentumsübergang, §§ 929 S. 1, 158
      b) Übergabe (bzw. Übergabesurrogat)
      c) Einigsein
      d) Berechtigung (oder Vorliegen der Vss. für den Erwerb vom Nichtberechtigten)
      e) Bedingungseintritt möglich
   2. Begründung bei unbeweglichen Sachen
      a) Auflassung, §§ 873, 925
      b) Eintritt der Bindungswirkung, § 873 II
      c) Eintragungsantrag vom Erwerber gestellt oder Auflassungsvormerkung eingetragen
      d) Berechtigung des Veräußerers (über gutgläubig erworbene Auflassungsvormerkung auch gutgläubiger Erwerb möglich)
   3. Begründung bzgl. Erbenstellung (Vor- und Nacherbe, § 2100)

II. Übertragung
   1. Übertragung bei beweglichen Sachen
      a) Einigung, § 929 S. 1
      b) Übergabe (bzw. Übergabesurrogat)
      c) Einigsein

d) Berechtigung (oder Vorliegen der Vss. für den Erwerb vom Nichtberechtigten bei gutem Glauben an die Berechtigung eines bestehenden Anwartschaftsrechts)

e) Bedingungseintritt möglich

2. Übertragung bei unbeweglichen Sachen

a) Einigung über die Übertragung des Anwartschaftsrechts, (Auflassung, §§ 873, 925)

b) Eintragung im Grundbuch

c) Einigsein

d) Berechtigung oder Erwerb vom Nichtberechtigten

Beachte: Eintragung oder gutgläubiger Zweiterwerb sind nicht möglich!

Überblick: Eigentumsvorbehalt (individuell oder durch AGB) 679

I. Arten

1. einfacher Eigentumsvorbehalt

→ Übereignung aufschiebend bedingt: vollständige Kaufpreiszahlung, §§ 929, 158 (so auch die Auslegungsregel des § 449)

2. erweiterter Eigentumsvorbehalt

a) Übereignung aufschiebend bedingt

b) wobei die Bedingung nicht nur Zahlung des Kaufpreisanspruchs ist, sondern auch die Begleichung weiterer Forderung(en) (typ. aus einer bestehenden Rechtsbeziehung mit wechselnden Forderungen)

3. verlängerter Eigentumsvorbehalt

a) Übereignung aufschiebend bedingt: Bedingung der vollständigen Kaufpreiszahlung gem. §§ 929, 158

b) (widerrufliche, § 183) Ermächtigung des Käufers zur Weiterveräußerung gem. § 185 (z.B. im Rahmen seines Gewerbes), bei

c) Vorausabtretung (§ 398), aller Forderungen des Käufers aus der Weiterveräußerung (Problem bei dinglich wirkendem Abtretungsverbot, § 399; beachte aber § 354a HGB)

Beachte: Bei verlängertem EV mit Verarbeitungsklausel wird die neue Sache antizipiert übereignet, §§ 929, 930, oder die Parteien einigen sich, dass der Vorbehaltsverkäufer als Hersteller gilt (str.).

d) Ermächtigung des Käufers zur Forderungseinziehung für den Verkäufer, §§ 362 II, 185 I

4. weitergeleiteter oder nachgeschalteter Eigentumsvorbehalt

→ Der Vorbehaltskäufer verkauft die Vorbehaltsware unter Eigentumsvorbehalt an Dritten weiter.

II. RF

Bis zum Bedingungseintritt bleibt der Verkäufer Eigentümer. Aber ein Dritter kann gutgläubig Eigentum erwerben (§§ 929, 932).

Beachte: Kennt der Dritte den Eigentumsvorbehalt, kann der Vorbehaltskäufer den für ihn geltenden Eigentumsvorbehalt an den Dritten weiterleiten (weitergeleiteter Eigentumsvorbehalt), so dass der Dritte erst dann Eigentümer werden kann, wenn beide Kaufpreisforderungen erfüllt sind. Der Dritte erwirbt zunächst nur das Anwartschaftsrecht.

5. Ansprüche aus dem Eigentum

680 **Aufbauschema: Herausgabeanspruch des Eigentümers, § 985**

I. Anspruchsteller ist Eigentümer

Beachte Vermutungsregelungen: § 891 bei Grundstücken, § 1006 bei beweglichen Sachen

II. Anspruchsgegner ist Besitzer, §§ 854 ff.

III. Anspruchsgegner hat kein RzB iSv § 986

1. abgeleitetes RzB, § 986 I 1 HS. 1 (schuldrechtlicher Vertrag über Überlassung auf Zeit)
2. eigenes Besitzrecht, § 986 I 1 HS. 2

a) Inhaber eines dinglichen Rechts

b) gesetzl. oder öff.-rechtlich begründetes Besitzrecht

3. str.: Anwartschaftsrecht (A1: nein, da kein dingliches Recht; A2: ja, da Recht zur Nutzung und zum Besitz bereits übertragen wurde) und der Erwerber jederzeit alleine den Vollrechtserwerb herbeiführen kann

4. str.: § 241a I nein, da nur Rückforderungsanspruch des Eigentümers ausgeschlossen wird
5. str.: Zurückbehaltungsrechte gem. § 1000 (absolutes; z.B. wegen Verwendungen), § 273 (relatives); → ablehnen, da RF Herausgabe Zug um Zug, § 274

IV. RF: Herausgabe der Sache

1. Anspruch gegen <u>unmittelbaren</u> Besitzer auf Herausgabe an sich selbst (bzw. an mittelbaren Besitzer, vgl. § 986 I 2)
2. Anspruch gegen <u>mittelbaren</u> Besitzer auf Herausgabe des mittelbaren Besitzes durch Abtretung des Herausgabeanspruchs möglich, §§ 398, 870

Beachte: Verjährung 30 Jahre ab Anspruchsentstehung, §§ 197 I Nr. 2, 200 (beachte § 902 I 1: Herausgabeanspruch eines Grundstückseigentümers verjährt nicht, aber Buchersitzung möglich, § 900)

Beachte: Herausgabeanspruch ist nicht selbst. abtretbar (ggf. Ausübungsermächtigung gem. § 185 I).

V. Konkurrenzen

1. Anwendbarkein neben § 985: vertragl. Herausgabeansprüche sowie die §§ 861; 1007; 812 ff.; 823, 249 ff.
2. Unanwendbar sind: §§ 281, 285 bzw. Unmöglichkeit und Verzug (§§ 989 ff. sind abschließend)

Überblick: Eigentümer-Besitzer-Verhältnis (EBV), §§ 987 ff. 681

I. Ansprüche im Eigentümer-Besitzer-Verhältnis

- EBV ist ein gesetzl. Schuldverhältnis.
- EBV verschärft die Haftung des bösgläubigen Besitzers. Dieser muss bei Einschaltung von Gehilfen § 278 gegen sich gelten lassen (weil EBV gesetzl. Schuldverhältnis ist) und kann sich nicht nach § 831 exkulpieren.
- EBV privilegiert den unrechtmäßigen, aber gutgläubigen Eigenbesitzer: Die §§ 823 ff. (Ausnahme: § 826) und §§ 812 ff. bzgl. der Früchte sind beim unrechtmäßigen gutgläubigen Eigenbesitzer gesperrt, § 993 I a.E.

Beachte aber: Nutzungen bei Übermaßfrüchten, § 993 I, und bei unentgeltlich erlangtem Besitz, § 988

II. Anwendbarkeit des EBV

- §§ 987 ff. direkt nur bei Vindikationslage oder durch Verweisung, z.B. §§ 292, 818 IV, 819 I, 1007 III 2, 1227
- §§ 987 ff. analog möglich im Verhältnis Vormerkungsberechtigter und besitzender Zweiterwerber, Eigentümer und besitzender (falsch eingetragener) Bucheigentümer, Vorkaufsberechtigter und besitzender Erwerber

682 **Allgemeines Aufbauschema zum EBV**

I. Vindikationslage (der vom Eigentümer nach § 985 in Anspruch genommene Besitzer hat kein Besitzrecht nach § 986)

II. Ansprüche des Eigentümers gegen den Besitzer

1. Schadensersatz, §§ 989, 990
2. Schadensersatz bei verbotener Eigenmacht oder Straftat, §§ 992, 823 ff.
3. Ersatz des Verzugsschadens, §§ 990 II, 286
4. Herausgabe von Nutzungen, §§ 987, 990 und § 988

   Beachte: Haftungsprivilegierung des Besitzmittlers, § 991

III. Ansprüche des Besitzers gegen den Eigentümer: Verwendungsersatz gem. §§ 994, 996

683 **Aufbauschema: Schadensersatzanspruch gegen den bösgläubigen bzw. verklagten unrechtmäßigen Besitzer, §§ 989, 990 I**

I. Vindikationslage im Zeitpunkt des schädigenden Ereignisses

1. Anspruchsteller ist Eigentümer im Zeitpunkt des schädigenden Ereignisses
2. Anspruchsgegner ist Besitzer im Zeitpunkt des schädigenden Ereignisses
3. Anspruchsgegner hat kein RzB im Zeitpunkt des schädigenden Ereignisses

II. Besitzer nicht gutgläubig oder verklagt

1. grob fahrlässige Unkenntnis (oder positive Kenntnis) des fehlerhaften Besitzrechts bei Besitzerwerb, § 990 I 1

2. spätere Erlangung positiver Kenntnis während des Besitzes, § 990 I 2
3. Rechtshängigkeit gem. § 989 (§ 261 I ZPO)

III. schädigendes Verhalten (das zur Unmöglichkeit der Herausgabe oder zur Verschlechterung führt)

IV. VS, §§ 276, 278 (bei Minderjährigen §§ 827 f.); beachte: verschärfte Haftung des bösgläubigen Besitzers im Verzug, §§ 990 II, 287)

V. RF: Schadensersatz

Ersatz des Schadens gem. §§ 249 ff., der durch Zerstörung, Beschädigung oder (endgültige) Nichtherausgabe entsteht (inkl. § 252 entgangenem Gewinn)

Nicht: Ersatz des Vorenthaltungsschadens (nur über § 990 II)

Detailschema: Recht zum Besitz (RzB), § 986 **684**

I. Nicht-so-Berechtigter: rechtmäßiger Fremdbesitzer überschreitet die Grenzen seines Besitzrechts

h.M.: kein EBV, Haftung direkt aus Vertrag, §§ 812 ff., §§ 823 ff.; Arg.: einheitlicher Besitz kann nicht zugleich tw. unrechtmäßig und rechtmäßig sein

a.A.: EBV, §§ 823 ff. daneben anwendbar; Arg.: Besitzer hat RzB überschritten

II. Noch-Berechtigter: rechtmäßiger Fremdbesitzer, der zur jederzeitigen Herausgabe verpflichtet ist

Rspr: EBV, §§ 987 ff. analog; Arg.: Besitzer steht verklagtem Besitzer gleich, der jederzeit mit Herausgabe rechnen muss

a.A.: kein EBV, Haftung direkt aus Vertrag, §§ 812 ff., §§ 823 ff.; Arg.: Besitzer hat RzB

III. Nicht-mehr-Berechtigter: Fremdbesitzer, dessen ehem. vertragl. Besitzrecht erloschen ist

h.M.: EBV, §§ 987 ff.; zusätzlich Ansprüche aus beendetem Vertrag, §§ 812 ff. und §§ 823 ff.; Arg.: keine Sperrwirkung des EBV, sonst stünde der Nicht-mehr-Berechtigte schlechter als der von Anfang an Nicht-Berechtigte.

a.A.: kein EBV, vertragl. Regelungen gehen vor, §§ 812 ff. und §§ 823 ff. anwendbar; Arg.: vertragl. Regelungen gehen (auch zur Abwicklung nach Beendigung von Verträgen) vor

IV. Aufschwingen zum Eigenbesitzer: rechtmäßiger Fremdbesitzer schwingt sich zum Eigenbesitzer auf und überschreitet dadurch sein Besitzrecht

Rspr: EBV, §§ 989, 990 neben §§ 823 ff. anwendbar; Arg.: willentlicher Wechsel vom Fremd- zum Eigenbesitzer ist neue Besitzbegründung

a.A.: kein EBV; Arg.: Rechtmäßigkeit des Besitzrechts wird durch die Willensrichtung nicht tangiert

V. Noch-nicht-Berechtigter: Besitzer, der noch ohne ein Besitzrecht zu haben bereits den Besitz auf Veranlassung des Eigentümers erhalten hat

e.A.: kein EBV; Arg.: Besitzverschaffung durch Eigentümer vermittelt wirksames Besitzrecht

a.A.: EBV; Arg.: Besitzer steht verklagtem Besitzer gleich, da er weiß, dass er jederzeit zur Herausgabe verpflichtet ist

685 **Detailschema: Bösgläubigkeit oder Rechtshängigkeit**

I. Bösgläubigkeit

1. positive Kenntnis oder grob fährlässige Unkenntnis des mangelnden Besitzrechts bei Besitzerwerb (erfährt Besitzer fehlerhaftes Besitzrecht später, schadet nur noch positive Kenntnis, § 990 I 2)

2. Zurechnung

a) Bösgläubigkeit bei Einschalten eines Besitzdieners (§ 855): e.A. § 166 I analog bei selbst. Handelndem, a.A. bei jedem Besitzdiener; a.A. § 831 analog (Anwendung der Exkulpationsregeln auf Besitzer); VS des Besitzdieners selbst richtet sich nach § 278

b) Bösgläubigkeit bei Minderjährigen: e.A. § 828 analog, a.A. § 828 analog bei unerlaubter Handlung, dagegen Abstellen auf gesetzl. Vertreter bei Verträgen § 166 analog (Minderjährigenschutz)

c) Bösgläubigkeit jur. Person: § 31 analog

d) Bösgläubigkeit von Erben: Zurechnung der Bösgläubigkeit des Erblassers; ab tatsächlicher Sachherrschaft eigene Kenntnis entscheidend

II. Rechtshängigkeit

Rechtshängigkeit der Herausgabeklage erfolgt mit Zustellung der Klageschrift, §§ 261, 253 I ZPO

Detailschema: Rechtsfolgen 686

I. Ersatz des Schadens gem. §§ 249 ff., der durch Zerstörung, Beschädigung oder (endgültige) Nichtherausgabe entsteht, inkl. entgangenem Gewinn, (§ 252) (h.M.)

II. nicht: Ersatz des Vorenthaltungsschadens

Ausnahme: erweiterter Umfang über §§ 990 II, 286 ff. bei Verzug des bösgläubigen Besitzers mit der Herausgabe, dann auch:

1. Vorenthaltungsschaden, §§ 280 II, 286
2. Zufallshaftung, § 287 S. 2

Detailschema: Konkurrenzen zum EBV 687

I. § 687 II: bei angemaßter GoA anwendbar

II. § 816 I 1: anwendbar (EBV regelt keine Erlösherausgabe); ebenso § 816 I 2

III. § 823 ff.: prinzipiell gesperrt, Ausnahme: § 826 und § 992, vgl. → Rn. 688

IV. §§ 951, 812 I 1 Var. 2: anwendbar, da bereicherungsrechtlicher Anspruch nur Fortsetzung des Anspruchs aus § 985 ist

Detailschema: Sperrwirkung des § 993 I HS. 2 688

I. Die §§ 823 ff. werden durch das EBV grds. gesperrt. Ob die Sperrwirkung des § 993 I HS. 2 auch für den bösgläubigen und verklagten Besitzer gilt, ist str.:

A1: Die Sperrwirkung gilt nicht, die §§ 823 ff. sind unmittelbar anwendbar.

Arg.: Der bösgläubige und verklagte Besitzer sind nicht schutzwürdig. Der gutgläubige Fremdbesitzer haftet beim Fremdbesitzerexzess nach § 823 I, dann erst recht der bösgläubige.

A2 (h.M.): Die §§ 823 ff. sind gesperrt (Wortlaut § 993).

Arg.: Eine Anwendbarkeit von §§ 823 ff. würde dazu führen, dass entgegen § 990 II der Vorenthaltungsschaden nicht nur bei Verzug ersetzt und grundsätzlich (vgl. § 848) für Zufall gehaftet werden müsste.

II. ggf. Voraussetzungen eines deliktischen Anspruchs

689 **Aufbauschema: Schadensersatzanspruch gegen den unrechtmäßigen gutgläubigen Fremdbesitzer, §§ 991 II, 989; § 823**

I. Vindikationslage im Zeitpunkt des schädigenden Ereignisses
  1. Anspruchsteller ist Eigentümer im Zeitpunkt des schädigenden Ereignisses
  2. Anspruchsgegner ist Besitzer im Zeitpunkt des schädigenden Ereignisses
  3. Anspruchsgegner hat kein RzB im Zeitpunkt des schädigenden Ereignisses

II. Besitzer gutgläubig

III. schädigendes Verhalten (das zur Unmöglichkeit der Herausgabe oder Verschlechterung führt)

IV. VS, §§ 276, 278 (bei Minderjährigen §§ 827 f.)

V. RF
  1. Unterscheidung
    a) unrechtmäßiger, aber gutgläubiger Eigenbesitzer

      Beachte: Wer sich gutgläubig für den Eigentümer hält, wird privilegiert. Die §§ 823 ff. (Ausnahme: § 826) und EBV sind beim unrechtmäßigen gutgläubigen Eigenbesitzer gesperrt, § 993 I a.E., → Rn. 688.

    b) unrechtmäßiger, aber gutgläubiger Fremdbesitzer,
      aa) der nicht für den Eigentümer besitzt (§ 991 II)

Beachte: Vereinbarungen über Haftungsverschärfungen oder Haftungserleichterungen zw. unmittelbarem Besitzer und mittelbarem Besitzer gelten auch ggü. Eigentümer (Ausnahme: vereinbarte Zufallshaftung nach h.M. nicht übertragbar, weil gutgläubiger unrechtmäßiger Besitzer sonst schlechter stünde als bösgläubiger).

bb) der unmittelbar für den Eigentümer besitzt

Beachte: Dieser Fall ist nicht im EBV geregelt, nach h.M. Fremdbesitzerexzess, §§ 823 ff.; a.A. zusätzlich §§ 991 II, 989 analog.

2. Umfang des Schadensersatzes

Ersatz des Schadens gem. §§ 249 ff., der durch Zerstörung, Beschädigung oder (endgültige) Nichtherausgabe entsteht, inkl. entgangenem Gewinn (§ 252).

Beachte: auch Haftung für zufälligen Untergang, § 848!

Beachte: nicht Ersatz des Vorenthaltungsschadens (nur über § 990 II)

Aufbauschema: Schadensersatz des Deliktsbesitzers, § 992 iVm §§ 823 ff. 690

I. Vindikationslage im Zeitpunkt des schädigenden Ereignisses

II. Besitzverschaffung erfolgte durch Straftat oder (schuldhafte, h.M.) verbotene Eigenmacht

Beachte: § 992 ist Rechtsgrundverweisung, daher muss sowohl die Besitzverschaffung vorwerfbar durch verbotene Eigenmacht oder Straftat erfolgt (§ 992) als auch Eigentum rechtswidrig und schuldhaft verletzt worden sein (§ 823 I).

Beachte: VS von Hilfspersonen wird über § 831 zugerechnet.

1. Besitzverschaffung durch Straftat

Gerade die Art und Weise der Besitzverschaffung muss unter Strafe stehen, z.B. Diebstahl, Erpressung, Nötigung

2. Besitzverschaffung durch (schuldhafte, h.M.) verbotene Eigenmacht, § 858

Nach §§ 992, 823 ff. haften soll über den Wortlaut des § 992 hinaus nur, wem die verbotene Eigenmacht vorzuwerfen ist, wer also bei Besitzverschaffung zumindest fahrlässig gehandelt hat.

III. RF

1. Ersatz des Schadens gem. §§ 249 ff., der durch Zerstörung, Beschädigung oder (endgültige) Nichtherausgabe entsteht, inkl. entgangenem Gewinn, § 252

Beachte: auch Haftung für zufälligen Untergang, § 848!

2. Ersatz des Vorenthaltungsschadens und nicht gezogener Nutzungen, die der Eigentümer gezogen hätte

691 **Aufbauschema: Nutzungsersatz des unrechtmäßigen bösgläubigen oder verklagten Besitzers, §§ 987, 990**

I. Vindikationslage im Zeitpunkt der Nutzungsziehung

II. Ziehung von Nutzungen durch den Eigen- oder Fremdbesitzer, der für den Eigentümer besitzt

III. Besitzer bösgläubig oder verklagt

IV. RF: Ersatz der Nutzungen ab Bösgläubigkeit (§ 990 I) bzw. ab Rechtshängigkeit (§ 987 I) (nach § 987 II auch Ersatz schuldhaft nicht gezogener Nutzungen)

Soweit Nutzungen nicht mehr vorhanden sind, ist in Höhe des obj. Wertes Ersatz zu leisten.

Beachte: Das EBV sperrt die §§ 812 ff., kein Berufen auf Wegfall der Bereicherung möglich (dies gilt nicht für § 816 I).

692 **Aufbauschema: Nutzungsersatz des für einen Dritten besitzenden unrechtmäßigen bösgläubigen oder verklagten Fremdbesitzer, § 991 I**

I. Vindikationslage im Zeitpunkt der Nutzungsziehung

II. Ziehen von Nutzungen durch Fremdbesitzer, der für einen Dritten besitzt

III. unmittelbarer Besitzer bösgläubig oder verklagt

IV. mittelbarer Besitzer bösgläubig oder verklagt

Beachte: Wenn mittelbarer Besitzer gutgläubig ist, soll auch der unmittelbare Besitzer nicht haften, um den mittelbaren nicht in Regress nehmen zu können; § 991 I wird insofern teleologisch reduziert.

V. RF: Ersatz sämtlicher Nutzungen ab Bösgläubigkeit bzw. Rechtshängigkeit

Aufbauschema: Nutzungsersatz des unentgeltlichen gutgläubigen Besitzers, § 988 693

I. Vss.

1. Vindikationslage im Zeitpunkt der Nutzungsziehung
2. Ziehung von Nutzungen durch Eigenbesitzer oder Fremdbesitzer mit vermeintlichem Nutzungsrecht
3. unentgeltlicher Besitzerwerb
4. Besitzer gutgläubig und unverklagt

Beachte: § 993 I letzter HS. schützt zwar den gutgläubigen Besitzer vor Inanspruchnahme. Ein Besitzer, der unentgeltlich besitzt, ist aber weniger schutzbedürftig.

II. RF: Ersatz der Nutzungen, § 818 I–III (Rechtsfolgenverweisung), umfasst Herausgabe von Früchten (vgl. § 100), an denen (z.B. gesetzl., § 955) Eigentum erworben wurde; ggf. Wertersatz, § 818 II

Aufbauschema: Nutzungsersatz des unentgeltlichen gutgläubigen Besitzers, § 988 analog 694

I. Vss. der Analogie

→ Planwidrige Regelungslücke, da der Anspruchsteller sonst keinen Nutzungsersatzanspruch hätte, obwohl er Eigentum an der Sache hat. Hätte er sein Eigentum verloren bestünde kein EBV → keine Sperrwirkung → Nutzungsersatzanspruch über Kondiktionsrecht. Die Lit. verneint in großen Teilen die Analogie, hebt aber ausnahmsweise die Sperrwirkung des EBV auf → gleiches Ergebnis.

1. Vindikationslage im Zeitpunkt der Nutzungsziehung
2. Besitzer, dem ein unentgeltliches obligatorisches Nutzungsrecht zusteht
3. Besitzverschaffung durch (unentgeltliche) Eingriffskondiktion
4. rechtsgrundloser Besitzer

Beachte: § 993 I letzter HS. schützt zwar den gutgläubigen Besitzer vor Inanspruchnahme. Ein Besitzer, der unentgeltlich besitzt, ist aber weniger schutzbedürftig.

II. RF: Ersatz der Nutzungen, § 818 I–III (Rechtsfolgenverweisung), umfasst Herausgabe von Früchten (vgl. § 100), an denen (z.B. gesetzl., § 955) Eigentum erworben wurde; ggf. Wertersatz, § 818 II

695 **Aufbauschema: Nutzungsersatz des redlichen Besitzers beim Ziehen von Übermaßfrüchten, § 993**

I. Vindikationslage im Zeitpunkt der Nutzungsziehung

II. keine Bösgläubigkeit oder Rechtshängigkeit

III. Ziehung von Übermaßfrüchten

Beachte: § 993 I letzter HS. schützt zwar den gutgläubigen Besitzer vor Inanspruchnahme. Ein Besitzer, der Übermaßfrüchte zieht, ist aber weniger schutzbedürftig.

IV. RF: Ersatz der Nutzungen, § 818 I–III (Rechtsfolgenverweisung), umfasst Herausgabe von Früchten (vgl. § 100), an denen (z.B. gesetzl., § 955) Eigentum erworben wurde; ggf. Wertersatz, § 818 II

696 **Überblick: Nutzungsersatz des Deliktsbesitzers, §§ 992, 823**

§ 992 ist Rechtsgrundverweisung auf die §§ 823 ff.

697 **Überblick: Analoge Anwendbarkeit der §§ 994 ff.**

Die analoge Anwendung der §§ 994 ff. ist möglich im Verhältnis:

– besitzender Zweiterwerber gegen Vormerkungsberechtigten

– besitzender (falsch eingetragener) Bucheigentümer gegen Eigentümer und

– besitzender Erwerber gegen Vorkaufsberechtigten

698 **Aufbauschema: Verwendungsersatzansprüche des redlichen Besitzers für notwendige Verwendungen, § 994 I**

I. Vindikationslage im Zeitpunkt der Verwendung

II. keine Bösgläubigkeit oder Rechtshängigkeit

III. Klagbarkeit, § 1001 S. 1, 3
1. Wiedererlangung der Sache (mind. mittelbarer Besitz) durch Eigentümer oder
2. Genehmigung der Verwendung durch Eigentümer oder
3. fiktive Genehmigung der Verwendung durch Annahme der unter Vorbehalt des Anspruchs angebotenen Sache

IV. Anspruch nicht erloschen, § 1002 I

Ausschlussfrist: 1 Monat nach Herausgabe an den Eigentümer (bei Grundstücken 6 Monate)

V. RF
1. Ersatz der notwendigen Verwendungen (inkl. § 995)
2. Anspruchskürzung bzgl. gewöhnlicher Erhaltungskosten für die Zeit der Nutzung; ggf. vertragl. Kürzungsmöglichkeiten bei gutgläubigem Fremdbesitzer

Aufbauschema: Verwendungsersatzanspruch des gutgläubigen Besitzers für nützliche Verwendungen, § 996 699

I. Vindikationslage im Zeitpunkt der Verwendung

II. keine Bösgläubigkeit oder Rechtshängigkeit

III. für Eigentümer nützliche Wertsteigerung ist bei Wiedererlangung der Sache noch vorhanden

IV. Klagbarkeit, § 1001
1. Wiedererlangung der Sache (mind. mittelbarer Besitz) durch Eigentümer
2. Genehmigung der Verwendung durch Eigentümer
3. fiktive Genehmigung der Verwendung durch Annahme der unter Vorbehalt des Anspruchs angebotenen Sache

V. Anspruch nicht erloschen, § 1002 I

Ausschlussfrist: 1 Monat nach Herausgabe an den Eigentümer (bei Grundstücken 6 Monate)

VI. RF
1. Ersatz der nützlichen Verwendungen (kein Ersatz von Luxusverwendungen; daneben kein Ersatz gem. §§ 951, 812, str.)
2. ggf. vertragl. Anspruchskürzung bei gutgläubigem Fremdbesitzer

700 **Aufbauschema: Verwendungsersatzansprüche des bösgläubigen Besitzers für notwendige Verwendungen, § 994 II**

I. Vindikationslage im Zeitpunkt der Verwendung

II. Bösgläubigkeit oder Rechtshängigkeit

III. Vss. der §§ 677 ff.

Beachte: Nur beschränkte Rechtsgrundverweisung, da Fremdgeschäftsführungswille beim Eigenbesitzer nicht vorliegen kann.

1. fremdes Geschäft
2. ohne Auftrag
3. (eingeschränkte) Vss. des § 683: Geschäftsführung im wirklichen oder mutmaßlichen Interesse des Geschäftsherrn (sonst: §§ 684 S. 1, 812 ff., 818, str. ob Rechtsgrundverweis oder Rechtsfolgenverweis (BGH))

IV. Klagbarkeit, § 1001 S. 1, 3

1. Wiedererlangung der Sache (mind. mittelbarer Besitz) durch Eigentümer oder
2. Genehmigung der Verwendung durch Eigentümer oder
3. fiktive Genehmigung der Verwendung durch Annahme der unter Vorbehalt des Anspruchs angebotenen Sache

V. Anspruch nicht erloschen, § 1002 I

Ausschlussfrist: 1 Monat nach Herausgabe an den Eigentümer (bei Grundstücken 6 Monate)

VI. RF

1. Ersatz der notwendigen Verwendungen (inkl. § 995, kein Ersatz von Luxusverwendungen; daneben kein Ersatz gem. §§ 951, 812, str.)
2. Anspruchskürzung für gewöhnliche Erhaltungskosten für die Zeit der Nutzung, § 994 1 2; ggf. vertragl. Anspruchskürzung bei gutgläubigem Fremdbesitzer

Aufbauschema: Unterlassungsanspruch bei Eigentumsbeeinträchtigungen, § 1004 701

Anwendbarkeit: auch bei Dienstbarkeiten, §§ 1027, 1090 II; Nießbrauch, § 1065; Pfandrecht, § 1227, Erbbaurecht, § 11 ErbbauVO, WEG-Recht (Dauerwohnrecht), § 34 II WEG; als quasinegatorischer Abwehranspruch auch für Rechtspositionen, die von § 823 I geschützt sind.

I. Anspruchsteller ist Eigentümer

Beachte Eigentumsvermutungen: § 891 für unbewegliche Sachen, § 1006 für bewegliche Sachen

II. Eigentumsbeeinträchtigung

1. Einwirkung auf die Sache

a) Beschädigungen

b) Veränderungen

c) grenzüberschreitende Immissionen

aa) wägbare Stoffe (Grobimmissionen)

bb) unwägbare Stoffe (Feinimmissionen), § 906

Beachte: optische oder ideelle „Störungen" genügen nicht!

d) unbefugte Nutzung

2. Eingriff in eine Rechtsposition des Eigentümers (für Besitzentziehung ist § 985 spezieller; bei unrichtigem Grundbuch § 894)

III. Anspruchsgegner ist Störer

1. Handlungsstörer (wer die Störung kausal verursacht hat)

2. Zustandsstörer (wer die Herrschaft über die gefährliche Sache ausübt)

IV. keine Pflicht zur Duldung, § 1004 II

1. privatrechtliche Duldungspflicht

a) rechtsgeschäftlich

b) gesetzl.

aa) § 906 I bei unwägbaren Stoffen wesentliche Beeinträchtigung)

bb) § 906 I analog bei wägbaren Stoffen

cc) § 906 II 1 bei ortsüblichen, nicht durch zumutbare Maßnahmen zu verhindernden wesentlichen Beeinträchtigungen

dd) § 904 Notstand

ee) § 912 Überbau (ohne grobes VS)

ff) § 917 Notwegerecht

2. öff.-recht. Duldungspflicht

a) § 14 BImSchG

b) Planfeststellungsverfahren

c) Duldungspflicht aus kommunaler Satzung

d) Duldungspflicht aus Verwaltungsakt

e) Duldungspflicht aus Naturschutzrecht

V. Anspruch nicht untergegangen oder bereits anfänglich ausgeschlossen

Unmöglichkeit, § 275 I (→ Rn. 120)

VI. Anspruch durchsetzbar

1. Unverhältnismäßigkeit (bzgl. Störungsbeseitigung), § 906 II 2

2. Gegenrechte des Störers, § 273

3. Verjährung, §§ 195, 199 I, IV, V (Beginn mit aktuell letzter Einwirkung)

Ⓟ Störerwechsel durch Eigentumswechsel am Grundstück

A1: Neubeginn der Verjährung

A2: Anrechnung der bisherigen Verjährung analog § 198 (v.a. bei Handlungsstörerschaft)

VII. RF

1. Beseitigung, § 1004 I 1

2. Unterlassung, § 1004 I 2

Aufbauschema: Petitorischer Herausgabeanspruch aus besserem Recht bei Besitzentziehung, § 1007 I, III 702

I. Vss.

1. Anspruchsteller ehem. Besitzer einer beweglichen Sache
2. Anspruchsgegner aktueller Besitzer
3. Bösgläubigkeit des Anspruchsgegners bei Besitzerwerb bzgl. des Besitzrechts, § 932 II analog
4. kein Auschluss
   a) § 1007 III 1 Var. 1: Anspruchsteller bei Besitzerwerb bösgläubig
   b) § 1007 III 1 Var. 2: freiwillige Besitzaufgabe durch Anspruchsteller
   c) Anspruchsgegner hat RzB (§§ 1007 III 2, 986) oder ist selbst Eigentümer der Sache
5. Durchsetzbarkeit: kein Zurückbehaltungsrecht des Besitzers gem. § 1000 (entsprechend) berechtigt geltend gemacht

II. RF: Wiedereinräumung des Besitzes (wenn Anspruchsteller mittelbarer Besitzer: Herausgabe an unmittelbaren Besitzer, § 869 S. 2 analog)

Aufbauschema: Petitorischer Herausgabeanspruch bei Abhandenkommen, § 1007 II, III 703

I. Vss.

1. Anspruchsteller ist ehem. Besitzer
2. Anspruchsgegner ist aktueller Besitzer
3. Abhandenkommen der Sache beim ehem. Besitzer
4. Anspruchsgegner nicht Eigentümer (geworden, vgl. §§ 932 ff.)
5. kein früheres Abhandenkommen der Sache beim Anspruchsgegner vor der Besitzzeit des Anspruchstellers
6. kein Auschluss
   a) § 1007 III 1 Var. 1: Anspruchsteller bei Besitzerwerb bösgläubig

b) § 1007 III 1 Var. 2: freiwillige Besitzaufgabe durch Anspruchsteller

c) Anspruchsgegner hat RzB (§§ 1007 III 2, 986) oder ist selbst Eigentümer der Sache

7. Durchsetzbarkeit: kein Zurückbehaltungsrecht des Besitzers gem. § 1000 (entsprechend) berechtigt geltend gemacht

II. RF: Wiedereinräumung des Besitzes (wenn Anspruchsteller mittelbarer Besitzer: Herausgabe an unmittelbaren Besitzer, § 869 S. 2 analog)

IV. Hypothek, Grundschuld, Rentenschuld

1. Hypothek

704 **Überblick: Hypothekenarten**

Briefhypothek – Buchhypothek; Einzelhypothek – Gesamthypothek; Verkehrshypothek – Sicherungshypothek; Höchstbetragshypothek; Wertpapierhypothek

705 **Aufbauschema: Ersterwerb einer Hypothek vom Berechtigten, §§ 873, 1113, 1115**

I. Einigung

über Hypothekenbestellung, §§ 873 I, 1113, zw. Hypothekenbesteller (Sicherungsgeber) und Hypothekenerwerber (Gläubiger/Sicherungsnehmer)

→ Inhalt, § 1113: Gläubiger/Sicherungsnehmer, Sicherungsgeber, belastetes Grundstück, zu sichernde Forderung (hier geht es immer noch um die Einigung, jetzt nennt man die Person aber nicht Hypothekenerwerber, sondern Gläubiger)

→ bei Buchhypothek zusätzlich: Einigung über Ausschluss der Hypothekenbrieferteilung, § 1116 II 3

II. Eintragung der Hypothek im Grundbuch, §§ 873 I, 1115 I

→ Inhalt: Gläubiger/Sicherungsnehmer, Geldbetrag (evtl. Zinssatz), Nebenleistungen

→ bei Buchhypothek zusätzlich: Eintragung der Einigung über den Ausschluss der Hypothekenbrieferteilung, 1116 II 3

III. Einigsein besteht im Zeitpunkt der Eintragung fort

→ kein Widerruf: Die dingliche Einigung kann frei widerrufen werden, § 873 II, sofern keine Bindungswirkung aufgrund notarieller Beurkundung der Erklärungen besteht, die Erklärungen vor dem Grundbuchamt abgegeben oder bei diesem eingereicht wurden oder, wenn der Berechtigte dem anderen Teil eine taugliche Eintragungsbewilligung ausgehändigt hat.

IV. Hypothekenbrieferteilung, § 1116 I und Briefübergabe, §§ 1117 I, 929 ff. (sofern nicht ausgeschlossen, § 1116 II)

ggf. Vereinbarung gem. § 1117 II

Beachte: Bis zur Briefübergabe liegt eine Eigentümergrundschuld vor, §§ 1163 II, 1177.

V. Forderung, die gesichert wird, besteht (Akzessorietät), §§ 1113 I, 1115 I (Inzidentprüfung); bei Nichtbestehen entsteht Eigentümergrundschuld, §§ 1163 I 1, 1177 I 1

VI. Berechtigung des Bestellers

1. verfügungsbefugter Eigentümer (nicht: §§ 135, 136; § 161 I; §§ 1365, 1369; § 1984 I; § 2113 I; § 2211; § 81 I InsO; § 6 S. 2 LPartG)
2. kraft Gesetzes verfügungsbefugte Person, §§ 1204 I, 1228 II; § 1985 I; §§ 2205; § 80 I InsO
3. Verfügungsbefugter Nichteigentümer (mit Ermächtigung gem. § 185 I)
4. bei fehlender Berechtigung ggf. gutgläubiger Erwerb vom Nichtberechtigten, § 185 II, § 878; § 892

VII. RF: Gläubiger/Sicherungsnehmer kann im Sicherungsfall aus der Hypothek die Duldung der Zwangsvollstreckung gem. § 1147 verlangen.

706 **Aufbauschema: (Gutgläubiger) Ersterwerb einer Hypothek vom Nichtberechtigten, §§ 873, 1113, 1115 ff., 892**

I. Einigung

über Hypothekenbestellung, §§ 873 I, 1113, zw. Hypothekenbesteller (Sicherungsgeber) und Hypothekenerwerber (Gläubiger/Sicherungsnehmer)

II. Eintragung der Hypothek im Grundbuch, §§ 873 I, 1115 I

III. Einigsein besteht im Zeitpunkt der Eintragung fort

IV. Hypothekenbrieferteilung, § 1116 I und Briefübergabe, §§ 1117 I, 929 ff. (sofern nicht ausgeschlossen, § 1116 II)

ggf. Vereinbarung gem. § 1117 II

V. Forderung, die gesichert wird, besteht (Akzessorietät), §§ 1113 I, 1115 I

VI. keine Berechtigung: Erwerb vom Nichtberechtigten

1. Wirksamwerden einer Verfügung, § 185 II
   a) nachträgliche Genehmigung, § 184
   b) Erbenstellung des Berechtigten mit unbeschr. Haftung für Nachlassverbindlichkeiten
   c) Verfügender erwirbt Grundstück
2. Unbeachtlichkeit nachträglicher Verfügungsbeschränkungen, § 878
   a) Verfügender bei Erklärung der Einigung Berechtigter
   b) Einigung gem. § 873 II bindend
      aa) notarielle Beurkundung der Auflassung
      bb) Auflassung vor dem Grundbuchamt erklärt
      cc) Einreichung der Auflassung beim Grundbuchamt
      dd) Aushändigung einer Eintragungsbewilligung iSd § 44 GBO an den Erwerber
   c) Antrag auf Eintragung ins Grundbuch gestellt
   d) Vorliegen der sonst. Erwerbsvoraussetzungen
   e) Verfügungsbeschränkung erst nach der Einigung und Antragsstellung auf Eintragung ins Grundbuch

3. gutgläubiger Erwerb, § 892
   a) Rechtsgeschäft iSe Verkehrsgeschäfts (nicht: Erbschaft, wirtschaftliche Personenidentität)
   b) Grundbuch unrichtig (im Grundbuch eingetragene Rechtslage stimmt nicht mit materieller Rechtslage überein)
   c) Verfügender durch Grundbuch legitimiert (Rechtsschein des Grundbuchs streitet für den Verfügenden [§ 2366 für Scheinerben, § 185 für durch Einwilligung oder Genehmigung Legitimierten])
   d) Gutgläubigkeit des Erwerbers
      aa) guter Glaube hinsichtlich Eigentum (bzw. Nichtbestehen einer Verfügungsbeschränkung); nur positive Kenntnis von der Unrichtigkeit des Grundbuchs schadet
      bb) Zeitpunkt: Vollendung des Rechtserwerbs (Eintragung, bei § 892 II Var. 1 Eintragungsantrag, ggf. bei Vorliegen der letzten zum Rechtserwerb erforderlichen Voraussetzung, diese ist oft die Valutierung des Kreditbetrags; wenn Einigung nach Antragstellung, dann bis dahin guter Glaube, § 892 II Var. 2)
   e) kein Widerspruch im Grundbuch eingetragen, § 899

   Beachte: Gutgläubigkeit ist hier irrelevant, obj. Vorliegen eines Widerspruchs genügt.

Aufbauschema: Übertragung (Zweiterwerb) einer Hypothek vom Berechtigten, §§ 398, 1154, 1153 707

I. wirksame Abtretung der gesicherten Forderung, §§ 1153, 398 (→ Rn. 149)

II. Form des § 1154
   1. Briefhypothek: schriftliche Abtretungserklärung (Abs. 1) oder Eintragung ins Grundbuch (Abs. 2), Übergabe des Hypothekenbriefs, § 1154 I
   2. Buchhypothek: (formlose) Einigung und Eintragung ins Grundbuch, §§ 1154 III, 873

III. Berechtigung

1. Hypothek: Abtretender ist Hypothekeninhaber
2. Forderung: Abtretender ist Forderungsinhaber (ggf. Zweiterwerb einer Hypothek vom Nichtberechtigten möglich)

708 **Aufbauschema: Zweiterwerb einer Hypothek vom Nichtberechtigten, §§ 398, 1154, 1153, 892**

I. Abtretung der gesicherten Forderung, §§ 398, 1153

Hinweis: beim gutläubigen Zweiterwerb werden drei Konstellationen auseinander gehalten. Bei zweien (Fall 2 und 3 unten) fehlt es an der Inhaberschaft der Forderung, was zu einem komplizierten Aufbau führt, da §§ 1138, 892 (iVm § 1155) zu einer Fiktion der Forderung führen. Dogmatisch richtig ist es, § 1138 bzw. § 1155 bereits hier zu prüfen, aus Gründen der Übersichtlichkeit werden die Punkte der fehlenden Berechtigung aber unter III. behandelt. Die Ideallösung müsste die Fiktion der Forderung hier prüfen.

II. Form des § 1154

III. keine Berechtigung: Erwerb vom Nichtberechtigten

Fall 1: Abtretender ist nicht Inhaber der Hypothek

1. Rechtsgeschäft iSe Verkehrsgeschäfts

   Beachte: Die Hypothek geht zwar gesetzl. gem. § 1153 über, aber der Übergang beruht auf dem Rechtsgeschäft der Abtretung.

2. Legitimationsmangel
   a) Buchhypothek: Grundbuch unrichtig
   b) Briefhypothek: Fehler in der Kette der Abtretungserklärungen, § 1155
3. Rechtsscheinstatbestand
   a) Buchhypothek: Verfügender durch Grundbuch legitimiert
   b) Briefhypothek: Verfügender durch Abtretungskette legitimiert, § 1155
4. Gutgläubigkeit des Erwerbers bzgl. Hypothekeninhaberschaft
5. kein Widerspruch im Grundbuch eingetragen, § 899

Fall 2: Abtretender ist nicht Inhaber der Forderung (und daher zwangsläufig auch nicht Inhaber der Hypothek) (Forderungsmangel)

1. Rechtsgeschäft iSe Verkehrsgeschäfts (es genügt, dass eine Abtretung gewollt ist)
2. Legitimationsmangel
   a) Buchhypothek: Grundbuch ist eigtentlich unrichtig: Eintrag einer Hypothek für eine nicht bestehende Forderung (Das Grundbuch ist zwar unrichtig, weil mangels Akzessorietät keine Hypothek besteht. § 1138 fingiert für die Hypothek aber das Bestehen der Forderung und damit genau diese Akzessorietät.)
   b) Briefhypothek: Fehler in der Kette der Abtretungserklärungen, § 1155 (bei Ersetzung der Abtretungserklärung durch Eintragung → § 1154 II → es gilt ebenfalls § 1138; Existenz eines Hypothekenbriefs trotz nicht bestehender Forderung)
3. Rechtsscheinstatbestand
   a) Buchhypothek: Verfügender durch Grundbuch legitimiert

      Abtretender ist laut Grundbuch Inhaber der Hypothek und damit der zugrunde liegenden (inexistenten) Forderung
   b) Briefhypothek: Verfügender durch Abtretungskette legitimiert, § 1155 (bei Ersetzung der Abtretungserklärung durch Eintragung → § 1154 II → es gilt ebenfalls § 1138; Brief weist Abtretenden als Inhaber der Hypothek und der zugrunde liegenden (inexistenten) Forderung aus)
4. Gutgläubigkeit des Erwerbers bzgl. Forderungsinhaberschaft
5. kein Widerspruch im Grundbuch eingetragen, § 899

Fall 3: Abtretender ist weder Inhaber der Hypothek noch Inhaber der Forderung (Doppelmangel)

1. fingierter gutgläubiger Forderungserwerb zum Hypothekenerwerb (§§ 1138, 892: Buchhypothek; §§ 1155, 1138, 892: Briefhypothek [ggf. wieder § 1154 II])

2. gutgläubiger Erwerb der Hypothek (Buchhypothek: § 892; Briefhypothek: §§ 1155, 892 [ggf. wieder § 1154 II])

Beachte: Bei einer drohenden Trennung von Forderung und Hypothek reißt die Hypothek die Forderung auf Basis von § 1153 mit sich (a.A.: Forderung und Hypothekeninhaberschaft werden getrennt, der Eigentümer kann Einreden (§§ 1161, 1160) zu seinem Schutz geltend machen).

2. Grundschuld

709 **Überblick: Grundschuldarten**

Grundschuld (§ 1191 I); Eigentümergrundschuld (§ 1196); Sicherungsgrundschuld (§ 1192 Ia); Buchgrundschuld (§§ 1192 I, 1116 II) – Briefgrundschuld (§§ 1192 I, 1116 II); Gesamtgrundschuld (nicht geregelt)

710 **Aufbauschema: Ersterwerb einer Grundschuld vom Berechtigten, §§ 873, 1191, 1192 I, 1115 ff.**

I. Einigung

über Grundschuldbestellung, §§ 873 I, 1191, zw. Grundschuldbesteller und Grundschulderwerber

1. Inhalt, § 1191: Grundschuldbesteller (meist Sicherungsgeber), Grundschulderwerber (meist Gläubiger), zu belastendes Grundstück
2. bei Buchgrundschuld zusätzlich: Einigung über Ausschluss der Grundschuldbrieferteilung, §§ 1192 I, 1116 II 3

II. Eintragung der Grundschuld im Grundbuch, §§ 873 I, 1192 I, 1115 I

1. Inhalt: Gläubiger, Geldbetrag (evtl. Zinssatz), Nebenleistungen
2. bei Buchgrundschuld zusätzlich: Eintragung der Einigung über den Ausschluss der Grundschuldbrieferteilung, §§ 1192 I, 1116 II 3

III. Einigsein besteht im Zeitpunkt der Eintragung fort

kein Widerruf: Die dingliche Einigung kann frei widerrufen werden, § 873 II, sofern keine Bindungswirkung aufgrund notarieller Beurkundung der Erklärungen besteht, die Erklärungen vor dem Grundbuchamt abgegeben oder bei diesem eingereicht wurden oder, wenn der Berechtigte dem anderen Teil eine taugliche Eintragungsbewilligung ausgehändigt hat.

IV. Grundschuldbrieferteilung, §§ 1192 I, 1116 I und Briefübergabe, §§ 1192 I, 1117 I, 929 ff. (sofern nicht ausgeschlossen, §§ 1192 I, 1116 II); ggf. Vereinbarung gem. §§ 1192 I, 1117 II

Beachte: Bis zur Briefübergabe liegt eine Eigentümergrundschuld vor, §§ 1192 I, 1163 II, 1177.

V. Berechtigung des Bestellers

1. verfügungsbefugter Eigentümer (nicht: §§ 135, 136; § 161 I; §§ 1365, 1369; § 1984 I; § 2113 I; § 2211; § 81 I InsO; § 6 S. 2 LPartG)
2. kraft Gesetzes verfügungsbefugte Person, §§ 1204 I, 1228 II; § 1985 I; §§ 2205; § 80 I InsO
3. verfügungsbefugter Nichteigentümer (mit Ermächtigung gem. § 185 I)
4. bei fehlender Berechtigung ggf. gutgläubiger Erwerb vom Nichtberechtigten, § 185 II, § 878; § 892

VI. RF: Gläubiger/Sicherungsnehmer kann im Sicherungsfall aus der Grundschuld die Duldung der Zwangsvollstreckung gem. §§ 1192 I, 1147 verlangen.

Aufbauschema: (Gutgläubiger) Ersterwerb einer Grundschuld vom Nichtberechtigten, §§ 873, 1191, 1192 I, 1115 ff., 892 711

I. Einigung

über Grundschuldbestellung, §§ 873 I, 1191, zw. Grundschuldbesteller (meist Schuldner) und Grundschulderwerber (meist Gläubiger)

II. Eintragung der Grundschuld im Grundbuch, §§ 873 I, 1192 I, 1115 I

III. Einigsein besteht im Zeitpunkt der Eintragung fort

IV. Grundschuldbrieferteilung, §§ 1192 I, 1116 I und Briefübergabe, §§ 1192, 1117 I, 929 ff. (oder Ausschluss, §§ 1192 I, 1116 II)

V. keine Berechtigung: Erwerb vom Nichtberechtigten

1. Wirksamwerden einer Verfügung, § 185 II

a) nachträgliche Genehmigung, § 184

b) Erbenstellung des Berechtigten mit unbeschr. Haftung für Nachlassverbindlichkeiten

c) Verfügender erwirbt Grundstück

2. Unbeachtlichkeit nachträglicher Verfügungsbeschränkungen, § 878

a) Verfügender bei Erklärung der Einigung Berechtigter

b) Einigung gem. § 873 II bindend

aa) notarielle Beurkundung der Auflassung

bb) Auflassung vor dem Grundbuchamt erklärt

cc) Einreichung der Auflassung beim Grundbuchamt

dd) Aushändigung einer Eintragungsbewilligung iSd § 19 GBO an den Erwerber

c) Antrag auf Eintragung ins Grundbuch gestellt

d) Vorliegen der sonst. Erwerbsvoraussetzungen

e) Verfügungsbeschränkung erst nach der Einigung und Antragsstellung auf Eintragung ins Grundbuch

3. gutgläubiger Erwerb, § 892

a) Rechtsgeschäft iSe Verkehrsgeschäfts (nicht: Erbschaft, wirtschaftliche Personenidentität)

b) Grundbuch unrichtig (im Grundbuch eingetragene Rechtslage stimmt nicht mit materieller Rechtslage überein)

c) Verfügender durch Grundbuch legitimiert (Rechtsschein des Grundbuchs streitet für den Verfügenden [§ 2366 für Scheinerben, § 185 für durch Einwilligung oder Genehmigung Legitimierten])

d) Gutgläubigkeit des Erwerbers

aa) guter Glaube hinsichtlich Eigentum (bzw. Nichtbestehen einer Verfügungsbeschränkung); nur positive Kenntnis von der Unrichtigkeit des Grundbuchs schadet

bb) Zeitpunkt: Vollendung des Rechtserwerbs (Eintragung, bei § 892 II Var. 1 Eintragungsantrag, ggf. bei Vorliegen der letzten zum Rechtserwerb erforderlichen Voraussetzung; wenn Einigung nach Antragstellung, dann bis dahin guter Glaube, § 892 II Var. 2)

e) kein Widerspruch im Grundbuch eingetragen, § 899

Beachte: Gutgläubigkeit ist hier irrelevant, obj. Vorliegen eines Widerspruchs genügt.

Aufbauschema: Übertragung (Zweiterwerb) einer Grundschuld vom Berechtigten, §§ 1192 I, 1154, 398 712

I. wirksame Abtretung der Grundschuld, § 398 (→ Rn. 149)

II. Form, §§ 1192 I, 1154

1. Briefgrundschuld: schriftliche Abtretungserklärung (Abs. 1) oder Eintragung ins Grundbuch (Abs. 2), Übergabe des Grundschuldbriefs, §§ 1192 I, 1154 I, II, 873

2. Buchgrundschuld: (formlose) Einigung und Eintragung ins Grundbuch, §§ 1192 I, 1154 III, 873

III. Berechtigung (Abtretender ist Grundschuldinhaber)

Beachte: Die Grundschuld existiert losgelöst von einer Forderung. Im Sicherungsvertrag kann aber ein Abtretungsverbot hinsichtlich der Grundschuld vereinbart sein, das – sofern es im Grundbuch eingetragen ist (§§ 877, 873) – dingliche Wirkung hat.

713 **Aufbauschema: Übertragung (Zweiterwerb) einer Grundschuld vom Nichtberechtigten, §§ 1192 I, 1154, 892, 398**

I. wirksame Abtretung der Grundschuld, § 398 (→ Rn. 149)

II. Form des §§ 1192 I, 1154

III. keine Berechtigung: Erwerb vom Nichtberechtigten

Abtretender ist nicht Inhaber der Grundschuld (dinglicher Mangel)

1. Rechtsgeschäft iSe Verkehrsgeschäfts
2. Legitimationsmangel
   a) Buchgrundschuld: Grundbuch unrichtig
   b) Briefgrundschuld: Fehler in der Kette der Abtretungserklärungen, §§ 1192 I, 1155
3. Rechtsscheinstatbestand
   a) Buchgrundschuld: Verfügender durch Grundbuch legitimiert
   b) Briefgrundschuld: Verfügender durch Abtretungskette legitimiert, §§ 1192 I, 1155
4. Gutgläubigkeit des Erwerbers bzgl. Grundschuldinhaberschaft
5. kein Widerspruch im Grundbuch eingetragen, § 899

Beachte: Die Übertragung einer Sicherungsgrundschuld umfasst zwei Rechtsgeschäfte: Neben die Übertragung der Grundschuld tritt hier die Abtretung der durch den Sicherungsvertrag gesicherten Forderung. Die Abtretung dieser Forderung erfolgt ausschließlich gem. §§ 398 ff.

3. Haftungsverband von Hypothek und Grundschuld

714 **Überblick: Haftungsverband von Hypothek und Grundschuld**

I. Grundstück

II. wesentlicher Bestandteil des Grundstücks, § 94

III. unwesentlicher Bestandteil des Grundstücks ohne Rechte Dritter

IV. Erstreckung auf Erzeugnisse, Bestandteile und Zubehör, § 1120 bzw. §§ 1192 I, 1120

V. Erstreckung auf Forderungen iSd §§ 1123–1128

Überblick: Enthaftung 715

Beachte: Enthaftung nur mit Entfernung!

I. vor Beschlagnahme

1. Veräußerung des Erzeugnisses, Bestandteils oder Zubehörs, § 1121 I
2. Entfernung (Trennung) der Sache vom Grundstück, § 1121 I

Beachte: Die bloße Entfernung genügt, wenn Trennung innerhalb der Grenzen ordnungsgemäßer Wirtschaft und nicht nur vorübergehend erfolgt, § 1122.

II. nach Beschlagnahme

Beachte: Die Beschlagnahme (durch Beschluss des Vollstreckungsgerichts, §§ 20 ff. ZVG) bewirkt ein relatives Veräußerungsverbot iSd §§ 23 ZVG, 135 II, 136 BGB!

1. Enthaftung durch Entfernung nach Beschlagnahme möglich, wenn Veräußerung vor der Beschlagnahme erfolgte und der Erwerber bzgl. der bevorstehenden Beschlagnahme gutgläubig war, § 1121 II 2
2. Enthaftung durch Veräußerung nach Beschlagnahme möglich, wenn Entfernung vor Beschlagnahme erfolgte und der Erwerber bzgl. der erfolgten Beschlagnahme gutgläubig war (weder Kenntnis noch grob fahrlässige Unkenntnis), §§ 936, 136, 135 II iVm § 23 II ZVG
3. Enthaftung durch Veräußerung und Entfernung nach Beschlagnahme möglich, wenn Erwerber sowohl bei Veräußerung als auch bei Entfernung gutgläubig bzgl. der erfolgten Beschlagnahme war (keine Kenntnis, keine grob fahrlässige Unkenntnis, §§ 1121 II 2; 936, 136, 135 II iVm § 23 II ZVG)

III. nach Eintragung des Zwangsversteigerungs- bzw. Zwangsverwaltungsvermerk im Grundbuch, §§ 23 II, 146 ZVG

1. Enthaftung nur iSd § 1122
2. gutgläubiger Erwerb nicht mehr möglich

V. Pfandrecht

716 **Aufbauschema: Vertragl. Pfandrecht an beweglichen Sachen, §§ 1204 ff.**

I. Entstehung

1. Einigung iSd § 1204 zw. Verpfänder und Gläubiger, §§ 1204, 1205
2. Übergabe der Pfandsache (oder Übergabesurrogat; beachte: kein Besitzkonstitut möglich, dafür aber die Möglichkeit der Einräumung von qualifiziertem Mitbesitz gem. § 1206), §§ 1205, 1206
3. Bestand der zu sichernden Forderung (Bestimmbarkeit genügt)
4. Berechtigung des Verpfänders (verfügungsbefugter Eigentümer; Ermächtigung, § 185; Verfügungsbefugnis kraft Gesetzes; ggf. Erwerb vom Nichtberechtigten, § 1207)

717 **Aufbauschema: Gesetzl. Pfandrecht an beweglichen Sachen, § 1257**

Beispiele für Besitzpfandrechte: Werkunternehmer, § 647; Kommissionär, § 397 HGB; Frachtführer, §§ 440 f. HGB; Spediteur, § 464 HGB; Lagerhalter, § 475b HGB;

Beispiele für besitzlose Pfandrechte: Berechtigter bei Hinterlegung, § 233; Vermieter, § 562 I; Verpächter, § 592; Gastwirt, § 704

I. Entstehung

1. Regelung, die ein gesetzl. Pfandrecht vorsieht
2. Bestand der zu sichernden Forderung (Bestimmbarkeit genügt)
3. Gläubiger ist Besitzer der Pfandsache (Einbringung genügt bei besitzlosen Pfandrechten)
4. Schuldner ist Eigentümer der Pfandsache (kein Erwerb vom Nichtberechtigten, § 1207 nicht anwendbar; Ausnahme: § 366 III HGB für handelsrechtliche Pfandrechte)

II. kein Erlöschen

Aufbauschema: Vertragl. Pfandrecht an Rechten und Forderungen, § 1273 718

I. Entstehung

1. Einigung zw. Verpfänder und Gläubiger der zu sichernden Forderung, § 1273
2. Bestand der zu sichernden Forderung (Bestimmbarkeit genügt)
3. besondere Vss.
   a) § 1274 I 1: Verpfändung erfolgt nach den für die Übertragung des Rechts maßgeblichen Vorschriften (beachte § 1274 II: bei Unübertragbarkeit eines Rechts ist keine Pfandrechtsbestellung möglich)
   b) Übergabe, §§ 1205, 1206, wenn für Übertragung erforderlich, § 1274 I 2
   c) Abtretungsanzeige, § 1280 (bei Verpfändung einer Forderung ist Abtretungsanzeige des Gläubigers ggü. Schuldner für Wirksamkeit erforderlich)
4. Berechtigung des Verpfänders
   a) verfügungsbefugter Inhaber, Ermächtigung gem. § 185; Ermächtigung kraft Gesetzes
   b) gutgläubiger Erwerb ist möglich, sofern auch das verpfändete Recht gutgläubig erworben werden kann

II. kein Erlöschen

Überblick: Übertragung, Erlöschen und Verwertung des Pfandrechts 719

I. Übertragung

1. rechtsgeschäftlich: Abtretung der gesicherten Forderung, §§ 398, 1250, 401 (ggf. iVm § 1273 II 1)

   Besitzwechsel nicht erforderlich (aber Anspruch des Neugläubigers aus § 1251)

   Beachte: kein gutgläubiger Zweiterwerb möglich!
2. gesetzl. Forderungsübergang bedingt gesetzl. Übergang des Pfandrechts, §§ 412, 401
   a) § 1225 Forderungsübergang bei Tilgung durch Dritten

b) § 1249 Forderungsübergang bei Tilgung durch Ablösungsberechtigten

II. Erlöschen

1. Veräußerung der Pfandsache, § 1242 II, I
2. Erlöschen (oder Nichtentstehen) der Forderung, § 1252

   Beachte zusätzlich: § 1250 II: Erlöschen des Pfandrechts, wenn Forderungsabtretung unter Ausschluss des Pfandrechtsübergangs erfolgt
3. freiwillige (auch erschlichene) Rückgabe der Pfandsache; § 1253
4. einseitige Aufgabe des Pfandgläubigers; § 1255
5. Zusammenfallen von Pfandrecht und Eigentum in einer Person (Konsolidation), § 1256 I
6. gutgläubig lastenfreier rechtsgeschäftlicher Erwerb, §§ 936 I, 945, 949
7. gutgläubiger Erwerb beim unrechtmäßigen Pfandverkauf, § 1244
8. Untergang der Pfandsache

III. Verwertung, §§ 1228 ff.

1. Verwertender, §§ 1235, 383 III (Gerichtsvollzieher, Auktionator; ggf. Privatperson, § 1245)
2. Wirksamkeitsvoraussetzungen der Verwertung
   a) bestehendes Pfandrecht
   b) Pfandreife, § 1228 II
   c) richtige Art und Weise
      aa) öff. Versteigerung, § 383 III 1
      bb) freihändiger Verkauf, § 1235 II iVm § 1221
   d) Verbot des Überverkaufs, § 1230 S. 2
   e) öff. Bekanntmachung, § 1237 S. 1
3. Beachtung der Ordnungsvorschriften, §§ 1234 I, II, 1237 S. 2, 1238 I, 1241

   RF bei Nichtvorliegen: Verwertung trotzdem rechtmäßig; Pfandgläubiger ist gem. § 1243 II zum Schadensersatz verpflichtet

4. RF der Verwertung

a) Verwertung rechtmäßig: Eigentumserwerb, Pfandrechte erlöschen; Pfandgläubiger erlangt im Umfang seiner Forderung Eigentum am Erlös

b) RF bei Nichtvorliegen: Verwertung nicht rechtmäßig, §§ 1244, 1247 S. 2 (aber: gutgläubiger Eigentumserwerb möglich, §§ 1244, 932 ff.); Eigentümer des Pfands wird Eigentümer am Geld, Pfandgläubiger erhält im Umfang des bisherigen Pfandrechts ein Pfandrecht am Erlös (dingliche Surrogation)

Kapitel 8. Familienrecht

A. Definitionen

Anfangsvermögen	ist das Vermögen, das einem Ehegatten nach Abzug der Verbindlichkeiten beim Eintritt des Güterstands gehört, § 1374 I.	720
Betreuung	staatliche Rechtsfürsorge für volljährige Person, die wegen psychischer Krankheit oder körperlicher oder seelischer Gebrechen ihre Angelegenheiten nicht mehr selbst umfassend wahrnehmen können, §§ 1896 ff.	721
Betreuungsunterhalt	nachehelicher Ehegattenunterhalt für den Ehegatten, der sich nach der Scheidung um die gemeinsamen Kinder kümmert und sich deshalb nicht selbst unterhalten kann	722
Ehe	ist nach allgemeinem Grundverständnis eine auf freiem Entschluss beruhende, auf Lebenszeit geschlossene Lebensgemeinschaft zweier nat. Person, die von gegenseitiger Verantwortung, Partnerschaft und Gleichberechtigung geprägt ist.	723
Ehe, aufhebbare	wirksam zustande gekommene Ehe, die wegen Vorliegens eines Aufhebungsgrundes iSd § 1314 durch rechtsgestaltenden Gerichtsbeschluss (§ 38 FamFG) ex nunc aufgelöst werden kann, §§ 1313 ff.	724
ehebedingte Zuwendung	(unentgeltliche) Zuwendung des einen Ehegatten an den anderen, die um der Ehe willen erfolgt und zur Verwirklichung und Ausgestaltung, Erhaltung oder Sicherung der ehelichen Gemeinschaft beitragen soll	725
Ehegattenerbrecht	gesetz. Erbrecht des Ehegatten neben den Verwandten	726

727	Ehegattentestament	Testament, in dem Ehegatten oder Lebenspartner gemeinschaftlich letztwillige Verfügungen treffen können, § 2267
728	Ehename	gemeinsam von Ehegatten geführter Familienname, § 1355
729	Eheschließung	familienrechtlicher Vertrag, bei dem die Eheschließenden bei gleichzeitiger persönl. Anwesenheit vor dem Standesbeamten erklären, die Ehe miteinander eingehen zu wollen
730	Ehevertrag	vor einem Notar zu schließender Vertrag von aktuellen oder zukünftigen Eheleuten zur Regelung güterrechtlicher Verhältnisse, §§ 1408 ff.
731	elterliche Sorge	Sorge für die Person und das Vermögen des eigenen Kindes, §§ 1626 ff.
732	Gesamtgut	den Ehegatten gemeinsam gehörendes Vermögen im Güterstand der Gütergemeinschaft, § 1416
733	Gütergemeinschaft	vertragl. Güterstand, bei dem das Vermögen der Eheleute ohne Übertragungsakt bereits kraft Gesetzes gemeinschaftliches Vermögen wird (Gesamtgut)
734	Gütertrennung	vertragl. Güterstand, bei dem die beiden Vermögen der Ehegatten getrennt und unabhängig voneinander verwaltet werden
735	Lebenspartnerschaft	ist die vor dem 01.10.2017 eingegangene Lebensgemeinschaft zweier gleichgeschlechtlicher Partner nach dem LPartG
736	Nichtehe	nicht wirksam zustande gekommene Ehe (weil keine Eheschließungserklärung oder keine Mitwirkung eines Standesbeamten)
737	Scheidung	Auflösung einer Ehe durch rechtsgestaltenden Gerichtsbeschluss, §§ 1564 ff.
738	Sondergut	nicht übertragbare Gegenstände eines Ehegatten im Güterstand der Gütergemeinschaft
739	Vater	ist der Mann, der zum Zeitpunkt der Geburt eines Kindes mit der Mutter verheiratet ist, § 1592 Nr. 1, bzw. der die Vaterschaft aner-

	kannt hat, § 1592 Nr. 2 oder dessen Vaterschaft gerichtlich festgestellt ist, § 1592 Nr. 3	
Verlöbnis	höchstpersönliches, formlos mögliches wechsels. Eheversprechen von zwei natürlichen Personen	**740**
Versprechen der Lebenspartnerschaft	höchstpersönliches, wechsels. Versprechen der Lebenspartnerschaft bei gleichgeschlechtlichen Paaren (seit 01.10.2017 nicht mehr möglich, aber Bestandsschutz)	**741**
Vorbehaltsgut	einem Ehegatten aufgrund Vereinbarung individuell gehörendes Vermögen im Güterstand der Gütergemeinschaft	**742**
Vormundschaft	umfassende Sorge für eine minderjährige Person, §§ 1773 ff.	**743**

B. Schemata und Strukturen

744 **Aufbauschema: Verlöbnis, §§ 1297 ff.**

I. Vss.. Antrag und Annahme, §§ 104 ff. (Vertragstheorie, h.M.)

II. Rechtswirkungen

1. kein einklagbarer Anspruch auf Eingehung der Ehe, § 1297 I
2. Zeugnisverweigerungsrecht, § 52 I Nr. 1 Var. 1 StPO, § 383 I Nr. 1 Var. 1 ZPO, § 29 II FamFG

III. Beendigung

1. Tod, Eheschließung
2. Rücktritt

   RF:

   a) Pflicht zur Rückgabe von Geschenken, §§ 1301, 812

   b) Schadensersatzanspruch, §§ 1298, 1299

745 **Versprechen der Lebenspartnerschaft bei gleichgeschlechtlichen Personen, §§ 2 ff. LPartG**

Beachte: Seit dem 01.10.2017 können keine Lebenspartnerschaften mehr zwischen zwei Personen gleichen Geschlechts geschlossen werden, § 1 S. 1 LPartG. Das LPartG bleibt aber für vor dem 01.10.2017 geschlossene Lebenspartnerschaften anwendbar.

746 **Überblick: Nichteheliche Lebensgemeinschaft**

– nicht explizit geregelt, keine analoge Anwendung des Familienrechts

– Regelung durch Partnerschaftsvertrag möglich, § 311 I

– ggf. Innen-GbR

747 **Aufbauschema: Vss. der Ehe, §§ 1303 ff.**

I. zwei nat. Personen

II. keine Ehehindernisse

1. Ehefähigkeit, §§ 1303, 1304

a) Ehemündigkeit, § 1303

b) Ehegeschäftsfähigkeit, § 1304

2. kein Eheverbot, §§ 1306–1308

a) Verbot der Doppelehe, § 1306

b) Inzestverbot, § 1307

c) Verbot der Ehe bei Annahme als Kind, § 1308 I (Ausnahmen: § 1308 I 2, II)

III. keine Willensmängel, § 1314 II (Folge: aufhebbare Ehe)

IV. Beibringung eines Ehefähigkeitszeugnisses, § 1309 (wenn nein: trotzdem gültige Ehe)

V. Einhaltung der Verfahrensvorschriften, §§ 1310–1312, insb. persönliche Erklärung zur gleichen Zeit vor dem Standesbeamten, § 1311

Überblick: Rechtswirkungen der Ehe (Ehewirkungen) 748

I. eheliche Lebensgemeinschaft, § 1353

1. Ehe auf Lebenszeit

2. Verpflichtung zur ehelichen Lebensgemeinschaft und gegenseitigen Verantwortung; ehel. Garantenpflicht

Unterscheidung zw. Pflichten im (höchst-)persönl. und wirtschaftlichen bzw. räumlich/gegenständlichen Bereich: ggf. Antrag auf Herstellung der ehelichen Gemeinschaft beim

FamG, § 1353 I 2 als „sonst. Familiensache“, § 266 I Nr. 2 FamFG; bei höchstpersönl. Pflichten nicht vollstreckbar, § 120 III FamFG (Ausnahme z.B.: Mitwirkung bei Steuerveranlagung)

II. gemeinsamer Ehename, § 1355; beachte § 20a II LPartG

III. gemeinsame Haushaltsführung, § 1356 I; Möglichkeit jedes Ehegatten zur Erwerbstätigkeit, § 1356 II

IV. Geschäftsbesorgung zur angemessenen Deckung des Lebensbedarfs, § 1357 (Gesamtgläubiger- und Gesamtschuldnerschaft, § 428 und § 421, h.M.), Ausnahmen:

1. Beschränkung oder Ausschluss, § 1357 II

2. Beschränkung oder Ausschluss aus den Umständen, § 1357 I 2
3. Ausschluss bei Getrenntleben, § 1357 III

V. Beschränkung des Sorgfaltsmaßstabs bei internen Verpflichtungen auf eigenübliche Sorgfalt, § 1359 iVm § 277

VI. gegenseitige Unterhaltspflicht, §§ 1360 ff., 1609
1. Familienunterhalt, § 1360 (Umfang §§ 1360a, 1360b)
2. Folgen des Getrenntlebens, §§ 1361 ff.
a) Verteilung Haushaltsgegenstände bei Getrenntleben, § 1361a
b) Ehewohnung bei Getrenntleben, § 1361b

VII. Eigentumsvermutung, § 1362 (Ehegatte gilt ggü. Gläubigern als Alleineigentümer), Ausnahmen:
1. Getrenntleben, § 1362 I 2
2. Sachen zum ausschließlich persönl. Gebrauch, § 1362 II

VIII. mietrechtliche Sonderregelungen, §§ 563 I, 563a

IX. erbrechtliche Sonderregelungen, §§ 1931, 1933, 2303 II

X. prozessual
1. Gewahrsamsvermutung, § 739 I ZPO
2. Zeugnisverweigerungsrecht, § 383 I Nr. 2 ZPO, § 52 I Nr. 2 StPO, § 29 II FamFG

749 **Überblick: Beendigung der Ehe**

I. Aufhebung, §§ 1313 ff.

II. Scheidung, §§ 1564 ff.

III. Tod mind. eines Ehegatten, §§ 1931, 1371, 1482

750 **Überblick: Rechtsschutzmöglichkeiten in der Ehe**

I. Rechtsschutz gegen Ehegatten
1. Antrag auf Herstellung des ehelichen Lebens, § 1353 I 2
2. Antrag bei Ehestörung, §§ 823, 1004 analog

3. Schadensersatz gem. § 280 I wegen Verletzung einer „Pflicht“ aus § 1353 I 2 (Verletzung vermögensrechtlicher Pflichten)

II. Rechtsschutz gegen Dritte

1. Antrag bei Ehestörung, §§ 823, 1004 analog
2. Schadensersatz gem. § 823 I

Überblick: (Eingetragene) Lebenspartnerschaft (§§ 2 ff. LPartG) 751

Beachte: Seit dem 01.10.2017 können keine neuen Lebenspartnerschaften mehr zwischen zwei Personen gleichen Geschlechts geschlossen werden, § 1 S. 1 LPartG.

I. Vss.

1. zwei volljährige, gleichgeschlechtliche Personen
2. persönliche gleichzeitige Anwesenheit vor dem Standesbeamten
3. Erklärung, miteinander eine Partnerschaft auf Lebenszeit führen zu wollen (bedingungs- und befristungsfeindlich)
4. kein Verbot zur Begründung einer Lebenspartnerschaft
   a) kein Partner minderjährig, § 1 III Nr. 1 Var. 1 LPartG a.F.
   b) kein Partner verheiratet, § 1 III Nr. 1 Var. 2 LPartG a.F.
   c) kein Partner bereits mit anderer Person in Lebenspartnerschaft lebend, § 1 III Nr. 1 Var. 3 LPartG a.F.
   d) Partner nicht in gerader Linie miteinander verwandt, § 1 III Nr. 2 LPartG a.F.
   e) Partner nicht vollbürtige oder halbbürtige Geschwister, § 1 III Nr. 3 LPartG a.F.
   f) Partner willens, Verpflichtungen gem. § 2 LPartG (Fürsorge und Unterstützung sowie gemeinsame Lebensgestaltung) einzugehen, § 1 III Nr. 4 LPartG a.F.
5. Lebenspartnerschaftsvertrag möglich, § 7 LPartG

II. RF

1. allgemeine Wirkungen, § 2 LPartG
   a) Verpflichtung zu gegenseitiger Fürsorge und Unterstützung

b) Verpflichtung zu gemeinsamer Lebensgestaltung
c) Verpflichtung zu gegenseitiger Verantwortung
2. gemeinsamer Lebenspartnerschaftsname, § 3 LPartG
3. Geschäfte zur Deckung des Lebensbedarfs, § 8 II LPartG iVm § 1357 BGB analog
4. Eigentumsvermutung, § 8 I LPartG iVm § 1362 BGB analog
5. Sorgfaltsmaßstab, § 4 LPartG iVm § 277
6. Unterhaltspflicht, § 5 LPartG iVm § 1360 S. 2, §§ 1360a, 1360b, 1609
7. bei Getrenntleben
a) Unterhalt, § 12 LPartG iVm §§ 1361, 1609
b) Hausrat, § 13 LPartG
c) Wohnung, § 14 LPartG
8. prozessual
a) Gewahrsamsvermutung, § 739 II ZPO
b) Zeugnisverweigerungsrecht, § 383 I Nr. 2a ZPO, § 52 I Nr. 2a StPO

III. Beendigung
1. gerichtliche Aufhebung auf Antrag eines Lebenspartners, § 15 LPartG
2. Tod mind. eines Lebenspartners, § 10 LPartG

IV. Umwandlung einer Lebenspartnerschaft in eine Ehe, § 20a LPartG

752 **Aufbauschema: Geschäfte zur angemessenen Deckung des Lebensbedarfs, § 1357**

I. Vss.
1. wirksame Ehe, kein Getrenntleben bei Vertragsschluss, §§ 1357 III, 1567 I
2. wirksamer Abschluss eines Geschäfts zur angemessenen Deckung des Lebensbedarfs der Familie

Lebensbedarf: nach obj. erkennbaren Lebensverhältnissen der Familie (Auslegung gem. § 1360a) angemessen: § 1357 I 1 erfasst nur solche Geschäfte, die ein Ehegatte nach den typ. Lebensverhältnissen selbst. zu erledigen pflegt.

Beachte: § 1357 I gilt nach h.M. nicht für den dinglichen Rechtserwerb. Es besteht nur eine schuldrechtliche Verpflichtung.

3. aus den Umständen ergibt sich nichts anderes, § 1357 I 2 HS. 2
4. kein Ausschluss, keine Beschränkung gem. § 1357 II

II. RF

1. Mitverpflichtung des anderen Ehegatten: Verpflichtung beider Ehegatten als Gesamtschuldner, §§ 421 ff.
2. Gesamtgläubigerschaft der Ehegatten bei Leistungsansprüchen (§ 428, h.M.) bzw. gemeinschaftliche Gläubiger (§ 432, a.A.)
3. dingliche Übereignung → Geschäft für den, den es angeht. Die Einigungserklärung des handelnden Ehegatten ist beim Erwerb von Hausrat darauf gerichtet, dass beide Ehegatten Eigentümer werden sollen (a.A.: der andere Ehegatte erwirbt am gekauften Gegenstand durch Übereignung kraft § 1357 I 2 Miteigentum)

Überblick: Ehegüterstände, §§ 1363 ff. 753

I. ohne vertragl. Regelung:

Zugewinngemeinschaft als gesetzl. Regelfall, §§ 1363 ff.

II. mit vertragl. Regelung, §§ 1408 ff.

1. Gütertrennung, § 1414, oder
2. Gütergemeinschaft, §§ 1415 ff.

Überblick: Verfügungsbeschränkungen in der Zugewinngemeinschaft 754

I. Grundsatz: jeder Ehegatte kann über sein Vermögen verfügen, § 1363 II

II. Ausnahmen

1. Verfügungen über das Vermögen im Ganzen, § 1365

a) obj.: bei Verfügung über mehr als 90 % des Vermögens (große Vermögen) bzw. mehr als 85 % (kleine Vermögen, str.)

b) subj.: positive Kenntnis bei Vertragsschluss, dass es sich bei Vermögensgegenstand um das (nahezu) ganze Ehevermögen handelt (str.)

c) ohne Einwilligung

d) RF: § 1365, Verfügung schwebend unwirksam (Genehmigung, § 1366 I, bzw. Ersetzung, § 1365 II, möglich)

Beachte § 1366 IV: Nichtigkeit bei Verweigerung der Genehmigung; absolutes Veräußerungsverbot, kein gutgläubiger Erwerb gem. § 135 II möglich

2. Verfügungen über Haushaltsgegenstände, § 1369

a) ein Ehegatte kann über ihm gehörende Gegenstände des ehelichen Haushalts nur verfügen und sich zu einer solchen Verfügung auch nur verpflichten, wenn der andere Ehegatte einwilligt.

b) RF: § 1369 I, Verfügung schwebend unwirksam (Genehmigung, §§ 1366 I, 1369 III, bzw. Ersetzung, §§ 1365 II, 1369 III möglich)

Beachte §§ 1366 IV, 1369 III: Nichtigkeit bei Verweigerung der Genehmigung; absolutes Veräußerungsverbot, kein gutgläubiger Erwerb gem. § 135 II möglich

III. Rechtsbehelfe

1. verfügender Ehegatte: Geltendmachung der aus der Unwirksamkeit resultierenden Ansprüche (z.B. § 985)

2. nicht verfügender Ehegatte: Geltendmachung der aus der Unwirksamkeit der Verfügung resultierenden Rechte gegen den Dritten im eigenen Namen (gesetzl. Prozessstandschaft, § 1368 [im Falle des § 1369 iVm § 1369 III], sog. revokatorische Klage)

755 **Aufbauschema: Anspruch auf Zugewinnausgleich, § 1363 II 2**

Differenzierung zwischen:

I. Beendigung durch Tod eines Ehegatten, § 1371, oder

II. Beendigung auf andere Weise, §§ 1372 ff.

1. Zugewinngemeinschaft zu Lebzeiten beider Ehegatten beendet, § 1372
2. Berechnung des Ausgleichsanspruchs
   a) Ermittlung des Zugewinns
      aa) Ermittlung des Anfangsvermögens jedes Ehegatten, §§ 1374, 1376 f.
      bb) Ermittlung des Endvermögens jedes Ehegatten, §§ 1375 f.
      cc) Ermittlung des Zugewinns als Differenz von Endvermögen abzüglich Anfangsvermögen, § 1373
   b) Ermittlung der Höhe der Ausgleichsforderung

      Vergleich des Zugewinns der Ehegatten: Übersteigt Zugewinn des einen Ehegatten den Zugewinn des anderen, steht dem anderen Ehegatten die Hälfte des Überschusses als Ausgleichsforderung zu, § 1378 I.

Überblick: Verfügungsbeschränkungen in der Gütergemeinschaft, §§ 1415 ff. 756

I. Gesamtgut, § 1416: gesamthänderische Bindung, § 1419

II. Sondergut, § 1417: nicht rechtsgeschäftlich übertragbare Gegenstände, § 1417 II; jeder verwaltet diese selbst., § 1417 III

III. Vorbehaltsgut, § 1418: jeder verwaltet dieses selbst., § 1418 III; Drittwirkung gem. § 1418 IV iVm § 1412

Überblick: Rangfolge der Unterhaltsverpflichtungen (BGH, Kernbereichslehre) 757

1. Rang: Unterhalt wegen Kindesbetreuung, § 1570
2. Rang: Unterhalt wegen des Alters oder Krankheit, §§ 1571, 1572
3. Rang: Versorgungsausgleich, §§ 1 ff. VersAusglG iVm § 1587
4. Rang: Unterhalt wegen Erwerbslosigkeit, § 1573 I
5. Rang: Krankenvorsorge- und Altersunterhalt, § 1578 II, III
6. Rang: Ausbildungs- und Aufstockungsunterhalt, §§ 1575, 1573 II
7. Rang: Zugewinnausgleich, § 1378 I

758 **Überblick: Verwandtenunterhalt**

I. Verwandtschaft in gerader Linie, §§ 1601, 1589 I 1

II. Bedürftigkeit des Unterhaltsgläubigers, § 1602 I

III. Leistungsfähigkeit des Unterhaltsschuldners, § 1603

IV. Ausschluss und Kürzung des Unterhaltsanspruchs:

1. Härteklausel, § 1611,
2. Verjährung, §§ 194 II, 195, 199,
3. Verwirkung, § 242.

V. vertragl. Unterhaltsverzicht, § 1614 (nicht möglich für die Zukunft, § 1614 I).

VI. Rangverhältnisse, §§ 1606–1609.

VII. Art der Unterhaltsgewährung und Durchsetzung, §§ 1612 f.

759 **Überblick: Familienunterhalt bei wirksamer Ehe, §§ 1360 f.**

I. Grundsatz: gegenseitige Unterhaltspflicht

gegenseitige Verpflichtung der Ehegatten, durch ihre Arbeit und mit ihrem Vermögen die Familie angemessen zu unterhalten, § 1360 S. 1

Beachte: ist einem Ehegatten die Haushaltsführung überlassen (vgl. § 1356), erfüllt er die Unterhaltspflicht in der Regel bereits durch Führen des Haushalts, § 1360 S. 2.

II. Umfang: § 1360a

Beachte: bzgl. Unterhalt für die Vergangenheit § 1360a III iVm § 1613; bzgl. Verzicht für die Zukunft § 1360a III iVm § 1614)

III. Erlöschen

grds. mit dem Tod des Berechtigten oder Verpflichteten, § 1360a III iVm § 1615 I (beachte Ausnahmen in § 1615 I)

Beachte Besonderheiten bei Getrenntleben der Ehegatten, vgl. §§ 1361 ff.

Aufbauschema: Trennungsunterhalt, § 1361 I 1 760

Nach den Lebens-, Erwerbs- und Vermögensverhältnissen angemessener Unterhalt in Form einer monatlichen Geldrente, die ein Ehegatte vom anderen bei Getrenntleben (§ 1567 I) bis zur Rechtskraft der Scheidung verlangen kann, § 1361 I 1, IV.

I. Getrenntleben gem. § 1567 I

II. Bedürftigkeit des Ehegatten

Bedürftig ist, wer nicht in der Lage ist, seinen bisherigen Lebensstandard durch eigene Einkünfte und eigenes Vermögen aufrechtzuerhalten.

III. Leistungsfähigkeit des Verpflichteten

Leistungsfähig ist, wer ohne Beeinträchtigung des eigenen eheangemessenen Bedarfs in der Lage ist, den noch offenen Bedarf des Berechtigten durch Unterhaltsleistungen abzudecken, § 1581.

IV. kein Beschränkungs- oder Versagungsgrund, §§ 1361 III, 1579 Nr. 2–8

Aufbauschema: Nachehelicher Unterhalt, §§ 1570 ff. 761

I. Verwirklichung eines Unterhaltstatbestands:
   1. Unterhalt wegen Betreuung eines Kindes, § 1570
   2. Unterhalt wegen des Alters, § 1571
   3. Unterhalt wegen Krankheit oder Gebrechen, § 1572
   4. Unterhalt wegen Erwerbslosigkeit, § 1573 I
   5. Aufstockungsunterhalt, § 1573 II
   6. Ausbildungsunterhalt, § 1575
   7. Unterhalt aus Billigkeitsgründen, § 1576

II. Bedürftigkeit des Unterhaltsgläubigers, § 1577 I

III. Leistungsfähigkeit des Unterhaltsschuldners, § 1581

IV. Ausschluss, Beschränkung des Unterhaltsanspruchs:
   1. zeitliche Begrenzung und Herabsetzung, § 1578b
   2. Härteklausel, § 1579
   3. Verjährung, §§ 195, 199; Verwirkung, § 242

V. vertragl. Unterhaltsverzicht, § 1585c

VI. Rangverhältnis, §§ 1582 ff.

VII. Art der Unterhaltsgewährung: monatlich zu entrichtende Geldrente; Durchsetzung, §§ 1585 ff.

762 **Überblick: Ehevertrag, §§ 1408 ff.**

Beachte: Die Regelungen finden entsprechende Anwendung auf vor dem 01.10.2017 geschlossene Lebenspartnerschaften, § 7 LPartG.

Beachte: Zur Umwandlung eines Lebenspartnerschaftsvertrags in einen Ehevertrag bei Umwandlung einer Lebenspartnerschaft in eine Ehe vgl. § 20a III LPartG.

I. Errichtung

1. Zeitpunkt: Vor oder auch nach Eingehung der Ehe, § 1408 I
2. Form: zur Niederschrift eines Notars, § 1410 (iVm §§ 8 ff. BeurkG)

   Beachte bei beschränkt Geschäftsfähigen oder Geschäftsunfähigen § 1411
3. Inhalt: Ehevertragsfreiheit, §§ 1408 ff.

   mögliche Inhalte: güterrechtliche Verhältnisse, § 1408 I (Gütertrennung, Gütergemeinschaft oder Mischformen), Vereinbarungen über den Versorgungsausgleich, § 1408 II

   Beachte: formelle Einschränkung in § 1409, Ausnahme: Art. 15 II EGBGB

II. keine Unwirksamkeit

1. keine Formnichtigkeit, § 125 iVm § 1410
2. keine Nichtigkeit wegen Verstoßes gegen gesetzl. Verbot, § 134
3. keine Sittenwidrigkeit der getroffenen Regelungen

   Sittenwidrigkeit kann vorliegen, wenn eine Vereinbarung bereits im Zeitpunkt ihres Zustandekommens offenkundig zu einer einseitigen Lastenverteilung für den Scheidungsfall führt. Prüfung:

   a) Wirksamkeitskontrolle (subj. und obj.), § 138

   b) Ausübungskontrolle, § 242

Überblick: Ehevertragsähnlicher Vertrag bei nichtehelicher Lebensgemeinschaft 763

- Rechtsgrundlage: nicht explizit gesetzl. geregelt
- Inhalt: vertragl. Regelungen nach allgemeinen Grundsätzen

  Beachte: allgemeine Unwirksamkeitsgründe, §§ 134, 138
- Form: enthält Vertrag Verpflichtung zur Rückübertragung von Grundstücken: notarielle Form, § 311b

Überblick: Auflösung der Ehe 764

I. Tod (Grundsatz: lebenslange Ehe)

II. gerichtliche Entscheidung

1. Aufhebung der Ehe, § 1313 S. 1
2. Ehescheidung, § 1564 S. 1

Überblick: Aufhebung der Ehe 765

I. Aufhebungsgrund: fehlerhafte Ehe, § 1314 (Verstoß gegen §§ 1303 ff.)

II. Rechtskräftige gerichtliche Entscheidung, § 1313

Überblick: Ehescheidung, §§ 1564 ff. 766

I. Scheidungsgrund: Scheitern der Ehe, § 1565 I 1

II. Antrag auf Ehescheidung, § 1564 S. 1

III. kein Härtefall, § 1568

Detailschema: Ehescheidung, §§ 1564 ff. 767

I. Scheidungsgrund: Scheitern der Ehe (Zerrüttungsprinzip), § 1565 I 2

1. Diagnose: Lebensgemeinschaft der Ehegatten besteht nicht mehr und
2. Prognose: fehlende Erwartung der Wiederherstellung der Lebensgemeinschaft

Hilfe für Feststellung: unwiderlegbare gesetzl. Vermutungen für Zerrüttung: § 1566

a) § 1566 I: Eheleute sind seit mehr als einem Jahr getrennt und Konsens über Zerrüttung (beide Ehegatten beantragen Scheidung bzw. Ehegatte stimmt dem Scheidungsantrag des anderen zu)

b) § 1566 II: Eheleute leben seit drei Jahren getrennt

Getrenntleben der Ehegatten:

aa) obj.: Aufhebung der häuslichen Gemeinschaft (ggf. innerhalb der Ehewohnung, vgl. § 1567 I 2) und

bb) subj.: Trennungswille.

Wille mind. eines Ehegatten, die Gemeinschaft nicht wiederherstellen zu wollen, weil er die eheliche Gemeinschaft ablehnt

II. Antrag auf Ehescheidung, § 1564 S. 1

III. kein Ausschlussgrund wg. unzumutbarer Härte, § 1568 I

Aufrechterhaltung der Ehe ausnahmsweise notwendig bzw. geboten wegen

1. minderjähriger Kinder aus der Ehe, § 1568 I Var. 1
2. schwerer Härte aufgrund außergewöhnlicher Umstände für den die Scheidung ablehnenden Antragsgegner, § 1568 I Var. 2.

768 **Überblick: RF der Ehescheidung**

Gilt entsprechend bei Aufhebung einer vor dem 01.10.2017 geschlossenen Lebenspartnerschaft, § 15 LPartG

I. im Verhältnis zu Kindern

1. Verpflichtung zum Kindesunterhalt, §§ 1601 ff.
2. Sorgerecht bleibt regelmäßig beiden Elternteilen, Umkehrschluss aus § 1671
3. Regelungen bzgl. gemeinsamer Kinder, §§ 1671 ff. (Umgangsrecht etc.).

Beachte: persönliches Umgangsrecht des nicht sorgeberechtigten Ehegatten, §§ 1626 III, 1684

II. im Verhältnis zum geschiedenen Ehegatten
1. Ehe ist mit Rechtskraft der gerichtlichen Entscheidung aufgelöst, § 1564
2. Anspruch auf Zugewinnausgleich, §§ 1372 ff., bzw. Auseinandersetzung bei Gesamtgut, § 1478
3. Verpflichtung zum Unterhalt, §§ 1570 ff. (iVm § 16 LPartG)
4. Versorgungsausgleich, § 1587 iVm § 1 ff. VersAusglG
5. Hausratsverteilung, § 1568b (iVm § 17 LPartG)
6. Regelung des Namensrechts, § 1355 V
7. kein gesetzl. Erbrecht, kein Pflichtteil mehr

Überblick: Annahme Minderjähriger als Kind (Adoption), §§ 1741 ff. 769

I. Vss.
1. Kindeswohl, positive Prognose, § 1741 I 1
2. Mindestalter, § 1743
3. kein Verbot der Annahme, § 1745
4. Einwilligungserklärung, § 1750
   a) des Kindes, § 1746
   b) der Eltern, § 1747, oder Ersetzung der Einwilligung, § 1748; ggf. Einwilligung des Ehegatten, § 1749
5. Beschluss des Familiengerichts, § 1752

II. Wirkungen
1. Kind hat rechtliche Stellung eines gemeinschaftlichen Kindes bzw. eines Kindes des Annehmenden, § 1754 I, II[1]

[1] Beachte BVerfG, Beschl. v. 26.3.2019 (BGBl. I S. 737): 1. § 1754 I, II u. § 1755 I S. 1, II BGB idF des Kindschaftsrechtsreformgesetzes v. 16.12.1997 (BGBl. I S. 2949) sind mit Art. 3 I GG insoweit unvereinbar, als ein Kind von seinem mit einem rechtlichen Elternteil in nichtehelicher Lebensgemeinschaft lebenden Stiefelternteil unter keinen Umständen adoptiert werden kann, ohne dass die verwandtschaftliche Beziehung zum rechtlichen Elternteil erlischt. 2. Der Gesetzgeber ist verpflichtet, bis 31.03.2020 eine verfassungsgemäße Regelung zu treffen. Bis dahin ist das geltende Recht auf nichteheliche Stiefkindfamilien nicht anwendbar; Verfahren sind insoweit bis zu dieser Neuregelung auszusetzen.

2. Ehegatten bzw. Annehmendem steht elterliche Sorge zu, § 1754 III
3. Verwandtschaftsverhältnis des Kindes und seiner Abkömmlinge zu bisheriger Verwandtschaft erlischt, § 1755[2] (Einschränkung § 1756)
4. Familienname des Annehmenden als neuer Geburtsname des Kindes, § 1757

770 **Überblick: Annahme Volljähriger als Kind (Adoption), §§ 1767 ff.**

I. Vss.
   1. sittliche Rechtfertigung, § 1767
   2. Antrag, § 1768
   3. kein Verbot der Annahme, § 1769

II. Wirkungen
   1. Abstammungsverhältnis nur zum Annehmenden; Verwandtschaftsverhältnis zu eigenen Verwandten bleibt, § 1770 I, II (Ausnahme: § 1772)
   2. Unterhaltsverpflichtung des Annehmenden ggü. Angenommenem und dessen Abkömmlingen, § 1770 III

771 **Überblick: Vormundschaft, §§ 1773 ff.**

I. Vss.
   1. minderjähriges Mündel nicht unter elterlicher Sorge, Eltern nicht zur Vertretung des Minderjährigen in Vermögensangelegenheiten berechtigt oder sein Familienstand nicht zu ermitteln, § 1773
   2. Anordnung durch Familiengericht, § 1774
      a) Benennungsrecht der Eltern des Mündels, §§ 1776 ff.
      b) sonst Auswahl durch Familiengericht, § 1779
   3. kein absoluter oder relativer Ausschlussgrund, §§ 1780 ff.
      a) Unfähigkeit wegen Geschäftsunfähigkeit, § 1780

---

[2] Beachte S. 331 Fn. 1.

b) Untauglichkeit wegen Minderjährigkeit oder Betreuung, § 1781

c) Ausschluss durch Eltern, § 1782

d) Beamter oder Religionsdiener, § 1784

4. Bestellung, §§ 1789 ff. (ggf. unter Vorbehalt, § 1790), insb. Bestallungsurkunde, § 1791

II. Wirkungen

1. Übernahmepflicht, §§ 1785 ff. (sofern nicht Ablehnungsrecht, § 1786)
2. Personensorge, §§ 1793 I 1, 1800 (Beschränkung durch Pflegschaft, § 1794)
3. Vermögenssorge, §§ 1793 I 1, 1802 ff. (Beschränkung durch Pflegschaft, § 1794)
4. Vertretung des Mündels, § 1793 I 1 (Ausschluss, § 1795; Entziehung, § 1796)

III. Beendigung

1. Wegfall der Vss. des § 1773, § 1882
2. Mündel verschollen oder für tot erklärt, § 1884

Überblick: Rechtliche Betreuung, §§ 1896 ff. **772**

I. Vss.

1. Volljähriger mit psychischer Krankheit oder körperlicher, geistiger oder seelischer Behinderung,
2. Unfähigkeit, seine Angelegenheiten ganz oder tw. selbst zu besorgen
3. Antrag des Volljährigen oder des Betreuungsgerichts von Amts wegen, § 1896 I 1
4. kein entgegenstehender freier Wille des Volljährigen, § 1896 Ia
5. Person des Betreuers, § 1897 I

   a) nat. Person

   b) Geeignetheit, die Angelegenheiten zu betreuen

6. Umfang der Betreuung, Pflichten des Betreuers, § 1901

II. Wirkungen/RF
1. Übernahmepflicht, § 1898
2. Vertretung des Betreuten, § 1902 (sofern erforderlich, subsidiär)
3. Einwilligungsvorbehalt für best. Willenserklärungen des Betreuten, § 1903
4. für einzelne Willenserklärungen und Maßnahmen ist eine Genehmigung des Betreuungsgerichts erforderlich, §§ 1904–1908

773 **Überblick: Pflegschaft, §§ 1909 ff.**

I. Vss.
1. Person unter elterlicher Sorge oder Vormundschaft, § 1909 I 1, oder Vorliegen der Vss. für die Anordnung einer Vormundschaft, § 1909 III
2. Eltern oder Vormund an Besorgung von Angelegenheiten verhindert, § 1909 I 1
a) § 1909 Ergänzungspflegschaft
b) § 1911 Abwesenheitspflegschaft
c) § 1912 Pflegschaft für eine Leibesfrucht
d) § 1913 Pflegschaft für unbekannte Beteiligte
e) § 1914 Pflegschaft für gesammeltes Vermögen

II. Beendigung
1. Aufhebung bei Wegfall des Grundes für Anordnung der Pflegschaft, § 1919, oder
2. Aufhebung der Abwesenheitspflegschaft, § 1921
a) wenn Abwesender an Besorgung nicht mehr verhindert ist, Abs. 1
b) bei Tod des Abwesenden erst mit Aufhebung durch Betreuungsgericht, Abs. 2
c) wenn der Abwesende für tot erklärt oder eine Todeszeit nach dem Verschollenheitsgesetz festgestellt wird mit Rechtskraft des Beschlusses über die Todeserklärung oder die Feststellung der Todeszeit, Abs. 3

Kapitel 9. Erbrecht

A. Definitionen

Abkömmlinge	Person, deren eine von der anderen abstammt, also Verwandte in absteigender Linie (syn.: Nachkommen, Deszendenten) wie Kinder, Enkel etc.), § 1589	**774**
Aszendenten	Verwandte in aufsteigender Linie (syn.: Vorfahren)	**775**
Annahme der Erbschaft	formlose, nicht empfangsbedürftige Willenserklärung, Erbe sein zu wollen und die Erbschaft anzutreten, § 1943	**776**
Aufgebot	öff. gerichtliche Aufforderung, Ansprüche oder Rechte, regelmäßig zwecks Vermeidung des Ausschlusses, spätestens im Aufgebotstermin anzumelden, § 1970	**777**
Auflage, erbrechtliche	vom Erblasser durch Testament angeordnete Leistungsverpflichtung des Erben oder Vermächtnisnehmers, ohne einem anderen ein Recht auf die Leistung zuzuwenden, § 1940	**778**
Ausschlagung	rückwirkende Beseitigung der Erbenstellung durch form- und fristgerechte Erklärung des Erben ggü. dem Nachlassgericht, §§ 1942 ff.	**779**
Berliner Testament	gemeinschaftliches Testament, bei dem sich Ehegatten oder Lebenspartner gegenseitig zu Erben einsetzen und zugleich einen Dritten zum Erben des Längstlebenden bestimmen, § 2269	**780**
Dauervollstreckung	Testamentsvollstreckung, bei der der Testamentsvollstrecker auch nach Erledigung seiner ihm sonst zugewiesenen Aufgaben die Verwaltung des Nachlasses durchführen soll, § 2209	**781**
Dreißigster	gesetzl. angeordnetes Vermächtnis auf Gewährung von Unterhalt für die ersten dreißig	**782**

		Tage nach dem Todesfall für Familienangehörige des Erblassers, die bei dessen Tode seinem Hausstand angehörten und von ihm Unterhalt bezogen haben (auch nichteheliche Lebenspartner), § 1969
783	Dürftigkeitseinrede	Einrede des Erben gegen Pflichtteils-, Vermächtnis- und sonst. Ansprüche und Forderungen von Gläubigern, wenn der Nachlass so dürftig ist, dass er noch nicht einmal die Kosten einer Nachlassinsolvenz bzw. einer Nachlassverwaltung decken kann, § 1990
784	Enterbung	Ausschluss eines potentiellen Erben von der gesetzl. Erbfolge durch Testament oder einseitige Verfügung im Erbvertrag, § 1938
785	Erbfall	Tod des Erblassers, § 1922 I
786	Erbe	Person, auf die das Vermögen des Erblassers im Wege der Gesamtrechtsnachfolge gem. § 1922 I übergeht
787	Erbengemeinschaft	Gesamthandsgemeinschaft aus einer Mehrheit von Erben, auf die mit dem Tod des Erblassers der gesamte Nachlass ungeteilt übergeht
788	Erbenhaftung	Haftung des Erben für die mit dem Erbfall auf ihn übergegangenen Nachlassverbindlichkeiten, § 1967 I
789	erbfähig	ist jede lebende oder bereits gezeugte und später lebend geborene Person, § 1923 I, II
790	Erbfähigkeit	Fähigkeit, Erbe werden zu können
791	Erbfallschulden	vom Erblasser herrührende Nachlassverbindlichkeiten, die der Erblasser zu Lebzeiten eingegangen ist und die mit dem Erbfall auf die Erben übergehen, § 1967 II
792	Erblasser	Person, dessen Vermögen mit dem Tod auf einen oder mehrere Erben übergeht
793	Erbschaft	vererbbares Vermögen des Erblassers (syn.: Nachlass), §§ 1922, 1967
794	Erbschaftsanspruch	erbrechtlicher Gesamtanspruch des Erben gegen den Erbschaftsbesitzer, mit dem der

	Erbe die Herausgabe des gesamten dort vorhandenen Nachlasses verlangen kann, § 2018	
Erbschaftsbesitzer	wer aufgrund eines vermeintlichen Erbrechts Erbschaftsgegenstände für sich in Anspruch nimmt	**795**
Erbschein	amtliches Zeugnis des Nachlassgerichts über das Erbrecht des Erben, § 2353	**796**
Erbteil	Anteil eines Miterben an der Erbschaft, § 1922 II	**797**
Erbvertrag	Vertrag, in dem mindestens ein Vertragsteil mit erbrechtlicher Bindungswirkung iSd § 2289 ggü. dem anderen Vertragsteil einen oder mehrere Erben einsetzt und/oder Vermächtnisse oder Auflagen anordnet, §§ 1941, 2274–2302	**798**
Ersatzerbe	Erbe, der durch Anordnung des Erblassers nur für den Fall als Erbe eintritt, dass der zunächst berufene Erbe vor oder nach dem Erbfall wegfällt	**799**
Gesamtrechtsnachfolge	s. Universalsukzession	**800**
gesetzliche Erbfolge	Gesamtrechtsnachfolge der gesetzl. Erben, die eintritt, wenn weder ein (gültiges) Testament noch ein (gültiger) Erbvertrag vorliegt	**801**
gewillkürte Erbfolge	Bestimmung von Erben und Erbteilen durch den Erblasser in einer Verfügung von Todes wegen	**802**
Gradualsystem	Grundsatz des Verwandtenerbrechts, wonach ab der vierten Ordnung die Erben nach dem Grad der Nächstverwandtschaft bestimmt werden, § 1928 III	**803**
Linie	bezeichnet die aufsteigenden Verhältnisse von einer Person zu ihren Eltern.	**804**
Nacherbe	Person, die erst dann Erbe wird, nachdem eine andere Person (Vorerbe) Erbe geworden ist, §§ 2100 ff.	**805**
Nacherbfall	vom Erblasser bestimmter Zeitpunkt bzw. Ereignis (Tod des Vorerben), mit dem der Nachlass vom Vorerben auf den Nacherben übergeht	**806**

807	Nachlass	s. Erbschaft
808	Nachlasserbenschulden	vom Erben eingegangene eigene Verbindlichkeiten im Rahmen der ordnungsgemäßen Verwaltung des Nachlasses
809	Nachlassgläubiger	Person, denen der Erbe aufgrund von Nachlassverbindlichkeiten verpflichtet ist
810	Nachlassverbindlichkeiten	Schulden, für die der Erbe mit dem Nachlass haftet, § 1967
811	Nachlassverwaltung	Nachlasspflegschaft zur Befriedigung der Nachlassgläubiger
812	Parentelsystem	(lat. parentes = Eltern) Grundsatz des Verwandtenerbrechts, wonach ein Elternteil mit seinen Abkömmlingen zusammengefasst wird. Das Parentelsystem teilt die Verwandten in Ordnungen ein und räumt der niedrigeren Ordnung den Vorrang ein. Erst ab der vierten Ordnung werden die Erben nach dem Grad der Nächstverwandtschaft (Gradualsystem) bestimmt, §§ 1928, 1929.
813	Pflichtteil	gegen den Erben gerichteter schuldrechtlicher Anspruch des → Pflichtteilsberechtigten auf Geld, wenn dieser vom Erblasser enterbt wurde, §§ 2303 ff.
814	Pflichtteilsberechtigter	Abkömmling, Ehegatte, eingetragener Lebenspartner oder Elternteil des Erblassers, der durch Verfügung von Todes wegen von der Erbfolge ausgeschlossen ist, § 2303
815	Pflichtteilsergänzungsanspruch	gegen den Erben gerichteter bes. Pflichtteilsanspruch eines Pflichtteilsberechtigten, wenn der Erblasser in den letzten zehn Jahren vor dem Erbfall Schenkungen an Dritte gemacht hat, § 2325
816	Pflichtteilsrestanspruch	gegen Miterben gerichteter bes. Pflichtteilsanspruch eines pflichtteilsberechtigten Erben auf Zahlung eines Zusatzpflichtteils, wenn dieser vom Erblasser per letztwilliger Verfügung weniger als sein Pflichtteil erhalten hat, § 2305

Rechtsnachfolge	Übergang von Rechten und Pflichten auf eine andere Person (syn: Sukzession), vgl. → Universalsukzession	**817**
Repräsentationsprinzip	Grundregel der gesetzl. Verwandtenerbfolge, wonach ein Stamm durch seine lebenden Stammeltern vertreten wird und die näheren Abkömmlinge sämtliche eigene Abkömmlinge von der Erbschaft ausschließen, wenn sie selbst Erben werden, § 1924 II	**818**
Schenkung auf den Todesfall	Schenkungsversprechen unter der aufschiebenden Befristung des Todes des Schenkers bei gleichzeitiger Bedingung des Überlebens des Beschenkten, § 2301	**819**
Schlusserbe	als Erbe des gesamten Nachlasses des Letztverstorbenen eingesetzte Person beim Einheitsprinzip des Berliner Testaments	**820**
Stamm	Verhältnis einer Person zu ihren Abkömmlingen in Abwärtsrichtung, § 1924 III. Jedes Kind des Erblassers ist Stammvater bzw. -mutter und bildet zusammen mit seinen Abkömmlingen einen separaten Stamm.	**821**
Testament	einseitiges Rechtsgeschäft als Verfügung von Todes wegen, mit dem ein Erblasser letztwillige Verfügungen (Anordnungen) für seinen Todesfall treffen kann	**822**
Testament, eigenhändiges	vom Erblasser eigenhändig ge- und unterschriebenes Testament, § 2247	**823**
Testament, gemeinschaftliches	von Ehegatten oder Lebenspartnern gemeinschaftlich aufgesetzter letzter Wille, §§ 2265 ff.; § 10 IV LPartG	**824**
Testamentsvollstrecker	Person, deren Aufgabe es ist, den letzten Willen eines Verstorbenen nach dessen Wünschen zu erfüllen, §§ 2197 ff.	**825**
Testierfähigkeit	Fähigkeit, ein Testament zu errichten, zu ändern oder aufzuheben	**826**
Testierfreiheit	aus Art. 14 GG als Ausdruck der Privatautonomie folgende Freiheit des Erblassers, durch einseitige Verfügung von Todes wegen den oder die Erben bzw. Regelungen zu seiner Vermögensnachfolge zu bestimmen	**827**

828	Universalsukzession	(syn.: Gesamtrechtsnachfolge) ist ein Prinzip des deutschen Erbrechts, nach dem das vererbbare Vermögen nur insgesamt und ungeteilt auf den oder die Erben übergeht (Ausnahmen: Sondererbfolge und Sonderrechtsnachfolge von Todes wegen)
829	Vermächtnis	Zuwendung eines Vermögensgegenstands durch den Erblasser, ohne den Empfänger als Erben einzusetzen, § 1939
830	vertragsgemäße Verfügung	ist eine mehrseitige Verfügung, die vom Partner des Erbvertrags (idR der vorgesehene Erbe) angenommen werden muss, § 2278 I (Erbeinsetzungen, Vermächtnisse, Auflagen, vgl. § 2278 II)
831	Vollerbe	der keiner Verfügungsbeschränkung unterliegende Erbe
832	Vorausvermächtnis	Zuwendung eines konkreten Vermögensgegenstandes durch den Erblasser aus dem Nachlass an einen (Mit-)Erben
833	Vorerbe	wer vom Zeitpunkt des Erbfalls bis zum Eintritt des Nacherbfalls Erbe ist
834	Vorfahren	Verwandte in aufsteigender Linie (syn.: Aszendenten)
835	wechselbezügliche Verfügungen	Verfügungen in einem gemeinschaftlichen Testament, die dergestalt unter gegenseitigem Bezug getroffen wurden, dass die Verfügung des einen nicht ohne die Verfügung des anderen getroffen sein würde

B. Schemata und Strukturen

Überblick: Eintritt des Erbfalls, § 1922 836

I. Universalsukzession, § 1922

Mit dem Tod einer Person geht deren Vermögen auf eine oder mehrere andere Person über (Universalsukzession, § 1922).

1. Übergang des Erbes als Ganzes auf einen oder mehrere Erben (Ausnahmen: Anerbenrecht [in manchen Bundesländern: HöfeO], personengesellschaftsrechtliche Regelungen und § 563 bei Tod des Mieters einer Wohnung)
2. (ggf. fiktiver) Erbenbesitz, § 857
3. umfassende Rechtsnachfolge (Ausnahme: höchstpersönliche [Rechts-]Positionen)
4. Erbenhaftung, §§ 1967, 2058 ff. (Erbe haftet grds. unbeschr. mit seinem Privatvermögen für Erblasserschulden, Erbfallschulden [Vermächtnis, §§ 2147, 2174; Pflichtteil, §§ 2303 ff., und Nachlassverwaltungsschulden])

II. Ausnahmen

1. Erbausschlagung, §§ 1942 ff.
2. Haftungsbeschränkung auf den Nachlass, §§ 1975 ff.
3. Haftungsbeschränkung auf den Nachlassanteil bei Miterben, § 2059
4. Vor- und Nacherbschaft, §§ 2144 f.
5. Sonderregelung bzgl. Fortführung von Handelsgeschäften, § 27 HGB

Überblick: Erbfähige Person, § 1923 837

I. nat. Person: wer im Zeitpunkt des Erbfalls lebt, § 1923 I, einschl. lebensfähiger nasciturus, vgl. § 1923 II iVm § 1923 I

II. jur. Person: Kapitalgesellschaften, rechtsfähige Vereine (§§ 21 ff.), Stiftungen (§§ 80 ff.), Staat (Fiskus, § 1936)

III. rechtsfähige Personengesellschaften: Handelsgesellschaften (oHG, KG), Partnerschaft (§ 7 II PartGG), Gesellschaft bürgerlichen Rechts

838 **Überblick: Gesetzl. Erben nach dem BGB, §§ 1924 ff.**

Voraussetzung: keine gewillkürte Erbfolge (kein Testament oder Erbvertrag)

I. überlebender Ehegatte, § 1931 (Ausnahme: § 1933)

Beachte für vor dem 01.10.2017 begründete Lebenspartnerschaften § 10 I–III LPartG

Der Umfang richtet sich nach Güterstand und der Frage, neben Verwandten welcher Ordnung der Ehegatte erbt: bei Zugewinngemeinschaft § 1931 I, II; bei Gütertrennung § 1931 I, IV; bei Gütergemeinschaft §§ 1931 I, II, 1482 S. 2 (außer bei fortgesetzter Gütergemeinschaft, § 1483 I 3)

ergänzend: pauschaler Zugewinnausgleich: §§ 1931 III, 1371 I; Voraus, §§ 1932 II, 2147, 2174; Dreißigster, § 1969 (das ist die „erbrechtliche Lösung“. Die „güterrechtliche Lösung“ ist Ausschlagung des Erbes und dafür Zugewinnausgleich [der richtige, nicht der pauschale] plus kleiner konstitutiver Pflichtteil [statt ausgeschlagenem Erbe, § 1371 III])

II. blutsmäßige Verwandte (§ 1589) des Erblassers nach Ordnung, § 1930 (Parentelsystem)

1. Ordnung, § 1924: Abkömmlinge des Erblassers und deren Abkömmlinge (Kinder – Enkel – Urenkel), Verteilung nach Stämmen (mit Repräsentations- und Eintrittsprinzip, § 1924 II, III); beachte: Sonderfall Adoptivkinder, vgl. §§ 1754[3]f., 1770
2. Ordnung, § 1925: Eltern und deren Abkömmlinge (Geschwister – Neffen/Nichten), Verteilung nach Linien (§ 1925 III und Stämmen)
3. Ordnung, § 1926: Großeltern und deren Abkömmlinge (Onkel/Tante – Cousins/Cousinen), Verteilung nach Linien (§ 1926 III und Stämmen)
4. Ordnung, § 1928: Urgroßeltern und deren Abkömmlinge, Verteilung nach Gradualsystem (§ 1928 III)
5. Ordnung (und fernere Ordnungen), § 1929: Ur-Urgroßeltern und deren Abkömmlinge, Verteilung nach Gradualsystem (§ 1929)

III. der Staat (der Bund oder das jeweilige Bundesland, §§ 1936, 1964 ff.)

---

[3] Beachte S. 331 Fn. 1.

Überblick: Beseitigung der Erbenstellung 839

I. Enterbung, § 1938

II. Ausschlagung, §§ 1942 ff.

III. Anfechtung, §§ 2078 ff.

IV. Erbunwürdigkeit, §§ 2339 ff. (Anfechtungsklage, § 2340)

V. Erbverzicht, §§ 2346 ff.

Überblick: Enterbung, § 1938 840

I. ausdrücklich (z.B. durch explizite testamentarische Verfügung, § 1938)

II. konkludent (z.B. durch Nichterwähnung in Testament)

Beachte: ggf. Pflichtteilsanspruch Enterbter, § 2303

Aufbauschema: Ausschlagung, §§ 1942 ff. 841

I. Form

1. Ausschlagungserklärung ggü. Nachlassgericht, § 1945 I
2. zur Niederschrift des Nachlassgerichts oder in öff. beglaubigter Form, § 1945 I

II. Erklärungsfrist: 6 Wochen nach Kenntnis von Berufungsgrund und Erbfall, §§ 1943 Var. 2, 1944

Beachte: Ausnahme: 6 Monate bei Auslandswohnsitz des Erblassers, § 1944 III

III. kein Ausschluss

1. Erbschaft nicht angenommen, § 1943 Var. 1
2. Ausschlagung nicht angefochten, § 1957 I

IV. RF: Beseitigung der Erbenstellung ex tunc, §§ 1953, 1371 III

Überblick: Letztwillige Verfügungen 842

I. Testament, § 1937

II. Erbvertrag, § 1941

III. Vermächtnis, § 1939 (Zuwendung in Testament oder Erbvertrag)

IV. Auflage, § 1940 (Verpflichtung eines Vermächtnisnehmers in Testament oder Erbvertrag)
V. Pflichtteilsentziehung, § 2333
VI. Pflichtteilsbeschränkung, § 2338

843 **Aufbauschema: Ansprüche des Erben gegen den Erbschaftsbesitzer, §§ 2018 ff.**

Erbschaftsbesitzer hier: wer aufgrund vermeintlichen Erbrechts Gegenstände aus der Erbmasse besitzt

I. Anspruch auf Gesamtherausgabe, §§ 2018 f.
1. Eintritt des Erbfalls
2. Anspruchsteller ist wahrer Erbe
3. Anspruchsgegner hat etwas aus dem Nachlass erlangt
4. aufgrund eines ihm in Wirklichkeit nicht zustehenden Erbrechts

II. Ansprüche auf Nutzungs-, Verwendungs- oder Schadensersatz, §§ 2020 ff.

844 **Aufbauschema: Testament, §§ 2064 ff.**

I. Wirksamkeit
1. Testierfähigkeit (ab Vollendung des 16. Lebensjahrs), § 2229 I
2. Testierwille
3. höchstpersönliche Errichtung, §§ 2064 f.
4. zulässige Formen
a) ordentliches (eigenhändiges) Testament, §§ 2231 Nr. 2, 2247

eigenhändig handschriftlich (bloße Schreibunterstützung durch Dritten ist unschädlich, wenn mehr: Formnichtigkeit) mit textabschließender Unterschrift; Zusätze sind gesondert zu unterschreiben.

b) ordentliches (notariell beurkundetes) Testament, §§ 2231 Nr. 1, 2232 (beachte: § 2233)

c) ggf. außerordentliches Testament (Nottestament), §§ 2249 ff.

aa) Nottestament vor dem Bürgermeister, § 2249

bb) Dreizeugentestament, § 2250

cc) Seetestament, § 2251

5. keine allgemeine Nichtigkeit, §§ 134, 138

Beachte: Teilnichtigkeit führt nicht zur Gesamtnichtigkeit, § 2085

6. kein Widerruf, §§ 2253 ff.
7. keine Anfechtung, §§ 2078 ff.

II. Inhalt eines Testaments

1. Grundsatz der wohlwollenden Auslegung
2. Auslegungsmethoden

a) erläuternde Auslegung: Ermittlung des tatsächlichen Willens des Erblassers im Zeitpunkt der Testamentserrichtung, § 133

b) ergänzende Auslegung: Ermittlung des hypothetischen Willens des Erblassers im Zeitpunkt der Testamentserrichtung

Beachte Andeutungstheorie: Der ausgelegte Inhalt des Testaments muss in der Urkunde Anklang gefunden haben.

Beachte Auslegungshilfen: §§ 2066 ff., §§ 2069 ff.; §§ 2074 ff., § 2077; § 2084; §§ 2087 ff.; § 2102

Aufbauschema: Anfechtung, §§ 2078 ff. **845**

I. Form: Anfechtungserklärung ggü Nachlassgericht, § 2081

II. Frist: 1 Jahr ab Kenntnis, § 2082 I, II (absolute Anfechtungsfrist 30 Jahre, § 2082 III)

III. Anfechtungsgrund

1. Inhaltsirrtum, § 2078 I Var. 1
2. Irrtum in der Erklärungshandlung, § 2078 I Var. 2
3. Motivirrtum (einschl. Täuschung), § 2078 II Var. 1
4. widerrechtliche Drohung, § 2078 II Var. 2

5. irrtümliches Übergehen eines Pflichtteilsberechtigten, § 2079

   Beachte: Die §§ 119 ff. gelten nicht!

IV. Anfechtungsberechtigung

1. Dritter, der einen unmittelbaren Vorteil aus dem Wegfall der Verfügung erlangt (§ 2080 I; Ausnahme: §§ 2080 II, III, 2285)
2. Erblasser nur bei Erbvertrag (§§ 2281, 2283) und bindend gewordenem gemeinschaftlichen Testament; arg.: er könnte Testament jederzeit widerrufen, § 2253)

V. RF: Wegfall der letztwilligen Verfügung ex tunc

846 **Aufbauschema: Gemeinschaftliches Testament unter Ehegatten, §§ 2265 ff.**

I. Wirksamkeit

1. Errichtung durch Ehegatten (Errichtung durch einen Ehegatten und Unterzeichnung durch den zweiten genügt, § 2267) bzw. durch Lebenspartner, § 10 IV LPartG
2. Testierfähigkeit (ab Vollendung des 16. Lebensjahrs), § 2229 I
3. Testierwille
4. höchstpersönliche Errichtung, §§ 2064 f.
5. zulässige Formen
   a) ordentliches (eigenhändiges) Testament, §§ 2231 Nr. 2, 2247
   b) ordentliches (notariell beurkundetes) Testament, §§ 2231 Nr. 1, 2232 (beachte: § 2233)
   c) ggf. außerordentliches Testament (Nottestament), §§ 2249 ff.
6. keine allgemeine Nichtigkeit, §§ 134, 138

   Beachte: Teilnichtigkeit führt nicht zur Gesamtnichtigkeit, § 2085
7. keine Veränderung oder Aufhebung des Testaments (beachte § 2268 I, grds. Unwirksamkeit des gesamten Testaments im Falle der Scheidung)

8. keine einseitige Aufhebung oder Veränderung (wegen wechselbezüglicher Verfügungen ist grundsätzlich keine anderweitige Verfügung von Todes wegen möglich)

   möglich bleibt gemeinsame Abänderung oder vollständige Aufhebung
9. kein Widerruf, §§ 2253 ff. (beachte § 2271, Widerruf bei wechselbezüglichen Verfügungen)

   Beachte § 2268 bei Eheauflösung (ggf. iVm § 10 IV LPartG)
10. keine Anfechtung, §§ 2078 ff.

II. Inhalt eines Testaments
1. Grundsatz der wohlwollenden Auslegung
2. Auslegungsmethoden
   a) erläuternde Auslegung: Ermittlung des tatsächlichen Willens des Erblassers im Zeitpunkt der Testamentserrichtung, § 133

   b) ergänzende Auslegung: Ermittlung des hypothetischen Willens des Erblassers im Zeitpunkt der Testamentserrichtung (Wegen Einheitlichkeit zu den anderen Testamentsformen, die einen „:" und keine Klammern haben an dieser Stelle)

   Beachte Andeutungstheorie: Der ausgelegte Inhalt des Testaments muss in der Urkunde Anklang gefunden haben.

   Beachte Auslegungshilfen: §§ 2066 ff., §§ 2069 ff.; §§ 2074 ff., § 2077; § 2084; §§ 2087 ff.; § 2102

   Beachte: Besondere Auslegungsregeln für gemeinschaftliches Testament, §§ 2269 ff.

Überblick: „Berliner Testament", § 2269 **847**

Inhalt: Ehegatten setzen sich gegenseitig zu Erben ein und bestimmen einen Dritten zum Erben des Überlebenden.

Gestaltungsmöglichkeiten:

1. Trennungsprinzip: Jeder Ehegatte setzt den anderen zum Vorerben des eigenen Vermögens und den Dritten als Nacherben ein (getrennte Vererbung der Vermögensmassen der Ehegatten).

Folge: Vorerbschaft des überlebenden Ehegatten und Nacherbschaft eines Dritten, §§ 2100 ff. Dadurch zwei Erbgänge: Nach Tod des ersten Gatten geht dessen Vermögen auf den überlebenden Ehegatten als Vorerben über (beachte: beschränkte Verfügungsbefugnis des Vorerben, §§ 2112 ff.; Befreiungsmöglichkeit § 2136). Bei Tod des überlebenden Ehegatten wird der Dritte Erbe hinsichtlich des Vermögens des Zweitverstorbenen und erhält auch das Vermögen des Erstverstorbenen als Nacherbe.

2. Einheitsprinzip (Berliner Testament i.e.S., Zweifelsregelung, § 2269 I HS. 2): Wenn sich das Trennungsprinzip nicht zweifelsfrei als gewollt ergibt, gilt die Auslegungsregel iSd Einheitslösung des § 2269 I HS. 2: Anordnung von Voll- und Schlusserbschaft. Jeder Ehegatte setzt den anderen zum Vollerben und den Dritten als alleinigen Schlusserben der gemeinsamen Vermögensmasse ein. Der Dritte erhält den gesamten Nachlass in einem Erbgang.

848 **Aufbauschema: Erbvertrag, §§ 1941, 2274**

I. Wirksamkeit

1. Vertragsschluss zw. Erblasser und einer oder mehreren Person, die Erben oder Vermächtnisnehmer sein können
2. Testierfähigkeit, § 2275 (ab Vollendung des 18. Lebensjahrs (§ 2); Ausnahme: Ehegatte und Verlobter)
3. Testierwille
4. Höchstpersönlichkeit, § 2274
5. Form: notarielle Beurkundung bei gleichzeitiger Anwesenheit der Vertragspartner, § 2276
6. mindestens eine vertragsmäßige Verfügung, § 2278 (zu unterscheiden von einer einseitigen Verfügung in einem Erbvertrag iSd § 2299)
7. keine allgemeine Nichtigkeit, §§ 134, 138

Beachte: Teilnichtigkeit nicht nach § 2085, sondern §§ 2270, 2298, wenn nicht einseitige Verfügung (§ 2299 II)

a) erläuternde Auslegung: Ermittlung des tatsächlichen Willens des Erblassers im Zeitpunkt des Abschlusses des Erbvertrags, § 133

b) ergänzende Auslegung: Ermittlung des hypothetischen Willens des Erblassers im Zeitpunkt des Abschlusses des Erbvertrags

Beachte Andeutungstheorie: Der ausgelegte Inhalt muss in der Urkunde Anklang gefunden haben

Beachte Auslegungshilfen: § 2299 II iVm §§ 2066 ff., §§ 2069 ff.; §§ 2074 ff., § 2077 III; § 2084; §§ 2087 ff.; § 2102; zusätzlich: § 2270 II

II. keine Beseitigung

1. Aufhebung durch Vertrag, § 2290

2. Aufhebung durch Testament, § 2291/§ 2292

3. Anfechtung

a) Anfechtungsberechtigung

aa) Erblasser, § 2281 I

bb) Dritter, § 2285 (aber nur solange das Anfechtungsrecht des Erblassers noch nicht erloschen ist, §§ 2280, 2269)

b) Form: notarielle Beurkundung, § 2282 III

c) Anfechtungsfrist: Jahresfrist, § 2283

d) Anfechtungsgrund des Erblassers, §§ 2281 I iVm §§ 2078, 2079

4. Rücktritt

a) Rücktrittsberechtigung

aa) Rücktritt im Vertrag vorbehalten, § 2293 oder

bb) Rücktritt bei Verfehlungen des Bedachten, § 2294 oder

cc) Rücktritt bei Aufhebung der Gegenverpflichtung, § 2295

b) Form: notarielle Beurkundung, § 2296 II 2

III. Inhalt

1. Grundsatz der wohlwollenden Auslegung, § 2084

2. Auslegungsmethoden

849 **Aufbauschema: Bereicherungsanspruch wegen beeinträchtigender Schenkung, § 2287 iVm §§ 818 ff.**

I. Verfügung des Erblassers durch Schenkung

II. Anfall der Erbschaft

III. obj. Beeinträchtigung des Vertragserben

IV. Beeinträchtigungsabsicht (wenn kein lebzeitiges Eigeninteresse [wird widerlegbar vermutet])

V. Missbrauch der Verfügungsfreiheit

VI. RF: Kondiktionsanspruch des Vertragserben gegen den Beschenkten nach Anfall der Erbschaft (Rechtsfolgenverweis auf §§ 818 ff.)

Beachte: Anlauf der Verjährungsfrist mit Erbfall, § 2287 II

850 **Überblick: Vermächtnis, §§ 2147 ff.**

I. Entstehen: Einsetzung von Vermächtnisnehmern

1. durch letztwillige Verfügung, §§ 2147, 1939 oder
2. durch Gesetz, § 1932 II (Voraus); § 1969 II (Dreißigster für Ehegatte)

II. Fälligkeit, §§ 2176 ff.

III. RF: schuldrechtlicher Anspruch des Vermächtnisnehmers auf Gegenstände aus der Erbmasse, § 2174

851 **Aufbauschema: Vermächtnisanspruch, § 2174**

I. Anspruchsteller (Bedachter): Vermächtnisnehmer

1. Vermächtnis, §§ 2147 ff. zugunsten des Anspruchstellers
2. Fälligkeit des Vermächtnisses, §§ 2176 ff.

II. Anspruchsgegner (Beschwerter): Erbe (ggf. anderer Vermächtnisnehmer), §§ 2147 f.

III. RF:

1. schuldrechtlicher Anspruch des Vermächtnisnehmers auf
   a) Vermächtnisgegenstände aus der Erbmasse, § 2174
   b) Früchte und Nutzungen, § 2184
2. Anspruch des Beschwerten auf Ersatz von Verwendungen und Aufwendungen, § 2185

Aufbauschema: Pflichtteilsanspruch, § 2303 852

I. Vss. (wg. Einheitlichkeit zu den folgenden Ansprüchen)

1. Eintritt des Erbfalls

2. Anspruchsteller ist Pflichtteilsberechtigter

a) Abkömmling, Ehegatte oder Eltern, § 2303 I, II; Lebenspartner, § 10 IV LPartG

b) durch Verfügung von Todes wegen (ausdrücklich oder konkludent) von der Erbfolge ausgeschlossen (Enterbung, § 1938)

Ausnahmen: Pflichtteilsrestanspruch, § 2305, § 2307 I 2 oder Pflichtteilsergänzungsanspruch bei Schenkung an Dritte, § 2325; bei Ausschlagung beachte § 1371 III und § 2306 I, § 2307 I 1

Beachte: Unterausnahmen §§ 2325 III, 2330; Verjährung, § 2332

Beachte: Anspruchsteller muss potentiell zum Kreis der Erben gehören, d.h. er darf nicht schon aus anderen Gründen nicht zu den Erben gehören, z.B. weil er für erbunwürdig erklärt ist (§§ 2344, 2345 II BGB), weil der Erblasser ihm zu Recht den Pflichtteil entzogen hat (§§ 2333 ff.) oder er auf sein Erbrecht verzichtet hat, § 2346 I 2).

3. Anspruchsgegner: Erbe

4. kein Ausschluss

a) Pflichtteil nicht entzogen

b) kein Verzicht auf Pflichtteil

II. RF: schuldrechtlicher Zahlungsanspruch gegen Erben auf Pflichtteil

Höhe des Pflichtteils: Hälfte des Wertes des gesetzl. Erbteils, § 2303 I 2

Beachte: Pflichtteilsrestanspruch/Zusatzpflichtteil bei Zurückbleiben des unbeschr. und unbeschwerten Erbteils hinter dem Wert des gesetzl. Pflichtteils, §§ 2305 ff.

853 **Aufbauschema: Pflichtteilsrestanspruch, § 2305**

I. Vss.

1. Eintritt des Erbfalls
2. Anspruchsteller ist Pflichtteilsberechtigter (kein Entzug des Pflichtteils; kein Verzicht auf Pflichtteil)
3. Anspruchsteller ist als Erbe eingesetzt
4. zugewendeter Erbteil ist geringer als die Hälfte des gesetzl. Erbteils (Pflichtteil)

II. RF

1. Pflichtteilsrestanspruch gegen Miterben
2. Anspruchsumfang: Wert des zur Hälfte des fehlenden gesetzl. Erbteils

854 **Aufbauschema: Pflichtteilsergänzungsanspruch, § 2325**

I. Vss.

1. Eintritt des Erbfalls
2. Anspruchsteller ist Pflichtteilsberechtigter (kein Entzug des Pflichtteils; kein Verzicht auf Pflichtteil)

   Beachte: Der Anspruch besteht auch, wenn der Berechtigte gesetzl. oder gewillkürter Erbe in Höhe des Pflichtteils geworden ist, § 2326, oder die Erbschaft ausgeschlagen ist (auch ohne §§ 2306, 1371 III).
3. Erblasser hat einem Dritten innerhalb der letzten zehn Jahre (arg.: § 2325 III 2) vor dem Erbfall eine Schenkung gemacht (unentgeltliches Geschäft unter Lebenden). Bei Ehegatten beginnt die Frist erst mit Auflösung der Ehe, § 2325 III 3.

   Beachte: Auf eine Beeinträchtigungsabsicht des Erblassers kommt es, anders als bei §§ 2287, 2288, nicht an!
4. keine Anstandsschenkung, § 2330

II. RF: Pflichtteilsergänzungsanspruch gegen den Erben; Ausgleich in Geld in Höhe des Betrages, um den sich der Pflichtteil erhöht, wenn der verschenkte Gegenstand dem Nachlass hinzugerechnet wird, § 2325 I

Beachte: Herausgabeanspruch des Pflichtteilsberechtigten gegen Beschenkten, § 2329

Aufbauschema: Erbunwürdigkeit, §§ 2339 ff. 855

I. Form: Anfechtung, § 2340 I, mittels Anfechtungsklage, § 2342

II. Frist

1. Beginn: erst nach Anfall der Erbschaft, § 2340 II 1
2. 1 Jahr nach Erbfall, § 2340 III iVm § 2082 I, II

III. Gründe für Erbunwürdigkeit: § 2339

IV. kein Ausschluss durch Verzeihung, § 2343

V. Anfechtungsberechtigung: jeder, dem der Wegfall des Erbunwürdigen zustatten kommt, § 2341

VI. kein Verstreichen der Ausschlussfrist gem. § 2340 III iVm § 2082 III

VII. RF: Entfall der letztwilligen Verfügung ex tunc, (ab Rechtskraft des Urteils), §§ 2342 II, 2344

Aufbauschema: Erbverzicht, §§ 2346 ff. 856

I. Form: notarielle Beurkundung, § 2348

II. Frist: keine

III. Grund: nicht erforderlich, §§ 2346, 2350; aber: notarielle Beurkundung der Erklärung/des zugrunde liegenden Kausalgeschäfts analog § 2348

IV. RF: Verzichtender ist von gesetzl. Erbfolge ausgeschlossen (auch kein Pflichtteilsrecht mehr, § 2346 I 2)

Überblick: Erbschein, §§ 2353 ff. 857

I. Erteilung

1. Antrag beim Nachlassgericht, § 2353
2. Erbscheinsverfahren (§§ 352 ff. FamFG) und Erteilung des Erbscheins

II. Wirkungen

1. öff. Glaube an Erbenstellung (nur positive Kenntnis von Nichterbenstellung und Wissen um vom Nachlassgericht verlangte Rückgabe des Erbscheins wegen Unrichtigkeit schaden, § 2366)
2. § 2366: hinsichtlich Erbenstellung gutgläubiger Erwerb von demjenigen, der aus dem Erbschein als Erbe hervorgeht („Scheinerbe"). Bei fehlender Eigentümerstellung des Erblassers ggf. zusätzlich § 932 bzw. § 892 prüfen.
3. § 2367: Leistungsbefreiung durch gutgläubige Leistung an Dritten, der aus Erbschein als Erbe hervorgeht

Kapitel 10. Arbeitsrecht

A. Definitionen

Arbeitgeber	Arbeitgeber ist, wer mindestens einen AN beschäftigt.	**858**
Arbeitnehmer (AN)	AN ist, wer persönl. abhängig für einen anderen tätig ist und in dessen Organisation eingegliedert ist (h.M.).	**859**
Arbeitnehmerähnliche	Arbeitnehmerähnliche sind wirtschaftlich von ihrem Vertragspartner abhängig ohne AN zu sein, da sie idR nur für einen Dienstherren tätig und somit auf diesen finanziell angewiesen sind.	**860**
Arbeitsvertrag, § 611a	Ein privatrechtlicher Vertrag zw. Arbeitgeber und AN, in dem sich der AN verpflichtet, weisungsabhängig Dienste für den Arbeitgeber gegen Entgelt zu verrichten.	**861**
Betrieb	organisatorische Einheit aus Sach- und Humankapital unter einheitlicher menschlicher Leitung zur Erfüllung eines arbeitstechnischen Zwecks	**862**
betriebsbedingt	Der Arbeitgeber hat mehr Arbeitskraft im Betrieb zur Verfügung als er Bedarf an Arbeitskraft hat.	**863**
Betriebsteil	organisatorisch abgrenzbare Einheit eines Betriebs zur Verfolgung eines arbeitstechnischen Zwecks	**864**
leichte Fahrlässigkeit	Wer die im Verkehr erforderliche Sorgfalt außer Acht lässt, handelt fahrlässig, weil er das Verhalten eines gewissenhaften Durchschnittsmenschen vermissen lässt.	**865**
leichteste Fahrlässigkeit	(nur im Arbeitsrecht) Leichteste Fahrlässigkeit wird angenommen, wenn man sich sagen kann: Das kann grds. jedem Mal passieren.	**866**

867	personenbedingt	in der Person liegende Umstände
868	Übergang	Übernahme der Leitungsmacht
869	Unternehmen	organisatorische Einheit zur Verfolgung eines wirtschaftlichen oder ideellen Zwecks
870	verhaltensbedingt	durch ein pflichtwidriges, rechtswidriges und schuldhaftes Tun oder Unterlassen motiviert

B. Schemata und Strukturen

Aufbauschema: Lohn(-fort-)zahlung, § 611a 871

A. Anspruch entstanden (Vorliegen eines Arbeitsvertrags, § 611a)

B. Anspruch nicht untergegangen

I. Untergang gem. § 326 I

1. Unmöglichkeit der Leistung gem. § 275 I (→ Rn. 120) (häufig durch Zeitablauf) *oder*

2. Leistungsverweigerungsrecht gem. § 275 III (→ Rn. 122)

II. anspruchserhaltende Sondernormen

1. § 615 (seinerseits spezieller als § 326 II)

a) Annahmeverzug

aa) erfüllbarer Anspruch des Arbeitgebers

bb) Angebot des ANs

(1) grds. tatsächliches § 294

(2) wörtliches § 295 (wenn Arbeitgeber die Leistung ablehnt)

(3) Entbehrlichkeit gem. § 296 (nach BAG bei Kündigung und Ablauf der Kündigungsfrist)

cc) Möglichkeit der Leistung

dd) Leistungsfähigkeit des ANs, § 297

ee) Nichtannahme durch den Arbeitgeber

oder

b) Betriebsrisiko des Arbeitgebers (S. 3)

aa) Unmöglichkeit der Leistung

(1) technische betriebliche Störungen

(2) rechtliche Hindernisse in der Arbeitgebersphäre

(3) Wirtschaftsrisiko

bb) kein VS des Arbeitgebers (schon von § 326 II erfasst)

cc) kein VS des ANs

dd) keine Existenzvernichtung des Arbeitgebers

ee) nicht Risikosphäre des ANs (Arbeitskampfrisiko)

2. § 616

a) Verhinderung des ANs

b) aus persönl. Gründen

c) verhältnismäßig nicht erhebliche Zeit

3. kein Ausschluss durch vertragl. Vereinbarung

872 **Aufbauschema: Lohnfortzahlungsanspruch gem. § 3 EFZG**

I. Bestehen eines Arbeitsverhältnisses

II. Wartezeit (§ 3 III EFZG: vier Wochen)

III. Arbeitsunfähigkeit infolge von Krankheit

1. Krankheit
2. Arbeitsunfähigkeit
3. Kausalität

IV. kein Ausschluss (selbst verschuldete Arbeitsunfähigkeit)

V. kein Leistungsverweigerungsrecht

1. Verletzung der Anzeigepflicht nach § 5 EFZG (§ 7 I Nr. 1 EFZG)
2. Verhinderung der cessio legis, § 7 I Nr. 2 EFZG

VI. Höchstdauer pro Erkrankung (bis zu sechs Wochen, § 3 I 1 EFZG; Ausnahme: § 3 I 2 Nr. 1 u. 2 EFZG)

873 **Aufbauschema: Haftung für Arbeitgeberschäden bei §§ 611a, 280 I**

I. Schuldverhältnis

II. Pflichtverletzung

III. Schaden

IV. Kausalität

V. VS (nicht vermutet, § 619a)

VI. Mitverschulden § 254 (direkt)

VII. Haftungserleichterung analog § 254 nach den Grundsätzen des innerbetrieblichen Schadensausgleichs, als Gesamtschau der Umstände:

1. Grad des VS des ANs
   a) Vorsatz volle Haftung
   b) grobe Fahrlässigkeit idR volle Haftung
   c) leichte Fahrlässigkeit idR anteilige Haftung
   d) leichteste Fahrlässigkeit idR keine Haftung
2. Gefahrgeneigtheit der Arbeit
3. Schadenshöhe
4. Höhe des Entgeltes (Risikoprämie?)
5. Versicherbarkeit durch den Arbeitgeber
6. Stellung des ANs im Betrieb
7. u.U. auch die persönl. Verhältnisse des ANs (aber nicht allein die wirtschaftliche Lage des ANs)

Aufbauschema: Ansprüche wegen Verletzung der Gesundheit, §§ 611a, 280 874

I. Schuldverhältnis, § 611a

II. Pflichtverletzung, § 241 II

III. Schaden, § 249

IV. Kausalität

V. VS (keine Beweislastumkehr, § 619a)

VI. kein Haftungsausschluss gem. §§ 104, 105 SGB VII

Beachte: Gut vertretbar ist es, den Ausschluss zuerst zu prüfen.

875 **Aufbauschema: Haftungsausschluss des Arbeitgebers bei Personenschäden gem. § 104 SGB VII**

I. Versicherter, § 2 I Nr. 1 SGB VII

II. Versicherungsfall, § 7 SGB VII

III. Tätigkeit des Geschädigten für das Unternehmen

IV. kein Vorsatz des Arbeitgebers, § 276

V. kein Wegeunfall iSd § 8 II Nr. 1–4 SGB VII

876 **Aufbauschema: Haftungsausschluss bei Personenschäden unter Kollegen gem. § 105 SGB VII**

I. Unfallverursacher

II. betriebliche Tätigkeit

III. Geschädigter = Versicherter iSd §§ 2, 3, 6 SGB VII

IV. derselbe Betrieb

V. kein Vorsatz, § 276

VI. kein Wegeunfall gem. § 8 II Nr. 1–4 SGB VII

877 **Aufbauschema: (Un-)Wirksamkeit einer Kündigung eines Arbeitsverhältnisses aus formellen Gründen, §§ 623, 125 oder gem. § 102 I BetrVG**

Beachte: Kann bei allen Kündigungen ergänzt werden.

I. Formerfordernis, § 623

II. Anhörung, § 102 I BetrVG

1. geschützter Personenkreis (keine leitenden Angestellten, § 5 III 2 BetrVG)
2. ordnungsgemäße Anhörung
   a) rechtzeitig (eine Woche bzw. drei Tage, § 102 II 1 BetrVG)
   b) alle wesentlichen Sachinformationen (inkl. Daten für die Sozialauswahl, Versetzungsmöglichkeiten etc.)
   c) für die richtige Kündigungsform

Aufbauschema: (Un-)Wirksamkeit einer Kündigung eines Arbeitsverhältnisses innerhalb des Anwendungsbereichs des KSchG, § 1 I KSchG 878

I. persönlicher Anwendungsbereich, 6-monatige Beschäftigung, § 1 I KSchG

II. sachlicher Anwendungsbereich, Kleinbetriebsklausel § 23 I 2 und 3 KSchG, es wird differenziert, wann das Arbeitsverhältnis entstanden ist. Grds. mind. 10 AN [aber Bestandsschutz der „alten" Regelung für Arbeitsverhältnisse vor dem 1. 1. 2004 (damals 5 AN)].

III. Sozialwidrigkeit gem. § 1 II KSchG

1. Verstoß gegen eine Auswahlrichtlinie, § 95 BetrVG
2. Ultima-ratio-Prinzip (Möglichkeit der Weiterbeschäftigung – entgegen dem Wortlaut auch ohne Widerspruch des Betriebsrats)

IV. soziale Rechtfertigung gem. § 1 I KSchG

1. verhaltensbedingt
   a) Abmahnung *oder*
   b) Entbehrlichkeit der Abmahnung
   c) Unzumutbarkeit der Weiterbeschäftigung
2. personenbedingt
   a) in der Person des ANs liegenden Gründe
   b) Beseitigungsmöglichkeit (ggf. Schulungen)
3. betriebsbedingt
   a) unternehmerische Entscheidung
   b) Überhang an Arbeitskraft
   c) Sozialauswahl gem. § 1 III KSchG
      aa) vergleichbare AN
      bb) Leistungsträgerklausel, § 1 III 2 KSchG
      cc) Berücksichtigung der vier Kriterien
         (1) Lebensalter
         (2) Berufszugehörigkeit

(3) Unterhaltspflichten

(4) Behinderung

V. keine Wirksamkeit gem. § 7 KSchG

1. drei-Wochenfrist, § 4 KSchG

2. kein Antrag auf Wiedereinsetzung, § 5 KSchG

879 **Aufbauschema: Kündigung eines Arbeitsverhältnisses außerhalb des Anwendungsbereichs des KSchG, §§ 138, 242**

I. Unanwendbarkeit des KSchG (→ Rn. 882 unter VI.)

II. §§ 138, 242 (str.)

1. sachlicher Grund

2. „kleiner Maßstab des § 1 III KSchG" bei evident sozialwidrigen Kündigungen

III. keine Wirksamkeit gem. § 7 KSchG

1. drei-Wochenfrist, § 4 KSchG

2. kein Antrag auf Wiedereinsetzung, § 5 KSchG

880 **Aufbauschema: Abmahnung**

I. Vorstufe zur verhaltensbedingten Kündigung

II. Beanstandung (des konkreten Verhaltens)

III. Hinweis (auf fehlende Hinnahmebereitschaft)

IV. Ankündigung (der Kündigung)

881 **Aufbauschema: Entfristungsklage, § 17 TzBfG**

A. Zulässigkeit

I. Rechtswegeröffnung zur Arbeitsgerichtsbarkeit, § 2 I Nr. 3b ArbGG

II. Zuständigkeit der Arbeitsgerichte

1. sachlich, § 8 I ArbGG

2. örtlich, § 46 II ArbGG, §§ 12 ff. ZPO

III. Partei-, Prozess- und Postulationsfähigkeit

1. Parteifähigkeit, § 46 II ArbGG, § 50 ZPO
2. Prozessfähigkeit, § 46 II ArbGG, §§ 51 f. ZPO
3. Postulationsfähigkeit, § 11 ArbGG

IV. statthafte Klageart: Entfristungsklage
1. AN begehrt Feststellung, dass das Arbeitsverhältnis nicht auf Grund einer best. Befristungsabrede beendet worden ist, § 17 S. 1 TzBfG
2. anwendbar bei befristeten und auflösend bedingten (§ 21 TzBfG) Arbeitsverhältnissen
3. anwendbar bei allen Unwirksamkeitsgründen

V. besonderes Feststellungsinteresse

§ 256 I ZPO: Präklusion, § 17 S. 2 TzBfG, § 7 KSchG

VI. ordnungsgemäße Klageerhebung, § 253 ZPO

B. Begründetheit

I. Einhaltung der Klagefrist (3-Wochen), § 17 S. 1, 2 TzBfG

II. Formerfordernis, § 14 IV TzBfG

III. sachgrundlose Befristung gem. § 14 II TzBfG
1. Maximaldauer
   a) allgemein bis zu 2 Jahre (Abs. 2)
   b) Existenzgründer bis 4 Jahre (Abs. 2a)
   c) AN über 52 Jahre und beschäftigungslos/best. Sozialleistungen bis 4 Jahre (Abs. 3)
2. bis max. drei Verlängerungen
3. keine Vorbeschäftigung, § 14 II 2 TzBfG (Achtung: seit 2011 neue Rspr. des BAG)

IV. sachgrundgebundene Befristung gem. § 14 I TzBfG (bei Kettenbefristungen immer nur die letzte Befristung prüfen)
1. benannte Sachgründe (Nr. 1 bis 8)
2. unbenannte Sachgründe

882 **Aufbauschema: Klage gegen eine ordentliche Kündigung**

A. Zulässigkeit

I. Rechtsweg zu den Arbeitsgerichten, §§ 2, 5 ArbGG

II. Klageart: Feststellungsklage (Kündigungsschutzklage) § 256 ZPO iVm § 46 ArbGG; §§ 4, 7, 13 KSchG

III. Rechtsschutzbedürfnis für Feststellungsklage, § 4 KSchG

IV. Klagefrist gem. § 4 KSchG (nach h.M. Frage der Begründetheit) s.u.

B. Begründetheit

I. Kündigungserklärung

1. Auslegung: Anfechtung, Kündigung, Aussperrung?
2. Form, § 623
3. Bedingungsfeindlichkeit (Ausnahme: Änderungskündigung, § 2 KSchG)
4. Zugang, § 130

II. Kündigungsfristen und -termine § 622

III. Verfahren

1. Anhörung des Betriebsrats, § 102 BetrVG
   a) überhaupt und ordnungsgemäß
   b) innerhalb der Frist des § 102 II BetrVG
2. ggf. Anhörung der Schwerbehindertenvertretung, § 178 II 1, 3 SGB X *(vor 01.01.2018: § 95 II 1, 3 SGB IX)*
3. besondere Zustimmungen: § 17 I MuSchG *(vor 01.01.2018: § 9 III MuSchG)*, § 168 SGB X *(vor 01.01.2018: § 85 SGB IX)*, § 103 BetrVG

IV. Klagefrist, §§ 4, 7 KSchG nach h.M. materiell-rechtliche Wirkung (§ 7 KSchG: „gilt als rechtswirksam"). Die Klagefrist gilt seit 01.01.2004 für alle Unwirksamkeitsgründe, § 4 KSchG (Ausnahme: Schriftformerfordernis)

V. Sondervorschriften: Ausschluss oder Beschränkung der Kündigung

1. Vertrag, Tarifvertrag
2. § 15 KSchG, § 22 II BBiG, § 2 ArbPlSchG, § 17 MuSchG *(vor 01.01.2018: § 9 MuSchG)*, § 18 BEEG

VI. Kündigungsgrund
1. Kündigung nach dem Kündigungsschutzgesetz
a) Anwendungsbereich
aa) persönl. Geltungsbereich, § 1 I KSchG
bb) betrieblicher Geltungsbereich, § 23 KSchG (Schwellenwert über 10 AN)
b) Kündigungsgrund erforderlich, § 1 II KSchG
aa) personenbedingt
bb) verhaltensbedingt (erfordert Abmahnung)
cc) betriebsbedingt
(1) dringende betriebliche Erfordernisse
(2) soziale Auswahl, § 1 III KSchG
2. Kündigung außerhalb des Kündigungsschutzgesetzes, insb. Kleinbetrieb, Kündigungsgrund nicht erforderlich, aber Inhaltskontrolle
a) § 134
b) § 138
c) § 242 (BVerfG: Kündigung im Kleinbetrieb)
3. Sondervorschriften (§ 613a IV u.a.)

Aufbauschema: Klage gegen eine außerordentliche Kündigung 883

A. Zulässigkeit (→ Rn. 882)
B. Begründetheit
I. Kündigungserklärung
1. Auslegung: Anfechtung, Kündigung, Aussperrung?
2. Form, § 623
3. Bedingungsfeindlichkeit
4. Zugang

II. Verfahren:
1. Anhörung des Betriebsrats, § 102 I BetrVG
2. Besondere Zustimmung, z.B. § 103 BetrVG
3. ggf. § 178 II 1, 3 SGB X *(vor 01.01.2018: § 95 II 1, 3 SGB IX)*

III. Sondervorschriften: Ausschluss oder Beschränkung der Kündigung § 17 MuSchG *(vor 01.01.2018: § 9 MuSchG)*, § 18 BEEG, § 103 BetrVG, § 168 SGB X *(vor 01.01.2018: § 85 SGB IX)*

IV. Kündigungsgrund, § 626 I
1. wichtiger Grund
2. Interessenabwägung

V. Frist des § 626 II (Kündigungserklärungsfrist)

VI. Klagefrist, § 13 I 1, 2 KSchG iVm § 4 KSchG

VII. evtl. Umdeutung der außerordentlichen in eine ordentliche Kündigung, § 140

884 **Aufbauschema: Ansprüche aufgrund betrieblicher Übung**

I. freiwillige Leistung des Arbeitgebers

II. wiederholte Erbringung der Leistung

III. schutzwürdiges Vertrauen der AN

IV. kein wirksamer Freiwilligkeitsvorbehalt

V. keine Beseitigung durch:
1. (Änderungs-)Kündigung
2. gegenläufige betriebliche Übung (h.M. wohl nicht mehr möglich)
3. einen wirksam ausgeübten (vorbehaltenen) Widerruf

885 **Aufbauschema: Anspruch auf Arbeitszeitverringerung gem. § 8 TzBfG**

A. Anwendungsbereich

I. sachlich (Abs. 7) idR $\geq$ 15 AN

II. persönl. (Abs. 1) > 6 Monate beschäftigt

III. kein Ausschluss (Abs. 6) letzte Verringerung nicht länger als 2 Jahre her

B. Tatbestandsvoraussetzungen

I. Antrag des ANs (Abs. 2) rechtzeitig, d.h. mind. 3 Monate vor Beginn (Achtung: Wunsch nach Lage der neuen Arbeitszeit ist nicht zwingend erforderlich)

Hinweis: Die Verletzung der Erörterungspflicht hat keine eigenständige Bedeutung (Abs. 3).

II. keine Einigung über die Reduzierung (Abs. 5 S. 2)

III. keine rechtzeitige Ablehnung

1. rechtzeitig abgelehnt
2. betriebliche Gründe

Hinweis: Die Gründe müssen nicht „dringend" (§§ 1 II KSchG, 6 IV ArbZG, 7 I, II BUrlG) sein.

IV. Dreistufenprüfung

1. bestehendes betriebliches Organisationskonzept
2. Konzept muss der gewünschten Arbeitszeitregelung tatsächlich entgegenstehen.
3. nicht unwesentliche Beeinträchtigung beim Arbeitgeber

V. keine Einigung über die Lage

1. rechtzeitig abgelehnt
2. betriebliche Gründe (wie bei der Reduzierung)

Aufbauschema: Anspruch aus allgemeinem arbeitsrechtlichen Gleichbehandlungsgrundsatz 886

I. Leistung an andere AN

II. Vergleichsgruppenbildung

III. gleicher Betrieb

IV. Ungleichbehandlung

V. ohne sachlichen Grund

887 **Aufbauschema: Ansprüche wegen Diskriminierung, § 15 AGG**

I. Anwendbarkeit des AGG gem. §§ 2, 6 AGG

II. benachteiligende Handlung

1. unmittelbare Benachteiligung gem. § 3 I AGG

a) aufgrund oder wegen eines in § 1 AGG genannten Merkmals

b) Rechtfertigung gem. §§ 8, 9, 10 AGG

c) Rechtfertigung gem. § 5 AGG

2. mittelbare Benachteiligung gem. § 3 II AGG (scheinbar neutrales Kriterium)

a) aufgrund oder wegen eines Merkmals nach § 1 AGG

b) sachlicher Grund für die Anknüpfung an das geschützte Merkmal und Verhältnismäßigkeit, § 3 II AGG

c) Rechtfertigung gem. §§ 5, 8, 9, 10 AGG

III. Schaden

1. materieller Schaden (§ 15 I AGG) = der/die Bestgeeignetste

→ *Schadensersatz für den Nichterhalt der Stelle (= Gehalt)*

2. immaterieller Schaden (§ 15 II AGG) = es gibt besser qualifizierte Bewerber

→ *Schadensersatz max. drei Bruttomonatsgehälter*

888 **Aufbauschema: Fehlerhaftes Arbeitsverhältnis**

I. unwirksamer Arbeitsvertrag (alle Unwirksamkeitsformen)

II. Vollzug des Arbeitsverhältnisses (Aufnahme der Tätigkeit)

III. keine schwerwiegende Verletzung drittschützender Vorschriften durch die Anwendung der Sonderregeln

IV. RF: Arbeitsverhältnis bleibt für die Vergangenheit bestehen

Aufbauschema: Betriebsübergang gem. § 613a 889

I. Betrieb oder Betriebsteil (Wahrung der wirtschaftlichen Identität)
   1. bei Produktionsbetrieb im Wesentlichen Übernahme der Materialien, bei Dienstleistungsbetrieben Übernahme eines großen Teils der Belegschaft
   2. Übergang eines Kundenstammes
   3. vergleichbare Tätigkeiten
   4. keine längere Unterbrechung

II. Übergang
   1. Übertragung der Leitungsmacht auf Erwerber
   2. keine Stilllegung

III. durch Rechtsgeschäft (nicht durch Gesetz, z.B. § 1922)

IV. kein wirksamer Widerspruch, § 613a VI
   1. schriftliche Erklärung ggü. dem alten oder neuen AG
   2. innerhalb der Monatsfrist (nach Übergangsanzeige)

Aufbauschema: Ansprüche aufgrund Tarifvertrags 890

I. schriftlicher Vertrag, § 1 II TVG

II. Tariffähigkeit, § 2 TVG

III. Tarifzuständigkeit (nach eigener Satzung der Tarifvertragsparteien)

IV. persönlicher, zeitlicher, räumlicher und fachlicher Geltungsbereich des Tarifvertrags

V. Tarifgebundenheit (Anspruchsteller und Gegner)
   1. § 3 I TVG (Gewerkschaftsmitglied, Arbeitgeberverbandsmitglied)
   2. § 3 II TVG (bei betrieblichen und betriebsverfassungsrechtlichen Fragen reicht Bindung des Arbeitgebers)
   3. tarifliche Außenseiterklausel, § 328
   4. Allgemeinverbindlichkeitserklärung gem. § 5 TVG

VI. Vss. der Tarifvertragsklausel (normativer Teil des Tarifvertrags, § 1 I TVG

VII. kein Verstoß gegen zwingendes Recht

VIII. kein Erlöschen durch
1. Zeitablauf
2. Aufhebung
3. Kündigung
ACHTUNG: Nachwirkung des Tarifvertrags gem. § 4 V TVG

IX. keine Abbedingung des Tarifvertrags
1. § 4 III Var. 2 TVG (Günstigkeitsprinzip)
2. § 4 III Var. 1 TVG (Öffnungsklausel)

X. keine Verjährung/Ausschlussfrist/Verzicht § 4 IV 1 TVG

891 **Aufbauschema: Rechtmäßiger Streik**

I. Streikführer = tariffähige Partei

II. Verfolgung eines tariflich regelbaren Ziels
1. keine Differenzierungs- und Effektivklauseln
2. keine übertariflichen Leistungen
3. keine Solidarstreiks
4. keine Demonstrations- und Proteststreiks
5. keine politischen Streiks

III. keine Friedenspflicht

IV. formell ordnungsgemäßes Verfahren (nach Satzung)

V. Verhältnismäßigkeitsprinzip

→ Verhandlungen gescheitert (vor dem Scheitern auch keine Warnstreiks)

VI. faire Kampfführung
1. kein Aufruf zu rechtswidrigen Aktionen
2. rechtmäßiges Verhalten der Streikposten
3. u.U. Organisation von Erhaltungsarbeiten

Kapitel 11. Handelsrecht

A. Definitionen

Firma	Name unter dem der Kaufmann (Einzelkaufmann oder Gesellschaft über § 6 HGB) seine Geschäfte betreibt, § 17 I HGB	**892**
– Fantasiefirma	Firmenkern enthält Fantasieworte	**893**
– Mischform	Firmenkern kombiniert die anderen Formen	**894**
– Personalfirma	Firmenkern besteht aus bürgerlichem Namen eines Unternehmers	**895**
– Sachfirma	Firmenkern weist auf Unternehmensgegenstand hin	**896**
Gewerbe	jede erlaubte, selbstständige, nachhaltige und dauerhafte, auf Gewinnerzielung gerichtete (str. wohl nicht mehr zwingend erforderlich) Tätigkeit, die kein freier Beruf (vgl. § 1 II PartGG) ist	**897**
Handelsregister	bei den Amtsgerichten geführtes öff.-rechtliches Register, das Auskunft über Tatsachen und Rechtslagen im Handelsrecht gibt	**898**
Kaufmann	Die Kaufmannseigenschaft eröffnet den Anwendungsbereich des HGB (Sonderprivatrecht). An sie sind verschiedene Rechte und Pflichten geknüpft.	**899**

B. Schemata und Strukturen

900 **Überblickschema: Kaufmannseigenschaft**

I. Formkaufmann, § 6 HGB

1. Kapitalgesellschaften
   a) § 3 I AktG, Aktiengesellschaft (AG)
   b) §§ 278 III, 3 I AktG, Kommanditgesellschaft auf Aktien (KGaA)
   c) § 13 III GmbHG, Gesellschaft mit beschränkter Haftung (GmbH)
   d) § 3 SCEAG, Societas Europaea (SE)
   e) § 17 II GenG (beachte: Fiktion), eingetragene Genossenschaft (eG)
2. Personengesellschaften
   a) offene Handelsgesellschaft (oHG § 105 I HGB)
   b) Kommanditgesellschaft (KG §§ 161 II, 105 I HGB)
   c) Ausnahmen:
      aa) Kleingewerbetreibende § 1 II HGB
      bb) Ausschließlich eigene Vermögensverwaltung §§ 105 II, 2 HGB

II. Istkaufmann, § 1 I HGB

1. Gewerbe
2. Betrieb
3. Erforderlichkeit einer kaufmännische Einrichtung
   a) Art des Betriebs
   b) Umfang des Betriebes
4. kein Betrieb der Land- und Forstwirtschaft, § 3 HGB

III. Kaufmann kraft Eintragung (Fiktion nach § 5 HGB)

1. Eintragung der Firma im HReg
2. Kaufmannseigenschaft nach § 1 HGB fehlt oder ist zweifelhaft

IV. Kannkaufmann, § 2 HGB
   1. kein Kaufmann nach § 1 HGB (beachte: sonst hat Eintragung nur deklaratorische Wirkung)
      a) Kleingewerbetreibende, §§ 2, 1 II HGB
      b) ausschließlich eigene Vermögensverwaltung, §§ 2, 105 II HGB

oder

   2. Betriebe der Land- und Forstwirtschaft, § 3 HGB
   3. Eintragung im HReg

V. Scheinkaufmann (Gewohnheitsrecht)
   1. Unternehmer tritt auf wie ein Kaufmann
   2. im Rechtsverkehr
   3. gutgläubiger Dritten hinsichtlich der Kaufmannseigenschaft
   4. kausal getroffene rechtsgeschäftliche Disposition des Dritten
   5. RF: Dritter hat Wahlrecht
      a) Berufen auf tatsächliche *oder*
      b) vermeintliche Rechtslage

Hinweis: Ein Scheinkaufmann kann sich nicht zu seinen Gunsten auf die Kaufmannseigenschaft berufen.

Prüfungsschema: §§ 8 ff. HGB Eintragung in das HReg 901

I. eintragungspflichtige Tatsachen

II. eintragungsfähige Tatsachen
   1. im Gesetz vorgesehen
   2. ohne gesetzl. Grundlage

III. nicht eintragungsfähige Tatsachen

IV. konstitutive Eintragung

V. deklaratorische Eintragung

902 **Überblickschema: § 15 HGB Publizität des Handelsregisters**

I. negative Publizität, § 15 I HGB
   1. eintragungspflichtige Tatsache
   2. nicht eingetragen und bekanntgemacht
   3. Gutgläubigkeit des Dritten bzgl des Nichtbestehens der Tatsache
   4. RF: Dritter hat Wahlrecht
      a) Berufen ggü. Verantwortlichem auf wahre *oder*
      b) die sich aus § 15 I HGB ergebende Rechtslage

      Hinweis: „Rosinentheorie“: Dritter kann sich für jede Tatsache einzeln entscheiden auf welche Rechtslage er sich beruft.

II. positive Publizität
   1. § 15 II HGB
      a) eintragungspflichtige Tatsache
      b) eingetragen und bekanntgemacht
      c) kein Ausschluss
         aa) Rechtshandlung innerhalb von 15 Tage nach Bekanntmachung
         bb) Dritter kannte Tatsache nicht oder musste sie nicht kennen
      d) RF: Verantwortlicher kann Tatsache ggü. Drittem geltend machen
   2. § 15 III HGB
      a) eintragungspflichtige Tatsache
      b) unrichtige Bekanntmachung

         Beachte: § 15 III HGB greift nur (h.M.), wenn die unrichtige Bekanntmachung durch den Verantwortlichen veranlasst.

      c) gutgläubiger Dritter hinsichtlich der Unrichtigkeit
      d) RF: Wahlrecht des Dritten (→ Rn. 900 unter V.)

III. Kaufmann kraft Eintragung (§ 5 HGB) (→ Rn. 900 Ziff. III.)

Überblickschema: §§ 17 ff. HGB Zulässige Firmierung 903

I. Kaufmann

II. Firmenkern (→ Rn. 893 ff.)
   1. Personalfirma
   2. Sachfirma
   3. Fantasiefirma
   4. Mischform

III. Rechtsformzusatz, § 19 I HGB
   1. eingetragene/r Kauffrau/Kaufmann oder entspr. Abkürzung (e.K.)
   2. offene Handelsgesellschaft oder entspr. Abkürzung (oHG)
   3. Kommanditgesellschaft oder entspr. Abkürzung (KG)
   4. Kennzeichnung einer Haftungsbeschränkung, § 19 II HGB (mbH)

IV. Firmengrundsätze, § 18 HGB
   1. Firmenunterscheidbarkeit, § 18 I HGB
      a) Kennzeichnungseignung
      b) Unterscheidungskraft *(beachte: § 30 HGB)*
   2. Firmenwahrheit, § 18 II HGB
   3. Firmenbeständigkeit, §§ 21, 22, 23, 24 HGB
   4. Firmeneinheit (ein Unternehmen → nur eine Firma)
   5. Firmenöffentlichkeit, §§ 29, 31 HGB

   Hinweis: Bei Verwendung einer unzulässigen Firma können Ansprüche aus § 37 II HGB, §§ 12, 823, 1004 BGB, dem UWG und MarkenG bestehen.

904 **Prüfungsschema: § 25 HGB Haftung des Erwerbers bei Firmenfortführung**

I. Handelsgeschäft

II. Erwerb

1. Unternehmensübertragung (basierend auf Kausalgeschäft, z.B. Kauf oder Schenkung)
2. Unternehmensüberlassung (basierend z.B. auf Pacht)
3. unter Lebenden (beachte: Abgrenzung zu § 27 HGB)

Beachte: Auf die Wirksamkeit des Übernahmevertrags kommt es nicht an, lediglich auf den tatsächlichen Übergang.

III. Fortführung unter bisheriger Firma

1. tatsächliche Fortführung des Handelsgeschäfts
   a) in wesentlichem Bestand unveränderte
   b) Weiterführung
2. Firmenfortführung (beachte: wenn die Firma nicht fortgeführt wird, gilt § 25 III HGB; Haftung nur bei bes. Verpflichtungsgrund)
   a) mit *oder*
   b) ohne das Nachfolgeverhältnis andeutenden Zusatz

Hinweis 1: Die Erhaltung des Kerns der Firmierung ist ausreichend. Nicht erforderlich ist eine Wortlaut- oder buchstabengetreue Fortführung. Entscheidend ist, dass nach außen der Eindruck entsteht, dass das Geschäft von der gleichen Person betrieben wird).

Hinweis 2: Auf die Zulässigkeit der Firma (vgl. Aufbauschema: Zulässige Firmierung) kommt es nicht an.

IV. keine abweichende Vereinbarung, § 25 II HGB

1. Eintragung und Bekanntmachung *oder*
2. Mitteilung ggü. Drittem

V. RF

1. Haftung des Fortführenden für alle im Betrieb des Geschäfts begründeten Verbindlichkeiten des früheren Inhabers

Beachte: Es handelt sich um einen gesetzl. Schuldbeitritt.

2. Haftung des früheren Inhabers gem. § 26 HGB (→ Rn. 905)

Prüfungsschema: § 26 HGB Haftung des früheren Inhabers bei Firmenfortführung 905

I. Haftung des Erwerbers

1. Fortführung der Firma (vgl. → Rn. 904) *oder*
2. Kundmachung nach § 25 III HGB

II. Forderung ist innerhalb von 5 Jahren fällig

1. Fristbeginn
   a) § 26 I HGB mit dem Ende des Tages der Eintragung ins HReg
   b) § 26 III HGB mit dem Ende des Tages der Kundgabe des Übergangs
2. entsprechende Anwendung der Verjährungsvorschriften, §§ 204, 206, 210, 211, 212 I ff.

III. Ansprüche

1. nach § 197 I–V festgestellt *oder*
2. schriftliche Anerkennung des früheren Firmeninhabers (§ 26 II HGB) *oder*
3. gerichtliche oder behördliche Vollstreckungsmaßnahmen vorgenommen oder beantragt

IV. RF: zusätzliche Haftung des früheren Geschäftsinhabers

Prüfungsschema: § 28 HGB Haftung bei Eintritt in das Geschäft eines Einzelkaufmanns 906

I. Einzelkaufmann

II. Eintritt eines Dritten in das Geschäft des Einzelkaufmanns

1. als persönl. haftender Gesellschafter
2. als Kommanditist

Hinweis: Auf die Fortführung der Firma kommt es nicht an.

III. keine abweichende Vereinbarung, § 28 II HGB

1. Eintragung und Bekanntmachung *oder*
2. Mitteilung ggü. Drittem

IV. RF
   1. Haftung der Gesellschaft für alle im Betrieb entstandenen Verbindlichkeiten des früheren Geschäftsinhabers
   2. Haftung des früheren Geschäftsinhabers
      a) weiterhin persönlich
      b) Begrenzung entsprechend § 26 HGB (§ 28 III HGB), wenn er zum Kommanditist wird
   3. Forderungen des früheren Geschäftsinhabers gelten ggü. den Schuldnern als auf die Gesellschaft übergegangen, § 28 I 2 HGB

907 **Überblickschema: Vertreter im Handels- und Gesellschaftsrecht**

I. gesetzl. Vertreter
   1. GbR, §§ 714, 709 ff.
      a) Gesellschafter
      b) zur Geschäftsführung berechtigt
         aa) Grundsatz der gemeinschaftlichen Geschäftsführung aller, § 709 I
            (1) Ausnahme: Einzelgeschäftsführung, § 710 S. 1 Var. 1
            (2) Ausnahme: Übertragung auf mehrere, § 710 S. 1 Var. 2
         bb) kein Ausschluss, § 710 S. 1
         cc) keine Entziehung, § 712 I
         dd) keine Kündigung des Gesellschafters, § 712 II
   2. oHG, § 125 HGB
      a) Grundsatz: Einzelvertretung, § 125 I HS. 1 HGB
      b) nicht von Vertretung ausgeschlossen, § 125 I HS. 2 HGB
      c) keine Gesamtvertretung, § 125 II 1 HGB

         Beachte: Nur Aktivvertretung ist lediglich gemeinsam möglich; anders Passivvertretung, § 125 II 3 HGB.

      d) keine gemischte Gesamtvertretung, § 125 III 1 HGB

3. KG, §§ 161 II, 125, 170 HGB
   a) Gesellschafter
      aa) Komplementär (s. oHG)
      bb) kein Kommanditist, § 170 HGB
   b) §§ 161 II, 125 HGB (s. oHG)
4. eingetragener Verein (e.V.): Vorstand, § 26 I 2
5. GmbH: Geschäftsführer, §§ 35 I 1, 6 I GmbHG
6. AG: Vorstand, §§ 78 I 1, 76 AktG

II. Rechtsgeschäftliche Vertreter
1. Prokurist, §§ 49 ff. HGB
2. Handlungsbevollmächtigter, § 54 f. HGB
3. Angestellter im Laden oder Warenlager, § 56 HGB

   Beachte: dogmatisch Einordnung str.; wird tw. als Rechtsscheintatbestand betrachtet
4. Bevollmächtigter, Art. 2 EGHGB, § 167

Prüfungsschema: Vertretung im Handels- und Gesellschaftsrecht 908

Hinweis: Die Vertretung richtet sich nach den §§ 164 ff. mit einigen handelsrechtlichen Besonderheiten.

I. Zulässigkeit (kein höchstpersönl. Rechtsgeschäft)

II. eigene Willenserklärung des Vertreters

III. im Namen des Vertretenen
1. ausdrücklich

   Beachte: § 51 HGB zur Zeichnung des Prokuristen
2. unternehmensbezogenes Rechtsgeschäft, § 164 I 2

IV. im Rahmen der Vertretungsmacht
1. gesetzl.
2. rechtsgeschäftlich

   Beachte: Umfang ist tw. gesetzl. geregelt.

909 **Prüfungsschema: Prokura, §§ 48 ff. HGB**

I. Erteilung, § 48 HGB

1. Kaufmann oder dessen gesetzl. Vertreter
2. ausdrückliche Erklärung

Beachte: Konkludente Erklärung ist nicht möglich.

Hinweis 1: Die Eintragung in das HReg ist zwingend (§ 53 I HGB); Wirkung aber nur deklaratorisch.

Hinweis 2: Bei Fehlschlagen der Erteilung einer Prokura kommt eine Umdeutung in die Erteilung einer Handlungsvollmacht (Weniger) gem. § 140 in Betracht.

II. Art

1. Einzelprokura
2. Gesamtprokura (§ 48 II HGB)

Beachte: Aktivvertretung ist nur gemeinsam möglich; nicht aber Passivvertretung.

Hinweis: Gesamtprokura ist als unechte Gesamtprokura möglich z.B. § 125 III HGB; d.h. der gesetzl. Vertreter darf nur mit Prokuristen zusammen tätig werden.

III. Umfang, § 49 HGB

1. alle Arten von Geschäften
2. die der Betrieb des Handelsgewerbes mit sich bringt
3. gerichtlich und außergerichtlich
4. grds. keine Grundstücksgeschäfte, § 49 II HGB
5. keine Grundlagengeschäfte (z.B. Veräußerung des Betriebes selbst)

Hinweis: Beschränkungen sind nur im Innenverhältnis wirksam (§ 50 I HGB). Folglich bleibt die Vertretungsmacht (Außenverhältnis) bei der Überschreitung einer solchen Beschränkung bestehen. Vertretungsmacht ist nur in den Fällen der Evidenz oder der Kollusion ausgeschlossen (vgl. Stellvertretung →Rn. 63 ff.).

IV. kein Erlöschen, § 52 HGB

Prüfungsschema: Handlungsvollmacht 910

I. Erteilung

Beachte: Sie muss weder ausdrücklich noch durch einen Kaufmann erfolgen.

Hinweis: Eine Eintragung in das HReg ist nicht erforderlich.

II. keine Erteilung einer Prokura, sondern

1. Leitung des Unternehmens *oder*
2. Ermächtigung zur Vornahme einer best. Art von Geschäften iRd Betriebs des Handelsgewerbes (Gattungsvollmacht) *oder*
3. Ermächtigung zur Vornahme best. einzelner Geschäfte iRd Betriebs des Handelsgewerbes (Spezialvollmacht)

III. Umfang

1. alle Arten von Geschäften, § 54 I HS. 2 HGB
   a) die der Betrieb des Handelsgewerbes *und*
   b) die Vornahme derartiger Geschäfte mit sich bringt
2. Ausnahme grds., § 54 II HGB
   a) Grundstücksgeschäfte (nur Veräußerung)
   b) Wechselgeschäfte
   c) Darlehensaufnahmen
   d) Prozessführung
3. Beschränkungen gelten ggü. Dritten, wenn sie bekannt sind oder bekannt sein müssen, § 54 III HGB

IV. kein Erlöschen, Art. 2 EGHGB, §§ 168 ff.

Prüfungsschema: §§ 343 ff. HGB Handelsgeschäft 911

I. Kaufmann

II. Geschäft, das zum Betrieb eines Handelsgewerbes gehört

Beachte: Abgrenzung zum Privatgeschäft wird erleichtert durch § 344 I HGB; Vermutung für das Vorliegen eines Handelsgeschäfts.

III. für einen der Vertragsparteien, wenn nicht etwas anderes bestimmt ist, § 345 HGB

IV. RF: Anwendung der Vorschriften über Handelsgeschäfte, → §§ 346 ff. HGB

912 **Prüfungsschema: § 377 HGB Untersuchungs- und Rügeobliegenheit**

I. wirksamer Kaufvertrag (beachte: gem. § 381 II HGB ist auch der Vertrag gem. § 650 *[Verträge vor 01.01.2018 § 651 aF]* erfasst)

II. beiderseitiges Handelsgeschäft

III. RF: unverzügliche Untersuchungspflicht des Käufers, § 377 I HGB

IV. Sachmangel

Beachte: Rechtsmangel ist nicht erfasst.

V. kein arglistiges Verschweigen des Mangels durch Verkäufer, § 377 V HGB

VI. RF: unverzügliche (§ 121) Anzeigepflicht (§ 377 I, III HGB) (beachte: rechtzeitige Absendung der Anzeige genügt, § 377 IV HGB)

1. nach Untersuchung, § 377 I HGB
2. nach Entdeckung, wenn sich Mangel später zeigt, § 377 III HGB

VII. Mangel bei Untersuchung erkennbar, § 377 II HS. 2 HGB

VIII. RF: bei Unterlassung der Rüge: Ware gilt als genehmigt, § 377 II, III HGB

IX. RF: bei rechtzeitiger Anzeige: Rechte des Käufers aus § 437 (→ Rn. 176 ff.)

Prüfungsschema: Schweigen auf kaufmännisches Bestätigungsschreiben (Gewohnheitsrecht) 913

I. Vertragsverhandlungen mit Klärungsbedarf (idR bei Mündlichkeit)

II. zw.

1. Kaufleuten *und/oder*
2. Beteiligten, die in kaufmännischer Weise am Geschäftsverkehr teilnehmen (*beachte*: erfasst sind daher auch Kleingewerbetreibende und Freiberufler)

III. echtes Bestätigungsschreiben (Absender geht von einem Vertragsschluss aus)

1. Abgrenzung von der Auftragsbestätigung

   Beachte: Absender geht davon aus, dass der Vertragsschluss erst herbeigeführt werden soll.
2. Zugang (§ 130) in unmittelbar zeitlichem Zusammenhang mit den Verhandlungen
3. inhaltlicher Zusammenhang mit den Verhandlungen
   a) Ergebnis der vorangegangen Verhandlungen soll verbindlich festgelegt werden
   b) Absender durfte vernünftigerweise mit einem Einverständnis des Empfängers rechnen

IV. kein unverzüglicher (§ 121) Widerspruch des Empfängers nach Zugang

V. RF: Schweigen des Empfängers gilt als Zustimmung

Hinweis 1: Eine Anfechtung wegen Irrtums bzgl. der Wirkung des Schweigens ist nicht möglich. Die handelsrechtlichen Gebräuche würden andernfalls ausgehebelt, vgl. § 346 HGB.

Hinweis 2: Um ein deklaratorisches Bestätigungsschreiben handelt es sich, wenn die Verhandlungen tatsächlich einen Vertragsschluss zur Folge hatten (die Sicht des Absenders also der wahren Rechtslage entspricht). Das Bestätigungsschreiben und das Schweigen des anderen Teils legen hier lediglich den Inhalt des Vertrags fest. Um ein konstitutives Bestätigungsschreiben handelt es sich, wenn die Verhandlungen keinen Vertragsschluss zur Folge hatten (die Sicht des Absenders also nicht der wahren Rechtslage entspricht). Folge ist hier der Vertragsschluss mit Inhalt des Schreibens.

914 **Prüfungsschema: §§ 383 ff. HGB Primäransprüche aus Kommissionsvertrag**

I. wirksamer Kommissionsvertrag

1. Vertrag zw. Kommittent (muss kein Kaufmann sein) und einem

   a) Kaufmann (muss nicht notwendig Kommissionär nach Gewerbe gem. § 383 HGB sein)

   b) Kommissionär nach Gewerbe mit Kleinunternehmen, § 383 II HGB

2. Vertragsschluss gehört zum Betrieb des Handelsgewerbes des Kommissionärs (Vertragspartei wird Kommissionär genannt, auch, wenn das nicht schon nach seinem Gewerbe der Fall ist)

   Hinweis: Es handelt sich dabei um einen entgeltlichen Geschäftsbesorgungsvertrag gem. § 675 I; daher gelten ergänzend zu den §§ 384 ff. HGB die Vorschriften der §§ 663, 665–670 und §§ 672–674, was die ausdrücklichen Verweisungen in § 385 II und § 396 II HGB unterstreichen.

II. Pflichten des Kommissionärs

1. Vornahme von Geschäften mit Dritten, § 384 I HGB

   a) Waren- oder Wertpapierkauf, § 383 I HGB

   b) andere Geschäfte (sog. Gelegenheitskommission), § 406 I HGB

2. für Rechnung des Kommittenten

3. in eigenem Namen

4. Nachricht-, Anzeige-, und Rechenschaftspflicht, § 384 II HS. 1 HGB

5. Herausgabe des aus der Geschäftsbesorgung Erlangten (§ 384 II HS. 2 HGB) (insb. die Abtretung erlangter Forderungen; § 392 I HGB)

III. Pflichten des Kommittenten

1. Zahlung vereinbarter Provision, § 396 I HGB

2. Aufwendungsersatz, §§ 396 II HGB, 670, 675

Kapitel 12. Gesellschaftsrecht

A. Definitionen

Außengesellschaft	ist eine GbR, die nach außen in Erscheinung tritt. Die Gesellschafter lassen erkennen, dass sie für eine GbR handeln.	**915**
Eintrittsklausel	vertragl. Regelung im Gesellschaftsvertrag, die dem/n Erben einen schuldrechtlichen Anspruch gegen die Gesellschafter auf Aufnahme in die Gesellschaft gibt (echter Vertrag zugunsten des/r Erben)	**916**
Kapitalgesellschaft	ist eine Körperschaften (s.o.), bei der Gesellschafter nicht persönl. haften.	**917**
Körperschaft	Zusammenschluss mehrerer Personen zur Förderung eines Zwecks, die gesetzl. als jur. Person anerkannt wird. Sie ist unabhängig vom Wechsel ihrer Mitglieder.	**918**
Rechtsfähigkeit	Fähigkeit selbst. Träger von Rechten und Pflichten zu sein	**919**
Sozialverbindlichkeit	Verpflichtungen und Ansprüche zw. Gesellschafter und Gesellschaft im Innenverhältnis	**920**
Teilrechtsfähigkeit	Es können nur best. Rechte und Pflichten zugewiesen werden.	**921**

B. Schemata und Strukturen

922 **Überblickschema: Gesellschaft**

I. Gesellschaftsvertrag
   1. Vertragsschluss
      a) Personengesellschaften
         aa) grds. formfrei möglich
         bb) konkludent möglich
      b) Kapitalgesellschaften
         aa) not. Beurkundung (z.B. § 2 GmbHG, § 23 I AktG)
         bb) Mindestinhalt (z.B. § 3 GmbHG, § 23 II AktG)
   2. mehrerer Personen (bei Kapitalgesellschaften ist eine Ein-Personen-Gründung möglich)
   3. Numerus clausus der möglichen Gesellschaftsformen
      a) Personengesellschaft
      b) Kapitalgesellschaft

II. gemeinsamer Zweck
   1. erlaubt
   2. über das Interesse an der Anschaffung, Erhaltung und Nutzung einer Sache hinaus
   3. bei oHG und KG: Betrieb eines Handelsgewerbes

III. Beitragspflicht der Gesellschafter
   1. Förderung des Zwecks
   2. in jeglicher Form

Überblickschema: Vereine 923

Hinweis: Der Verein ist die Urform einer Körperschaft. Daraus haben sich die Kapitalgesellschaften entwickelt.

I. Gründung
   1. Zusammenschluss
   2. mind. 7 Personen, § 56
   3. Organisationsvertrag
   4. Satzung
   5. Bestellung der Organe
      a) Vorstand, §§ 26 ff.
      b) Mitgliederversammlung, §§ 32 ff.

II. rechtsfähiger Verein (eingetragen)
   1. Satzung sieht Rechtsfähigkeit vor (§ 57 I) *oder*
   2. wirtschaftlich (§ 22) (staatl. Konzession nötig) *oder*
   3. nicht wirtschaftlich (Idealverein) (§ 21) (Eintragung ins Vereinsregister nötig)
   4. keine persönliche Haftung der Mitglieder im Außenverhältnis

III. nicht rechtsfähiger Verein, nicht eingetragen, § 54

   Hinweis: Gem. § 54 S. 1 sind die §§ 705 ff. anwendbar. Das gilt entgegen des Wortlauts nur dann, wenn mangels Eintragung deren Anwendung geboten ist. Ansonsten finden die §§ 21 ff. Anwendung (d.h. soweit diese keine Rechtsfähigkeit voraussetzen).

   1. wirtschaftlich oder nicht wirtschaftlich
   2. teilrechtsfähig
   3. Vermögen steht der Gesamthand zu
   4. persönliche Haftung des Handelnden im Außenverhältnis, § 54 S. 2
   5. aktiv- und passivlegitimiert, § 50 II ZPO

IV. Vertretung durch den Vorstand, § 26

V. deliktische Haftung, § 31

   Hinweis: § 31 wird entsprechend auf alle Gesellschaften angewendet, die eine organschaftliche Struktur aufweisen, um die Deliktsfähigkeit herbeizuführen.

924 **Überblickschema: Rechtsfähigkeit von Personengesellschaften**

I. GbR

1. Innengesellschaft → nicht rechtsfähig
2. Außengesellschaft → teilrechtsfähig
   a) nicht gesetzl. normiert
   b) §§ 714, 718, 719 sprechen für eine Gesamthandsgemeinschaft
   c) § 11 II Nr. 1 InsO, § 899a BGB, § 47 II GBO sprechen für eine Rechtsfähigkeit
   d) h.M. historischer Wille des Gesetzgebers ist durch Erlass der neueren Normen (vgl. I. 2. c)) überholt

II. oHG

1. Entstehung im Außenverhältnis
   a) Eintragung, § 123 I HGB *oder*
   b) Aufnahme der Geschäfte mit Zustimmung aller, § 123 II HGB
2. Teilrechtsfähigkeit, § 124 I HGB

III. KG vgl. oHG, §§ 161 II, 123, 124 HGB

925 **Überblickschema: Ansprüche gegen Gesellschafter einer Personengesellschaft**

I. (Teil-) Rechtsfähigkeit der Gesellschaft (vgl. Überblickschema Rechtsfähigkeit von Personengesellschaften)

II. Anspruch gegen die Gesellschaft

III. akzessorische Haftung der Gesellschafter

1. oHG, § 128 S. 1 HGB
   a) Gesellschafter
   b) Verbindlichkeit der Gesellschaft
   c) keine Einwendungen gegen die Forderung
      aa) der Gesellschaft, § 129 I HGB
      bb) des Gesellschafters

d) kein Leistungsverweigerungsrecht
   aa) Anfechtbarkeit des Geschäfts durch die oHG, § 129 II HGB
   bb) Aufrechenbarkeit durch die oHG, § 129 III HGB
e) RF
   aa) persönliche Haftung
   bb) als Gesamtschuldner, § 421
   cc) auf Erfüllung (str.), wenn keine höchstpersönliche Verpflichtung (Erfüllungstheorie), *ansonsten*
   dd) auf Ersatz in Geld (Haftungstheorie)

   Hinweis: Haftung kann Dritten ggü. nicht generell ausgeschlossen werden (§ 128 S. 2 HGB), sondern nur individuell mit Drittem vereinbart werden.

2. GbR
   a) keine gesetzl. Regelung
   b) früher Doppelverpflichtung: Verpflichtung der Gesellschaft ist gleichzeitig Verpflichtung der Gesellschafter
   c) heute h.M. akzessorische Haftung analog §§ 128, 129 HGB (s. oHG)
3. KG
   a) Komplementär, §§ 161 II, 128, 129 HGB
   b) Kommanditist, § 171 HGB
      aa) Ausschluss der Haftung
         (1) Eintragung ins HReg, § 172 HGB
            (a) Stellung als Kommanditist
            (b) Haftungssumme
         (2) Einlage geleistet (Auch eine Leistung des Kommanditisten an andere Gläubiger iHd Haftungssumme führt zur Enthaftung; Sacheinlagen sind möglich)
         (3) keine Rückzahlung der Einlage, § 172 IV HGB
         (4) RF: keine persönliche Haftung
      bb) beschränkte Haftung
         (1) Eintragung ins HReg, § 172 HGB

(a) Stellung als Kommanditist

(b) Haftungssumme

(2) keine Einwendungen, §§ 161 II, 129 HGB

(3) RF

(a) persönl. Haftung

(b) auf Ersatz in Geld (nicht Erfüllung)

(c) beschränkt auf Haftungssumme

cc) unbeschr. Haftung, § 176 I 1 HGB

(1) Geschäftsaufnahme der Gesellschaft vor Eintragung ins HReg

(2) Zustimmung des Kommanditisten hierzu

(3) vor Eintragung begründete Verbindlichkeit

(4) dem Gläubiger ist Stellung als Kommanditist nicht bekannt

(5) RF: Haftung gleich persönl. haftendem Gesellschafter, §§ 161 II, 128, 129 HGB

Hinweis: § 128 HGB findet keine Anwendung auf Sozialverbindlichkeiten.

926 **Detailschema: Haftung des Gesellschafters bei Eintritt in eine Personengesellschaft**

I. oHG, § 130 HGB

1. Eintritt in bestehende Gesellschaft

2. vor Eintritt begründete Gesellschaftsverbindlichkeit

3. RF: Haftung nach §§ 128, 129 HGB (→ Rn. Ziff. III.)

II. GbR

1. keine gesetzl. Regelung

2. Haftung analog § 130 HGB (siehe Ziff. I)

3. RF: Haftung analog §§ 128, 129 HGB

III. KG

1. Eintritt in bestehende Gesellschaft

2. als Komplementär, §§ 161 II, 130, 128, 129 HGB
3. als Kommanditist
   a) keine Haftung (§§ 173 I, 171, 172 HGB) (→ Rn. Ziff. III. 3. b) aa))
   b) beschr. Haftung (§§ 173 I, 171, 172 HGB) (→ Rn. Ziff. III. 3. b) bb))
   c) unbeschr. Haftung, § 176 II, I 2 HGB
      aa) keine Eintragung ins HReg
      bb) Verbindlichkeiten seit dem Eintritt
      cc) RF: Haftung wie persönl. haftender Gesellschafter, §§ 176 I 1, 161 II, 128, 129 HGB (→ Rn. Ziff. III. 3. b) cc))

Detailschema: Haftung des Gesellschafters nach Ausscheiden aus einer Personengesellschaft 927

I. oHG, § 160 HGB
1. bestehende Gesellschaft
2. Gesellschafter
   a) scheidet aus, § 160 I HGB
   b) wird Kommanditist, § 160 III HGB
3. bis dahin begründete Verbindlichkeit
4. Fälligkeit bis 5 Jahre nach Ausscheiden bzw. Eintragung der Änderung
   a) Fristbeginn: Ende des Tages der Eintragung ins HReg, § 160 I 2 HGB
   b) Anwendung der Verjährungsvorschriften des BGB, § 160 I 3 HGB
5. Anspruch nach § 197 I Nr. 3–5 festgestellt *oder*
6. schriftliche Anerkennung des früheren Firmeninhabers, § 160 II HGB *oder*
7. gerichtliche oder behördliche Vollstreckungsmaßnahmen vorgenommen oder beantragt
8. RF: persönliche Haftung

II. GbR vgl. oHG, §§ 736 II BGB, 160 HGB

III. KG vgl. oHG, §§ 161 II, 160 HGB

928 **Aufbauschema: actio pro socio (alle Personengesellschaften)**

Hinweis: Fall der Prozessstandschaft

I. Anspruch der Gesellschaft

II. gegen einen Gesellschafter

III. RF

1. nicht zur Leistung verpflichteter, geschäftsführungsbefugter Gesellschafter (ausnahmsweise auch ein nicht zur Geschäftsführung befugten Gesellschafter)
2. Anspruch der Gesellschaft
3. gegen anderen Gesellschafter
4. kann im Namen der Gesellschaft geltend machen

929 **Aufbauschema: Aufwendungsersatz des Gesellschafters einer Personengesellschaft gegen die Gesellschaft**

Hinweis: Als Erstattung für eine Inanspruchnahme nach § 128 HGB (oder analog) wegen Anspruchs gegen die Gesellschaft.

I. GbR, § 713

1. keine Abbedingung im Gesellschaftsvertrag
2. geschäftsführender Gesellschafter (→ Rn. 907 Ziff. I. 1.)
3. Vss. von § 670 (→ Rn. 402)
4. RF
   a) Anspruch auf Aufwendungsersatz
   b) Anspruch auf Vorschuss, § 669

II. oHG, § 110 HGB

1. geschäftsführender Gesellschafter
2. Aufwendungen
   a) in Geschäftsangelegenheiten
   b) erforderlich

   Hinweis: Geleistete Zahlungen wegen akzessorischer Haftung gem. § 128 HGB sind Aufwendungen; die bloße Bereitschaft reicht nicht.

3. Verlust
    a) unmittelbar durch Geschäftsführung *oder*
    b) aus Gefahren, die mit der Geschäftsführung unmittelbar verbunden sind
4. RF
    a) Ersatzanspruch, § 110 I HGB
    b) Verzinsung bei Geld, § 110 II HGB

III. KG vgl. oHG, §§ 161 II, 110 HGB

Hinweis 1: Eine akzessorische Haftung der Gesellschafter nach § 128 HGB (analog) scheidet aus, da es sich um eine Sozialverbindlichkeit handelt.

Hinweis 2: Kein Ausgleich gem. § 426 wegen des Vorrangs der spezielleren Vorschriften. Ausnahme: Insolvenz der oHG

Überblickschema: Fehlerhafte Gesellschaft 930

I. unwirksamer Gesellschaftsvertrag
1. Gesellschaftsvertrag wird angefochten
2. Gesellschaftsvertrag ist nichtig
3. Gesellschaftsvertrag ist aus sonst. Gründen unwirksam

II. Vollzug der Gesellschaft

III. drittschützende Vorschriften stehen nicht entgegen
1. Minderjährigenrecht
2. §§ 134, 138
3. § 123 bei mehrgliedrigen Gesellschaften

IV. RF
1. keine Rückabwicklung
2. Möglichkeit der Auflösung für die Zukunft im Innenverhältnis
    a) Kündbarkeit, § 723
    b) Auflösungsklage, §§ 133, 161 II HGB
3. keine Auswirkungen im Außenverhältnis

931 **Überblickschema: Auflösung einer Personengesellschaft**

Hinweis: Die Auflösung ist nicht gleichzusetzen mit der Beendigung der Gesellschaft. Beendet ist sie erst, wenn sie auseinandergesetzt ist. Bis dahin besteht sie mit dem Zweck der Auseinandersetzung fort.

I. GbR

1. Auflösungstatbestand
   a) Kündigung durch einen Gesellschafter, §§ 723, 724 (dispositiv)
   b) Kündigung durch Gläubiger nach Pfändung, § 725
   c) Zweckerreichung oder -verfehlung, § 726
   d) Tod eines Gesellschafters, § 727 (dispositiv)
   e) Eröffnung des Insolvenzverfahrens, § 728 (dispositiv)
2. Auflösungsbeschluss der Gesellschafter

II. oHG, § 131 HGB

1. Auflösungstatbestand, § 131 I HGB
   a) Zeitablauf
   b) Gesellschafterbeschluss
   c) Eröffnung des Insolvenzverfahrens über das Vermögen der Gesellschaft
   d) gerichtliche Entscheidung
   e) Gesellschaft besteht nur noch aus einem Gesellschafter (nicht in § 131 HGB genannt)
2. keine Auflösungstatbestände sind gem. § 131 III HGB insb.

   Hinweis: Die folgenden Tatbestände führen nur zum Ausscheiden des Gesellschafters aus der Gesellschaft.

   a) Tod des Gesellschafters
   b) Eröffnung des Insolvenzverfahrens über das Vermögen eines Gesellschafters
   c) Kündigung des Gesellschafters
   d) Kündigung durch Privatgläubiger

III. KG vgl. oHG, §§ 161 II, 131 HGB

Bei Tod des Kommanditisten wird die KG mit dessen Erben fortgesetzt, § 177 HGB.

Aufbauschema: Fortsetzung der Personengesellschaft nach dem Tod eines Gesellschafters, § 139 HGB 932

Hinweis: Das Folgende gilt für oHG und den Komplementär der KG wegen § 161 II HGB gleichermaßen.

I. Tod eines persönl. haftenden Gesellschafters

II. Fortsetzungsklausel im Gesellschaftsvertrag

1. Nachfolgeklauseln

   Hinweis: Gesellschaftsanteil wird hierdurch vererblich.

   a) einfach: Fortsetzung mit dem einen oder allen Erben

   b) qualifiziert: Fortsetzung mit ausgewählten/m Erben

   c) Umwandlungsklausel: Erbe wird Kommanditist

   d) kombiniert: Umwandlungsklausel kann mit anderen Nachfolgeklauseln kombiniert werden

2. Eintrittsklausel: kein automatischer Eintritt: rechtsgeschäftliche Aufnahme des/der Begünstigten in die Gesellschaft ist notwendig.

III. RF

1. Erbe kann verlangen, dass er Kommanditist wird, § 139 I HGB

   Beachte § 139 II HGB: Wenn Gesellschafter den Antrag des/der Erben nicht annehmen, kann Erbe fristlos kündigen.

2. Frist von 3 Monaten nach Kenntnis vom Erbfall, § 139 III HGB

3. Haftungserleichterung, § 139 IV HGB

Kapitel 13. Zivilprozessrecht[4]

A. Definitionen

Anerkenntnis	Erklärung des Beklagten im Zivilprozess, dass er den gegen ihn erhobenen Anspruch als bestehend und durchsetzbar hinnimmt, § 307	**933**
Anerkenntnisurteil	Urteil gegen den Beklagten aufgrund seines vorhergehenden Anerkenntnisses, § 307	**934**
Anhängigkeit	Klage ist bei Gericht eingegangen	**935**
Anschlusspfändung	Pfändung einer Sache, die bereits für eine andere Forderung beim gleichen Schuldner gepfändet wurde, §§ 826, 827	**936**
Berufung	findet statt gegen Endurteile der Amtsgerichte und der in erster Instanz tätig gewordenen Landgerichte. Es kann eine Überprüfung in rechtlicher und tatsächlicher Hinsicht durchgeführt werden.	**937**
Drittwiderspruchsklage	prozessuale Gestaltungsklage, mit der die vom Beklagten betriebene Vollstreckung in einen Gegenstand, an dem der Kläger behauptet, ein die Veräußerung hinderndes Recht zu haben, für unzulässig erklärt werden soll, § 771	**938**
Hauptintervention	Klage eines Dritten gegen beide Parteien eines laufenden Prozesses, § 64	**939**
Interventionswirkung	Intervenient hat ggü. unterstützter Partei grds. keine Möglichkeit mehr, im späteren Prozess gegen Dritten geltend zu machen, der erste Prozess sei unrichtig entschieden oder mangelhaft geführt worden, § 68.	**940**
Nebenintervenient	Streithelfer	**941**

[4] Normen ohne weitere Kennzeichnung sind in diesem Kapitel solche der ZPO.

942	Nebenintervention	Beitritt eines Dritten (Streithelfer) zur Unterstützung einer Partei (Kläger oder Beklagter) aus rechtlichem Interesse, § 66
943	notwendige Streitgenossenschaft	liegt vor, wenn eine Entscheidung ggü. allen Streitgenossen aus prozess- oder materiellrechtlichen Gründen nur einheitlich ausfallen kann, § 62 I
944	Parteifähigkeit	Fähigkeit, Kläger oder Beklagter (Partei) eines Prozesses sein zu können, § 50
945	Prozessfähigkeit	Fähigkeit, einen Prozess selbst oder durch einen selbst bestellten Vertreter zu führen, §§ 51, 52
946	Prozessführungsbefugnis	Befugnis, im eigenen Namen über ein streitiges Recht einen Rechtsstreit zu führen
947	Prozessstandschaft	wenn eine Partei im eigenen Namen über ein behauptetes fremdes Recht prozessiert
948	Rechtshängig	ist eine Klage mit Zustellung der Klageerhebung an den Beklagten, § 261 I
949	Rechtshängigkeit	prozessualer Zustand eines schwebenden Gerichtsverfahrens über einen prozessualen Anspruch
950	Rechtskraft	steht kein Rechtsmittel mehr zur Verfügung oder erfolgt Einlegung nicht ordnungsgemäß und Fehler kann nicht geheilt werden, erwächst das Urteil in formelle (Unanfechtbarkeit) und materielle Rechtskraft, §§ 322, 325
951	Revision	ist die letzte (zulassungsbedürftige) Instanz, in der nur Rechtsfragen Prüfungsgegenstand sein können.
952	sofortige Beschwerde	ist Rechtsmittel im Zivilprozess, wenn ein das Verfahren betreffender Antrag zurückgewiesen wurde, über den ohne mündliche Verhandlung entschieden werden konnte und wenn das Gesetz die sofortige Beschwerde als Rechtsmittel ausdrücklich zulässt, § 567.
953	Streitgenossenschaft	mehrere Personen sind Parteien auf Kläger- oder Beklagtenseite

Streitgenossenschaft, einfache	Zusammenfassung mehrerer selbst. Prozesse bei rechtlichem oder tatsächlichem Zusammenhang aus Zweckmäßigkeitserwägungen	**954**
Streitverkündung	Partei verkündet Drittem mit dem Ziel der Interventionswirkung den Streit, weil sie bei negativem Prozessausgang Regress gegen den Dritten nehmen kann, § 72	**955**
Widerklage	ist ist die klageweise Geltendmachung eines Begehrens des bisher Beklagten (zur Vermeidung von Vervielfältigung und Zersplitterung von Prozessen).	**956**

B. Schemata und Strukturen

957 **Aufbauschema: Zulässigkeit der Klage**

I. (echte) Prozessvoraussetzungen
1. deutsche Gerichtsbarkeit, §§ 18–20 GVG
2. Postulationsfähigkeit, §§ 78 ff.
3. funktionelle Zuständigkeit des Gerichts (als erste Instanz)
4. wirksame Klageeinreichung, § 253 I
5. Einzahlung des Gerichtskostenvorschusses, § 12 GKG

Folge bei Fehlen einer Prozessvoraussetzung: keine Klagezustellung, kein mündlicher Termin; mangels Rechtskraft erneuter Prozess möglich

II. Sachurteilsvoraussetzungen
1. Zivilrechtsweg, § 13 GVG
2. Parteifähigkeit, § 50
3. Prozessfähigkeit, §§ 51 ff.
4. Prozessführungsbefugnis
5. Zuständigkeit des angerufenen Gerichts
   a) sachliche Zuständigkeit, § 1 ZPO iVm §§ 23, 71, 119 GVG
   b) örtliche Zuständigkeit, §§ 12 ff.
6. keine entgegenstehende Rechtskraft, § 322
7. keine anderweitige Rechtshängigkeit, § 261 III Nr. 1
8. besondere Sachurteilsvoraussetzungen (z.B. Feststellungsinteresse bei Feststellungsklage)
9. Rechtsschutzbedürfnis
10. besondere Verfahrensarten
    a) Urkundenprozess, Wechselprozess, §§ 592 ff.
    b) Mahnbescheidsverfahren, §§ 688 ff.
    c) einstweiliger Rechtsschutz, §§ 916 ff.
    d) Familiensachen, Kindschaftssachen, Unterhaltsverfahren, §§ 1 ff., 111 ff. FamFG

Folge bei Fehlen: zwar Klagezustellung und Prozessbeginn mit Termin, aber falls Sachurteilsvoraussetzung bis Ende des Prozesses nicht erfüllt sind: Klageabweisung durch Prozessurteil

III. Prozesshindernisse

1. Kostengefährdung bei Ausländern, §§ 110 ff.

2. mangelnde Kostenerstattung bei vorheriger Klagerücknahme, § 269 VI

3. Einrede des Schiedsvertrags, § 1032

Folge bei Fehlen: Berücksichtigung nur auf Rüge, Folge: Klageabweisung durch Prozessurteil als unzulässig (Ausnahme § 113); erneute mangelfreie Klageerhebung möglich

Aufbauschema: Zuständigkeit 958

A. Sachliche Zuständigkeit

I. Grundsatz: streitwertabhängige Zuweisung (Streitwertbestimmung: §§ 2 ff., 261 III Nr. 2, 506)

1. zum Amtsgericht: bis Streitwert 5.000 Euro, §§ 23 Nr. 1, 45, 71 I GVG

2. zum Landgericht: über Streitwert 5.000 Euro, § 71 I GVG

II. Ausnahme: streitwertunabhängige Zuweisung

1. zum Amtsgericht: §§ 23 ff. GVG (z.B. Wohnraummietsachen, § 23 Nr. 2a GVG; Ehe- und Kindschaftssachen, § 23a I Nr. 1 GVG, §§ 111 ff. FamFG)

2. zum Landgericht: § 71 II GVG (z.B. Amtshaftungsklagen)

B. Örtliche Zuständigkeit

I. ausschließlicher Gerichtsstand, Folge: Gericht ist ausschließlich zuständig, z.B. bei Mietsachen, § 29a; Musterfeststellungsklage, § 32c; Vereinbarung über davon abweichenden Gerichtsstand ist nicht möglich, § 40 II Nr. 2).

Besteht kein ausschließlicher Gerichtsstand:

II. allgemeiner Gerichtsstand, z.B. Sitz des Beklagten (§§ 12, 13) oder der Gesellschaft (§§ 12, 17)

III. besonderer Gerichtsstand, z.B. Niederlassung (§ 21), Erfüllungsort (§ 29) Ort der unerlaubten Handlung, (§ 32), etc.

1. zwischen allgemeinem und bes. Gerichtsstand kann der Kläger wählen, § 35.

2. bei allgemeinem und bes. Gerichtsstand ist eine Gerichtsstandsvereinbarung möglich, § 38
   a) § 38 I bei Kaufleuten jederzeit
   b) § 38 III im Übrigen nach Entstehen der Streitigkeit oder wenn die im Klageweg in Anspruch zu nehmende Partei nach Vertragsschluss ihren Wohnsitz bzw. Aufenthaltsort aus dem Geltungsbereich der ZPO verlegt oder ihr Wohnsitz oder Aufenthaltsort z.Z. der Klageerhebung nicht bekannt ist
3. rügelose Einlassung des Beklagten (örtlich und sachlich) möglich, § 39

959 **Überblick: Parteifähigkeit**

I. § 50 I: Parteifähig ist, wer rechtsfähig ist
   1. nat. Person, § 1 BGB
   2. jur. Person (rechtsfähiger Verein, GmbH, AG)
   3. rechtsfähige Personengesellschaften (oHG, § 124 I HGB; KG, §§ 124 I, 161 II HGB; Partnerschaftsgesellschaft, § 7 II PartGG iVm § 124 I HGB; pol. Parteien, § 3 PartG; Gewerkschaften, § 10 S. 1 ArbGG; soweit als Außengesellschaft rechtsfähig: BGB-Gesellschaft)

II. § 50 II: Nicht rechtsfähiger Verein

III. § 10 VI 5 WEG: Wohnungseigentümergemeinschaft als teilrechtsfähiges Gebilde

960 **Überblick: Prozessfähigkeit, §§ 51 ff.**

I. Prozessfähig ist, wer geschäftsfähig ist, §§ 51, 52.

II. für prozessunfähige Parteien muss ein gesetzl. Vertreter handeln:
   1. Minderjährige: Vertretung durch gesetzl. Vertreter, z.B. Eltern (§ 1629 BGB), Vormund (§§ 1773, 1793 BGB), Pfleger (§§ 1909 ff. BGB), Betreuer (§§ 1896, 1902 BGB; beachte § 53).

   Beachte: Minderjährige sind ausnahmsweise prozessfähig, soweit unbeschr. Geschäftsfähigkeit besteht (z.B. §§ 112, 113 BGB).

2. jur. Person: Vertretung durch Organe
3. rechtsfähige Personengesellschaften: Vertretung durch Gesellschafter (Organqualität)
4. nicht rechtsfähiger Verein: Vertretung durch Organe
5. Wohnungseigentümergemeinschaft: Vertretung durch Verwalter, § 27 II, III WEG

Überblick: Prozessführungsbefugnis 961

Beachte: Dann zu problematisieren, wenn Kläger ein fremdes Recht im eigenen Namen (nicht als Stellvertreter) einklagt

I. Vss. der Prozessstandschaft
   1. gesetzl. geregelte Prozessstandschaft
      a) Parteien kraft Amtes, z.B.
         aa) Insolvenzverwalter, §§ 56 ff., 80 InsO
         bb) Zwangsverwalter, § 152 ZVG
         cc) Nachlassverwalter, §§ 1981 ff., 1984 BGB
         dd) Testamentsvollstrecker, §§ 2197 ff., 2212 f. BGB
      b) bei Veräußerung streitbefangener Sache, § 265 II ZPO
      c) revokatorische Klage des zustimmungsberechtigten Ehegatten, § 1368 BGB (iVm § 1369 III BGB iVm § 985 BGB)
      d) ein Elternteil macht Unterhaltsansprüche des Kindes gegen den anderen Elternteil im eigenen Namen geltend, § 1629 III BGB
   2. gewillkürte Prozessstandschaft
      a) Übertragbarkeit des Rechts (durch Abtretung oder Überlassung zur Ausübung, nicht höchstpersönliche Rechte)
      b) Ermächtigung des Anspruchsinhabers analog § 185 I BGB
      c) schutzwürdiges Eigeninteresse des Klägers an Rechtsverfolgung
      d) Offenlegung bzw. Erkennbarkeit der Prozessstandschaft
      e) Prozessstandschaft für Prozessgegner nicht unzumutbar (z.B. bei Vermögenslosigkeit des Prozessstandschafters)

II. RF

1. Prozessführungsbefugnis des Prozessstandschafters
2. grds. Klageantrag auf Leistung an Forderungsinhaber (Ausnahme: Schuldner kann auch an Prozessstandschafter gem. § 362 II BGB befreiend leisten)
3. Urteil entfaltet Rechtskraft für und gegen den materiellen Rechtsinhaber

962 **Aufbauschema: Streitgenossenschaft, §§ 59 ff.**

I. Grundsatz: einfache Streitgenossenschaft, §§ 59–61

1. Voraussetzung: rechtlicher und/oder tatsächlicher Zusammenhang, §§ 44, 59, 60
2. RF: getrennte Behandlung, § 61

II. Ausnahme: notwendige Streitgenossenschaft, § 62

Voraussetzung: einheitliche Entscheidung notwendig, § 62 HS. 1

a) aus prozessualen Gründen: Rechtskrafterstreckung (z.B. Auflösungsklage bei oHG-Gesellschaftern, § 133 HGB)

b) aus materiell-rechtlichen Gründen: gemeinsame Verfügungsbefugnis (z.B. Auflassungsklage ggü. allen Miteigentümern)

III. RF: einheitliche Behandlung; Vertretungsfiktion bei Säumnis, § 62 I HS. 2

963 **Aufbauschema: Klageänderung, §§ 263, 264**

I. liegt eine echte Streitgegenstandsänderung nach Eintritt der Rechtshängigkeit oder nur eine Änderung oder Ergänzung des Rechts- oder Tatsachenvortrags (§ 264 Nr. 1) vor?

II. liegt eine kraft Gesetzes zulässige Klageänderung bei Antrags- bzw. Streitgegenstandsänderung vor (§ 264 Nr. 2, 3)?

III. Einwilligung des Beklagten (bzw. rügelose Einlassung, § 267) oder Sachdienlichkeit (z.B. bei Prozessökonomie) der Änderung?

Übersicht: Klageverzicht 964

I. Vss.: einseitige Erklärung der Klagepartei

II. Entscheidung:

1. Verzichtsurteil, § 306
2. Kostenentscheidung zu Lasten der Klagepartei, § 91

III. RF: Verzichtsurteil erwächst in Rechtskraft, § 322 I.

Beachte: Eine erneute Klage ist dann unzulässig.

Übersicht: Klagerücknahme, § 269 965

I. Vss.: Erklärung der Klagepartei iSd § 269 II (nach Beginn der mdl. Verhandlung Einwilligung der Beklagtenpartei iSd § 269 I erforderlich)

II. Entscheidung:

1. Kostenbeschluss zu Lasten der Klagepartei, § 269 III 2, IV
2. Ausnahmsweise Kostenbeschluss zu Lasten der Beklagtenpartei, § 269 III 3

III. RF: Rechtshängigkeit wird beseitigt, § 269 III 1

Beachte: Eine erneute Klage bleibt möglich (e contrario § 269 VI).

Übersicht: Anerkenntnis, § 307 966

I. Vss.:

1. Beklagtenerklärung, dass Forderung anerkannt wird
2. Zulässigkeitsprüfung und Prüfung, ob begehrte RF nach deutschem Rechtssystem möglich ist (keine volle Schlüssigkeitsprüfung)

II. Entscheidung:

1. Anerkenntnisurteil, § 307
2. Kostenentscheidung, § 91 bzw. § 93 (bei sofortigem Anerkenntnis)

III. RF: Anerkenntnisurteil erwächst in Rechtskraft, § 322 I.

967 **Übersicht: Erledigungserklärung**

I. beidseitige Erledigungserklärung, § 91a

1. Vss.: übereinstimmende Erklärung der Erledigung von Kläger- und Beklagtenseite; tatsächliche Erledigung wird nicht gerichtlich überprüft, da Parteien Herren des Verfahrens sind (Dispositionsgrundsatz).
2. Entscheidung: Kostenentscheidung nach § 91a
3. RF: Rechtshängigkeit wird beseitigt

oder

II. einseitige Erledigungserklärung der Klagepartei (nicht gesetzl. geregelt)

1. Vss.: einseitige Erklärung der Klägerseite und kein Widerspruch der Gegenseite; privilegierte Klageänderung iSd § 264 Nr. 2 Var. 2 von Leistungs- auf Feststellungsklage; tatsächliche Erledigung wird gerichtlich überprüft
2. Entscheidung: Feststellungsurteil über Erledigung
3. RF: Wenn Klage bei Erledigungsereignis zulässig und begründet war, Feststellung der Erledigung und Kostenentscheidung nach §§ 91 ff.; anderenfalls wird die geänderte Feststellungsklage abgewiesen (Endurteil), außer hilfsweise Aufrechterhaltung der Leistungsklage

968 **Aufbauschema: Prozessvergleich, § 794 I Nr. 1**

I. Zuständigkeit: deutsches Gericht

II. Erklärung der Parteien

1. übereinstimmende Erklärungen
2. über (zumindest einen Teil) des Streitgegenstands
3. Inhalt: Beendigung des Rechtsstreits über den (Teil vom) Streitgegenstand im Wege gegenseitigen Nachgebens, § 779 BGB

III. Protokollierung, §§ 160 III Nr. 1, 162, 163

IV. RF:

1. Prozessbeendigung (Vergleich ersetzt Urteil)
2. Vollstreckungstitel, § 794 I Nr. 1
3. keine Rechtskraftwirkung (arg. e § 322)

Aufbauschema: Widerklage 969

I. Rechtshängigkeit der Hauptklage bei Widerklageerhebung

II. wirksame Widerklageerhebung (§ 261 II) durch Zustellung einer Klageschrift (§ 253) oder mündlich im Termin zu Protokoll (beachte: kein Gerichtskostenvorschuss erforderlich, § 12 II Nr. 1 GKG)

Beachte: Klageerhebung auch hilfsweise möglich (Eventualwiderklage)

III. selbstständiger Streitgegenstand der Widerklage ggü. Hauptklage (keine bloße Negation der Klage)

IV. Parteiidentität: umgekehrte Parteibezeichnung: Beklagter gegen Kläger (Ausnahme: Einbeziehung (auch) eines Dritten bei Drittwiderklage)

V. Sachzusammenhang (§ 33) zw. Klage und Widerklage (einheitlicher Lebenssachverhalt) (str.)

- h.M.: echte Zulässigkeitsvoraussetzung (Zusammenhang ist weit auszulegen); Folge bei Fehlen: Abweisung der Klage als unzulässig (Fehlen aber heilbar, § 295)
- a.A.: nur bes. Gerichtsstand; Folge bei Fehlen: keine, sofern allgemeiner Gerichtsstand gegeben ist

VI. allgemeine Prozessvoraussetzungen

1. Zuständigkeit des Gerichts der Klage für die Widerklage
   a) sachliche Zuständigkeit nach Streitwert; Streitwerte von Klage und Widerklage werden nicht addiert (§ 5 HS. 2; beachte § 506)
   b) örtliche Zuständigkeit
      aa) ausschließlicher Gerichtsstand
      bb) allgemeiner Gerichtsstand (Wohnsitz des Widerbeklagten, §§ 12, 13)
      cc) besonderer Gerichtsstand (§ 33), bei Zusammenhang zw. Klage- und Widerklageforderung
2. sonstige Vss.

970 **Aufbauschema: Versäumnisurteil, §§ 330 ff.**

I. Säumnis einer Partei
   - des Klägers (§ 330) oder des Beklagten (§ 331)
   - Säumnis der Partei selbst oder des (gem. § 78 ZPO bzw. § 11 ArbGG erforderlichen) Anwalts im Anwaltsprozess
   - oder Partei bzw. Prozessvertreter erscheint, stellt aber keinen Antrag (§§ 333, 334, „Flucht in die Säumnis“)
   - bei Säumnis beider Parteien wahlweise Entscheidung nach Aktenlage (§ 251a), Anberaumung eines neuen Termins (§ 227) oder Anordnung des Ruhens des Verfahrens (§§ 251a III, 251)

II. Prozessantrag der erschienenen Partei auf Erlass eines VU (§§ 330, 331 I); alternativ: Antrag auf Entscheidung nach Aktenlage (§ 331a)

III. keine Versagungsgründe (§§ 335, 337)

   Beachte bei unverschuldetem Nichterscheinen §§ 51 II, 85 II

IV. Zulässigkeit der Klage

   Beachte: falls Klage unzulässig, Abweisung durch Prozessurteil (sog. unechtes VU)

V. Schlüssigkeit der Klage
   1. bei Säumnis des Klägers: Klageabweisung durch echtes Versäumnisurteil (§ 330); Schlüssigkeit nicht erforderlich
   2. bei Säumnis des Beklagten:
      a) falls Klage schlüssig: Erlass eines echten Versäumnisurteils gegen den Beklagten, § 331 II HS. 1

         Hinweis: Rechtsbehelf gegen erstes Versäumnisurteil: Einspruch, § 338

      b) falls Klage unschlüssig: Klageabweisung durch Sachurteil gegen Kläger, § 331 II HS. 2

Aufbauschema: Einspruch, § 338 971

I. Statthaftigkeit, § 338

nur gegen echte Versäumnisurteile (gegen unechte findet die Berufung bzw. ggf. die Revision statt)

Beachte: Meistbegünstigungstheorie bei Zweifelsfällen (Wahlrecht)

II. Zuständigkeit: Gericht, das das Versäumnisurteil erlassen hat

III. Frist: zwei Wochen ab Zustellung (Notfrist, § 339)

IV. Form: schriftlich beim Prozessgericht, § 340

V. RF bei zulässigem Einspruch

1. Erscheinen Parteien im Einspruchstermin (§§ 340a, 341a): Prozess wird in die Lage vor Säumnis zurückversetzt, § 342
2. Erneute Säumnis der vorher säumigen Partei im anberaumten Termin: Auf Antrag der erschienenen Partei zweites Versäumnisurteil, das den Einspruch verwirft, § 345

   Hinweis: Rechtsbehelf gegen zweites Versäumnisurteil: Berufung, § 514 II

Aufbauschema: Berufung, §§ 511 ff. 972

I. Statthaftigkeit

§§ 511 f.: gegen erstinstanzliche Urteile des AG und LG (nicht VU, § 514 I; Ausnahme: § 514 II)

II. Rechtsmittelberechtigung

1. Beschwer
   a) beim Kläger: formelle Beschwer bei Abweichen des Urteils vom Klageantrag
   b) beim Beklagten: materielle Beschwer bei Verurteilung
2. § 511 II Nr. 1: Berufungssumme (Beschwer) über 600 €
   oder
   § 511 II Nr. 2, IV: erstinstanzliches Gericht lässt Berufung zu

III. Form und Frist

1. Einlegung

a) Adressat: Berufungsgericht, § 519 I

b) Form: Berufungsschrift, § 519 II-IV

c) Frist: 1 Monat nach Urteilszustellung, § 517

d) RF: (bei ordnungsgemäßer Einlegung): Suspensiv- und Devolutiveffekt

2. Begründung

a) Adressat: Berufungsgericht, § 520

b) Form: § 520 III

c) Frist: 2 Monate seit Urteilszustellung, § 520 II

IV. Begründetheit

Das Urteil wird in tatsächlicher und rechtlicher Hinsicht überprüft, §§ 528 ff.

973 **Aufbauschema: Revision, §§ 542 ff.**

I. Statthaftigkeit

1. gegen Berufungsurteile, § 542

2. gegen Urteile erster Instanz bei Sprungrevision, § 566

II. Rechtsmittelberechtigung

1. Beschwer

a) bei Kläger: formelle Beschwer bei Abweichen des Urteils vom Klageantrag

b) bei Beklagtem: materielle Beschwer bei Verurteilung

2. Zulassung der Revision durch

a) Berufungsgericht, § 543 I Nr. 1, II

b) Revisionsgericht (Nichtzulassungsbeschwerde, § 543 I Nr. 2)

III. Form und Frist

1. Einlegung

a) Adressat: BGH als Revisionsgericht, § 549 I ZPO iVm § 133 GVG

b) Form: Revisionsschrift, § 549

c) Frist: 1 Monat nach Urteilszustellung, § 548

d) RF: (bei ordnungsgemäßer Einlegung): Suspensiv- und Devolutiveffekt

2. Begründung

a) Adressat: BGH als Revisionsgericht, § 551 II 1

b) Form: § 551 III

c) Frist: 2 Monate ab Urteilszustellung, § 551 II 2

IV. Begründetheit

Das Urteil wird nur in rechtlicher Hinsicht überprüft, §§ 557 ff.

Aufbauschema: Sofortige Beschwerde, §§ 567 ff. **974**

I. Statthaftigkeit

gegen Beschlüsse, § 567, sofern im Gesetz bestimmt oder ein Gesuch zurückgewiesen wird

II. Rechtsmittelberechtigung

1. Beschwer

a) bei Kläger: formelle Beschwer bei Abweichen des Beschlusses vom Antrag

b) bei Beklagtem: materielle Beschwer bei Verurteilung

2. bei § 567 II: Wert der Beschwer über 200 €

III. Form und Frist

1. Einlegung

a) Adressat: iudex a quo, § 569 I

b) Form: schriftlich oder zu Protokoll, § 569 II, III

c) Frist: zwei Wochen ab Zustellung der Entscheidung, § 569 I

d) RF: (bei ordnungsgemäßer Einlegung): Suspensiv- und Devolutiveffekt

2. Begründung: § 571: Beschwerde soll begründet werden

IV. Begründetheit

Der Beschluss wird in tatsächlicher und rechtlicher Hinsicht überprüft, § 572.

975 **Übersicht: Rechtskraft**

Steht kein Rechtsmittel mehr zur Verfügung oder erfolgt Einlegung nicht ordnungsgemäß und Fehler kann nicht geheilt werden, erwächst das Urteil in formelle (Unanfechtbarkeit) und materielle Rechtskraft, §§ 322, 325.

976 **Übersicht: Möglichkeiten der Rechtskraftdurchbrechung**

I. Abänderungsklage, § 323

Beachte: § 238 FamFG gegen Unterhaltstitel

II. Wiederaufnahme des Verfahrens, §§ 579, 580

III. Klage auf Unterlassen der Vollstreckung und Herausgabe des Titels im Wege des Schadensersatzes aus § 826 BGB iVm § 249 I BGB. Voraussetzung: Titel sittenwidrig erlangt

IV. Verfassungsbeschwerde, Art. 93 I Nr. 4a GG, §§ 90 ff. BVerfGG, Voraussetzung: spezifische Grundrechtsverletzung

977 **Musterfeststellungsklage, §§ 606 ff. (MFK)**

I. Statthaftigkeit

1. Klagebefugnis, § 606 III Nr. 1 iVm I 2

   qualifizierte Einrichtung, § 606 I 2 (in § 3 I 1 UKlaG bezeichnete Stellen, die Voraussetzungen nach § 606 I 2 Nr. 1–5 erfüllen) → *sonst Klage unzulässig, § 606 III Nr. 1*

2. statthaftes Klageziel, § 606 III Nr. 2 iVm I 1

   a) Feststellung des Vorliegens oder Nichtvorliegens tatsächl. oder rechtl. Vss. für das Bestehen oder Nichtbestehen von Ansprüchen oder Rechtsverhältnissen

   b) zwischen mind. zehn Verbrauchern (§ 29c II) und einem Unternehmer (§ 14 BGB)

   c) Glaubhaftmachung, dass Ansprüche oder Rechtsverhältnisse von mind. zehn Verbrauchern davon abhängen → *sonst Klage unzulässig, § 606 III Nr. 2*

3. ordnungsgemäße Klageerhebung, § 606 II

   a) Klageschrift mit Angaben und Nachweisen nach § 606 II

b) Form und Frist, § 253 II

4. wirksame Anmeldung (§ 608) von Ansprüchen oder Rechtsverhältnissen von mind. 50 Verbrauchern im Klageregister (§ 609) zwei Monate nach öffentl. Bekanntmachung (§ 607) der Musterfeststellungsklage, § 606 III Nr. 3 → *sonst Klage unzulässig, § 606 III Nr. 3*

5. Zuständigkeit

a) sachlich: § 119 III GVG: OLG (erster Rechtszug)

b) örtlich: § 32c ZPO

II. RF der Rechtshängigkeit einer Musterfeststellungsklage

1. § 610 I: Ab Rechtshängigkeitstag kann gegen B keine andere MFK erhoben werden, soweit deren Streitgegenstand denselben Lebenssachverhalt und dieselben Feststellungsziele betrifft (entfällt, sobald MFK ohne Entscheidung in der Sache beendet wird, § 610 II)

2. § 610 III: Sperre anderweitiger Rechtshängigkeitsmachung durch angemeldete Verbraucher.

3. § 613 II: Aussetzung eines bereits laufenden (anderen) Verfahrens, wenn vor Bekanntmachung der MFK zwischen Verbraucher und Beklagtem ein Verfahren läuft, dessen Streitgegenstand die gleichen Feststellungsziele betrifft, zudem muss der Verbraucher seinen Anspruch oder sein Rechtsverhältnis zum Klageregister anmelden. RF: Aussetzung bis rkr. Entscheidung der MFK, Erledigung oder wirksame Rücknahme der Anmeldung

III. Abschluss der Musterfeststellungsklage

1. Abschluss durch Vergleich:

a) § 611 I: Genehmigter gerichtlicher Vergleich wirkt für und gegen alle angemeldeten Verbraucher; Verbraucher haben binnen eines Monats nach Zustellung des genehmigten Vergleichs Recht zum Austritt aus dem Vertrag, § 611 IV

b) § 611 V: genehmigter Vergleich wird wirksam, wenn weniger als 30 % der angemeldeten Verbraucher ihren Austritt aus Vergleich erklärt haben; Gericht stellt Inhalt und Wirksamkeit des Vergleichs fest; Beschluss wird im Klageregister öffentlich bekannt gemacht

2. Abschluss durch Urteil:

a) öffentl. Bekanntmachung im Klageregister, § 612 I

b) Bindungswirkung des rkr. Musterfeststellungsurteils, § 613 I (Ausnahme: wirksame Zurücknahme der Anmeldung durch Verbraucher)

978 **Aufbauschema: Mahnverfahren, §§ 688 ff.**

I. Statthaftigkeit, § 688

bei Geldforderungen, die nicht (mehr) von Gegenleistung abhängen

II. Antrag des Gläubigers, § 690

Inhalt: Bezeichnung des Schuldners, des geforderten Betrages und des Anspruchs (in der Praxis: Ausfüllen eines vorgedruckten Formulars)

III. Zuständigkeit

1. örtlich: ausschließlich Amtsgericht des allgemeinen Gerichtsstands des Antragstellers (§ 689 I, II) bzw. zentrales Mahngericht (§§ 689 III, 703b, c)

2. funktionell: Rechtspfleger, § 20 Nr. 1 RPflG

Beachte: Der Rechtspfleger prüft die Vss., nimmt aber keine Schlüssigkeitsprüfung vor! Liegen die Vss. vor, ergeht ein:

IV. Mahnbescheid (noch kein Vollstreckungstitel)

Rechtsbehelf: Widerspruch (Frist zwei Wochen)

1. falls Widerspruch (§§ 694, 692 I Nr. 3) und Antrag einer Partei: Abgabe an Gericht und streitiges Klageverfahren, § 696 I
2. falls kein Widerspruch: Erlass eines:

V. Vollstreckungsbescheid (vorläufig vollstreckbarer Titel), §§ 700 I, 794 I Nr. 4

Rechtsbehelf: Einspruch (Frist zwei Wochen)

1. falls Einspruch (§ 700 I iVm §§ 338 ff.) bzw. verspäteter Widerspruch (§ 694 II): Abgabe an Gericht und streitiges Klageverfahren (§ 700 III)
2. falls kein Einspruch: Vollstreckungsbescheid rechtskräftig

Aufbauschema: Vss. der Zwangsvollstreckung („ob") **979**

Kurzform: Antrag – Titel – Klausel – Zustellung

I. Antrag oder „Auftrag" zur Zwangsvollstreckung an das zuständige Vollstreckungsorgan (abhängig von der Vollstreckungsart) (§§ 753 f., §§ 62 ff. GVGA Bund)

II. allgemeine Zwangsvollstreckungsvoraussetzungen

1. Vollstreckungstitel

   Beispiele: Urteile (§ 704), weitere Vollstreckungstitel (§ 794), Arrest und einstweilige Verfügung (§§ 928, 922, 936), Europäische Vollstreckungstitel (§ 1082)

2. Vollstreckungsklausel

   a) einfache Klausel (§§ 724, 725) durch Urkundsbeamten der Geschäftsstelle erteilt

   b) qualifizierte Klausel (§§ 726 ff.) durch Rechtspfleger erteilt

   c) ggf. Klausel entbehrlich, §§ 796 I, 929 I, 936

3. Zustellung des Vollstreckungstitels an den Schuldner spätestens gleichzeitig mit Zwangsvollstreckung, § 750

   Ausnahme: ZVS vor Zustellung möglich, §§ 845, 929 III, 936

4. Ablauf einer Wartefrist nach Zustellung, §§ 798, 750 III

III. besondere Zwangsvollstreckungsvoraussetzungen
   1. Abhängigkeit vom Eintritt eines Kalendertages, § 751 I
   2. Nachweis der Sicherheitsleistung des Gläubigers (§ 751 II; Ausnahme: § 720a)
   3. Abhängigkeit von einer Zug um Zug zu erbringenden Gegenleistung, §§ 756, 765
   4. Einhaltung der Wartefrist, §§ 798, 750 III

IV. keine Vollstreckungshindernisse
   1. keine Vollstreckungshindernisse, § 775
   2. keine Eröffnung des Insolvenzverfahrens über das Vermögen des Schuldners, § 89 InsO
   3. keine einstweilige Einstellung der Zwangsvollstreckung, § 707
   4. kein Rechtsmittel gegen Titel, § 719
   5. kein Vollstreckungsschutz beantragt, § 765a
   6. keine Drittwiderspruchsklage eingelegt, § 771 III

980 **Aufbauschema: Vss. der Zwangsvollstreckung („wie")**

I. zur rechten Zeit (vgl. § 758a IV: Vollstreckung zur Unzeit)

II. am rechten Ort (beim Schuldner: § 808; beim Gläubiger oder Dritten: § 809)

III. in der richtigen Art und Weise (Sachen: §§ 808 ff.; Forderungen: §§ 829 III, 835; Grundstücke: §§ 864 ff. iVm ZVG; Herausgabe: §§ 883 ff.; Handlungen und Unterlassungen: §§ 887 ff.; Willenserklärungen: §§ 894 ff.)

IV. Umfang der Zwangsvollstreckung (Umfang: § 803; Unpfändbare Sachen: §§ 811 ff.; Pfändungsschutz bei Forderungen: §§ 850 ff.)

Aufbauschema: Erinnerung, § 766 **981**

I. Zulässigkeit

1. Statthaftigkeit

   Geltendmachung von Verfahrensfehlern (Art und Weise der Zwangsvollstreckung) bei Vollstreckungsmaßnahmen (ohne Anhörung des Betroffenen) des Gerichtsvollziehers oder des Vollstreckungsgerichts

2. Erinnerungsbefugnis (Beschwer)

   wer von einer Zwangsvollstreckungsmaßnahme betroffen ist:

   a) Schuldner ist immer beschwert

   b) Gläubiger ist beschwert, wenn Vollstreckungsorgan von seinem Vollstreckungsantrag abweicht

   c) Dritte sind beschwert bei Verletzungen auch sie schützender vollstreckungsrechtlicher Verfahrensvorschriften

3. Zuständigkeit

   Vollstreckungsgericht (AG), in dessen Bezirk die Zwangsvollstreckung stattfindet (§§ 766, 764 II); Entscheidung durch den Richter (§ 20 Nr. 17 S. 2 RPflG; nicht Rechtspfleger)

4. Form

   schriftlich oder zu Protokoll der Geschäftsstelle, § 569 II, III analog

5. keine Frist

6. allgemeines Rechtsschutzbedürfnis

   zeitlich von Vollstreckungsbeginn bis Versteigerungsende

II. Begründetheit

Die Erinnerung ist begründet, wenn die Vollstreckungsmaßnahme oder ihre Ablehnung durch den Gerichtsvollzieher verfahrensfehlerhaft ist.

982 **Aufbauschema: Sofortige Beschwerde, § 793**

I. Zulässigkeit

1. Statthaftigkeit

Bei Verfahrensfehlern gegen Entscheidungen des Vollstreckungsgerichts oder des Rechtspflegers (§ 11 I RPflG) im Vollstreckungsverfahren, die ohne mündliche Verhandlung ergehen können.

Achtung: Bei Vollstreckungsmaßnahmen (auch wenn das Gericht eine solche ausnahmsweise trifft) findet die Vollstreckungserinnerung (§ 766) statt!

2. Beschwerdebefugnis

wer durch die angefochtene Entscheidung beschwert ist (auch Dritte, wenn erstmals durch angefochtene Entscheidung sie schützende vollstreckungsrechtliche Verfahrensvorschriften beeinträchtigt sind)

3. Zuständigkeit

Abhilfemöglichkeit (§ 572 I HS. 1), sonst unverzüglich Abgabe an Beschwerdegericht (§ 572 I HS. 2); Entscheidung durch Einzelrichter, § 568

4. Frist, Notfrist von zwei Wochen ab Zustellung der Entscheidung, § 569 I

5. Form, § 569

6. allgemeines Rechtsschutzbedürfnis

zeitlich von Vollstreckungsbeginn bis Versteigerungsende

II. Begründetheit

Die sofortige Beschwerde ist begründet, wenn die angefochtene Entscheidung unrichtig ist.

983 **Aufbauschema: Vollstreckungsabwehrklage, § 767**

I. Zulässigkeit

1. Statthaftigkeit

zur Geltendmachung von materiell-rechtlichen Einwendungen oder Einreden gegen einen titulierten materiellen Anspruch (Urteile, § 767 I; andere Titel, § 794: §§ 795, 767 I)

2. Zuständigkeit

   sachlich und örtlich Prozessgericht des ersten Rechtszugs, §§ 767 I, 797 V, 802

3. ordnungsgemäßer Klageantrag

   „Die Zwangsvollstreckung aus dem (Titel, Aktenzeichen...) wird für unzulässig (oder: nur gegen Gegenleistung für zulässig) erklärt.“

4. Parteifähigkeit (Vollstreckungsschuldner als Kläger, Vollstreckungsgläubiger als Beklagter)

5. Prozessfähigkeit

6. ordnungsgemäße Zustellung der Klageschrift

7. allgemeines Rechtsschutzbedürfnis

   sobald Vollstreckungstitel vorliegt; nicht gegeben, wenn es eine einfachere oder billigere Möglichkeit gibt (z.B. bei Möglichkeit der Erinnerung oder wenn bereits Berufung eingelegt ist)

II. Begründetheit

1. materiell-rechtlich Einwendung gegen titul. Anspruch
2. keine Präklusion der Einwendung gem. § 767 II: Einwendungen nur zulässig, wenn sie nach dem Schluss der mündlichen Verhandlung entstanden sind
3. keine Präklusion gem. § 767 III

Überblick: Drittwiderspruchsklage, § 771 **984**

I. Zulässigkeit der Drittwiderspruchsklage

1. Statthaftigkeit
2. Zuständigkeit
3. Klageantrag
4. Rechtsschutzinteresse

II. Begründetheit der Drittwiderspruchsklage

1. Interventionsrechte im Einzelnen
2. typische Einwendungen des Beklagten

III. Tenor und Streitwert

985 **Aufbauschema: Drittwiderspruchsklage, § 771**

I. Zulässigkeit

1. Statthaftigkeit

   wenn Drittem am Vollstreckungsgegenstand ein die Veräußerung hinderndes Recht zusteht, dessen Geltendmachung nicht durch Gegenrechte des Beklagten ausgeschlossen ist

2. Zuständigkeit

   a) örtlich: §§ 771 I, 802 (ausschließlich) Gericht, in dessen Bezirk Vollstreckungsmaßnahme stattfindet

   b) sachlich: § 23 Nr. 1 GVG, § 6 Streitwert, geringerer Wert des Gegenstands der Pfändung oder der Forderung (nicht ausschließlich; § 39 anwendbar)

3. Klageantrag

   Die Vollstreckung in den (genau bezeichneten) Gegenstand der (bestimmt zu bezeichnenden) angegriffenen Vollstreckungsmaßnahme wird für unzulässig erklärt.

4. allgemeines Rechtsschutzbedürfnis

   von Vollstreckungsbeginn bis zur Beendigung

II. Begründetheit

1. Kl. muss ein *die Veräußerung hinderndes Recht* haben. Nach h.M. gegeben bei:

   a) Eigentum und Miteigentum, Gesamthandseigentum

   b) Vorbehaltseigentum:

      aa) bei Vollstreckung durch Gläubiger des Käufers: Vorbehaltsverkäufer kann § 771 geltend machen (aber: Möglichkeit für Gläubiger, das Anwartschaftsrecht pfänden zu lassen; oder Zahlung des Kaufpreisrests an Verkäufer, § 267 BGB)

      bb) bei Vollstreckung durch Gläubiger des Verkäufers: Käufer kann § 771 auf Anwartschaftsrecht stützen und der Verwertung (nicht der Pfändung) widersprechen

c) Sicherungseigentum

aa) Vollstreckung durch Gläubiger des Sicherungsgebers: Sicherungsgeber kann intervenieren (bis Eintritt der Verwertungsreife)

bb) Vollstreckung durch Gläubiger des Sicherungsnehmers: str.; e.A. Klage auf vorzugsweise Befriedigung, § 805; h.M. § 771, solange zu sichernder Anspruch besteht

d) beschränkt dingliche Rechte, wenn durch Vollstreckung beeinträchtigt (nach h.M. auch Besitzpfandrecht)

e) Besitz an beweglichen Sachen

f) schuldrechtliche Herausgabeansprüche (nicht schuldrechtliche Verschaffungsansprüche)

2. Kl. darf nicht zur Duldung der Vollstreckung gem. § 242 verpflichtet sein, z.B. aufgrund Anfechtung nach Anfechtungsgesetz

a) weil betreibender Gläubiger ein rangbesseres Pfandrecht hat

b) weil Kl. Eigentum an dem Pfandgegenstand an Gläubiger oder Schuldner (zurück) übertragen muss

c) weil Kl. materiell (z.B. als Gesamtschuldner, Bürge, Gesellschafter) für titul. Forderung haftet

d) weil Kl. ggü. Bekl. unerlaubte Handlung begangen hat

IV. Kosten, § 91 (treffen unterliegende Partei)

V. vorläufige Vollstreckbarkeit

1. stattgebende Urteile (nach §§ 708 ff. für vorl. vollstreckbar zu erklären, und zwar entweder insgesamt – also auch hinsichtlich des Hauptausspruches – oder nur hinsichtlich der Kostenentscheidung, wenn zugleich Maßnahmen nach §§ 771 III, 770, 769 getroffen werden)

2. klageabweisende Urteile (nach §§ 708 ff. (hinsichtlich der Kostenentscheidung) für vorl. vollstreckbar zu erklären)

986 **Aufbauschema: Arrest, §§ 916 ff.**

I. Vss.

Arrestgesuch (§ 920): schlüssige Darlegung und Glaubhaftmachung (§ 294) von

1. Arrestanspruch, § 916 (Sicherung der Zwangsvollstreckung einer Geldforderung oder eines Anspruchs, der in Geldleistung übergehen kann)
2. Arrestgrund, §§ 917, 918 (Gefährdung der Zwangsvollstreckung)
   a) dinglicher Arrest, § 917
   b) persönl. Arrest, § 918

II. Zuständigkeit

1. Gericht der Hauptsache, §§ 919 Var. 1, 943 oder
2. Amtsgericht, in dessen Bezirk sich Gegenstand oder Person für Arrest befindet, § 919 Var. 2

III. Entscheidung

1. Beschluss ohne mündliche Verhandlung, § 922 I 1 Var. 2
2. Urteil nach mündlicher Verhandlung, § 922 I 1 Var. 1

IV. Vollziehung

1. dinglicher Arrest, § 917
   a) durch Pfändung beweglicher Sache, § 930 *oder*
   b) durch Eintragung einer Sicherungshypothek am Grundstück, § 932
2. persönl. Arrest, § 918
   a) Haft, § 933 S. 1 Var. 1 *oder*
   b) sonst. Beschränkungen, § 933 S. 1 Var. 2

Beachte: Falls Arrest zu Unrecht erwirkt: Schadensersatzpflicht, § 945

Aufbauschema: Einstweilige Verfügung, §§ 935 ff. 987

I. Vss.: Antrag (§§ 936, 920): schlüssige Darlegung und Glaubhaftmachung (§ 294) von:

1. Verfügungsanspruch
   a) Sicherungsverfügung (§ 935): Sicherung eines Anspruchs auf Individualleistung (keine Geldforderungen)
   b) Regelungsverfügung (§ 940): einstweilige Regelung in Bezug auf streitiges Rechtsverhältnis
   c) Leistungsverfügung (§ 940 analog): nicht reine Sicherung, sondern angestrebte vorläufige Befriedigung des Gläubigers
2. Verfügungsgrund
   a) Gefährdung der Rechtsverwirklichung (§ 935 ZPO; Ausnahme: §§ 885 I 2, 899 II 2 BGB)
   b) Drohen von wesentlichen Nachteilen oder Gewalt, § 940

II. Zuständigkeit

1. Gericht der Hauptsache, §§ 937, 943
2. Ausnahme: Amtsgericht der belegenen Sache, § 942

III. Entscheidung

1. durch Urteil nach mündlicher Verhandlung
2. Ausnahme: bei Dringlichkeit durch Beschluss ohne mündliche Verhandlung, §§ 937 II, 944

IV. Vollziehung

1. Sicherungsverfügung, § 935
   a) bei Anspruch auf Sache durch Pfändung, § 936 iVm § 930
   b) bei sonst. Ansprüchen gem. Tenor
2. Regelungsverfügung, § 940 (je nach Inhalt der Regelung)
3. Leistungsverfügung, § 940 analog

   nicht nur Sicherung, sondern Verwertung bzw. Befriedigung

Beachte: Falls einstweilige Verfügung zu Unrecht erwirkt: Schadensersatzpflicht, § 945

Anhang 1. Wichtige lateinische Redewendungen im Zivilrecht

A. Materielles Recht

Latein	Deutsch	Normen	
falsa demonstratio non nocet	eine falsche Bezeichnung schadet nicht	§§ 133, 157 – Auslegung nach dem Willen	988
falsus procurator	falscher Vertreter	§ 177 – Vertreter ohne Vertretungsmacht	989
pacta sunt servanda	Verträge sind einzuhalten	§ 241 I – Vertragstreue	990
dolo facit (/agit), qui petit, quod statim redditurus est	arglistig handelt, wer fordert, was sofort zurückzugeben ist	§ 242 – Treu und Glauben Einwand	991
venire contra factum proprium nemini licet	niemand darf sich in Widerspruch zu seinem eigenen Verhalten setzen	§ 242 – Treu und Glauben Einwand	992
protestatio facto contraria (non valet)	die im Widerspruch zum Handeln stehende Verwahrung gilt nicht	§ 242 – Treu und Glauben Einwand	993
ultra posse (/vires) nemo obligatur	niemand wird über sein Können hinaus verpflichtet	§ 275 I – Unmöglichkeit	994
diligentia quam in suis	diejenige Sorgfalt, welche der Schuldner in eigenen Angelegenheiten anzuwenden pflegt	§ 277 – Verschuldensmaßstab	995
clausula rebus sic stantibus	Bestimmung der gleich bleibenden Umstände	§ 313 – Störung der Geschäftsgrundlage	996
do ut des	ich gebe, damit Du geben mögest	§ 320 – Synallagma	997
impossibilium nulla est obligatio	Unmögliches ist nicht geschuldet	§ 275 I – Unmöglichkeit	998
nemo plus iuris ad alium transferre potest, quam ipse habet	niemand kann mehr Rechte auf einen anderen übertragen als er selber hat	§ 398 – Abtretung	999

1000	singuli solidum debent, unum debent omnes	die einzelnen schulden das Ganze, alle schulden nur einmal	§ 421 – Gesamtschuld
1001	in dubio melior est conditio possidentis	im Zweifel verdient der Besitzer den Vorzug	§ 1006 – Eigentumsvermutung
1002	in praeteritum non vivitur	für die Vergangenheit lebt man nicht	§ 1613 – Unterhaltsrecht
1003	mater semper certa est; pater est, quem nuptiae demonstrant	die Mutter ist immer gewiss; Vater ist der, den die Ehe (als solchen) ausweist	§ 1592 – Vatereigenschaft

B. Prozessrecht

	Latein	Deutsch	Normen
1004	volenti non fit iniuria	dem Willigen (dem Einwilligenden) geschieht kein Unrecht	§ 39 ZPO – rügelose Einlassung
1005	da mihi factum, dabo tibi ius	gib mir die Fakten (den Tatbestand), ich gebe Dir das Recht	§ 138 ZPO – Beibringungsgrundsatz
1006	iura novit curia	das Gericht kennt das Gesetz	§ 138 ZPO – Beibringungsgrundsatz
1007	ne ultra petita (scilicet iudex eat)	der Richter darf nicht über das Verlangte hinausgehen	§ 308 ZPO – Antragsgrundsatz
1008	iudex non calculat	der Richter rechnet nicht (Präjudizien erwachsen nicht in Rechtskraft)	§ 319 ZPO – Rechtskraft
1009	reformatio in peius iudici appellato non licet	die Rechtsmittelinstanz darf nicht zu Lasten des Anfechtenden ändern	§ 559 ZPO – Prüfungsumfang

C. Allgemeine Wendungen und Definitionen

Latein	Deutsch	Anwendung	
argumentum a maiore ad minus	Argument vom Größeren auf das Kleinere (syn.: argumentum a fortiori)	Schluss von einem Fall auf einen noch stärker einschlägigen Fall	1010
argumentum a fortiori	s. argumentum a maiore ad minus	s. argumentum a maiore ad minus	1011
argumentum e contrario	Umkehrschluss-Argument	Gegenschluss von einem geregelten auf einen ungeregelten Fall	1012
causa	Grund, Ursache	z.B. für eine Leistung	1013
cessio legis	Legalzession	Forderungsübergang kraft Gesetzes	1014
condictio	Kondiktion	Bereicherungsrecht	1015
condictio causa data, causa non secuta	Kondiktion des gegebenen, aber nicht nachverfolgten Grundes, § 812 I 2 Var. 2 (syn.: condictio ob rem)	Rückabwicklung einer Leistung, wenn der mit dem Inhalt des Rechtsgeschäfts bezweckte Erfolg nicht eintritt	1016
condictio indebiti	Kondiktion des Nichtgeschuldeten, § 812 I 1 Var. 1 (syn.: condictio sine causa)	Rückabwicklung bei Leistung auf eine tatsächlich nicht bestehende Schuld	1017
condictio ob causam finitam	Kondiktion wegen des beendeten Grundes, § 812 I 2 Var. 1	Rückabwicklung bei Leistung auf einen bestehenden, aber später weggefallenen Rechtsgrund	1018
condictio ob rem	s. condictio causa data, causa non secuta		1019
condictio ob turpem vel iniustam causam	Kondiktion wegen schändlichen oder ungerechten Grundes, § 817 S. 1	Rückabwicklung, wenn der Empfänger durch Annahme der Leistung gegen ein gesetzl. Verbot oder die guten Sitten verstößt	1020
condictio sine causa	s. condictio indebiti		1021

1022	culpa in contrahendo	c.i.c., Verschulden beim Verhandeln	Verletzung eines durch die Aufnahme von Verhandlungen entstandenen vorvertragl. Schuldverhältnisses
1023	culpa post contractum finitum	Verschulden nach beendetem Vertrag	Verletzung von nachvertragl. Pflichten
1024	de facto	tatsächlich, nach Sachlage	
1025	de iure	rechtlich, nach Rechtslage	
1026	de lege ferenda	nach noch zu schaffendem Gesetz	auf Basis evtl. zukünftiger Rechtslage
1027	de lege lata	nach erlassenem Gesetz	auf Basis geltender Rechtslage
1028	ex nunc	von jetzt an	mit Wirkung ab jetzt
1029	ex tunc	von damals an	rückwirkend
1030	invitatio ad offerendum	Einladung zum Anbieten	Aufforderung zur Abgabe eines Angebots
1031	lex dubia non obligat	ein zweifelhaftes Gesetz bindet nicht	Vorrang der Auslegung
1032	lex posterior derogat legi priori	späteres (/jüngeres) Recht hebt früheres (/älteres) Recht auf	zeitliche Normkollision
1033	lex specialis derogat legi generali	das spezielle Gesetz hebt das generelle auf	inhaltliche Normkollision
1034	lex superior derogat legi inferiori	das höhere (/höherrangige) Gesetz hebt das geringere (/niederrangige) auf	systematische Normkollision
1035	numerus clausus	abgeschlossene Zahl	Typenzwang (Grundsatz, dass das BGB nur eine abschließend best. Anzahl dinglicher Rechtstypen im Sachenrecht zulässt)
1036	pactum de non petendo	Vereinbarung, nicht zu fordern	Stillhalteabkommen, eine Forderung für eine best. Zeit nicht geltend zu machen
1037	pacta sunt servanda	Verträge sind einzuhalten	Grundsatz des Vertragsrechts

Anhang 2. Allgemeine Definitionen

Beglaubigung	amtliche Tatsachenbescheinigung der Urheberschaft einer best. Person für eine Unterschrift oder ein Handzeichen oder Übereinstimmen einer Abschrift mit dem Original	1038
Beglaubigung, öffentliche	Beglaubigung durch einen Notar, § 129 BGB	1039
Beglaubigung, amtliche	Beglaubigung nicht durch Notar, sondern durch eine andere landesrechtlich ermächtigte Behörde	1040
Beurkundung, notarielle	Form eines Rechtsgeschäfts, bei der eine Urkundsperson (Notar) eine vollständige Urkunde errichtet, § 128 BGB	1041
deklaratorisch	bekundend, bestätigend, nicht rechtsbegründend (↔ konstitutiv)	1042
Eingriffskondiktion	Nichtleistungskondiktion, bei der eine tatbestandliche Vermögensverschiebung durch Eingriff in den Zuweisungsgehalt eines fremden Rechts bewirkt wird, § 812 I 2 Var. 2 BGB	1043
Fiktion	zwingende Anordnung, wonach tatsächliche oder rechtliche Umstände unabhängig von ihrem wirklichen Vorliegen als gegeben anzunehmen sind	1044
Gefälligkeit	unentgeltliches Tätigwerden für einen anderen	1045
Gefälligkeitsvertrag	vertragl. Verpflichtung des Schuldners zum unentgeltlichen fremdnützigen Tätigwerden für den Gläubiger	1046
konstitutiv	erschaffend, (rechts-)begründend (↔ deklaratorisch)	1047
Legaldefinition	Definition kraft Gesetzes; vom Gesetzgeber in das Gesetz aufgenommene (verbindliche) Definition	1048
Obliegenheit	nicht einklagbare, im eigenen Interesse bestehende Verhaltensanforderung, deren Missachtung Nachteile für die belastete Partei hat (vgl. Rügeobliegenheit, § 377 I HGB)	1049
Realakt	faktisch wirkende Rechtshandlung, an die die Rechtsordnung den Eintritt einer RF kraft Gesetzes unabhängig vom Willen des Handelnden anknüpft	1050